中国革命論における民主主義と社会主義

◉

陳独秀、瞿秋白、毛沢東を中心に

◉

江田憲治著

陳独秀
瞿秋白
毛沢東

柘植書房新社

中国革命論における民主主義と社会主義——陳独秀、瞿秋白、毛沢東を中心に◆目次

凡　例

・引用文や引用語句に付した〔　〕は中国語の原文、［　］は日本語による補注、「……」は省略を表す。強調して論じることを目指した語については〈　〉内に示した。
・本文中、原則として中国語の書名・論文名は日本語に訳し、注においては原語で表記した。
・注は各章末に記した。文献の書誌は原則として初出の際に記し、以下では前掲であることを示した上で筆者（編者）と書名・論文名のみを記した。ただし、資料集や年譜については初出を除き、編者の記載を省いた。
・本書で引用した諸文献は筆者が原語から訳出することを原則としたが、陳独秀の言説のうち、長堀祐造・小川利康・小野寺史郎・竹元規人編訳『陳独秀文集1　初期思想・文化言語論集』（平凡社東洋文庫872、二〇一六年）、石川禎浩・三好伸清編訳『陳独秀文集2　政治論集1　1920-1929』（同876、二〇一六年）、江田憲治・長堀祐造編訳『陳独秀文集3　政治論集2　1930-1942』（同881、二〇一七年）に収録されている文章については、基本的に訳文に従った。
・本書の各章は以下の初出一覧に示すように、学会報告を基に書き下ろした第1章と、訳書解説に手を加えた第8章以外は、既発表の論文から成っている。論旨の明確化を図るため、(2)の論文は第2章と第4章に分割し、(3)の論文の一部を第2章に加えるなどの作業を行ったほか、近年の研究動向による知見を加え、記述に必要な補充と訂正を行った。

(1)「陳独秀における民主主義と社会主義」二〇一九年度東洋史研究会大会報告、二〇一九年十一月
(2)「陳独秀と『二回革命論』の形成」『東方学報』京都　第六二冊、一九九〇年三月
(3)「瞿秋白と国民革命」、狭間直樹編『中国国民革命の研究』京都大学人文科学研究所、一九九二年三月
(4)「中国共産党の党内民主主義——一九二〇年代の党内論争を中心に」『史林』第七七巻六号、一九九四年十一月
(5)「中国共産党史における都市と農村」、森時彦編『中国近代の都市と農村』京都大学人文科学研究所、二〇〇一年一月
(6)「毛沢東『新民主主義論』はどのように成立したのか?」、石川禎浩編『毛沢東に関する人文学的研究』京都大学人文科学研究所、二〇二〇年二月
(7)「第三巻解説」、江田憲治・長堀祐造編訳『陳独秀文集3』平凡社東洋文庫、二〇一七年四月

序に代えて――本書の問題意識

中国共産党は二〇二一年七月一日、その「百周年」を盛大に祝った。北京天安門広場を埋める七万余の式典参加者を前に、天安門の城楼で演説した総書記習近平は、「中国共産党は誕生するや否や、中国人民の幸福、中華民族の復興を図ることを自らの初志・使命として打ち立てた」と述べ、この党は「今日、九千五百万余の党員を擁して十四億数千万の人口大国を指導し、全地球に対し重大な影響力を有する世界一の大政党となっている」と成果を誇ったのだった[1]。中国共産党の歴史に何らかの関心を持つ者であれば誰しも、彼の姿からは一九四九年十月一日、同じ天安門上で中華人民共和国の成立を宣言した毛沢東の姿を思い起こし、指導者としての二人のイメージを重ねることであろう。事実よく知られているように、習近平は、毛沢東が党規約で、党員の修得すべきものとして「マルクス・レーニン主義」とともに「毛沢東思想」を掲げたこと[2]に倣い、自らの名を冠した「思想」(習近平による新時代の中国の特色ある社会主義思想)を党規約に書き込み、毛と同じく自身の施政を正統化する「歴史決議」を中央委員会に採択させた[3]。習は党と軍と政府の指導権限を一身に担い、権力と権威を個人に集中させる体制――毛沢東独裁体制と異ならないものを築こうとしているかに見える。

そして、本書は、我々がその再現を眼にするかもしれないかつての毛沢東独裁体制が確立される以前の、中国共産党の二十数年間――同党誕生前夜の一九一〇年代末から一九四〇年代半ばまで――における指導者たちの言説の分析を課題とする。すなわち、毛沢東独裁以前における中国共産党の「民主主義」(同党が目指したものとしての民主主義と同党内部での民主主義を含意する)と指導者たちの思想(民主主義革命論と社会主義革命論、そして両者の移行についてのそれ)の検討を通じて、中国における毛沢東中心史観(その影響はかつての日本の研究者についても指摘できる)を批判し、「歴史」

と「現在」に対する新たな視座を提起することを目指すものである。

ここでこの一九一〇年代末から一九四〇年代半ばまでの二十数年間を概観しておこう。中国共産党は、"Democracy"と"Science"――「民主と科学」に代表される西洋文明の導入――をスローガンとする新文化運動（一九一五～二〇年）の中で成長した知識人・青年達が、ロシア革命や一九一九年の五・四運動（とりわけ六月における上海ストライキ）の影響を受け、社会主義（マルクス主義）や中国の労働問題に関心を寄せるようになったことを背景に誕生している。彼らの一部は一九二〇年になってソヴィエト・ロシアからの働きかけを受け、新文化運動の「主将」であった陳独秀を指導者とする中国共産党を上海で発足させた。彼らは、レーニン（N.Lenin）が創設しスターリン（J.Stalin）が掌握することになるコミンテルンの指示の下、孫文が率いた中国国民党との提携（国共合作）による帝国主義と軍閥支配の打倒＝国民革命（National Revolution）を目指した。中共の運動は、一九二五年以後の大規模な反帝労働運動（上海五・三〇運動や省港罷工＝広州・香港ストライキ）を自派の労働組合で指導したことに象徴されるように、党勢をまず都市で確立したのである。だが、孫文死後に台頭した国民党右派の軍人蔣介石は、二六年（広州）と二七年（上海）の二度に渡ってクーデタを起こして、南京に自らの政権を樹立した。蔣の軍事力に期待し、上海クーデタ後は武漢に政権を樹立していた国民党左派との合作継続を共産党に命じたスターリンは中国の現状を理解しない「指示」を出し、結果、中共は左派政権からも排除されることになった。「国民革命」は共産党の敗北に終わった。

ここに中国共産党は、左派・右派の国民党政権に対する武装闘争へと方針を急転換する。だが、それまでの指導者陳独秀を批判してこれに代わった瞿秋白の武装闘争方針は、秋収蜂起（一九二七年九月）や広州コミューン（同十二月）など数々の蜂起の失敗に終わった。共産党の勢力は都市から退き、南部諸省の山間地に支配地区を構築する道が選択された。農民を主たる兵員に、湖南・江西両省の境界地区を最初の根拠地とし、遊撃戦術を駆使し厳格な部隊紀律を確立した毛沢東・朱徳らの成功の結果、共産党支配地区は江西・福建などを中心に複数の南部省境地区で拡大、三一年には江西省瑞金を首都とする中華ソヴィエト共和国臨時政府を樹立するまでになる。ただし、三四年には国民党軍の大規模包囲攻撃への対応に失敗、主力紅軍は支配地域から西南地方への脱出を経て、陝西省北部に到達する。

この間毛沢東は貴州省遵義で開かれた政治局拡大会議（一九三五年）でモスクワ留学派に奪われていた軍事指導権を回復、張国燾との対立を乗り切り、以後次第に党内権力を増大させる。また同じ三五年、コミンテルンの主張に基づき、王明がモスクワで起草した「八・一宣言」（公表は十月）[4]は、国共の抗日民族統一戦線への道を拓くものであった。三六年の西安事変、三七年の盧溝橋事変を経て「第二次国共合作」が成立、国共両党は共同して（摩擦を繰り返しながらも）四五年に至るまでの抗日戦争を闘うことになる。

そしてこの二十数年間の歴史を経て、中国共産党は、大きな変貌を遂げていた。もちろん、百万を数えるまでに党員数が拡大していたこと、主要な活動地域を大都市から山間の農村地区へと変化させていたこともそうであるが、同時に強調されるべきは、前述のように一人の指導者が党内の権力と権威を絶対的に掌握する政党へと変貌を遂げていたことである。彼毛沢東は、党内の反対勢力（モスクワ留学派）を全き解体に追い込み、個々の党員を自らに服従させる「整風運動」を展開し（四二～四四年）、党の意思の最終決定者となり（四三年三月）、一九四五年四月、中央委員会（六期七中全会）で採択された「若干の歴史問題についての決議」によって自らを勝利者とする路線闘争の歴史を正統化したのである[5]。同月、実に一七年ぶりに開かれた中共第七回全国大会の会議の有り様は、この変貌を如実に示している[6]。

そこで本書は、かつての毛沢東中心史観からは批判の対象となり、今日の習近平中心の歴史観からは無視されようとしている党指導者陳独秀や瞿秋白の思想・革命論の存在——実際これらについて「百周年」の際に刊行された『中国共産党簡史』は全く触れない[7]——に注目し、この期間における他の共産党の指導者（李立三・蔡和森・鄧中夏）らを含め、彼らの論文や演説、議事録など会議での発言を検討の対象とする。そこで指導者間での革命論・政策論の多元状況や彼らの間での論争、そして意思決定のあり方に注目する。同時に、これまでの内外の中国共産党史研究者が指摘して来なかった事実として、この二十数年間の最初の時期、中国共産主義者は民主主義を徹底して実現するための手段として社会主義（プロレタリア独裁）を位置づけていたこと、国際共産主義運動におけるトロツキズムとスターリニズムが中国共産党史の中で大きな「役割」を果たしていたこと、さらに二十数年間の最後の時期に、初期中国共産党指導者の一人が民主主義（プロレタリア民主主義ではない）と社会主義の同時実現を主張していたこと、を指摘する。

　以下、各章では、(1)初期指導者である陳独秀や瞿秋白の社会主義や革命に関わる議論（戦術・戦略論を含む）がどのように成立し、そこにはいかなる特徴があるのかを検証し（第1、2、3章）、次に(2)これまでの中国共産党史に特徴的ないくつかの言論・言説——国民革命を失敗せしめたと非難されてきた「陳独秀の二回革命論」、中国革命を勝利に導いたとされる毛沢東の「農村による都市の包囲論」と「新民主主義論」に焦点を当て、これら従来「定説」として扱われてきた言論・言説の成立経緯を明らかにした上で、新たな歴史的な位置づけを試み（第4、6、7章）、あわせて(3)中国共産党の意思決定のあり方を「論争」の所在を中心に辿り、中国共産党の党内民主主義の実態を明らかにし、それがやがて変容を遂げ、四〇年代半ばには指導者個人の独裁へと帰結する過程を辿る（第5章）。最後に、党創始者であり、党内分派（中国共産党左派反対派）を形成し、「生涯にわたる反対派」の道を歩んだ陳独秀の晩年の思想を考察する（第8章）。

　こうした方法を取ることで目指しているのは——繰り返しを恐れずに言えば——中国共産党の公式党史に見られるような毛沢東中心の一元的な歴史観とは異なる歴史像・歴史事実を提示することであり、同じく今までの党史研究からは注意されてこなかった視座からの〈中国共産党史における民主主義と社会主義〉の問題を考察することである。

後者は、中国の社会主義者が民主主義をどのように考えてきたのか、を従来の研究、とりわけ中共の公式党史の主張の枠組みを超えて検証することだと言い換えてもよい。中国共産党が二〇二一年に「百周年」を誇り、毛沢東中心史観が維持される一方で、習近平中心史観が登場しようとしている今日、こうした観点・視座からの問題提起は、歴史学の成果を現実への評価と批判につながる回路とするためにも必要なものとなるはずである。

注

1 習近平「在慶祝中国共産党成立一〇〇周年大会上的講話」『人民日報』二〇二一年七月二日。なお、習近平は、「百年来、中国共産党が中国人民を団結させ、彼らを率いて行ったあらゆる奮闘・犠牲・創造は、一つの主題に帰結する。――中華民族の偉大なる復興である」とも述べているが、こうした主張は、彼が総書記就任の二〇一二年以来繰り返し発信してきたスローガン「中華民族の偉大なる復興」を、党の百年の歴史にそのまま重ねることで自らの主張の「正統性」を語ろうとする、極めて政治的な（学問的には必ずしも「正当化」できない）言説である。

2「中国共産党党章」、中央檔案館編『中共中央文件選集』第一五冊、中共中央党校出版社、一九九一年、一一九頁。

3「中国共産党章程」（中国共産党第十九回全国代表大会部分修正、二〇一七年十月二十四日採択）『人民日報』二〇一七年十月二十九日、中共中央「関於党的百年奮闘重大成就和歴史経験的決議」（中国共産党第十九期中央委員会第六回全体会議二〇二一年十一月十一日採択）『人民日報』二〇二一年十一月十七日。なお、後者の「歴史決議」は、党の成立から文化大革命終結までの中国共産党の歴史を毛沢東を中心に描き（「大躍進」や「人民公社運動などの錯誤」「反右派闘争」は最小限の言及にとどめ、文革については林彪・江青グループが毛の誤った判断を利用した結果「十年の内乱を醸成した」とする）、改革開放後については紙幅の大半を習近平時代に当てている（「百年」全体でも、習近平時代の記述は三分の二を占める）。

4『救国時報』一九三五年十月一日。同紙はパリで刊行されていた中共系華字紙。

5「関於若干歴史問題的決議」、『毛沢東選集』第三巻、人民出版社、一九九一年第二版、九五二～一〇〇三頁。

6 中共第七回全国大会の会議状況については、第5章（二二九頁以下）参照。

7『中国共産党簡史』（人民出版社・中共党史出版社、二〇二一年二月）は、建党百周年を期に中共中央宣伝部が同書の出版を起案し、中共中央党史和文献研究院（旧中共中央党史研究室・文献研究室）などの研究機関が執筆に当たったものである（「《中国共産党簡史》出版発行」『人民日報』二〇二一年二月二十六日）。だから同書は、公式党史のはずであるが、出版時の編著者名は、非公式な執筆グループに読みとられかねない「本書編写組」となっている。

第1章　五・四運動の衝撃と中国共産党の成立
――初期社会主義者の思想的軌跡

はじめに――毛沢東言説の批判を出発点として

毛沢東は一九四九年六月三十日、次のように述べた。「十月革命の砲声が鳴り響くや、中国にマルクス・レーニン主義がもたらされた。十月革命のおかげで全世界の、そして中国の先進分子は、プロレタリアの世界観で国家の命運を考察し、自らの問題を考え直すようになった。ロシア人の道を歩む――これが結論であった。一九一九年には、中国に五・四運動が起こった。一九二一年には、中国共産党が成立した」[1]。毛は、ロシア革命と中国知識人のマルクス主義受容を直接に結びつけ、その延長線上に五・四運動――北京の学生運動から上海労働者の大規模ストライキに至った大衆運動――そして中国共産党の成立を位置づけたのである。

もちろん、毛の言説には彼なりの「根拠」があった。彼は抗日戦争期に、中国のブルジョワ民主主義革命の歴史過程を新旧二段階に分けることを提起し、「プロレタリアの指導」をメルクマールとする「新民主主義革命」は五・四運動に始まった、この五・四運動は「ロシア革命を支持し、初歩的な共産主義思想を有するおおぜいの〔大批的〕知識人」らが起こしたものであり、「思想的にもまた幹部〔養成〕の点でも一九二一年の中国共産党の成立を準備した」[2]、との議論を展開していたのである[3]（傍点引用者）。

ただし、こうした毛の議論が政治的要請に基づくものであり、歴史事実そのものでなかったことは言うまでもない。

だから中国では早くから——毛沢東の権威が比較的後退していた一九六〇年代初めと八〇年代末という時期に——「新民主主義革命」の起点を五・四運動とすることに疑問が呈され、プロレタリアが五・四運動を指導した訳ではないこと、五・四運動期に毛の言うような「初歩的な共産主義思想を有する知識人」は決して「おおぜい」はいなかった（第一次世界大戦の結果を「庶民の勝利」「Bolshevism の勝利」と論じ、ロシア革命の意義を説いた李大釗ら二、三名ほどにとどまる）、李大釗らが五・四運動を「指導」した事実もないことが指摘されていた[4]。

また日本の中共党史研究者石川禎浩は、李大釗らを中心に中国におけるマルクス主義受容の過程を詳細に明らかにし、ソヴィエト・ロシアの側からの中国社会主義者結集の働きかけをロシア語の一次資料や論文にもとづいて復元、さらには日本やアメリカ、中国の資料・文献を駆使して中国共産党の成立経緯を精緻なまでに明らかにした[5]。

しかしながら、こうした研究成果にもかかわらず、従来の中国共産党の成立をめぐる諸研究——とりわけ中共成立要因の検討部分には、ある種の〈欠落〉が存在する。すなわち、(1)李大釗のような「先進的な知識分子」がロシアの革命への関心を契機にマルクス主義に接近し、これを受容していったことが注目される一方で、(2)中国の労働問題と労働運動に関心を持つことから社会主義に接近していった知識人の動向については注目しないか、あるいはやや簡略な記述をするにとどまっていることである[6]。こうした〈欠落〉には、(3)李大釗と並ぶ建党期の指導者陳独秀の社会主義・マルクス主義の受容過程が充分には解明されていないことを加えてもよいだろう。

ここで指摘されるべきは、一九一八年から一九年前半という早い段階でロシア革命に関心を持ち、そこからマルクス主義に接近していった李大釗のような事例が多いとは限らない、ということである。例えば、近代口語文学の成立に貢献したことで知られる胡適は、「当時（民国八年）、国内では『五四』『六三』〔運動〕の影響を受け、主義を語ることがまさしく流行した」、「国内の『新』分子は具体的な政治問題には口を閉ざすのに、無政府主義とかマルクス主義とかになるとこれを高談していた」と回想している[7]。こうした知識人の「流行」への反感が胡適をして「もっと問題を多く研究し、主義を語るのは少なくしよう」[8]との見解を公表せしめ、李大釗との間で論戦になったことはよく知られている（「問題と主義」論争、一九一九年七〜八月）が、それにしても胡適が言う「『五四』『六三』の影響」とは、実際には六月五日に始まる上海ストライキの影響のことであるはずだ。なぜなら、それ以前の北京の学生中心の五・四運動（と再開された六・三運動）は抗議デモや授業ボイコット、街頭演説を主な運動形態としており、「反日愛国」という主張を含め、「無政府主義やマルクス主義」とは直接関係がないからである。上海ストライキという労働者の立ち上がりこそが、労働者を担い手とする社会の変革思想——社会主義への「関心」を知識人にもたらした、と考えられるのである。

　実際、上海のリベラル紙『時事新報』副刊「学灯」に掲載された社会主義関連の論説・翻訳を上海ストライキの前後それぞれ三カ月で比較したところ、五〇篇ほどの記事が八〇篇ほどに増え、スト後には中国の労働問題を論じる論説がいくつも（六月十日、六月十一日、六月二十四日、八月八日、八月二十六日）掲載されるに至っている。このことは、ストライキ以後に、上海の知識人の社会主義・労働問題に対する関心が増大したことを示している。この他、一九一九年七月に日本で発表された、佐野学（東京帝大生中心の新人会創立に参加、後日本共産党指導者）の論文「労働者運動の指導倫理」、また友愛会に属した労働運動家久留弘三が八月に刊行した『労働運動』が、それぞれ詹大悲・李漢俊と周仏海の訳で九月の『民国日報』副刊「覚悟」に連載され[9]、九月創刊の梁啓超系の雑誌『解放と改造』が、サンディカリスムやトレイド・ユニオン（前者については経済的民主主義の実行を主張する思想と説明されている）、労働者の闘争手段としてのサボタージュを紹介する文章、中国で労働者統制の機能を果たしていた親方請負制度〔包工制〕を批判する論説を掲載している[10]ことも、こうした知識人の関心の方向性を示している。さらに、上海の主要紙の一つである『時報』は十二月からその副刊「実業週刊」の紙面の半分を「労働者の声〔労工之声〕」として刊行し、『時事新報』も一九二〇年一月から副刊に「工商の友〔工商之友〕」を加えている。

そうであるとすれば、この上海ストライキの衝撃を経由しての知識人の社会主義（と労働問題）への接近は、李大釗に代表される、ロシア革命への関心とマルクス経済学への理解を経由した社会主義接近とは別のチャネルを、中国共産党の成立に対し切り拓いた、と指摘できるのではないだろうか？　この想定が正しいとすれば、我々は彼らに社会主義への関心をもたらしたものとして上海ストライキに注目し、このストライキ以後、知識人たちがどのような経緯で中国の労働問題を論じ、どのような思想状況の中で労働運動に、そして社会主義に接近していったのかを明らかにせねばならない。そのことは、従来の研究史ではほとんど見過ごされてきた陳独秀の社会主義への接近とマルクス主義受容の「特質」を理解することにつながるはずである。我々はまず、上海ストライキの実態解明からこの作業を開始しよう。

（1）五・四運動と上海ストライキの展開

ここで時間を遡る。――一九一九年一月。中国の多くの人は期待のまなざしを、パリで開かれようとしていた第一次世界大戦の講和会議に向けていた[11]。アヘン戦争以来続いてきた数々の対外戦争の敗北の歴史が、中国が連合国側に立って参戦していたこと（つまり、戦勝国の立場に立ったこと）でいま塗り替えられる、と考えていたからである。期待の中心は、敗戦国であるドイツが山東省に持っていた租借地（青島）や鉄道・鉱山の利権が中国に返還されることにあった。

ところが四月末、ドイツ山東権益は、同じく連合国側で参戦し青島のドイツ軍を攻撃、山東省を占領下に置いていた日本の側に譲渡される、とのニュースが中国に伝わった。日本の欧米列強に対する働きかけが功を奏したためである。これに対し、五月四日、北京大学をはじめとする学生たちが抗議行動に立ち上がった。彼らは数千名の規模で天安門広場に集結したのち、デモ隊を移動させ、親日派の中でも高位を占める「三高官」の一人とされた交通総長曹汝霖の邸宅を襲撃、たまたま居合わせた同じ「三高官」の一人駐日公使章宗祥を手ひどく殴打し、曹宅に火を放って逮捕者三二名を出した（五・四運動）。更に彼らは一カ月後の六月三日、政府が禁じていた街頭演説活動を大規模に再開、数日のうちに千名近くが逮捕された（六・三運動）。

この北京六・三運動の開始と学生大量逮捕のニュースが広まると、中国最大の産業都市上海で新たな運動が開始される。五日、授業ボイコット（罷課）に立ち上がっていた学生たちの働きかけを受け、商店主たちが政府への抗議のため営業をストップ（罷市）し、これに労働者たちが同調、ストライキ（罷工）を開始するのである。最初にストに立ち上がったのは、階層的に商店主に近い、印刷工や機械工など熟練職種の労働者であった。彼らは自分たち労働者〔工界〕を、学生〔学界〕、商人〔商界〕と同じく国民であるとし、五日から六日にかけ、「わが工界も国民の一分子であり、良心において人後におちない」「商・学界を支援する」「わが工界は商・学界と一致して行動する」「国民の義務を尽くす」「外交の失敗で国政が危殆に瀕している時、工界が座視するわけにはいかない」といった主張を表明しながら工場の国籍に関係なく、それぞれの職場でストに入ったのである。上海の三つの地区（公共租界・フランス租界・華界〔中国管理区〕）の路面電車の車掌・運転手も同様にストに突入した。これら熟練労働者のストライキが、上海ストライキの第一波を形成したのである[12]。

だが、この第一波は三日目の七日になると、一段落したかに見えた。新たにストライキの隊列に加わる工場は少なかったし、フランス租界や華界では路面電車の運行が再開されたからである。ところがこの日、当時煙草工場としては最大の英米タバコの労働者（約五千人）が終業時、八日の日曜日をはさんで九日からのスト開始を声明した。彼らはスト回避を求める会社側に「国難に心を痛めているので仕事をする気はない」と回答した。同じ七日午後九時頃、代表的な在華紡の一つ日華紗廠（富士紡績系）では日本人による飲料水への投毒の噂から騒動が起こり、全工場三千人がストライキに入り、内外綿（ないがいわた）でも第五工場での女工の賃上げ要求に端を発した衝突が第七・八工場、第三・四工場、第九工場へと波及、全工場一万四千人のストが開始される。これらのうち日華と内外綿のストは明らかに偶発的だが、小さな衝突が短時間で工場全体へと拡大していることからすれば、労働者の側に反日感情や抗議行動への参加意識があったと見なければならない。しかも、六日までの熟練工たちのストライキが合計しても数千人規模であったのに対し、半・不熟練工を主力とするこれらのスト参加者はこの時点で二万二千人を越え、上海ストライキが拡大する契機となった。――これがストの第二波である。

そして六月八日の日曜日、ストライキの拡大に向けた組織的な動きが顕著になる。例えば、様々な工場に勤務する機械工と機械工場経営者のギルドである銅鉄桟機器業公所には約千名が集まり、ストへの対応を協議した。経営者たちがストに反対したのに対し、機械工たちは一致してストを主張、結果六月九日からのスト決行が決議された（ただし、発電所と水道局ではストを回避）。また、この日印刷工や電器工が労働組合結成に向けた会合を開いてストの開始や維持を決定したし、自動車運転手（約二千人）や滬寧線［上海―南京］・滬杭線［上海―杭州］の鉄道労働者（機械工・運転手・車掌ら二百数十名）も、九日からのストを決議した（後者は管理局側の説得で二十四時間延期）[13]。

さらにこの八日の『民国日報』『時事新報』には、労働者政党を名乗る「中華工党」の「宣言」が掲載されていた。中華工党は「無政府共産主義同志社」を組織したことで知られる著名なアナキスト劉師復の流れをくみ、一九一七年の一時期（四～十一月）にはサンディカリスムの運動論（ゼネストによる社会変革）を『民国日報』のコラム「工党消息」で説いていたアナルコ・サンディカリスト沈若仙（しんじゃくせん）をリーダーとするグループであった。彼らは五・四運動開始早々の五月十日頃「日本人のために働くな！」とのビラを紡績工に向け散布していたのである[14]。そして彼らの「宣言」には「中華工党文牘部幹事［書記］」の沈若仙以下、機械・紡績・製粉・製糸・タバコなどの工場労働者、金属加工職人・埠頭運搬工・洗濯業・建築業・人力車夫などの職種――その多くは翌九日以降、実際にストに立ち上がることになる

――の代表たちが名を連ね、以下のように主張したのであった。

我が国の国民が強権の圧制を受けること、今日すでに極点に達せり。……我ら数十万の労働者は命を賭して学生・商人〔学界・商界〕の支援に当たり、野蛮な強権と戦わん。我ら労働者は自ら立ち上がり、各業種の労働者にて個々の労働組合〔小工団〕を組織し、然る後連合して大規模労働組合〔大工団〕となすを主張せん。第一歩として労働者のデモを行い、第二歩として労働者の大ストライキを行い、第三歩として我ら数十万の赤血を懸け、野蛮な強権と戦わん[15]。

六月九日月曜、上海のストライキは全面的なストライキの様相を見せ始めた。自動車運転手たちは前日の決定どおりストに突入し、機械工や電器工たちはイギリス系の耶松造船（オールド・ドック）や和平鉄廠、中国系の江南造船廠、公共租界路面電車工場などで職場を放棄した。さらに海員たちはこの日の会議で一斉離船を決議、均安公所など彼らのギルド組織は、「万衆一心」「わが青島を返せ」などのスローガンを書いた黄旗（それは労働者の間で秩序維持と行動の目的を示す旗だった）を掲げて港沿いの道でデモを行い、この黄旗を見た海員たちは次々に下船していった。この動きは、上海港の荷役苦力（クーリー）やハシケ・港湾倉庫の運搬工など港湾労働者にも波及した。前日スト突入を二十四時間延長していた滬寧・滬杭線の鉄道労働者もこの九日午後六時になっても政府の回答がないため、翌日からのスト開始を決定した。両線の終点にあたる南京・杭州の鉄道工場の機械工たちはこの日の最終電車に乗って上海に集結、スト態勢に入った。十日午前九時、滬寧・滬杭線の運転手らは持ち場を離れ、両線はついに全線ストに突入した。

さらにこの十日には公共租界路面電車の車掌・運転手、電話会社の交換手、イギリス系の紡績工場（東方・老公茂・怡和）と瑞容造船、中国系の三新・恒豊紗廠などの機械工らが、十一日にはやはり中国系のタバコ工場南洋兄弟煙草公司の二千人と中華火柴（マッチ）廠の千人もストの隊列に加わった。この他、九日以降ストに入ったペンキ職人・大工・左官・洗濯などの手工業労働者を加えれば、スト参加者は総計十万人を超えたと推計されている。そして六月十一日、北京政府が曹汝霖ら「親日派三高官」を罷免した（彼らの罷免は運動目標の一つであった）とのニュースが到着するまで、上海の労働者は――所属する企業の国籍や公共性を問わず――ストライキにその意志を表明しようとしたのだった[16]。

かくして上海ストライキは、収束に向かう。だが、労働者の「決起」というべきストライキにあって、彼らは自らを「国民の一分子」として政治的な意志を表明し、当初の小規模で散発的なストライキを、大規模でしかも連鎖的なスト運動へと発展させていった。このことは、彼らの間に一定の階級的連帯感が存在していたことを示している。

しかも、その意義はこれらにとどまらない。ストライキは、はるか遼遠のロシア・ペトログラードで起こったのではない。中国最大の産業都市上海で、実に一週間にわたって波状的に続いたのである。その衝撃、あるいは労働者がストライキから「暴動」へと事態を発展させるかもしれないとの危機感・恐怖感は、「赤血を懸け」ての闘争までも提起していた中華工党のアナルコ・サンディカリストたちを除けば、上海市民の大半に共有されたものであった。

そのことは、ストライキのターニング・ポイントであった六月八日における上海の諸団体――労働団体や学生団体、資本家団体の動向を見るとよく理解できる。この日、国民党系の労働団体中華工業協会は、労働者に向けて「是非とも秩序を厳守せられよ。万一にも暴動することなかれ」との声明を『民国日報』に発表したし[17]、上海学生連合会の指導部は、共同租界の水道・発電、路面電車の工場に代表を派遣し「労働者に総罷業に参加しないよう要請する」ことを租界当局に約束していた[18]。また、民族紡績業の資本家団体（華商紗廠連合会）も、(1)新聞公告や伝単で日用必需品や日本製品に対抗する製品の製造工場ではストをすべきでないと呼びかける、(2)学生連合会を通して銅鉄桟機器業公所にスト回避を依頼する、ことを決議した。華商紗廠連合会の「公告」新聞掲載とは、六月十日から十二日にかけ上海の主要四紙『申報』『時事新報』『民国日報』『時報』の一面に掲載された無署名意見広告「愛国同胞注意」

のことのようであるが、これはストの拡大に警鐘を鳴らし、「人々の日常生活に必須の水道・電灯・新聞・郵便電話及び食物・交通など」の「労働者がゼネスト〔全体罷工〕を起こせば秩序は崩壊する」としてストの拡大回避を呼びかけるものであった。実際、十一日に東京路徐家村で開かれた「工界全体大会」（数千人が参加）は、運動が救国の目的を達成できない場合、「直接的行動、すなわち総同盟罷工を行う」ことを議決していた[19]から、ゼネストが行われる可能性は決して低くなかったのである。

そして、労働者のストライキへに対する危機感は、進歩的な知識人にあっても同様であったようである。

（2）上海ストライキの〈衝撃〉と知識人

このことは、上海ストの最中に創刊された国民党系週刊新聞『星期評論』の第三号（六月二十二日）の記事に示されている。記事によれば、スト終結から数日後、国民党の理論家にして孫文の側近であった戴季陶は、広州政権での政争に敗れ上海に退去していた孫文の元を訪れ、次のように語っている。

数日前、商店ストライキ〔罷市〕騒動の時、同時に労働者の大ストライキという事件が引き起こされました。幸い、北京政府が曹〔汝霖〕・陸〔宗與〕・章〔宗祥〕を罷免する命令が到着し〔ストは収束に向かい〕ました。ですが、もしこの命令があと一日か二日遅れていれば、恐らく全上海のゼネスト〔全市総同盟罷工〕という事態にまで至っていたでしょう。あの時、上海の知識ある人間で焦慮しないものはほとんどいませんでした。皆が何とかして労働界の人たちにストをしないよう勧告したのです。なぜでしょうか？　このたくさんの無組織で教育も訓練も受けていない〔人々の〕、しかも準備もなされていないストライキは、極めて大きな危険をもたらすばかりか、労働者自身にも不利益となるからです。ですが、今回の現象から見て、労働者が直接に政治や社会の運動に参加することはもはや開始されたのです。……ですから私は温和な社会思想で社会の多数の人を指導することがとても大事なことだと思います[20]。

実際、戴季陶が当初労働問題について表明した見解は、至って「温和」である。以後六月から八月にかけての『星期評論』には、資本家は「公共の福祉」のためにも、将来の社会主義革命を避けるためにも、労働者の教育費を負担するべきだ、といった議論や、「雇主階級との調和の保持」を旨とする労働組合の穏健な運営を主張する文章が発表されている[21]。

だが一九一九年九月以降、彼の論調は一変する。そのことは、世界的な労働運動の高揚、社会主義の潮流への注目から始まったようである。例えば、第一六号（九月二十一日）の季陶「労働問題の新たな趨勢」[22]は、

講和の成立後、各国の同盟罷業は非常に激しく、工業先進国であるほどひどくなっている。経済的には先進各国の労働条件は労働者の要求に従って次第に解決されている。政治的にも、無制限の男女普通選挙制が各国の社会組織改革の過渡期における新形式となろうとしている。労働問題の意義は、「労働条件改善」の問題から「工場組織改正」の問題へと、「労働所得の分配問題」から「労働者が工場を支配する問題」へと進んでいる、

と述べ、イギリスで事業経営権を要求する炭鉱労組の動向を紹介した上で、「現在の労働問題の要求は、汎労働主義国家の建設にある」と主張する。そして彼は文章の末尾で、中国で「最近生まれた労働団体〔工会〕」が労働者の文化育成や待遇改善に何ら関心を払っていないことを批判している。「工会」とは、今日では普通に労働組合を意味す

る中国語であるが、ここでは、前述の中華工業協会のような、工業振興への貢献によって労働者の地位向上を目指す、政治的な活動を行う団体のことである。彼らは、中小工場の経営者や上層労働者を主要なメンバーとしていたから、労働者の多数を占める下層の人々——不熟練労働者の利益を代表しようとはしてはいなかった。こうしたことへの同様の批判は、八月二十六日の『時事新報』、二十七日の『民国日報』に掲載されたサンディカリスト沈若仙の論説「工界各団体に忠告する」にも見ることができる[23]。

また、同月の『星期評論』第一七号（九月二十八日）の巻頭に掲げられた戴季陶の『世界の時代精神』と『民族の適応』[24]は、マルクス（K. Marx）は社会主義の「集大成者」にして「科学的根拠」の創造者であり、「マルクス主義を信奉する人は全世界に遍く存在している」が、ドイツでは「修正派」とスパルタクスが、フランスでは「労働組合〔労動組合〕主義 Syndicalism」が生まれ、最近ロシアでは「多数派 Bolshevism」が発展し、イギリスでは「伝統的な慣習主義と自由主義にマルクス主義の色彩が加わって組合社会主義 Guild Socialism となった」ことに見られるように、「マルクス主義の分化」が進んでいる、と見る。そこで彼は「社会主義」（戴の文脈ではほぼマルクス主義に等しい）を「厳格な主義」というよりも「一個の時代精神である」と説き、「我々がもし世界の時代精神に向けて進取の生活を送ろうとするなら、我々の歩み得る道は自ら切り拓かねばならない」と結論する。

戴季陶が一九一九年十一月から二〇年一月にかけ、カウツキー（K. Kautsky）著・高畠素之訳の「商品生産の性質」と『マルクス資本論解説』（売文社出版部、一九一九年五月）を翻訳し、それぞれを『民国日報』副刊「覚悟」と雑誌『建設』に掲載した[25]のも、こうしたマルクス主義への注目ゆえのことであろう。

さらに彼は、翌年には一層急進的な議論を展開している。例えば、一九二〇年二月の論文では、上海日本人実業協会や東亜同文会調査編纂部などが刊行した中国経済関係の調査・研究[26]の統計を利用し、国内外の紡績資本家が一日〇・一～〇・三元の低賃金で十二時間働く労働者（十歳未満から十五、十六歳の幼年工を含む）から「剰余価値」を収奪し、一六%から四〇%もの配当利回りを獲得していることを非難している。その上で、中国の労働者がその労働条件を改善しようするなら――「資本家と資本家が育成した政府」が労働者を保護するはずはないのだから――「自らが奮闘するしかない」と結論するのである[27]。また三月の論文「労働運動の発生とその帰趨」で彼はこうも述べる。

人は社会のために存在するのであって、生産は社会の必要に応じるためのものであり、人材も社会の必要に応じるために要請される。社会組織の意義は全社会の各人の普遍的な幸福にあり、少数者の特殊な幸福にあるのではない。『人々がともに働く〔分工協作〕互助社会』は、当然出現するし、出現しなければならない[28]。

「分工協作の互助社会」とは、アメリカで活動したアナキスト、エマ・ゴールドマン(Emma Goldman)の文章を翻訳した「無政府主義」(『実社自由録』一九一七年七月)の一文に、「無政府主義は、……分工〔功〕により互助を生むことを主張する」とある[29]から、これはアナキズムの言説を踏まえている。戴季陶がマルクスとマルクス主義を高く評価し、「剰余価値」学説を理解していたことは確かであるが、彼は当時この「マルクス主義」が「分化」していると見ていたし、アナキズムの論点を自らの主張に組み込むことに躊躇はしなかった。

戴季陶と同じ『星期評論』執筆グループに属する沈玄廬も、戴と同じく六月ストの直後、ストの拡大とそれがもたらす秩序の混乱を憂慮していた。彼は六月十五日掲載の記事で、「六・五運動のあと、ストの大波が突然巻き起こった。労働界〔工界〕以外では団体も個人も、『秩序』の二字のために憂慮しないものはなかった」と述べ、「わが労働界の人に向け、「ストライキは軽々しく行ってよいものではなく、そこには『道徳』『公理』『公義』が認められねばならない」と「忠告」していた[30]のだが、その彼が一九二〇年四月の『星期評論』に発表した「労働者の持つべき自覚」では、「あらゆる旧制度の打破」と「新たな社会の建設」の課題を労働者が担うべきだとしている。それは上海ストの時点とは全く異なる、労働者による社会変革（革命）の主張である。

いま全世界の労働者は、この手の［資本家の支配に由来する］苦痛をすでに味わいつくしているし、この苦痛の果実を植え付けたのは彼ら自身であることに気がついている。これを放擲して口にしないことは［旧制度に対する］大きな破壊・特別の破壊の表現である。言い換えれば、この苦痛の果実は資本階級が労働者に食らわせているのだ。ならば、労働者がこの苦痛の果実を資本家に返せば、同じく大きな破壊・特別な破壊が実現する。……我々が「能力に応じて働き、必要に応じて受け取る」が我々の［新たな社会を］建設する仕事の信条であることにはっきりと気づきさえすれば、普通の、老いも若きも病んだ者も安らかに過ごせる余地が生まれるし、衣食住以外にも大衆が向上する機会が生まれる（傍点原文）[31]。

この他、前述のように一九一九年九月、佐野学「労働者運動の指導倫理」を詹大悲との共訳で『民国日報』副刊「覚悟」に訳載した李漢俊も、同月『星期評論』に掲載した論説にあって、イギリスの鉱山調査委員会の事例を引き、「上海の中国労働者が資本家を呼びつけて大衆の前で審問することなどできるだろうか？」と述べ、中国の労働者の無権利状況を指摘している[32]。また李は、上海労働者のストライキ運動（一九一九年十月頃大小十数件を数えていた）に注目し、雇用側が「団体交渉権」を認めないこと、労働者側も自らの「団結権」などを権利として理解していないこと、労働者が要求するのは賃上げだけであり、労働時間や一般的な待遇・設備などは掲げられていないことを批判して「知識階級」が「肉体労働者（体力労動者）」と連帯することの必要を説き、さらにはアメリカの労働問題の重要性を示すものとしてＩＷＷ（世界産業労働者同盟）の紹介を試みている[33]。

だから李漢俊も、また彼の共訳者であった詹大悲[34]、そして彼と同じ時期に日本の労働運動文献を翻訳していた周仏海も、上海ストライキの衝撃を受けて労働問題に関心を持ち、そこから社会主義（マルクス主義）へと接近していった知識人であると見ることができよう。

では、陳独秀の場合はどうだったのであろうか。長堀祐造によれば、五・四運動当時、全国の高等教育機関に学ぶ学生数が三万人強であったのに対し、陳独秀が発行していた『新青年』の発行部数は一九一七年頃にはすでに一万五、六千部に達していた。さらに同誌は購読者の周辺で回覧もされていたから、「当時の知識青年の大半」は『新青年』の（つまりは陳独秀の――江田）の「影響下にあったといっても過言ではない」のである[35]。

よく知られているように、彼は五・四運動に際し、「北京市民宣言」を六月九日に起草――山東権益の確保、二十一カ条要求・日華共同防敵軍事協定の廃棄、親日派三高官らの罷免、絶対的な集会・言論の自由権を北京市民の名の下に要求し、要求達成のため、学生・商人・労働者（労工）・軍人らに「直接行動」による「根本改造」を呼びかけた――これをビラに印刷して六月十日と十一日、中央公園と遊技場「新世界」で散布、結果、逮捕されていた（釈放は九月十六日）。

ここで陳独秀が述べている日本語由来の「直接行動」の語は、議会制を否定し、ゼネストで直接に理想の実現を目指したアナキスト（およびサンディカリスト）の主張としてすでに中国に紹介されており[36]、上海の運動でも提起されていた。だが、この時の北京に労働者のゼネスト実現の条件は全くなかったし、彼の呼びかけは学生・商人・労働者に軍人を含めた「市民」に及んでいる。なぜか。このことを考える上で考慮に値するのは、彼が「北京市民宣言」を起草するほんの数日前の六月七日、上海『時事新報』紙の「時評」が、「現在の新思潮には二つの宝がある。一つは直接行動であり、一つは無抵抗［非暴力］主義である」と説いていたことである。「時評」によれば、このうち「直接行動」とは「人々が自ら決められた事柄につき、［組織の］代表も役員もなしにそれぞれに行動する」ことであり、これは「政権に対する唯一の武器だ」というのである。もちろん、この「時評」を執筆した「記者」（匿名）と陳独秀の関係は全く不明なのだが、時を同じくして同じ語彙を用い新たな運動の展開を主張したことには、ある種の共通理解が存在していたと想定できるであろう。少なくとも、そこには毛沢東が後（一九四〇年）に述べた、指導階級や組織を想定させる「初歩的な共産主義思想」の存在を論じる余地はない。

この時期（一九一九年の五・四運動以後）の陳独秀の思想的変遷について、中国の代表的な陳独秀研究者の一人である任建樹の『陳独秀伝――秀才から総書記へ』は、彼は李大釗の「後を追いかけて」ブルジョワ民主主義者からマルクス主義者へと進んでいったのだ、とする[37]。李大釗は、陳独秀が文科科長を務めた同じ北京大学に属し（図書館長・教授）、『新青年』に数々の論説を執筆、陳とともに時論紙『毎週評論』を創刊した。李は、前述のように、第一次世界大戦の帰結を「**Bolshevism** の勝利」と位置づけてロシア革命の世界的意義を説き、一九一九年九月から十一月にかけて「私のマルクス主義観」[38]を発表、中国ではじめて詳細にマルクス主義を紹介した知識人だった。

だが、陳独秀が李大釗の「後を追いかけて」と言ってしまうことで、見えなくなるものがありはしないだろうか？例えば、中国にあって任建樹と双璧をなす陳独秀研究者の唐宝林の『陳独秀大伝』が、陳は「空想的社会主義」や第二インターの階級調和的立場から「レーニン的マルクス主義」に進んだのだ、と評価している[39]。一方で日本の研究者の間ではかつて、陳独秀のマルクス主義への移行表明と考えられている論説「政治を語る」（後述）を「現在の時点からみれば、余りにもオーソドックスな、あるいはまた、その意味では甚だプリミティヴなものだった」とする評価[40]や、陳独秀の「マルクス学説の理解だけを比較すれば、李大釗よりも陳独秀のほうがはるかに正統的である。……しかしそれは中国の現実のなかではかえって無意味になるような正統性であった」[41]（傍点原文）とする見解が、主流であったように思われる。近年でも、陳独秀の中共成立期の言論は「ありきたりな」ものにとどまり、「陳独秀ならではのマルクス主義理解」を見出すことは難しいとする批評も、同じく存在する[42]。

であればこそ、一九一九年後半から二〇年前半にかけての陳独秀の労働運動や社会主義に関わる言説を改めて検討し、彼のマルクス主義理解（もしくはその受容）にはどのような「特質」があったのか（あるいはそれはなかったのか）、彼の言説が「ありきたり」に見えるとすればそれはなぜなのか、を考察する必要はあるであろう。以下、当時の陳独秀の社会主義関連の言説を具体的に辿り、その根拠や背景を考察することを試みる。

（3）陳独秀の場合――労働組合とコミューン（一九一九年）

さて、一九一九年六月に北京で逮捕され、九月になってようやく釈放された陳独秀は、そもそも六月のスト当時、上海にはいなかった。だから、一〇万もの労働者のストライキに直面し、その拡大に恐怖した戴季陶や沈玄廬らのような経験は持たなかった。しかしながら、中国の政治と社会に新たに登場した労働運動に対し、彼が関心を寄せなかった訳ではない。戴よりも数カ月あとのことになるが、『新青年』に発表された「民治を実行する基礎〔実行民治的基礎〕」（十一月二日脱稿）は、彼が労働者と社会変革をリンクさせて考察していたことを物語っている[43]。

この論説は、「民治主義」を語るその表題からも、また冒頭部分で当時中国を訪問していたアメリカ合衆国の哲学者ジョン・デューイ（John Dewey）の講演――「アメリカにおけるデモクラシーの発展」[44]――を引用していることから、アメリカン・デモクラシーを下敷きにした陳独秀の民主主義論と解釈されがちなのだが[45]、これは誤解である。陳独秀のこの論説の主要な論点は、「民治主義」運営の「基礎」として「地方自治」と「同業連合」の二つを指摘することにあるのだが、前者の「地方自治」はともかく、後者の「同業連合」についてデューイの講演は一言も言及していないからである。では、この「同業連合」とはなにか？ この点、陳独秀はヨーロッパ中世のGuild、現今のTrade Unionや各種の労働組合〔労動組合〕とは異なるとしながら[46]、一定の地域において一定の職業を有する集団と位置づけ、多彩な職種――「教員・記者・弁護士・医師」や「店主・番頭・店員」を除けば、ほとんどが肉体労働者である——を事例として掲げているから、陳独秀の言説にかかわらず、実は〈労働組合〉とほぼ同義である。陳独秀は彼らを地域別・職業別に、「小組織」から組織して、それらを連合して「大組織」にする、小組織の運営で人々は直接に議決権を有する、といった議論を述べるのである。

我々が現在民治主義を実行しようとするなら、イギリスやアメリカをモデルとし、政治と経済の両面に注意し、民治の堅実な基礎の上で効果を挙げるべきであり、人民自身がいかに小さな部分からでもその基礎を創造するべきである。この基礎とはなにか？　それは人民にとって直接的で現実的な自治と連合である。この種の連合・自治の精神は、人々の直接的な、代表を用いた間接的なものではなく、公共生活に必要な現実の事柄をすることであって、空看板を掲げてすませることではない。この種の連合・自治の形式とは、地方自治と同業連合という二つの組織にほかならない。……

地域での地方自治は、一つの村・一つの町から着手し、一地区〔郷〕の自治を急いではならない。……同業連合は一つの場所の一つの職業を範囲とする。例えば、ある埠頭の水夫・船員・沖仲仕、ある鉱山の鉱夫、ある鉄道の労働者、ある都市の学校教職員・新聞記者・弁護士・医師・大工・左官・人力車夫・籠かき・鍛冶屋・紡績工・ペンキ屋・仕立て屋・散髪屋・印刷工・郵便配達人・飛脚が、それぞれ同業の連合を組むものである。商業の店主や番頭、店員は小都市では一つの連合に加わり、大都市、例えば上海では業種や街路別に同業連合を組む。決してあの「工会」とか広大無辺の「上海商界連合会」とか、「全国工人連合会」といったものをあせって組織してはならない。およそ中身が空っぽで小組織を有しない大組織は、組織がないに等しい[47]。

ここで、陳独秀が「『全国工人連合会』といったものをあせって組織してはならない」と述べているのは、当時上海では、いくつもの上層労働者（ないしは中小事業者）中心の「労働団体」が勢力を政治的に誇張するべく、「全国」とか「中華」を名乗っていたこと（例えば「中華工業協会」「中華工会」「全国工界協進会」といったように[48]）を踏まえていたことはまず間違いない。

また彼は後文で、「上海の労働界〔工界〕には現在多くの同業連合が生まれていることを、我々は大いに歓迎するが、しかし大きな疑問が二つある。（一）外交のためだけではないのか、それとも団体の中には生活面での現実的必要の意識があるのか？（二）店主や支配人が実権を握っているのではないか？」として、現状に批判的である[49]。当時の上海労働団体のほとんどが、上層労働者中心の体質を有し、ＩＬＯへの代表派遣といった外交課題に取り組む一方で、労働者の待遇改善には関心を寄せていなかったから[50]、彼の批判は正鵠を射ており、当時の労働団体とは性質の異なる「同業連合」＝〈労働組合〉の組織を彼が提起していたことは確かである。

だが、そもそも、なぜ〈地方自治〉＋〈労働組合〉なのだろう？　陳独秀は「イギリスやアメリカをモデルとする」と言っているが、これは説得力を高めるための言説にすぎない。言うまでもなく、当時のイギリスもアメリカも、「地方自治」と「労働組合」で運営される社会ではなかったからである。では、陳独秀はどこからそのアイデアを得たのだろうか？

恐らく、陳独秀のアイデアの背景にあるのは、ロシアのアナキズム思想家クロポトキン（A.Kropotkin）の主張である。クロポトキンは、その著作 ***Modern Sciene and Anarchism***（一九一二年）で、地域連合体であるコミューンと、生産点での連合体である労働組合を共産主義社会の構成要素と規定しているからである[51]。

年次から言っても、論旨から言っても、陳独秀がこの著作を目にしたか、あるいはこの著作の内容を紹介した別の文献を目にした可能性は、充分にある。同書の訳書は黄凌霜訳で一九一九年に刊行されている[52]からこれを目にしたことも考えられる。さらに、引用部分の「小組織」を積み上げて「大組織」を構築しようとする主張や、後文に見える構成員全員が意志決定に参加する（代表制を採らない）、大会や理事会には会長や理事長を置かない、といった組織運営の議論は、上海のアナルコ・サンディカリスト系労働団体の議論と共通している[53]。

したがって、陳独秀の論説「民治を実行する基礎」は、デューイが紹介するアメリカン・デモクラシーを基礎とする民主主義の実現を求めるものではなく、クロポトキンが論じていた将来の共産主義社会を運営する車の両輪――〈コミューン〉と〈労働組合〉を、五・四運動後の中国における民主主義の基礎として構想し、その構築を提起するものであった。このことは、当時の陳独秀が共産主義の運営方法に民主主義の実現手段を見ていたこと、つまり共産主義と民主主義の双方を互いに反発し合う理念とは考えていなかったことを示している。この事実は、以後の陳独秀思想の展開における重要な基軸の存在を明らかにする。

ただし、この時の陳独秀は、自らの理念を実現するために、革命や実力行使が必要だとは主張しなかった。――「私が神経過敏な官界の人々に求めたいのは、地方自治を提起したからといってただちに統一の破壊を連想したり、同業連合を提起したからといってただちに社会革命を連想したりしないでもらいたい、ということである」。これらは、「現在の社会経済制度の下での行動は過激な方法をとるものではなく、フランスの工団主義（Syndicalism）ほど徹底していないばかりか、イギリスの工連（Trade Union）よりもずっと温和で簡素なものである」[54]。

労働組合についての議論は、一カ月ほど後に北京『晨報』に掲載された陳独秀の「北京労働界に告ぐ」[55]にも見られる。ここで陳独秀は、「今日の二〇世紀における〝デモクラシー〟とは、新興の被抑圧階級である無産労働階級が、自らの共同利害のために、抑圧階級であるブルジョワ階級に対して権利を要求する際の旗印である」と表明している。ただし、陳独秀は労働界に対し、「欧米のような有力な運動を妄想するのではなく」、「同業連合」や労働休息所・職業紹介所・夜間補習学校などを創設し、自らの境遇を改善すべきだ、と主張する。陳独秀はこの論説で、北京に多数の貧民と無産労働者が悲惨な状況に置かれていることを指摘し[56]、彼らの立場に寄り添おうとしているが、主張の力点は次の一文にある。「君たち各種の同業労働者が自ら連合し、自らの教育に力を入れ、衛生に心を配り、自らの生計を維持し、一に造反せず、二にストライキをしなければ、政府と資本家はむごい反対はしないであろう」。

彼はさらに、政府と資本家に民生問題を重視し、日本政府の社会局や労働局〔正しくは労働院〕[57]のやり方に倣って労働界に「仁政を施す」ことを求め、「知識階級の士大夫」には、彼らを朝靴の下に踏みにじり人として扱わないことを続けてはならない、と論じている。すなわち、この時点での陳独秀は、「同業連合」＝労働組合の組織を重視したし、彼らの生活改善を主張していたが、そのためには労働者に自助努力を求め、その上で政府に「仁政」を、「知識階級」に注目を要請するにとどまっている。政府や資本家は、まだ対決の対象になっていない。

(4) 陳独秀の転換──労働者への接近(一九二〇年)

だが、翌一九二〇年初め北京を離れ、二月五日に武漢で行った講演では、陳独秀ははっきりと「社会主義」の語を用い、それへの共鳴を語っている。講演の表題は、「社会を改造する方法と信念〔改造社会的方法和信仰〕」[58]。この講演については、すでに先行研究が言及し評価を行っているが、必ずしも充分なものではない。ここではこれまで利用されてこなかった『民国日報』の記事から、彼の講演の概要を紹介しよう[59]。

(一)階級制度の打破　平民社会主義を実行し、人々に虚栄を起こさせない。(二)私有〔継承〕制度の打破　共同での労働や作業を実行し、無産者を苦しませず、有産者を安楽にする〔不使無産業的苦、做有産業的安享〕。(三)遺産制度の打破　田畑は人の私有となって〔子孫に〕伝えられ所有されることがないようにし、社会の共有財産とすべきである。田畑を耕さない人は田畑を所有する権利を持つべきではない。これが社会改造の三つの方法である。そこには信念が二つある。(一)平等の信念と、(二)労働の信念である。……革命の時期が到来すれば、我々はかの悪魔と闘わねばならない。ただし、いまはその時機ではない。革命の方法と信念も成熟していないし、でたらめに暴動を起こす状況ではないからだ。辛亥革命は即席のもので、検討がなされなかった、それで簡単に失敗したことを知らねばならない。その失敗の原因は革命の方法と信念を持たなかったことにある。無理に共和国の看板を掲げたところで、前清の君主時代にも及ばなかったのだ。だから我々は次なる革命を欲するが、もしこうした方法と信念についての心理を極点にまで貫徹しないのであれば、でたらめに奮闘する訳にはいかない。一度でたらめに騒ぎを起こせば、辛亥革命の轍を踏むことになる。方法も信念もない、その時の悪魔は、必ずや以前より一層ひどいものとなる。

この講演を陳独秀は、「結局のところ、社会の改造を決心した人に望まれるのは、工読互助である。率先垂範してこそ、方法と信念を準備することになるのだ」、と結んでいるのだが、こうした講演内容から、一九二〇年二月段階での陳独秀の思想について、いくつかのことを明らかにできる。

すなわち彼は、「悪魔」=社会的な悪と闘う「次なる革命」を主張していた。革命の「方法」として階級制・私有制・土地財産継承制の打破を主張し、「信念」として「平等」と「労働」を掲げるのだから、それが社会主義を目指す革命であることは間違いない。

だが、ここでの「労働」とは汎労働主義のことであって、労働者が革命を担うことは想定されていない。彼が「社会の改造を決心した人」に望む「工読互助」とは、アナキスト王光祈が発足させた、青年たちが働きながら学び(半工半読)、助け合って(互助)集団生活を行うことで社会の変革を目指す「工読互助団」運動の主張を踏まえているのであるから、革命の主体=「社会の改造を決心した人」とは、知識人である[60]。この間の一九二〇年一月、陳独秀は『新青年』掲載の工読互助団募金要請アピールに李大釗らと名を連ね[61]、二月二十七日には、上海工読互助団の準備会合に出席している。しかし、こうした学生・知識人の小集団の「空想的社会主義」と呼ぶべき運動への関心は（唐宝林の説くところとは異なり）、さほど永続したものとは思えない。わずか一カ月後には『新青年』に「工読互助団の失敗の原因はどこにあるか」を発表しているからである[62]。

ならば、「次なる革命」を担う社会勢力はどうなるのか？　一九年後半と二〇年初頭における自身の関心と知見を踏まえ、彼はこの問題にどう解答を出したのか？

その解答は、陳独秀が上海で、現実の労働問題と労働運動に向かい合った結果得られた、と考えられる。彼は二月半ば北京を離れ、上海経由で広州に向かうはずであったが、彼を招請した広州政権側の方針変更の結果、三月以降もそのまま上海にとどまることになった[63]。こうした時期以降のことである。――彼は、この産業都市・上海で労働問題に対する考察を深め、労働者の運動に接近し、同時にアナキズムの影響から離れることになる。この時期新聞や雑誌の紙面を賑わした、厚生紗廠女工問題に対する陳独秀の考察と発言は、こうした彼の模索の過程を示している。

発端は、一九二〇年一月、実業家穆藕初（ぼくぐうしょ）が経営する新興の厚生紗廠[64]が湖南省長沙で女工五〇名を募集する方針を立て、募集要項――月給八元（能力に応じ増減との条件付き）、一日十二時間労働、毎週昼夜勤交替、無給試用期間一、二カ月など――を公表の上、応募を受け付けたことだった[65]。これに対し長沙の新聞『大公報』『湖南日報』の記者たちが、賃金が低すぎる、労働条件も劣悪ではないか、と非難の論陣を張った。厚生紗廠の側も黙っていなかった。提灯記事を記者に書かせたし、社長穆藕初自らも反論を執筆した。「いたずらに賃上げを言い立てるだけで、労働者の能力の高低、責任感の有無を問わないのでは」実業界も、社会と国家も「その害を蒙る」、「紡績工場では十二時間労働、織布工場では十三時間半だが、全国の工業の労働時間は大抵がそうだ」などと述べる穆の書簡は、上海『時事新報』（二月二十三日）に掲載された[66]。だがこの主張には、孫文側近の理論家として著名な朱執信が舌鋒鋭く批判した。「工業の振興とは結局商売をすることだ。何人かが商売で金を儲ければ、中国が富むことになるのか。……そんな富が中国人民に何の益があるのだ」、と（二月二十九日）[67]。長沙二紙の記者たちも、連名で長文の再反論書簡を作成して『時事新報』に掲載した（三月十七〜十九日）。

数十名の女工たちの待遇問題であったにせよ、厚生紗廠は有力な紡績会社であったし、穆藕初も名を知られた実業家であった。その彼が「実業振興」を振りかざして劣悪な労働条件・低賃金を正当化して見せたのだから、これは確かに中国資本主義に内在する問題を明らかにするものだった。しかも、当時の上海では日華紗廠や三新紗廠、上海紗廠などでも小規模ながら賃上げや待遇改悪反対を求めるストライキが起こっていた[68]。だから、陳独秀がこの女工問題に強く関心を向けることになったのは自然な成り行きであったと思われる。彼は、上海滞在が定まった三月上旬、『新青年』第七巻第六号の刊行予定日が五月一日であることから、この号を「メーデー記念号」とすることを思い付き、そのための原稿集めを始めた[69]。彼は原稿の一つとして、長沙『大公報』の記事をはじめとする関連の論説を収集し、三月下旬（恐らく二十三日か二十四日頃）[70]、「私の意見（我的意見）」と題する原稿を執筆した[71]。

「二十世紀の労働運動は、すでに管理権を要求する時代であって、待遇改善を要求する時代ではなくなったことをみなは理解せねばならない。待遇をいかに改善したところで、結局のところ自由な主人の地位にはならない」。——こう述べることで「長沙の新聞界」の女工に対する待遇改善要求を「無駄な努力」と決めつけながら、陳独秀は、「労働者が管理権を要求する時代まではまだ遠いので、眼前の待遇問題はやはりおろそかにはできない」との想定される反論には同意し、議論を続ける[72]。

「毎月八元の労賃は、長沙では少なすぎるということもないかもしれないが、上海の生活水準では、労働する人自身が飢えと寒さで死に至らないのに足りるというに過ぎない」、「中国人の言う紅利〔配当／利潤〕とかいうものは、労働者は例によって少しも手にすることができない。マルクスは、これは剰余価値であり、すべて労働者に分配すべきだと言った」[73]。ここで彼は、マルクス主義の剰余価値学説を踏まえた主張を展開する。

我々はただ「労働力の価値〔工値〕」を労働者に与えることを主張するだけで、「賃金〔工資〕」以外にもう少し多く与えなければならないなどと主張してはいない。「労働力の価値」とは何か。労働者が毎日力を労した結果の生産量の市場における価値であり、資本家が好きなように〇・三元とか〇・二元とか〔三角二角〕に定めるものではない。〇・三元〇・二元以外の剰余価値はすべて資本家――株主――が紅利の名目で奪い取って行くのであり、労働者は少しも分け前にあずからない。労働力の価値を奪い取って行きながら、掌を返してさらに奪われた者の労働能力の大小と責任感の有無を審問するのは、まったく太平の世にあっては許すことのできない罪悪である[74]。

ところが、こうした資本家による剰余価値の収奪を非難しておきながら、陳独秀が提示する問題解決の手段は、一見したところ温和な体裁を取ったものである。彼は、この頃社会主義に反対しBolshevismの危険を「予防」するための学説として唱えられていたCo-operative Society〔協同組合〕論[75]の援用を提案し、「労働者の誰もが紅利を得る権利を有することを認め、すべての株主・社長以下の事務員・労働者らが得るべき紅利を、一律に資本金とし、代わりに株券を支給」する、こうすれば、「労働者誰もが次第に資本家の地位に変化」するし、「資本はすべて再生産に用いられる」から工業も拡大される、と言うのである[76]。しかし、本来の協同組合論では構成員の平等な負担で組合企業が設立されるのに対し、ここではすでに設立済みの、資本家の経営下にある企業で、労働者の利潤獲得を認め、株券を与えるとしている。ここには大きな違いがある。穏健な外皮にかかわらず、彼の議論は、社会の大きな変革を前提としていたと考えざるを得ない。

さらに、この「私の意見」執筆の数日前にあたる三月二十日、彼はYMCAで行った講演「新文化運動とは何か？」の結論部分で、新文化運動は「他の運動」（軍事や産業、政治）にも影響を与えるべきだとし、次のように述べていた。――「新文化運動は産業にも影響し、労働者に自らの地位を自覚させ（覚悟他們自己的地位）、資本家に労働者を同じ「人間」として扱わせ、機械、牛馬、奴隷として扱わぬようにさせなければならない」[77]。

だが、それにしても、陳独秀が労働者は自覚するべきだ、とした「自らの地位」とは何のことなのだろう？

そのことが明らかになるのは、四月二日、陳独秀が上海船務桟房工界連合会（貨物船の物流部門労働者の組合）の発足式に招かれて行った演説「労働者の自覚」においてである。彼は数々の労働を担う働く人々の職種を大工・左官・鍛冶屋・機械工・船乗り・運転手といったように数え上げたのち、世の中で「労働する人こそが最も有用で最も貴重だ」と述べ、次のように続ける。

> 世界の労働者の自覚は二つの段階に分けられます。第一段階の自覚は待遇の改善を要求することです。第二段階の自覚は管理権を要求すること。……第一段階の自覚後の要求は、労働者が国家や資本家に対してする、待遇改善の要求です（例えば、労働時間の短縮、賃上げ、衛生改善、保険・教育といったこと）。第二段階の要求は、労働する人自身が国家や資本家の地位に立つよう要求し、労働する人自身が立ち上がって政治・軍事・産業を管理するよう求めることです。……各国の労働者の第二段階の自覚、第二段階の要求に、決して他に高望みはありません。労働する、力を労する者が政治・軍事・産業を管理し、人を治める地位に立つことを要求し、労働しないで心を労する者が人に治められる地位にあることを要求する、それだけです（傍点引用者）。

彼は最後に、「労働する人々の自覚には間違いなく第二段階の境地があるのだから、たとえ当面それが実現できなくとも、そのことを考えるのは何ら差し支えない」、「第一段階では満足できないから積極的には運動しないというのでは駄目だ」の二点の理解を聴衆に求めている[78]。

上海到着後に見聞した紡績工場のストライキの事例や厚生紗廠女工問題についての考察は、それまでの北京での労働界への提言や武漢での社会主義的変革への支持表明にとどまらない、新たな知見を陳独秀にもたらし、行動の必要性を教えたに違いない。この意味では、主に理論面からマルクス主義者となった李大釗と異なり、働く人間の現状との接近が彼にとって意味を持った、と言えるかもしれない。湖南女工のような低賃金・長時間労働の労働者の境遇に思いを馳せ、その上で賃労働を（マルクス主義の立場からも）批判し、労働者を機械・牛馬・奴隷の立場から立ち上がらせ、さらには管理権の要求を展望する、というのが、この時期の陳独秀の労働運動論であった。

そして、陳独秀が船務桟房工界連合会の発足式に参加していたことは、言論とは別の、もう一つの陳独秀の上海労働運動へのチャネルの所在を示している。既存労働団体の合法運動への接近と協力である。この間、陳独秀の影響下にあった全国学生連合会の活動家たち（張国燾・劉清揚・陳宝鍔・康白情・王徳熙ら）は、中華工業協会と接触してこれに加入、三月十四日の協会臨時役員会議では、張が総務主任、劉が交際幹事、陳・康・王は教育幹事などのポストに就いていた[79]。また工業協会ではこの時、恐らくは陳独秀の提案に基づき、傘下に各業代表会議を設け、電器・電車・印刷・埠頭などの労働者代表の選出が行われている。協会理事長曹亜伯が、労働組合は「政治に関わるべきではない」「資本家に対して正当な賃金を求める」べきだとの発言を行い[80]、従来の〈実業振興による救国と労働者の地位向上〉[81]の方針——一九一九年の時点でこうした方針を陳独秀が批判していたことはすでに述べた——の変更を表明したのも、この時期のことである。陳独秀の組合組織論と待遇改善論は、この上海でも最大の労働団体（会員数一万数千を呼号[82]）に反映されることになったと見ることができる。

そして、この中華工業協会は四月十八日、その他の六つの上海労働団体[83]と協議し、メーデー記念集会の開催を決定したが、この一九二〇年メーデーの開催にも陳独秀の影響力を見ることができる。集会の名称を「世界労働記念大会」とすることを提案した一人が陳独秀であったし、彼は中華工業協会の代表から発言を求められ（業種別に組合を組織し、時短・賃上げなど労働者の「経済的利益を図る」ことから進んで「一切の解決」を目指す、と述べている）、大会準備会議の顧問となっている[84]。そもそも彼は、三月上旬から五月一日刊行の『新青年』第七巻第六号を「メーデー記念号」として発刊するよう準備を始めていたのだから、メーデーに強い関心を持っていた。国民党系（中華工業協会・中華工会総会）を含む既存労働団体を中心に、陳独秀のような知識人（学生も含む）、そして非公然ながらアナキストも参加していた[85]一九二〇年メーデーは、当時にあっては考え得る限りの幅広い参加者を得、一九一七年にサンディカリストたちが行っていた小規模なそれを除けば、中国最初の本格的なメーデー集会になるはずであった。

だが、四月二十七日、上海の華界を管轄する軍政機関淞滬護軍使署は、戒厳令施行を理由にメーデー集会を禁止する布告を発した[86]。工界七団体のメーデー準備会は、メーデーは「平和な記念日」であり、「政治などとは全く関係がない」とする声明を発表する[87]一方、会場を華界から公共租界に変更してあくまでその実施を目指した。だが、当日、騎馬隊を含む大量の武装警官と兵士は旧会場の周囲を封鎖し、新会場に向かおうとした参加者たちを排除した。準備会は再び会場を変更して開催を目指したが、軍隊と警察の妨害を突破することはできなかった。結果、二〇年メーデーはわずか数百人の規模で、会場とも言えない「空き地で無理を押して」行われた。「労働歌」が歌われ、八時間労働制のスローガンが叫ばれ、労働者万歳（労工万歳）・中華労働界万歳（中華工界万歳）が三唱されたことを準備会の記録は述べているが、軍隊と警察が彼らに許した時間はわずか「五分間」であった[88]。会員数で数万を数えるはずの上海労働団体の合同集会は、たかだか「数百名」による「五分間」のものに終わらざるを得なかったのである。だから、大会後の会議が採択した「上海労働者（工人）宣言」は、以下のように述べている。

だが、「五月一日」は世界の労働記念日である。今日の軍警の横暴な行動が、ついに中国人をして驚愕から懐疑へ、懐疑から認識へ、認識から決心へ、決心から奮闘へと進ませたことに大いに感謝したい。今日より、我々中国人の覚醒した団結の精神は、もはや我々を弾圧する人の心胆を寒からしむるに足る。この事実は必ずや世界の友人たちにも認識されよう[89]。

この「宣言」は、運動への抗議を諧謔に富む筆致で表明する一方で、労働者の「団結の精神」こそが「（運動を）弾圧する人の心胆を寒からしむる」とその意義を強調している。しかし、ここまでであった。二〇年メーデー記念の失敗は明らかだった。——それはその延長線上に新たな労働者の運動を生まなかったのである。唐宝林は「今回の活動のスローガンと宣言は、すべて陳独秀の指導下に提起されたものだ」と指摘するが[90]、そうだとすると、陳独秀はこの運動の「失敗」（もっとも唐宝林はメーデーを成功したものと見なしているのだが）からいかなる教訓を得たのかが検討されねばならない。

（5）陳独秀におけるマルクス主義受容とその特徴

すなわち、一九一九年秋の釈放から二〇年メーデーに至るまでの時期、陳独秀は折に触れて社会主義の様々な潮流——無政府主義、協同組合論（合作主義）、そしてマルクス主義に関わる発言をし、労働問題を論じ、既存労働団体の合法運動にも関与した。もちろん、これらの発言と行動からして、彼がこの時期すでに広義の「社会主義」に共鳴する知識人であったことは確かである。だが、彼が「マルクス主義」へと直線的に進んできたかのように説く一部の研究者の見解は、恐らく正しくない。メーデー以後にあっても、彼は中華工業協会の会議（五月十八日）に出席してその教育主任に選出され、ボランティアによる労働者向け補習学校の運営、といった提案を行っているからである[91]。穏健で着実な合法運動の提案とは言えるが、それ以上のものではない。メーデー記念「失敗」後の運動の停滞を何らかの行動で打開しようと提起した形跡も見当たらない。

その彼が、この五月以降、プロレタリア独裁論を含むマルクス主義（ないしはレーニン主義）をほぼ全面的に受け入れるのは、中国で自らを支持する政治勢力の育成を目指したソヴィエト・ロシアから要員が派遣され、彼との接触を求めて以後のことである。すなわち、一九二〇年四月、ロシア共産党（ボ）極東州ビューローウラジオストク分局外国セクションから全権代表として派遣されたヴォイチンスキー（G.Voitinsky）[92]は、北京大学のロシア語教員ポレヴォイ（Polevoy、ロシア共産党員）らの紹介で李大釗と接触、その薦めから南下して上海を訪問し、陳独秀と会見するに至っていた[93]。陳独秀は五月下旬、ソヴィエト・ロシアの政治体制を評価する講演を行っている（後述）から、遅くともこの時期までにヴォイチンスキーと陳独秀は会談を遂げていたと考えられる。

だが、陳独秀がマルクス主義を受け入れ、中国における社会主義者の組織的結集へと向かった際、その思想的契機はどこにあったのか、言い換えれば彼のマルクス主義受容に「特徴」があるとすればそれは何か、といったことには、研究者はこれまであまり関心を寄せてこなかった。それは、前述のように陳独秀の論説を「プリミティヴ」と評するような、〈陳独秀のマルクス主義〉に対するそもそもの低い評価ゆえのことなのだろうが、こうした評価は実は、必ずしも充分な根拠に支えられてはいない。陳独秀の転換期の二つの文献――一九二〇年五月の講演「私の中国政治解決方針」と、九月発表の論説「政治を語る」に対し、必要な検討がなされていないからである。

五月の「私の中国政治解決方針」は、長く陳の文集に収録されなかったように、研究者から全く注目されてこなかったものである[94]。後者の「政治を語る」も、陳独秀がマルクス（レーニン）主義の立場に立ち、プロレタリア独裁論支持を表明した論説として知られていたとしても、陳独秀研究者の注目度はやはり高いとは言えない[95]。だが、彼のマルクス主義受容への「思想的契機」を問題にするなら、「私の中国政治解決方針」と「政治を語る」は、決して無視することのできない重要な文献である。以下、この二つの文献を手がかりに、この時期の陳独秀の思想移行の「特徴」を検討しよう。

（A）講演「私の中国政治解決方針」（『時事新報』一九二〇年五月二十四日）

まず「私の中国政治解決方針」は、恐らく五月二十二日頃に行われた陳独秀の南洋公学での講演原稿が『時事新報』五月二十四日に掲載されたものである[96]。一部はレジュメ風の記載となっているが、九月公表の「政治を語る」で陳独秀はこの『時事新報』の記載の一部をそのまま引用しているから、陳独秀の手になる講演記録であることは明らかである。

「現代世界の政治状況は、どのようなものであろうか？」――こう問いかけることから始める陳独秀は、多くの人は「政治の罪悪があまりにも深いことを目の当たりにし、政治そのものを覆そうと、政治の否定――無政府主義を主張している」が、中国では「軍警があり、法律があり、政府がある政治結合」（傍点引用者、以下同じ）に賛成する人の方が、「軍警がなく、法律がなく、政府がない社会結合」に賛成する人よりも多い。「だが、一歩退いて、前者の結合――政治結合を主張するとしても、新たな政治を主張してこそ、古い政治の罪悪を少しは一掃できる。新たな政治と古い政治の主要な変化を検討しようとするなら、まず以下のような各国政権転変の趨勢を知らねばならない」。こう指摘した上で、陳独秀は、「各国政権転変の趨勢」を、

(a)古代――第一、第二階級（君主・貴族・僧侶・大地主など）の執政
(b)現代――政治革命後の第三階級（商工業資本家の官僚政客）の執政

(c)将来——社会革命後の第四階級（無産階級）の執政

として示し、「第四階級の執政」の事例に「ドイツのスパルタクス」「ロシアの労農政府」「フランスのサンディカ」「イギリスのギルド」「アメリカのＩＷＷ」を挙げる[97]。そして、次のように議論を続ける。

将来の趨勢はこのように明確だが、我々は他の国とは異なる。わが国には特殊な国情があるのだから、我々はもう一歩退き、もう少し温和なやり方を主張する。中国を(b)(c)間に置くのだ。(a)(b)間という訳にはいかないだろう。我々が国情に合わせ、自らを過大評価することなく(b)(c)間にあることを主張するのであれば、その新政治の組織と実質はどのようなものであろうか？　それはほぼ下表のようになる。

（一）新政治の組織

行政委員会——中央と地方の行政委員は、すべて議会が選出する。

議　　会——中央と地方の議会は、各業連合会から人数比例で選出する。

（各業連合会は農業・工業・商業の業務と労働に自ら従事する者がそれぞれ組織する）

法　　院——議会が選出する。

（二）新政治の実質

(a)個人の言論・出版・集会・婚姻は絶対的に自由な権利である。

(b)遺産・糧食・銀行・土地・利率などの経済制度に関する規定

(c)中央と地方の権限規定

（甲）中央に属するもの――外交・陸海軍・税関・国営銀行・鉱工業と交通機関

（乙）地方に属するもの――警察・司法・糧食・教育・土地・地方経営銀行・鉱工業と交通機関

この陳独秀の講演は「一歩退いて」「軍警があり、法律があり、政府がある政治結合」を主張するのだから、アナキズムの主張とははっきりと距離を置いている。さらに、「社会革命後の第四階級（無産階級）の執政」＝プロレタリア独裁は更なる「将来」のこととされているのだから、「新政治」とは社会主義体制そのものではない。ただしここで彼は、「議会」を地域から選出するのではなく「各業連合会」――農業・工業・商業の「業務と労働」に従事する人々の連合体から選出すると言うのだから、この「各業連合会」とは農村や工場などの基層ソヴィエト（評議会）、「議会」とは地域ソヴィエトや全ロシア・ソヴィエトをモデルにしていると考えて差し支えないだろう。政府を「行政委員会」と呼んでいるのも、革命後のロシアに成立した人民委員会議に由来しよう。したがって、この時点で彼は、ソヴィエト・ロシアをモデルとする「新政治の組織」＝政治変革を主張していたことになる。

ただし、興味深いのは、ここで彼が主張するのは〈民主主義の徹底〉でもあることである。すなわち、(1)陳独秀は「新政治の実質」の第一に、「個人の言論・出版・集会・婚姻は絶対的に自由な権利である」を挙げているのだが、管見の限り、この時期（ソヴィエト・ロシアが秘密条約の廃止、東清鉄道など帝政ロシア以来の諸利権や義和団賠償金の返還を宣言した「カラハン宣言」が中国に伝わって[98]以後の時期）、ロシアに関する新聞や雑誌の報道は以前よりも大幅に増しているが、ソヴィエト・ロシアにおける「絶対的に自由な権利」としての「個人の言論・出版・集会・婚姻」に言及するものは見当たらない。だとすれば、陳独秀が「新政治の実質」の第一にこうした個人の権利の「絶対的な自由」を挙げたのは、彼自身の見解であったに違いない。

また、⑵この講演の最後の部分で彼は、「新政治」における最も重要な理念として、「職業を持たない人が選挙権・非選挙権を持たないこと、つまり貴族・軍人・官僚・政客などの無職業者の執政すなわち遊民政治を、農・工・商の業務と労働に自ら従事し労働する人々の執政すなわち職業政治に置き換えること」を挙げているが、こうした選挙権・被選挙権制限論は、必ずしも社会主義の立場からする、階級的観点からのものではない。一九二〇年当時、中国には広州の「非常国会」[99]と北京の「安福国会」[100]という二つの国会が存在したが、両国会とも政客（孫文）や軍閥（段祺瑞）が自派の政権を維持するため設けた、彼らの道具にすぎなかった。だから、陳独秀が選挙権・被選挙権から排除することを提案していたのは資本家や地主ではなく、「軍人・政客」だったのである。彼らの選挙権・被選挙権排除は、集団的な民主主義の権利行使の実現を主張するものであったと見て取ることができる。

ならば、陳独秀が目指す（あるいは呼びかける）「新政治」には、民主主義の個人的な権利も、集団的な政治的権利も含まれていたことになる。しかも、経済面での変革（土地・資本の国有化など）を陳独秀は提起していない。

だが、それにしても、陳独秀が中国政治全体の変革構想のこうした主張――ソヴィエト・ロシアをモデルとする「新たな政治」――は、陳独秀にとっても「新たな」ことであった。具体的なプランを挙げ政治体制の改変を直接語ることはこれまでして来なかったからである。こうした彼の新たな主張の登場の背景に、前述のように、ロシア共産党からの使節ヴォイチンスキーとの接触があったことは間違いない。

この後、彼は中国でソヴィエト・ロシアを支持する〈社会主義者〉を結集し、彼らの〈党〉を建設するというヴォイチンスキーの使命に協力し、政治活動を始めることになった。ヴォイチンスキーが六月、上海から発した書簡には、「高い声望と大きな影響力を有する教授」＝陳独秀がさまざまな都市の「革命家」を結集するために書簡を送っているとの記述が見えるし、彼が別にロシア共産党（ボ）中央委員会シベリアビューロー東方民族セクション宛に書いた書簡（八月十七日付）も、上海に自分を含め五名のメンバーからなる「革命ビューロー」が成立したことを報告している[101]。石川禎浩の考証によれば、この「革命ビューロー」とは、浙江第一師範に学び北京工読互助団に参加、同団解散後は上海に赴き、星期評論社に寄寓する一方で新青年社にも出入りし、工場（鉄工所）で労働に従事していた青年兪秀松の「日記」七月十日条に見える「社会共産党」のことである（兪秀松はこの日記で「前回［の会合で］我々は社会共産党を組織した（前回我們所組織社会共産党）」と述べている。傍点引用者）。兪秀松はその「自伝」（一九三〇年一月）で、自分たちの中国共産党を結成する会合の試みは二回目で成功し、「党の成立を宣言した」と述べ、施存統は後年の回想で、六月に陳独秀・李漢俊・兪秀松・施存統・陳公培の五名で中国共産党を結成したと述べている。そして石川は、施存統が日本留学のため上海で乗船したのが六月十九日であったことから、この「社会共産党」の成立を「六月中旬ごろ」としている[102]。

今読むと奇妙な印象を受ける「社会共産党」という党名については、中国の研究者の間でも論争状態にあるようだ。例えば、この兪秀松の記述を踏まえた上で、中国で最初に生まれた共産主義組織の名称は「社会党」だとする見解が表明される[103]一方、この組織名は、陳独秀らが社会党を主張し、ヴォイチンスキーらが共産党を主張した結果、妥協の産物として「社会党」と「共産党」を合わせた「社会共産党」になったのだろうという意見もある[104]。更に唐宝林は、兪秀松の「日記」に注目しながらも、アナキストの回想に基づいて「陳独秀が上海に到着してまもなくの時期（一九二〇年五月〜七・八月）に組織した団体は、真の共産党でなく、『社会主義同盟』であって、アナキストらと社会主義者が連合した統一戦線組織であった」と主張し、陳独秀が後に考えた党名は「社会党」であったとする[105]。

ただし、こうした見解はすべて正しくない。

当初の党名を「社会党」とする見解の根拠は、陳独秀が『新青年』第八巻第一号（一九二〇年九月一日）に発表した「時局についての私の見解（対於時局的我見）」で「社会党」を「吾が党」と呼んでいることにあるが、彼は同文冒頭で「自分は社会主義者の見地を述べる（我以社会主義者見地略述）」と言っているのだから、この「社会党」とは「社会主義者」

の謂である（そうでなければ、陳独秀は自ら非公然組織に属することを吹聴したことになるが、そうした可能性はほぼない）。また「社会共産党」の名称を妥協の産物のように主張する見解や、同党をアナキストとの統一戦線組織であったとする主張は、当時のメディアにおける「社会共産党」の用例を検討しないまま、提起されたものである。

実は、この時期（一九一九年～二〇年）中国の雑誌や新聞は、恐らくアナルコ・コミュニスト（「無政府共産党」）と区別する必要から[106]、ボリシェヴィキ系共産党を意味する政党名として「社会共産党」の語を用いていた。例えば、ハンガリー革命を報じる『時事新報』の記事（一九一九年六月六日）は、クン・ベラ（Kun Bela）率いるハンガリー共産党のことを「社会共産党」と呼んでおり[107]、レーニンの発言を紹介した雑誌『解放と改造』掲載の翻訳論説（同年九月）も、ボリシェヴィキの同義語として「社会共産党」を用いている[108]（この他にも日本を含め諸事例がある[109]）。陳独秀たちが新たに発足させようとしていた「党」の名に「社会共産党」を選んだのは、これが当時の中国では、ボリシェヴィキ党を意味する語だったからである。前述のように中国の研究者の一部には、当初陳独秀は「社会党」を主張したとし、そうすることで彼の当時の思想を穏健派社会主義に近づけて考えようとする傾向があるが、「社会共産党」の語義からすれば、彼がこの時点でボリシェヴィキ党を建設しようとしていたことを疑う余地はない[110]。

なお、最初の共産主義者組織「社会共産党」の実態は、起草されたとされる「綱領十余条」[111]の内容を含め、ほとんどわかっていない。ただし、兪秀松が七月十日の日記に、「前回我々が社会共産党を組織して以後、アナキズム〔を批判／克服すること〕についてもボリシェヴィズム〔を研究／実践すること〕についても、何から手をつければいいのかわからないが、いままでアナキズムを信じてきたことは、確かに盲従であった〔経過前回我們所組織底社会共産党以後、対於安那其主義和波雪佛克主義、都覚茫無頭緒、従前信安那其主義、的確是盲従的〕」[112]と述べていることからすると、形成された「社会共産党」のメンバーにはアナキズムの影響が残る一方で、ボリシェヴィズムの理解についても多少の「揺れ」があったことが想定される。

しかも、唐宝林も指摘するように[113]、中国における共産主義者の組織的結集について、ヴォイチンスキーと陳独秀の方針は大きく異なっていた。すなわち、ヴォイチンスキーがその六月書簡で「華北における社会主義者とアナキストの連合会議の開催準備」に言及している[114]ように、ロシア側は、自身を支持する勢力であればアナキストを含む、マルクシスト以外の社会主義グループとも「連合」して政治勢力を形成しようとしていた。だが、陳独秀はこの方針に賛同しなかったようである。

陳独秀は、一九二〇年五月下旬の「私の中国政治解決方針」講演では、ロシアに倣った新たな政治体制構築を主張すると同時に、アナキズムの理想実現を目標とはしないことを明言していた。だから、アナキストとともに新たな政治的結集を目指すつもりはそもそもなかったと言える。彼はこの時、生まれたばかりの組織（ヴォイチンスキーが「革命ビューロー」と呼び、兪秀松が「社会共産党」と述べたもの）をアナキズムからの、そして社会改良主義（修正主義）からの影響を排除するボリシェヴィキ組織として固める決意をしたのだった。恐らくそこには、寄り合い所帯で行われた一九二〇年メーデー運動の失敗の教訓があった。合法運動であるメーデー記念運動に対してですら、権力が動かした軍隊と警察の力は大きなものであった。それに対抗するためにはより強い結束が必要だ、と陳独秀は考えたに違いない。

そして、彼のこの、いわば「純化路線」の表明が、二〇年八月頃執筆と考えられる「政治を語る」である[115]。陳独秀自身は、これを個人的な見解表明のように書いているが、内容からすれば、中国における全く新たな政治組織――「社会共産党」の政治的指導者としての陳独秀が、更なる同調者＝「同志」を獲得するための議論と見ることができる。

（B）論説「政治を語る」（『新青年』第八巻第一号、一九二〇年九月一日）

「政治を語る」は、〝政治を語る〟ことについて自分と『新青年』同人との間に見解の相違があったとした上で、五月の講演「私の中国政治解決の方針」で表明した考えを補足し、「最近の見解」を加えて自らの「政治に対する態度」を詳しく述べる、と前置きする（第一節）[116]。

だが、ここで詳述される「政治に対する態度」とは、実際には、陳独秀が反対する社会主義党派に向けた批判表明である。彼は、政治を「語らない」グループの中では無政府主義者を、政治を「語る」グループからはドイツ社会民主党の修正主義者を批判の標的に選び、対決を表明したのだった。

⑴まず無政府主義者に対しては、彼らが政治や国家に絶対的に異議を唱えることに反対する。彼は「未来の労働階級の国家と政治は、それまでどおり暗黒で絶対に進歩の望みがないと誰が断定できよう」と述べ、国家・政治・法律といった強権は、「一種の自然力と見なすことができ、それを利用すれば暗黒や障害を排除する効用も得られる」とする。「当時ロシアでもしレーニンの労働専政〔プロレタリア独裁〕をクロポトキンの自由組織に替えていたら、資産階級がすぐ勢力を回復しただけでなく、帝政の復活さえ免れなかったに違いない」[117]（第二節）。ここでは、五月講演よりもアナキズム批判の主張が明確になり、労働者政権の維持にはアナキストの自由組織論は無効だ、との論点が加わっている。

⑵次に陳独秀は、「Bebel〔アウグスト・ベーベル、一八四〇〜一九一三〕死後のドイツ社会民主党」における「修正派」を取り上げる。陳独秀は「中国ではいま本当にこの派の人がいるとはまだ言えないが」が、「将来このような人が必ず勢力をもって我々の唯一の敵となる」と位置づけた上で、「修正派」への批判の議論を展開する（なぜドイツ社会民主党の「修正派」を標的としたのかについての解釈は後述する）。――彼ら修正主義者は直接行動ではなく、議会主義を主張し、ブルジョワ階級が依拠する政府や国会に加入し、ブルジョワ階級が依拠する政治・法律を利用して社会主義的政策を施行しようとしている。その結果は、「主義が実施できないだけでなく、資産階級と同化し、労働階級を抑圧

し社会主義に反対する政策さえ実施することになるだろう」[118]。

さらに陳独秀は、(3)修正主義（＝国家社会主義）の国家では、労働者階級の隷属状態が一層加重され、専横腐敗の階級の権力が強化される、修正主義者は「マルクスの階級戦争説に激しく反対し」、プロレタリア独裁〔労動専政〕という「労働階級の特権」に対してもデモクラシーを持ち出して反対した結果、「デモクラシーはなんと資産階級の護符となってしまっている」と指摘し、次のように主張する。「私は敢えて言おう。もし階級戦争を経ず、もし労働階級が権力階級の地位を占める時代を経なければ、デモクラシーは必ず永遠に資産階級の専有物」となるのだ、と（第三節）。以上の行論ののち、陳独秀はこう結論する。「私は革命という手段によって労働階級（つまり生産階級）の国家を建設し、対内的・対外的な一切の掠奪を禁止する政治や法律を作り出すことが、現代社会の第一の必要であると認める」（第四節）[119]。

すなわち彼は、政治や国家そのものを根底から否定するアナキズムと、資本主義を温存する修正主義を批判し、同時にマルクスが「ゴータ綱領批判」（一八七五年）で提起し、レーニンが『プロレタリア革命と背教者カウツキー』（一九一八年）で議論を展開した「プロレタリア独裁」への支持を表明したのである。アナキズム批判・修正主義批難・プロ独論支持という三つの論点は、六月中旬に成立した社会共産党（「革命ビューロー」）の形成後の七月十日の時点にあっても、「ボリシェヴィズムについても何から手をつければいいのかわからない」と兪秀松が述べるような状況の「党」のメンバーに対し、そしてまた彼らの周囲にあった知識人に対し、結集の軸を示すものであったに違いない。

なお、この時期についての中国の代表的な研究書の一つである『中国新民主主義革命史　偉大なる開端』は、初期党員の回想を網羅的に検討した上で、中国共産党の「発起グループ」の「成立」を一九二〇年の「七月から八月にかけて」のことだとしている[120]が、初期党員の多くが同グループの成立時期として七月ないし八月を挙げるのは、陳独秀の影響下にメンバーの数が増大し[121]、その党名も李大釗・ヴォイチンスキーらとの協議の末、「中国共産党」と確定した[122]がゆえのことと推測できる。

また、ここで注意されるべきは——従来の研究ではあまり注意されていないようなのだが——中国共産主義者の中で「プロレタリア独裁」論を公然と肯定したのは、陳独秀が最初であったことである。そもそも〈自由と平等〉を同時に希求するはずの社会主義者が「独裁」を主張したのであるから、主に第一次世界大戦後知られることになったこの議論は、広く中国知識人の関心を引いたのだが、彼らの大半はこれを否定的——(a)「そんなものは存在しない」と考えるのと、(b)「それは間違った議論だ」と考える、二つの意味で——に受けとめたと言ってよい。例えば、「Bolshevism の勝利」(一九一八年十二月脱稿)でロシア革命を支持した李大釗はプロレタリア独裁を「平民独裁政治」と訳し、一九一九年一月の『毎週評論』に掲載した短文でこう述べた。——「ロシア・ドイツで社会主義革命が起こってから、人々は『平民独裁政治』といった新語を作り出しているが……これは論理的ではない」、「平民がどうして独裁できるのだ?」(傍点引用者)[123]。また『新青年』の論説執筆者にして編集者でもあった高一涵も、ボリシェヴィキの主張として「公妻・女子国有」や「平民独裁」を挙げる論難を批判し、「そんなものがロシアのどの法律、どの声明にあるのだ」と述べている[124]。この時彼らは、マルクスやレーニンにおけるプロレタリア独裁の主張を全く知らなかったようである。李大釗がその後に公表した「私のマルクス主義観」(一九一九年十〜十一月)も、プロレタリア独裁について一言も触れない。

また同じく中国知識人がマルクス主義を受容する過程で大きな役割を果たした戴季陶も、一九一九年六月の『星期評論』で、ボリシェヴィキが「最も恐れるのは平等幸福、最も恐れないのが専制だ」と述べた。これは李大釗・高一涵とは異なり、実際に行われているものとしての「プロレタリア独裁」に対する批難である[125]。一九一九年から二〇年にかけての総合雑誌『東方雑誌』や上海の新聞『民国日報』・『申報』を見ても、ロシア革命関連の論説や翻訳、記事はしばしばプロレタリア独裁に言及しているが、その多くは批判の対象としてである[126]。

一方、フランス留学中にマルクス主義に触れ、文献翻訳に取り組んでいた蔡和森は、一九二〇年八月——奇しくも陳独秀が「政治を語る」を執筆したと想定される時期——毛沢東宛に書簡を書き、その冒頭で「社会主義に必要とされる方法とは階級闘争〔階級戦争〕——プロレタリア独裁〔無産階級専政〕である」と断言した[127]。早くから（日本留学中に）社会主義についての論説を発表し[128]、中国共産党の第一回全国代表大会に出席した李達も、大会当時「我々はプロレタリア革命とプロレタリア独裁のことはわかっていた」と述べている[129]。

「政治を語る」の公表から二カ月後の一九二〇年十一月、上海で恐らく十数名程度のグループを獲得していた陳独秀らが機関誌『共産党』を創刊した時——すなわち石川禎浩が指摘するように中国共産党が成立した時[130]——彼は発刊宣言にあたる「短言」でやはり「労働独裁〔労動専政〕」を主張しているし[131]、周仏海も同号巻頭論文[132]でマルクスやレーニンを引用して「プロレタリアの独裁〔無産階級底専政／専制〕」を詳しく論じている（この点後述）から、プロ独論の承認は彼らが自らを共産主義者と自認する際の要件であったことは想像に難くない。事実、同じ十一月、陳独秀が起草したとされる「中国共産党宣言」は、プロレタリアの政権獲得後にあっても階級闘争は新たな「プロレタリア独裁」という方式で継続する、その任務とは内外の仇敵・残存資本主義勢力と戦い、革命的手段による共産主義建設の方法を作り出すことだとした[133]のだが、このプロレタリア独裁〔無産階級専政、労農専政〕の語を実に九回も繰り返し述べるこの「宣言」を、張国燾は「入党承認の基準」だった[134]と述べている。

唐宝林が指摘するように、社会主義とソヴィエト・ロシアに関心を持つ中国知識人の中で、陳ほど影響力を有する人間はいなかったから、こうした「純化路線」的な陳独秀の意志を、ヴォイチンスキーらソヴィエト・ロシア側も無視できなかったのであろう[135]。

もちろん、陳独秀はこれ以後もこの方針を貫いた。彼は、十一月から十二月にかけ、バートランド・ラッセル（Bertrand Russell）の議論に依拠した穏健派の張東蓀らに対する論戦をまとめ上げ[136]、また翌一九二一年一月、恐らく組織「純化」

のため赴いた広州の公立法政学校で行った講演「社会主義批評」[137]では、主にアナキズムと国家社会主義（修正主義）を批判した。この講演の公表の結果生じたアナキスト区声白（おうせいはく）――彼らはヴォイチンスキーの画策の下、一九二〇年末には広州でアナキスト主体の共産党組織を打ち立てていた――との往来書簡による論争を新聞紙（『広東群報』）上で展開したのも「純化路線」の一環である[138]。この論争では、アナキズムが主張する個人・小組織の絶対自由では政治も経済も運営できないとする陳独秀の批判に対し、区が自由連合論の有効性を説き、自分たちは無政府共産主義者であって、社会の福祉を顧みない個人的無政府主義者ではない、などと反論、陳独秀がさらに具体的な事例を挙げて自由連合論への批判の議論を展開する、といった正面切っての公然論争が二一年四月まで続く経過を辿ったが、こうした立場の明確化、そしてこの間のアナキストと陳独秀一派の間の新聞紙上における中傷合戦の発生もあって、陳独秀は共産党系組織からのアナキスト排除を決意する。まず広州社会主義青年団を譚平山らの手で一旦解散し、これを集権主義組織として再建することを図り、協議の場で区らに圧力をかけたのである。区声白は北京の無政府主義者に宛てた書簡で次のように述べている。――「陳独秀は野心満々に『君らの連合は自分の指揮に従い、青年団の集権主義に基づいてことを進めるべきだ』と言っている。［あたかも］わが党［アナキスト］が陳に降服させられ誓約の上［彼の党派に］加入したかのように、である」、と。この書簡が引用されている公文書（北京歩軍統領密偵報告）が三月十三日付であることから、三月上旬には両派の決裂は決定的なものとなり、広州の組織から無政府主義者が脱退し、マルクス主義者だけの所謂「真の共産党」の誕生へと事態が進んだことが理解される[139]。

この他、陳独秀たちは上海における機関誌『共産党』の創刊以前に、陳望道の訳、陳独秀・李漢俊の校訂にかかる『共産党宣言』を「社会主義研究社」から刊行していた[140]し、労働者向けの週刊誌『労働界』、店員向けの週刊誌『夥友』を創刊[141]、機械工の組合（上海機器工会）をも組織していた[142]。

そして、全国各地――北京・済南・武漢・長沙・上海・広州と、そして在日留学生の間に、マルクス主義に共鳴する知識人らのグループが形成されるのに合わせ、これらと連絡が付けられていった。こうした成果には、もちろんソヴィエト・ロシア、コミンテルンの支援があった。コミンテルンは、その中国代表として、インドネシアでの活動歴のあるオランダ人革命家スネフリート（H.Sneevliet、変名マーリン Maring）らを派遣、結果、一九二一年七月二十三日、マーリンらと各地の共産主義グループを代表するメンバーが上海に集まった（中国共産党第一回全国代表大会）[143]。

北京代表　張国燾・劉仁静
済南代表　王尽美・鄧恩銘
武漢代表　董必武・陳潭秋
上海代表　李漢俊・李達
長沙代表　毛沢東
広州代表　陳公博・包恵僧
日本代表　周仏海

この十二名は、わずか五十数名の「党員」しか代表していなかったし、そのほとんどがジャーナリスト・教員・学生といった「知識人」であって、その意味ではプロレタリア政党としての内実を備えてはいなかった。彼らはしかし、以下のような「規約」を採択し、中国における共産主義運動の道を切り開くのである。

A　プロレタリアートの革命的軍隊をもって資本家階級を倒し、労働階級による国家を建設し、もって階級的差別を消滅させる。

B　プロレタリアートの独裁を採用し、もって階級闘争の目的――階級の消滅――を実現する。

C　資本の私有を廃止し、全生産手段――たとえば、機械、土地、建物、半製品等々――を没収し、社会的所有に帰する。

D　第三インターナショナルと連繋する[144]。

中国共産党はこの時、アナキズムや穏健派社会主義（修正主義）の影響を排除し――「純化路線」を辿って――マルクス主義に基づく、直接に社会主義革命を目指す政党として態勢を整えたのである。

ただし、彼らがこの時同時に、彼らの思想の淵源地である新文化運動期の「民主主義」を無視して「社会主義」のみの実現を構想していた訳ではないことも、確かである。陳独秀が一九一九年十一月の時点で、無政府主義者が主張する将来社会の運営方法（労働組合と地域コミューン）を民主主義の基礎と位置づけていたこと、また二〇年五月に、ソヴィエト・ロシアの政治体制をモデルとすることを主張しながら、個人的な、そしてまた集団的な民主主義の権利を擁護していたことからしても、そのことは想定できる。従来の研究史にあって、軽視されるか曲解されてきた彼の〈民主主義と社会主義〉に関する「独自」の視点は、陳独秀のマルクス主義理解の「特徴」を示すものとして重要なものではないか。この論点を、最後にまとめておきたい。

おわりに――陳独秀における「プロレタリア独裁」と民主主義

陳独秀が本格的に社会主義について発言を開始するのは、五・四運動以後のことであった。繰り返すが、ロシア革命についての知見と、日本を経由した経済学理論を中心にマルクス主義を受容した李大釗とは異なり、陳独秀は一九一九年の後半以降、現実の中国の労働者状況や彼らの運動実態に関心を寄せることから――アナキズムやサンディカリスム、そしてマルクス主義の議論に触れつつ――広義の社会主義に関心を持つに至った、と言ってよい。彼は一九二〇年二月に上海に居を移し、ストライキの実態と資本家の労働者に対する苛酷な扱いを目にした後、労働運動に依拠して彼らの低劣な待遇を改善し、労働者が社会の主人公となるべきだとの議論を述べていた（こうした主張は、当時の上海「労働界」にあって全く少数派のものである）。また、一九一九年十一月の論説や二〇年五月講演に見られるように、この時期の陳の議論には、〈共産主義・社会主義（特にその運営方法や政治体制）に依拠して民主主義の徹底を図る〉、といった発想を見ることができる。二つの主義をこうしたかたちでリンクさせることは、この時期における彼の思想の「特徴」と言っていいかもしれない。

しかし、一九二〇年八月頃執筆と想定される「政治を語る」において、彼はプロレタリア独裁論への支持を表明し、その後もプロ独論を中国共産主義者の結集軸として――言い換えれば「純化路線」の立場から――提起し続けた。では、彼はどのようにプロレタリア独裁を支持し、中国におけるその最初の提起者となったのか？　そもそも前述の、同年五月講演における陳独秀の民主主義に向けた主張はどこに行ったのか？

ここでもう一度、「政治を語る」での彼の議論――民主主義に関わるそれ――に立ち戻ろう。

陳独秀は「政治を語る」にあって、ドイツ社会民主党の修正主義者の主張は「国家社会主義」であり、これは民主主義を踏みにじるものだと指弾している。――彼らは社会民主党を名乗りながら、「社会の民主主義を要求せず、産業の民主化も要求せず、ただ生産手段を既存の国家――既存の資産階級の軍閥・官僚が盤踞して悪をなす国家――の手に集中させることを主張するだけである」（傍点引用者、以下同じ）。さらに陳独秀はこの批判を、ドイツ社会民主党正統派のヴィルヘルム・リープネヒト（Wilhelm Liebknecht）の次の言説を引用することで補強している。「このような国家社会主義は、実際には国家資本主義（State Capitalism）と呼びうるだけで、時流に迎合するように見せかけて偽の看板で人を騙しているに過ぎない。ドイツの国家社会主義、厳密に言えばプロイセンの国家社会主義、その理想は、軍国的で、地主的で、警察的な国家であり、それが最も嫌うのが民主主義である」[145]。ここで、陳独秀もリープネヒトも、民主主義をもたらさないことで社会民主党「修正派」を批難しているのである。なお、リープネヒトは、陳独秀が引用した部分のすぐ後で、こうも述べている。「我々の認識では社会主義と民主主義とは不可分なのであるから、わが党は単なる社会主義の政党ではなく、社会民主主義の政党であることを忘れてはならない」[146]。恐らく、こうした主張に共鳴したからこそ、陳独秀はドイツ社会民主党のリープネヒトら正統派の議論を支持し、修正主義を批判したのである。

そもそも陳独秀は、この議論の冒頭で、「中国ではいま本当にこの派〔「修正派」のこと〕の人がいるとはまだ言えない」としながら、「将来このような人が必ず勢力をもって我々の唯一の敵となるに違いない」と言い添え、ドイツ社会民主党の修正主義に議論の鉾先を向けたのだが、実は中国における「修正派」と呼ぶべき見解は、「政治を語る」公表よりも前に、穏健派社会主義者の張東蓀らが明らかにしている[147]。にもかかわらず、ドイツ修正主義批判の方向へと議論の舵を切っているのは、「社会主義と民主主義は不可分」だとするリープネヒトの主張への彼の共感以外に、その理由を想定できない。

したがって、「政治を語る」で彼が説いた、階級闘争と労働階級の権力獲得なくしては「デモクラシーは必ずや永遠に資産階級の専有物になる」との主張は——デモクラシーを永遠にブルジョワジーの専有物としてはならないという意味だから——ロジックを辿れば、〈プロレタリア独裁とはプロレタリアがデモクラシーを獲得することなのだ〉となろう。事実、こうした観点は「政治を語る」公表後の一九二〇年十一月、ある知識人に宛てた書簡の中で、〈大多数の無産労働者が自由を獲得することこそがデモクラシーなのだ〉といった同趣旨の発言として繰り返されている[148]。同月刊行の『共産党』創刊号の発刊宣言にあたる「短言」にあって、彼はアナキストに向け、「大事な自由を資本階級にわたしてはならない」と述べている[149]のだが、ここでの「自由」とは言うまでもなく、プロレタリア独裁が労働者にもたらす自由のことである。

さらに、同じく『共産党』創刊号巻頭に掲載された前述の周仏海（当時鹿児島第七高等学校在学）の論文「ロシア共産政府成立三周年記念」[150]は、社会主義者内部からも向けられたプロ独への批判——「民主主義と矛盾している」「専制主義だ」といった論難に対し反論を試み、陳独秀のプロ独概念（＝プロレタリアのデモクラシー獲得）を拡張し、新たな定義を与えている。周仏海はここで、資本主義から社会主義への移行には「強制」が必要だとするレーニンの主張[151]やマルクスの「ゴータ綱領批判」での言及とともに、レーニンの、プロレタリアートの独裁は（ブルジョワ民主主義とは異なり）「市民の平等を一挙に、完全に実現している」[152]との言説を紹介し、「プロレタリアの独裁とは、普遍的な民主主義の原理と矛盾しないばかりか、それを実現する唯一の手段なのだ」との見解を主張したのである。

そして、この周仏海の議論には、引用元が明記されていない「種本」があった。それは、「プローレタリアのデモクラシー（＝プロ独裁）によってこそ「真の『一般的のデモクラシー』は実現せらるべきものである」とした山川均の論文「ソヴィエット政治の特質と其批判」（一九二〇年六月）である。周の議論は、この山川の議論の組み立てとレーニン引用をトレースしたものであり[153]、中国語の「普遍的な民主主義（普遍的民主主義）」も、山川が用いた「一般的のデモクラシー」を訳したものである。しかも、山川の日本語「一般的のデモクラシー」は、今日の日本語版『レーニン全集』では「民主主義一般」と訳されているが、この語をレーニンは否定的に用いており[154]、実は山川が引用した「『プロレタリアの独裁は』市民の平等を一挙に、完全に実現している」との発言部分のところで、「民主主義一般」に言及してはいない。レーニンの引用部分と「民主主義一般／一般的のデモクラシー」を結びつけたのは、山川の独自の解釈である。

すなわち、この山川流プロ独論の周仏海による紹介は、プロレタリア独裁を〈無産階級のデモクラシー獲得〉とした陳独秀の見解を一歩進め、これを〈普遍的なデモクラシー実現の唯一の手段〉としたものなのだが、陳独秀をリーダーとする中国共産党の機関誌『共産党』創刊号の巻頭論文として掲載されているのだから、そしてまた『共産党』の中でプロ独を「解説」した論文は他にはないのであるから、この見解が陳独秀によって支持されたことは、間違いなく想定できる。

中国共産党は前述のように、社会主義革命を直接目指す政党として成立した。そこでの結集の要件として機能したのが、陳独秀が『新青年』の「政治を語る」で支持を表明し、「中国共産党宣言」では革命政権確保と共産主義創出の手段としてその必要性を繰り返し説いたプロレタリア独裁論であった。さらに彼らは機関誌の中で、マルクス・レーニンを引用してその必然性を説き、アナキストや穏健派社会主義者との間でもこれを根拠の一つとしながら論争を繰り返した。

しかし同時に、彼らのプロ独論支持の背景には、もう一つの論理的チャネルがあった。それは陳が注目した、ドイツ社会民主党正統派（ヴィルヘルム・リープネヒト）の議論であり、周仏海が引用した日本の社会主義者山川均の議論である。彼らは、マルクスの説いたプロレタリア独裁の必然性や、レーニンが説いた反革命党派制圧・政権運営上での必要だけでなく、社会主義とプロ独に〈民主主義〉を見出し、そうすることでこれらを支持すべきものと理解しようとしていたのである。この意味で、本章は次のように結論することができる。中国共産党は、社会主義革命による「プロレタリア独裁」とは「民主主義の徹底」「普遍的な民主主義実現」を意味すると確信した知識人の集団として発足したのだ、と。

注

1「論人民民主専政　紀念中国共産党二十八周年」『人民日報』一九四九年七月一日。

2「中国革命与中国共産党」「新民主主義論」、竹内実監修・毛沢東文献資料研究会編『毛沢東集』（第2版）第七巻、蒼蒼社、一九八三年、一二五、一九〇頁。

3毛沢東の「十月革命の砲声が鳴り響くや、中国にマルクス・レーニン主義がもたらされた（十月革命一声砲響、給中国送来了馬克思列寧主義）」言説は、二〇二一年七月一日、中国共産党百周年における習近平演説でも繰り返されている（習近平「在慶祝中国共産党成立一〇〇周年大会上的講話」『人民日報』二〇二一年七月二日）。なお、毛の「新民主主義論」の問題点については、第7章で改めて論じる。

4朱務善「五四革命運動是否就是新民主主義革命」『歴史研究』一九六二年第四期、一九六二年八月、張静如・姜秀花「五四運動不是新民主主義革命的開端」『東岳論叢』一九八九年第五期、一九八九年十月。

5石川禎浩前掲『中国共産党成立史』。例えば、中国共産党成立前史における、ソヴィエト・ロシアからの働きかけが複数のルートを経由するものであったこと、同時に中国の側からもさまざまな「共産党」がソヴィエトの側と折衝していたこと、中国の知識人は日本やアメリカ合衆国の文献を利用してマルクス主義を受容していったこと、などである。さらに中国共産党の成立について、石川は中国共産党の最初の雛形組織はいつ、どこで成立したのか、中国共産党の第一回党大会はどのように開催されたのか、大会時の「決議」と「綱領」は何をもとに起草されたのか、といった数々の重要な問題を解明した。中国の史学界で長く流行して来た、李大釗と陳独秀は一九二〇年二月の段階で（すなわち彼らがソヴィエト・ロシアからの要員と接触する以前に）、中国共産党の建党を協議していたとする「南陳北李相約建党［南（上海）の陳（独秀）と北（北京）の李（大釗）が共産党建党を相約した］」説の誤りの指摘もその一つである（一一五〜一一八頁）。

なお、唐宝林『陳独秀全伝』（香港中文大学出版社、二〇一一年）は、石川の説を紹介しながらも、李大釗と陳独秀はこの時、アナキストとの統一戦線組織「社会主義同盟」創設を協議していたのだとしている（一四六頁）。この他、李蓉『中共一大軼事』（人民出版社、二〇一五年）は、一九二〇年二月時点での「南陳北李相約建党」説を維持するが、その根拠として挙げるのは、陳独秀は組織樹立の必要を認識していたなどとする想定の議論にとどまり、実証的な根拠を提示しているわけではない（五六頁）。

6最近の公式党史である前掲『中国共産党簡史』（二〇二一年二月）は「五・四運動はマルクス主義の中国における広範な伝播と、マルクス主義と中国労働運動の結合を促進した」（九頁）と述べ、習近平の前掲建党一〇〇周年記念演説も「マルクス・レーニン主義と中国労働運動の緊密な結合の中で中国共産党は時運に応じて誕生した」と述べるにとどまる。

7「介紹我自己的思想（胡適文選自序）」『胡適文存』第四集、遠東図書公司、一九六一年、六一〇頁、「我的岐路」『胡適文存二集』巻三、亜東図書館、一九二四年、九六～九七頁。

8「多研究些問題、少談些『主義』！」『毎週評論』第三一期、一九一九年七月二十日。

9佐野学著、大悲・漢俊訳「労動者運動之指導的倫理」『民国日報』副刊「覚悟」九月九～十四日、久留弘三著、周仏海訳「労工運動」同九月十八～二十九日。原著はそれぞれ、佐野学「労働者運動の指導倫理」『解放』大正八年八月号、久留弘三『労働運動』社会問題叢書第一編、福永書店、大正八年七月十八日。なお、当時の中国紙における「副刊」は、紙面が別刷りになる場合もあるが、ほぼ日本の新聞の「文化欄」や「経済欄」に相当する。

10無署名「工団主義（Syndicalism）之研究」『解放与改造』第一巻第一号、九月一日、廬裳「説工会」、同第一巻第二号、九月十五日、東蓀「頭目制度与包辦制度的打破」、同第一巻第五号、十一月一日、南陔「労動問題与新結合主義」（同前）。

11小野信爾「五・四運動と民族革命運動」『岩波講座世界歴史』第二五巻、一九七〇年、三五〇頁。

12江田憲治『五四時期の上海労働運動』京都大学人文科学研究所共同研究報告、同朋舎出版、一九九二年、二六～二七頁。

13同前書、二七～三〇頁。

14同前書、一五～一九、二四～二五頁。なお、沈若仙（?～?）は四川の人。一九一七年から一九年まで上海でサンディカリストとして活動。教員・翻訳家でもあった。

15「工党之宣言」『時事新報』一九一九年六月八日、「工界同尽国民天職・工党宣言」『民国日報』一九一九年六月八日。

16江田憲治前掲『五四時期の上海労働運動』三〇～三五頁。

17「敬告工界同胞」『民国日報』一九一九年六月八日。

18上海社会科学院歴史研究所編『五四運動在上海史料選輯』上海人民出版社、一九八〇年、八八一頁。

19中国社会科学院近代史研究所近代史資料編輯組編『五四愛国運動』下、中国社会科学出版社、一九七九年、一五五～一五六頁。

20季陶「訪孫先生的談話」『星期評論』第三号、一九一九年六月二十二日。

21季陶「工人教育問題」『星期評論』第三号、一九一九年六月二十二日、同「随便談・組織工会第一層注意事項」『星期評論』第一三号、一九一九年八月三十一日。

22季陶「労動問題的新趨向」『星期評論』第一六号、一九一九年九月二十一日。

23若仙「忠告工界各団体」『時事新報』一九一九年八月二十六日、『民国日報』八月二十七日。この時沈若仙の肩書きは『民国日報』

によれば「上海職工公会代表・中華工界連合会書記」。両団体は店員や不熟練工を主体とし、五・四運動後の紡績工場ストを支援するなどの活動を行った、アナルコ・サンディカリスト系の労働組合であった（七月成立）。ただし両団体は、同年十一月、指導者沈若仙が母親の病気のため上海を離れ、郷里の四川に帰ったため、まもなく活動を停止した（江田憲治前掲『五四時期の上海労働運動』六一〜六九頁）。

24 季陶「『世界的時代精神』与『民族的適応』」『星期評論』第一七号、一九一九年九月二十八日。

25 「商品生産的性質」『民国日報』副刊「覚悟」一九一九年十一月二〜七日、「馬克斯資本論解説」『建設』第一巻第四〜六号、一九一九年十一月〜一九二〇年一月。

26 東則正編『中部支那経済調査』上巻、上海日本実業協会、一九一五年、安原美佐雄『支那の工業と原料』第一巻上・下、同前、一九一九年、山田修作『支那之工業』東亜同文会調査編纂部、一九一七年。この他、戴は「参考書籍」に、善生永助の『最近支那経済』（丁未出版社、一九一七年）を挙げている。

27 季陶「中国労動問題的現状」『星期評論』第三五号、一九一九年二月一日。

28 季陶「労動運動的発生及帰趣（一）」『星期評論』第四一号、一九二〇年三月十四日。

29 高曼女士著・霜訳「無政府主義」『実社自由録』第一集、一九一七年七月。実社は一九一七年五月に李震瀛らが北京大学で結成したアナキスト団体、『自由録』はその雑誌（張允侯他『五四時期的社団』（四）、生活・読書・新知出版社、一九七九年、一六一頁）。

30 玄廬「上海罷工的将来」『星期評論』第二号、一九一九年六月十五日。

31 玄廬「工人応有的覚悟」『星期評論』第四六号、一九二〇年四月十八日。ここで言われている「能力に応じて働き、必要に応じて受け取る」（原文は「各おの能くするところを尽くし、各おの需めるところを取る」〔各尽所能、各取所需〕）という共産主義の理想は、当時はアナキストの手で広められていたようである。

32 先進「鉱山主的口供」『星期評論』第一七号、一九一九年九月二十八日。

33 先進「最近上海的罷工風潮」『星期評論』第二一号、一九一九年十月二十六日、同「I.W.W. 的沿革」同第二四号、十一月十六日。

34 国民党員として知られる詹大悲は、初期共産党の秘密党員だったとする説がある（詹松青「英風遺烈詹大悲」『名人檔案』二〇二二年第七期、二〇二二年七月）。

35 長堀祐造『陳独秀　反骨の志士、近代中国の先導者』山川出版社、世界史リブレット090、二〇一五年、五〇〜五一頁。なお、毛沢東も中国共産党第七回大会の「活動方針」報告で、陳独秀のことを「五四運動時期の総司令」と呼んでいる（中共中央文献研究室編『毛沢東在七大的報告和講話集』中央文献出版社、一九九五年、九頁）。

36『東方雑誌』第七巻第一一期（一九一〇年十二月）の記事「記日本審判社会党」は、幸徳秋水らが総同盟罷業などの「直接行動」で「国家の転覆」を図ったとされる事件の裁判について報じているし、同誌第九巻第七号（一九一三年一月）の「論工団主義之由来及其作用」もサンディカリストの「直接行動」論を紹介している。

37任建樹『陳独秀伝——従秀才到総書記』上海人民出版社、一九八九年、一六七頁。

38李大釗「我的馬克思主義観」『新青年』第六巻第五、六号、一九一九年五、十一月。ただし、第五号の実際の出版月は五月ではなく九月と推定されている（『李大釗全集』第三巻、河北教育出版社、一九九九年、二二八頁）。

39唐宝林前掲『陳独秀全伝』一三五〜一四二頁。

40野村浩一『近代中国の思想世界——『新青年』の群像』岩波書店、一九九〇年、三〇一頁。

41丸山松幸『中国近代の革命思想』研文選書、一九八二年、二一五頁。

42石川禎浩「第二巻解説」、石川禎浩・三好伸清編訳『陳独秀文集２　政治論集１』平凡社東洋文庫876、二〇一六年（以下『陳独秀文集』2と表記）、四四七〜四四八頁。

43『新青年』第七巻第一号、一九一九年十二月。なお、『新青年』の同じ号に掲載された「本誌宣言」は、「軍国主義と金力主義〔資本主義〕」の廃棄や「民衆運動による社会の改造」を主張し、「真の民主政治とは、政権を人民全体に分配することだ」と説いたが、「新時代の新社会」については、人々が「相互に愛しみ合い助け合う、働くことが楽しい、社会全体が幸福な」社会のことだとし、「労働」は「個人の才能や興味に基づき、自由で楽しい芸術や美化の立場に置く」べきだと述べている。

44「美国之民治的発展」『毎週評論』第二六号、一九一九年六月十五日。

45野村浩一前掲『近代中国の思想世界』二四六〜二五〇頁。

46任建樹主編『陳独秀著作選編』第二巻、上海人民出版社、二〇〇九年、一二二頁。

47『陳独秀著作選編』第二巻、一二一〜一二三頁。

48江田憲治前掲『五四時期の上海労働運動』五三〜五四頁。

49『陳独秀著作選篇』第二巻、一二四頁、江田憲治前掲『五四時期の上海労働運動』七四頁。

50江田憲治前掲『五四時期の上海労働運動』五一〜六〇頁。

51猪木正道・勝田吉太郎編『世界の名著42　プルードン　バクーニン　クロポトキン』中央公論社、一九六七年、五二〇頁。

52『民国日報』副刊「覚悟」一九二一年三月十八日の「克魯泡特金(クロポトキン)著作年表」参照。訳書名は「近世科学与安那其主義」か。

53『陳独秀著作選編』第二巻、一二三～一二四頁、江田憲治前掲『五四時期の上海労働運動』六四～六六頁。

54『陳独秀著作選編』第二巻、一二五頁。

55陳独秀「告北京労動界」『晨報』一九一九年十二月一日。

56北京の内城右四区だけでも貧民は八千名近くを数え、労働者は紙幣の価値下落や物価騰貴、不潔な街路と飲料水に苦しみ、十一、十二歳の子どもや五十、六十歳の老人が荷車を押して口を糊している、と。

57一九一九年十一月の予算閣議で、社会局（内務省）と労働院（所属先未定）の新設が決まったことが報道されている（『朝日新聞』一九一九年十一月七日）。

58「武漢学生歓迎陳独秀」『民国日報』一九二〇年二月十二日。

59唐宝林『陳独秀全伝』（一四三頁）と任建樹『陳独秀伝――従秀才到総書記』（一七四～一七五頁）は、陳独秀の演説に関する記事を『国民新報』一九二〇年二月七日から引用して紹介しているが、『民国日報』二月十二日の「武漢学生歓迎陳独秀」では、両書が紹介していない講演の後半部分を見ることができる。

60王は、この運動が成功すれば「われわれの『各々其の能くするところを尽くし、各々其の需めるところを取る』理想が少しずつ実現する」、だから「工読互助団の運動とは『平和的な経済革命』と言ってもよい」、と述べている（「工読互助団」『少年中国』第一巻第七号、一九二〇年一月、丁守和・殷叙彝『従五四啓蒙運動到馬克思主義的伝播』生活・読書・新知出版社、一九七九年第二版、二二三頁）。

61「工読互助団募款啓事」『新青年』第七巻第二号、一九二〇年一月一日、一八五頁。

62「工読互助団開籌備会」『民国日報』一九二〇年二月二十九日、「工読互助団失敗底原因在那裏?」『新青年』第七巻第五号、一九二〇年四月一日。

63もともと陳独秀は、広州政権の有力者（陳炯明）から西南大学建学への参与を求められたため北京を発ち、経由地として上海に到着した（二月十九日）。ところが三月五日、政権の方針変更のため西南大学は上海に設立されるとの知らせが届き、陳独秀は上海に留まることになった（唐宝林・林茂生『陳独秀年譜』上海人民出版社、一九八八年、一一四～一一六頁）。

64穆藕初（一八七六～一九四三）、諱は湘玥、字を以て通行する。上海の人。一九〇九年アメリカに留学、ウィスコンシン大学で農学を学び、一九一四年の帰国後は徳大・厚生・豫豊の三紡績を興し、上海華商紗布交易所・中華勧工銀行などを創業した。このうち厚生紗廠は一九一八年六月に操業を開始した（穆家修他編著『穆藕初先生年譜』上海古籍出版社、二〇〇六年）。

65「最近長沙之婦女問題　厚生紗廠招女工」『民国日報』一九二〇年三月十三日。募集要項には他に上海までの旅費支給、家長の雇用願い書提出、三年以上勤務の項目があった。

66「女工問題　穆藕初答復討論厚生紗廠招募湖南女工問題諸君書」。この書簡は長沙の二紙にも掲載された。

67 執信「実業是不是這様提唱？」『星期評論』第三九号、一九二〇年二月二十九日。

68 江田憲治前掲『五四時期の上海労働運動』表・五頁。

69『陳独秀年譜』一一六頁。

70 陳独秀は「私の意見」で「何日か前に私は聶雲台氏と話した」と述べているが、実際に三月二十日、この紡績資本家のキリスト者聶雲台が司会を務めたＹＭＣＡ大会で講演をしている。彼が聶雲台と「話した」のはこの時のことに違いない。「何日か」を三、四日のこととすれば、彼の「私の意見」執筆は三月二十三、二十四日頃と推測できる。長堀祐造・小川利康・小野寺史郎・竹元規人編訳『陳独秀文集１　初期思想・文化言語論集』平凡社東洋文庫872、二〇一六年（以下『陳独秀文集』１と表記）、二五三頁、「陳独秀在青年会演説」『民国日報』一九二〇年三月二十一日。

71 この「私の意見」と新聞・雑誌に掲載された厚生紗廠女工問題の記事や書簡、論説は、「上海厚生紗廠湖南女工問題」として『新青年』第七巻第六号に掲載された。

72『陳独秀文集』１、二四九～二五〇頁。

73 同前書、二五〇～二五一頁。

74 同前書、二五五頁。

75 薛仙舟「連帯学説」『時事新報』一九一九年七月二十八日。

76『陳独秀文集』１、二五八頁。

77 同前書、二四〇頁。

78「講演・工人応有覚悟」『民国日報』一九二〇年四月五日、『陳独秀文集』１、二四六～二四八頁。

79「工業協会臨時職員会」『民国日報』一九二〇年三月十七日。

80「船務桟房工会成立紀」『時報』一九二〇年四月三日。

81 江田憲治前掲『五四時期の上海労働運動』五五頁。
82 張国燾『我的回憶』第一冊、明報月刊出版社、一九七一年、七五頁。
83 中華工会総会、電器工界連合会、中華全国工界協進会、中華工界志成会、船務桟房工界連合会、薬業友誼会の六団体。
84「籌備労動紀念大会」『民国日報』一九二〇年四月二十日。
85 租界警察の『警務日報』(S.M.C.Police Report) 一九二〇年四月三十日によれば、「政府・資本家の打倒」「法律と宗教と結婚儀式の廃止」までも主張するビラが中華工業協会から中華工会に運び込まれている。江田憲治前掲『五四時期の上海労働運動』八〇〜八一頁。
86「禁止労動紀念会布告」『民国日報』一九二〇年四月二十八日。これより先、北京政府と広州軍政府の不当を批難し、国民の自決を主張した全国学連の国民大会開催提案に対し淞滬護軍使署は戒厳令を宣布、大会当日には市民や学生の参加を暴力的に阻止(重傷八十余、軽傷四百余)し、百名以上を逮捕していた(「今日之国民大会」『民国日報』一九二〇年四月二十四日、「昨日之大惨劇」同四月二十五日)。

87「工界対労動紀念宣言」『民国日報』一九二〇年四月二十九日。

88「「五一」紀念会経過詳情」『民国日報』一九二〇年五月三日、「五分鐘之五一節慶祝会」『時事新報』五月三日。参加人数については、『時事新報』の記事には「到会工人五千」とあるが、集会は警官隊と軍隊の圧力の下、「五分間」の開催しか許されなかったのであるから、「数百人」とする『民国日報』の数字が正しいと判断される。施復亮(施存統)もその回想「中国共産党成立時期的幾個問題」で「約五百人」と証言している(中国社会科学院現代史研究室・中国革命博物館党史研究室編『〝一大〟前後 中国共産党第一次代表大会前後資料選編』(二)、人民出版社、一九八〇年、三三頁)。

89「「五一」紀念会経過詳情・上海工人宣言」『民国日報』一九二〇年五月三日。
90 唐宝林前掲『陳独秀全伝』一四五頁。
91「中華工業協会聯席会紀」『時事新報』一九二〇年五月十九日。
92 中共中央党史研究室第一研究部訳『聯共(布)、共産国際与中国国民革命運動(一九二〇—一九二五)』共産国際、聯共(布)与中国革命檔案資料叢書第一巻、北京図書館出版社、一九九七年、五〇頁。
93 中国社会科学院現代史研究室編訳『維経斯基在中国的有関資料』中国社会科学出版社、一九八二年、四六〇〜四六一頁。
94 陳独秀の文集は、これまで何回か出版されてきたが、『独秀文存』(一九二二年)は言うに及ばず、三巻本の『陳独秀文章選編』

（生活・読書・新知三聯書店、一九八四年）、三巻本の『陳独秀著作選』（上海人民出版社、一九九三年）、四巻本の『陳独秀文集』（人民出版社、二〇一三年）には、この一文は収録されていない。収録は、六巻本の『陳独秀著作選編』（上海人民出版社、二〇〇九年）のみである。

95 例えば、唐宝林前掲『陳独秀全伝』のこの論説に関する論評は、論点の半分を占める修正主義（国家社会主義）批判に及んでいない（一五五頁）。野村浩一前掲『近代中国の思想世界』も、修正主義批判については短く要点を述べるにとどまる（三〇四頁）。

96 「我的解決中国政治方針」『時事新報』一九二〇年五月二十四日、『陳独秀著作選編』第二巻、二三七～二三九頁。

97 なお、陳独秀が掲げる表では、「フランスのサンディカ」「イギリスのギルド」「アメリカのＩＷＷ」について、「この三派は国家と政治に反対する程度は異なるものの、労働者階級による産業統治の主張では一致している」との注記が付いている。

98 ソヴィエト・ロシア政府外務人民委員代理カラハン（L.Karakhan）による声明（いわゆるカラハン宣言、第一次）は、当時の新聞報道『申報』一九二〇年三月二十五日「対俄問題之傾向」、『時事新報』同三月二十六日「俄国対華之講和条件」、『民国日報』同三月二十七日社説「放棄利益与侵掠」に見える。また『星期評論』第四五号（四月十一日）が、宣言の全文を「俄羅斯労農政府給我們中国人民的通告」として紹介し、季陶「俄国労農政府通告的真義」、仲九「為什麼要賛同俄国労農政府的通告？」の両文でこれへの支持を表明したように、また五月一日刊行の『新青年』第七巻第六号が「対於俄羅斯労農政府通告的輿論」を掲載しているように、中国人の間でソヴィエト・ロシアに対する好意的な関心を引き起こしていた。

99 辛亥革命後の選挙（一九一二～一三年）で成立した中国の第一期国会は、大総統袁世凱による解散（一九一四年一月）、袁死後の再招集（一六年八月）、政争の末の軍閥張勲による解散（一七年六月）といった経緯を辿ったが、この時孫文は自派の政権樹立のため国会議員を広州に集め、これを「非常国会」と称した（一七年八月）。ただし、衆参両院議員定数八六二名に対し、広州に集まった議員は、三百名に満たなかった。

100 前注で触れた軍閥張勲は、一九一七年六月第一期国会を解散、さらに七月清朝の復活（復辟）を実行したが、これは短時日で安徽派軍閥（段祺瑞）によって打倒された。その結果政権を握った段祺瑞は、第一期国会を復活させず、新たに選挙を実施して第二期国会を招集した（一九一八年八月）。この国会は、安徽派の議員集団「安福倶楽部」によって牛耳られたので「安福国会」と呼ばれる。

101 『聯共（布）、共産国際与中国国民革命運動（一九二〇―一九二五）』二八、三一頁。ヴォイチンスキーはここで、メンバーの数を自身を含めての五名としている。

102 石川禎浩前掲『中国共産党成立史』一八二～一八五頁。「兪秀松烈士日記（一九二〇年六月―七月）」、上海革命歴史博物館（籌）編『上海革命史資料与研究』第一輯、開明出版社、一九九二年、二九七頁、兪秀松「自伝」中共浙江省委党史研究室編『兪秀松紀念文集』当代中国出版社、一九九九年、二三〇～二三二頁、施復亮前掲「中国共産党成立時期的幾個問題」『〝一大〟前後』（二）、三四頁。なお、陳公培（一九〇一～一九六八）は湖南の人、北京の法文専修館に学び、北京工読互助団に参加。同団解散後、勤工倹学でフランス留学するため上海に赴き、『民国日報』副刊「覚悟」に幾つかの文章を発表している。施存統（別名施復亮、一八九九～一九七〇）は、浙江の人、兪秀松と同じく浙江第一師範に学び、北京工読互助団運動に参加した後、上海に赴いて星期評論社に寄寓、一九二〇年六月に日本に留学した。また、前注で述べたように革命ビューローのメンバーは（ヴォイチンスキーを除けば）四名、施存統の回想では五名となるが、この食い違いは、ヴォイチンスキーが報告を書いた時点で、すでに施存統が日本に留学していたことによるのだろう。

103 張旭東「中共上海早期組織名称考」『党的文献』二〇一一年第四期、二〇一一年八月。

104 李蓉前掲『中共一大軼事』九四頁。

105 唐宝林前掲『陳独秀全伝』一四八、一五六頁。

106 『申報』一九一九年四月二十四日の「北京電」には「支那無政府共産党」が組織されたとの記事（もちろん誤報）があり、同紙一九二〇年三月五日の記事「内務部査禁俄広義派伝布物」には内務部が発禁処分にした書籍の一つに『中国無政府共産党之小史』の名が見える。この他、朱謙之「無政府主義共産主義評論」（『時事新報』一九一九年五月三十日）、同「再評無政府共産主義」（『北京大学学生週刊』第一〇号、一九二〇年三月七日）、凌霜「馬克思学説的批評」（『新青年』第六巻五号、一九一九年九月）や森戸辰男著・樹徳訳「克魯泡特金社会思想之研究」（『建設』第二巻第三号、一九二〇年四月一日）にも、「無政府共産党」の語が見えるから――そもそもそれは、中国におけるアナルコ・コミュニストの自称でもあった――この時期（一九一九～一九二〇年）単に「共産党」と言えばアナキストの「無政府共産党」が連想される状況があったと思われる（傍点引用者）。一九二〇年十一月、中国共産党の機関誌『共産党』が創刊された時、その巻頭論文が繰り返し「共産党（多数派）」の語を用いているのも、こうした事情を反映していよう。

107 『時事新報』一九一九年六月六日の記事「俄匈革命之因果」には、クン・ベラの発言として「吾正告世界之工人、匈牙利之社会民主党与社会共産党聯合、全国工人平民不流一滴血而将旧政府推倒」が紹介されている（傍点引用者）。

108 『解放与改造』（第一巻第一号、一九一九年九月一日）掲載の李寧（レーニン）著・金侶琴訳「鮑爾雪維克（ボリシェヴィキ）之所要求与排斥」には、「鮑爾雪維克―社会共産党」とある。

109 『申報』一九二〇年二月四日の記事「浜江通訊　俄国工人之態度」には、「俄国社会共産党（社会大同派）」の語が見える（傍点引用者、以下同じ）。

なお、『朝日新聞』一九一八年十月十九日「独逸結局屈服」に、「社会党左派は今回社会共産党を組織し露国過激派に共鳴せる思想を以て革命運動を開始し」とあり、同日の『読売新聞』の記事「独新宰相辞職乎」も、「之等社会党は社会共産党を組織し行動漸次露国の過激主義に化せんとする傾向あり」と述べているから、ボリシェヴィキ系の共産党を「社会共産党」と呼称する事例の登場は日本の方が早く、この語は日本から中国に伝播した可能性がある。前掲一九一八年の事例以外にも、外務省政務部長代理の一九二〇年三月二十三日付報告に「浦塩［ウラジオストク］社会共産党」の語が見え、咸鏡北道知事の同年四月八日付報告が引用する「過激派宣伝書」は「露西亜社会共産党団体員」へのアピールを行っており、サンフランシスコの邦字紙『日米新聞』同六月二十六日も、合衆国における Communist Labor Party と Communist Party をそれぞれ「共産労働党」と「社会共産党」と訳しているから、この用語は日本でもある程度広く行われていたと見なせる（アジア歴史資料センター **Ref.B12081475900, C06031159800, J20010572900**）。

110 施復亮（施存統）は、党の名称を「当初［六月］から〝共産党〟だった」と回想しているが（施復亮前掲「中国共産党成立時期的幾個問題」『〝一大〟前後』（二）、三五頁）、これはある意味で「社会共産党」の名称の本質を捉えた証言と言える。

111 同前書、三四頁。

112 前掲「兪秀松烈士日記」『上海革命史資料与研究』第一輯、二九七頁。

113 唐宝林前掲『陳独秀全伝』一五二頁。

114 『聯共（布）、共産国際与中国国民革命運動（一九二〇―一九二五）』二八頁。

115 陳独秀の「政治を語る」が掲載された『新青年』第八巻第一号は、『時事新報』一九二〇年九月一日に出版広告が見えるから、陳独秀は間違いなくこの原稿を八月以前に書いており、彼の主張が同号の刊行以前に彼の周辺に広まっていたことも想像に難くない。

116 『陳独秀文集』1、二八二～二八三頁。

117 同前書、二八六、二八八、二九〇頁。

118 同前書、二九五頁。

119 同前書、二九六～二九九頁。
120 李新・陳鉄健主編『中国新主主義革命史　偉大的開端』中国社会科学出版社、一九八三年、三二六～三二七頁。
121『偉大的開端』は、この時点でのメンバーを陳独秀以下、李漢俊、沈玄廬、邵力子、施存統、兪秀松、陳公培、陳望道、趙世炎、李達、李季、袁振英、周仏海、沈雁冰、楊明斎とし、これにまもなく李啓漢、劉伯垂が加わったとしている。
122 張申府「中国共産党建立前後的回憶」『〝一大〟前後』(二)、五四八頁。この回想で張は、一九二〇年八月に陳独秀が「社会党」とすべきか「共産党」とすべきかを李大釗と彼に問い合わせてきたが、この時は決められず、後にヴォイチンスキーの意見で「共産党」となった、自分たち(李大釗と張申府、及び張国燾か)もこれに同意した、と述べている。ただし、八月時点での「社会党」とは「社会共産党」＝ボリシェヴィキ党のことであるから、この名称問題は党の「性質」に直接関わらない。
123 明明(李大釗)「随感録・平民独裁政治」『毎週評論』第六期、一九一九年一月二十六日。
124 高一涵「俄国憲法的根本原理」『太平洋』第二巻第一期、一九一九年十一月。高はソヴィエト国家は「独裁政体」ではなく、「労動階級共和制」だ、としている。
125 李陶「対付『布爾色維克』的方法」『星期評論』第三号、一九一九年六月二十二日。
126『東方雑誌』では、ボリシェヴィズムとは「衆愚政治でプロレタリア独裁を行うことだ」(君実「過激思想与其防止策」『東方雑誌』第一六巻第六号、一九一九年六月)、プロレタリア独裁とは「レーニン一人が労働者のために専門の知識階級を指導して行う専制だ」(岡悌治著・君実訳「労農共和国与理想社会」同第一七巻第一八号、一九二〇年九月)、その実態は「ロシア共産党の独裁だ」(兪之「羅素[Bertrand Russell]的新俄観」同第一七巻第一九号、一九二〇年十月)、といったように、批判の対象である(但し、ラッセルは兪之訳「社会主義与自由主義」同第一七巻第一八号、ではプロ独を「ある種の戦時政策」と述べる)。

　この他、『民国日報』一九一九年四月二十九日の記事「世界労動界之新運動」には、フランスの労働運動は「労動専制」を目的とする危険なものだとする指摘が見え、『申報』一九二〇年三月二十一日の記事「徳国[ドイツ]復興問題」にも、「労動専制を主張する極端派」といった非難の論調が見える。なおこの時期、プロレタリア独裁は李大釗や高一涵が用いた「平民独裁」の他、「労動[者]専制[政]」、「平民専断」「労動階級之専制」「労動者独執政権」「労動専断」などと訳されている。

127「蔡林彬給毛沢東　社会主義討論　主張無産階級専政」(一九二〇年八月十三日)『蔡和森文集』人民出版社、一九八〇年、五〇頁。
128 鶴(李達)「甚麼叫社会主義」「社会主義的目的」(『民国日報』副刊「覚悟」一九一九年六月十八、十九日)。なお、李達の帰国は「一九二〇年夏」とされている(宋鏡明『李達』河北人民出版社、一九九七年、五五頁)

129 李達「中国共産党成立時期的思想闘争情況」『〝一大〟前後』(二)、五三頁。
130 石川禎浩前掲『中国共産党成立史』二三五頁。
131 「奴隷の境遇から逃れたいのなら、議会派の欺瞞に耳を貸してはならないのであって、階級戦争という手段であらゆる資本階級を打倒して彼らの手から政権を奪うしかない。そして労働独裁の制度で労働者の政権を守り、労働者の国家を打ち立て国家というものをなくし、資本階級が永遠に生まれないようにするしかない。無政府主義者の諸君よ、君たちもかねてより資本主義や私有財産制に反対してきたのだから、大事な自由を資本階級にわたしてはならない。あらゆる生産手段を生産にたずさわる労働者の所有に帰し、あらゆる権力を労働者の掌中に帰する。これが我々の信条である」(『陳独秀文集』2、一九頁、傍点引用者)。
132 無懈(周仏海)「俄国共産政府成立三週年紀念」『共産党』第一号、一九二〇年十一月七日。
133 中央檔案館編『中共中央文件選集』第一冊、一九八九年、五四九～五五〇頁。
134 『中共中央文件選集』第一冊、五四七頁。
135 なお、一九二〇年秋、中国社会主義青年団が成立しているが、こちらの方は、ヴォイチンスキーの方針の通りに、アナキストらとの混成組織として誕生した。このためこの社会主義青年団は、翌年五月一日に解散され、十一月にアナキストらを排除して再組織されている(「中国社会主義青年団第一次大会」『先駆』第八号、一九二二年五月十五日)。
136 陳独秀「関於社会主義的討論」『新青年』第八巻第四号、一九二〇年十二月一日。張東蓀「由内地旅行而得之又一教訓」(『時事新報』一九二〇年十一月六日)に対し、陳望道「評東蓀先生底『又一教訓』」(『民国日報』副刊「覚悟」十一月七日)、邵力子「再評東蓀君底『又一教訓』」(同十一月八日)が反論し、張東蓀が「大家須切記羅素先生給我們的忠告」(『時事新報』十一月十四日)で再反論するなどの経緯の後、最後に張東蓀の書簡に対し、陳独秀が長文の反論を書いている。
137 『陳独秀文集』2、二一～四八頁。
138 『陳独秀文集』2、五六～六五頁、『聯共(布)、共産国際与中国国民革命運動(一九二〇―一九二五)』三三頁、「広州共産党的報告」『中共中央文件選集』第一冊、二〇頁。
139 石川禎浩前掲『中国共産党成立史』二〇六～二〇七、二一一、四〇三頁、任建樹『陳独秀伝――従秀才到総書記』二一三頁、前掲「広州共産党的報告」『中共中央文件選集』第一冊、二一頁、関謙「関於北京社会主義青年団与無政府党互助団活動情形致王懐慶呈」(一九二一年三月十三日)、中共北京市委党史研究室編『北京青年運動史料』北京出版社、一九九〇年、五〇三頁。

140「答人問『共産党宣言』底発行所」『民国日報』副刊「覚悟」一九二〇年九月三十日。

141「介紹新刊　労動界」『民国日報』副刊「覚悟」一九二〇年八月十六日、「労動界出版告白」『民国日報』八月十八日、「介紹新刊　上海夥友」同副刊「覚悟」十月十一日。

142「本埠機器工会開会記」『民国日報』一九二〇年十月六日。

143石川禎浩著、袁広泉・瞿艶丹訳『中国共産党成立史』増訂版、香港中文大学出版社、二〇二一年、二四九頁。石川は、同書岩波書店版（二八九頁）では「[広州の]陳公博は出席したものの、大会途中から欠席したため、代表としてはカウントされず」と注記したが、この増訂版では、「何叔衡は出席したかもしれないが、大会閉幕以前に湖南に帰っているから、代表にカウントしない」と新たな論証の成果を表明している。

144日本国際問題研究所中国部会編『中国共産党史資料集』1、勁草書房、一九七〇年、五四頁。さらに彼らは労働組合の組織や宣伝活動などについての「中国共産党の目標に関する最初の決議」を採択したが（同前書、五六〜五七頁）、石川禎浩はこの規約と決議が、アメリカ共産党の文献（「美国共産党綱」「美国共産党宣言」『共産党』第二号、一九二〇年十二月七日）に由来することを指摘している（石川禎浩前掲『中国共産党成立史』三〇三頁）。

145『陳独秀文集』1、二九五〜二九六頁、Wilhelm Liebknecht, *No compromise, no political trading*, translated by A.M.Simons and Marcus Hitch. Rev.ed. C.H.Kerr, 1911, pp.15-16.
146 "We must never forget that we are not merely a socialist party, but a social democratic party because we have perceived that socialism and democracy are inseparable". *No Compromise, no political trading*, p.16.
147張東蓀「我們為甚麼要講社会主義?」『解放与改造』第一巻第七号、一九一九年十二月、張君勱・張東蓀「中国之前途：徳国乎？俄国乎?」同第二巻第一四号、一九二〇年七月。

148「答柯慶施（労動専政）」『新青年』第八巻第三号、一九二〇年十一月一日。

149『陳独秀文集』2、一九頁。

150無懈（周仏海）前掲「俄国共産政府成立三週年紀念」。

151「ソヴェト権力の当面の任務」（一九一八年四月）『レーニン全集』第二七巻、大月書店、一九五八年、二七一頁。

152「ブルジョワ民主主義とプロレタリアートの独裁についてのテーゼと報告」（一九一九年三月四日、於コミンテルン第一回大会）『レーニン全集』第二八巻、四九八頁。

153 山川均「ソヴィヱット政治の特質と其批判――プロ―レタリアン・ディクテートルシップとデモクラシー――」『社会主義研究』第二巻第五号、一九二〇年六月。山川は、ボリシェヴィキは「真の『一般的デモクラシー』」の実現を目指していると述べた上で、その根拠として、レーニンの「性と宗教と人種と国民性の区別なき市民の平等とは、ブルジョワ・デモクラシーの、絶えず実現を約束した所のものであつた。而かも資本主義の下に於いては、終に実現し能はざる所のものであつた。ソヴィヱットの権力、言葉を換へて云へば、プロ―レタリアの独裁政治は、一挙にして完全に之を実現する」（前掲「ブルジョワ民主主義とプロレタリアートの独裁についてのテーゼと報告」）との言説を引用している。周仏海は、この山川のレーニン引用を、ほとんど逐語的に「所謂没有性、宗教、人種及国民性的区別的市民平等、是資本階級常常説要実現的。但是在資本主義底下面、終没有実現。而労農会底権力、換一句話来説、就是無産階級底専政、一挙而完全実現了」と訳した上で、「だからプロレタリア独裁とは、普遍的な民主主義の原理と矛盾しないし、それどころかこれを実現する唯一の手段なのだ」と述べている（所以無産階級底専政、不独不与普遍的民主主義底原理相矛盾、反是実現他底唯一手段）。

なお、山川はレーニンの「ソヴェト権力の当面の任務」からの引用を、アメリカ共産党の指導者であったフレイナ（Louis C. Fraina）の *The proletarian revolution in Russia, by N.Lenin and Leon Trotzky* から行っている（米原謙「日本型社会民主主義の形成――一九二〇年代前半の山川均」『社会科学』第四七巻第一号、二〇一七年五月）。

154 例えば、「ブルジョア民主主義とプロレタリアートの独裁についてのテーゼと報告」には次のようにある。――「資本主義諸的文明国のどれにも、『民主主義一般』などは存在せず、存在するのはブルジョワ民主主義だけ」である、『独裁一般』に反対し、『民主主義一般』のまえにひれふしている社会主義者」はブルジョワジーの支配を擁護しているのだ、「社会主義の裏切者は、パリ・コミューンの具体的経験と具体的教訓を忘れて『民主主義一般』という古くさいブルジョワのたわごとをくりかえしている」（『レーニン全集』第二八巻、四九〇～四九二頁）。

陳独秀（1922 年）

第2章　陳独秀の「国民革命論」と国共合作
――民主主義革命から社会主義革命へ

はじめに――中国共産党創立期の新たな課題

中共第一回全国大会の「決議」と「綱領」には、前章でも紹介した通り、マルクス主義政党にとって極めて原則的な議論ばかりが連ねられていた。それは、彼らが綱領や決議を採択する際に、海外の共産党の規約や決議を参照したからであり、直接の社会主義革命達成を目指したからである。彼らのこうした高い「目標」は、アナキストや「修正派」を排除した、いわば「純化」された党を確立するためにも、必要であった。そして同時に彼らは、社会主義革命によって「普遍的な民主主義」の実現を目指す、理念的と言ってよい知識人の集団でもあった。

恐らく、だからこそ、コミンテルンの駐在代表として中国を訪れたオランダ人革命家マーリンは、中共第一回全国大会で、その影響力を発揮できなかった。マーリンは数年前（一九一四年）に東インド社会民主連合（インドネシア共産党の前身）を結成し、民族主義団体とも共闘していた社会主義者であり、コミンテルンが前年（一九二〇年）に開いた第二回世界大会では民族・植民地問題小委員会の書記を勤める経歴を有していた。この小委員会での議論を踏まえ、コミンテルン第二回世界大会は、「共産主義インタナショナルは、植民地や後進国の革命運動〔原案では「ブルジョワ民主主義派」〕と一時的に提携し、また同盟をさえ結ばなければならない」との文面を含む「民族・植民地問題についてのテーゼ」（レーニン起草）を採択していたのである[1]。にもかかわらず――マーリンが会議の場でどのような発言をし、大会代表たちとどのような議論をしたのかは不明ながら――彼がその経験と主張を、中共第一回全国大会に反映させることはできなかったことは確かである。それは、社会主義者内部のアナキストや修正派を排除し、「純化」された党の樹立を目指した初期中国共産主義者の意向を理解しないものだった。マルクス主義に徹し組織を固めようとしていた陳独秀（彼は大会会場にいなかったが）、そして大会代表たちからすれば、この時点で他の「黄色」党派（国民党などか）との共闘は選択肢になかった[2]。

しかし、その半年後、コミンテルンは「民族・植民地問題についてのテーゼ」の立場から中国共産党の主張に冷水を浴びせるような行動に出る。すなわち、一九二二年一月、コミンテルンは列強のワシントン会議に対抗すべく、極東勤労者大会を招集したのだが[3]、中国からの代表の中には、共産党・社会主義青年団や労働組合などから派遣された代表以外に、マーリンの要請に応えた国民党派遣の代表が含まれていた[4]。さらに、コミンテルン極東局のサファロフ（G.Safarov）が行った「民族・植民地問題とそれに対する共産主義者の態度についての報告」（一月二十六日）は、「中国の労働者大衆と彼らの先進分子である中国共産党員が直面している最初の仕事は、外国の支配から中国を解放し、土地を国有化し、督軍を打倒し、単一の連邦制民主共和国をうちたて、統一所得税を導入することにある。……我々は、民族的革命運動を支持しない者は、共産主義プロレタリア革命運動に対する反逆者であると言わねばならない」と述べるものだったのである[5]。

こうした厳しい指摘（あるいは批判）を受けた以上、中国共産党は、それまでの「直接社会主義革命論」を棚上げし、当面の課題をブルジョワ民主主義革命としての「民族革命」と位置づけ、社会主義革命をその次の段階に位置づける、新たな革命理論の構築を行わねばならなかった。そしてまた、コミンテルンが国民党を「民族的（革命）組織」と評価する以上、孫文のこの党を「排除」の対象とするのではなく、これとの協力関係の実現が模索されねばならなかったのである。

（1）陳独秀の〈連続二段階革命論〉の提起——一九二二年

課題を担ったのは、やはり陳独秀であった。もっとも、革命が二段階からなることそのものは、それ以前の陳独秀の議論にも見ることができる。

そもそも、陳独秀は上海で最初に労働組合の会合に参加した際（一九二〇年四月）、労働者の要求は、国家や資本家に求める待遇改善と、労働者自身が「政治・軍事・産業を管理する」ことという二つの段階に分かれると述べていた[6]、「政治を語る」と同号（二〇年九月）の『新青年』に発表した論説「時局についての私の見解」でも、「我々がブルジョワ階級内部の民主派と君主派との闘争に直面した際には、前者の後者に対する攻撃を支援するべきであるし、後者が勝利した後には、彼らはただちに敵となる」と述べているから[7]、同じ発想に立っていたことになる。そしてまた第一回全国大会当時、「マルクス主義はガチガチのモデル〔死板板的模型〕ではない」と述べた施存統のように柔軟な発想を主張する[8]党員も、張太雷のように「民族・植民地問題についてのテーゼ」をよく理解する党員もいたのである[9]。

だからこそ、コミンテルンの強い口調の指摘にかかわらず、陳独秀らがこれに反発した、あるいは不満を持ったことを示す文献や回想などは見出し得ない。彼らにとって、「直接社会主義革命」の標榜は、「純化」された党組織建設のための手段であり、結集を遂げた後にコミンテルンの指摘に耳を傾けることに抵抗はなかった、と見るべきであろう。したがってコミンテルンと自らの議論を踏まえて見解を表明することから、極東勤労者大会後の陳独秀の「中国革命論」表明は始まった。その一つが、「労働運動家に告げる〔告做労動運動的人〕」（一九二二年五月）である。この一文は、次のように述べる。

――「労働者が自らの階級（つまり無産労働者階級）として革命的政府を建設する充分な力量を持つ以前には、別の階級の封建的政府に反対する革命党派に援助を与えるべきである。なぜならこの種の革命党派を援助して成功すれば、労働者は少なくとも集会・結社・出版・ストの自由を得ることができ、このいくつかの自由は、労働運動の重要な基礎だからである」、と。彼はこの時、労働者の民主主義的権利の獲得を主張するとともに、「革命党派」との共同行動を提起したのである[10]。同じ五月に『広東群報』に発表された「共産党が労働運動の中で取るべき態度」にあっても、「共産党・無政府党・国民党」などの党派の「連合戦線（United Front）」結成を提起しているから、ここでの「革命党派」が主要には国民党を指すことは間違いない[11]。

また、同年八月に発表された陳の「現在の中国政治問題に対する私の見解」は、中国の階級闘争は二つの段階に分れるとして、次のように論じた[12]。

第一段階は大小のブルジョワジーの封建軍閥に対する民主主義の闘争であり、第二段階は新興のプロレタリアートのブルジョワジーに対する社会主義の闘争である。……この第一段の民主主義の闘争は、対内的には封建軍閥を完全に打倒して平和と自由を獲得し、対外的には中国の真の独立を促成する。この種の平和・自由と独立は、中国のブルジョワジーに充分な発展の機会を与えるだけでなく、産業の未発達な国家では、この種の平和・自由と独立だけが、プロレタリアートを解放し、彼らを未熟から強壮へと辿らせる唯一の道である。

ここには陳独秀がコミンテルンの影響下、当面の闘争目標にブルジョワ民主主義革命を掲げる革命論をはじめて展開する中で、第4章でも問題にする所謂「二回革命論」的特徴を有する議論、すなわち、まずブルジョワ革命、そののちに平和で自由な独立国家たる中国で資本主義が発達し、そこでプロレタリアートが成長する、それが次なるプロレタリア革命の条件を形成する、という〈非連続〉の二段階革命の構想を有していたことを指摘することができる。ただし、このような〈非連続〉革命論が、彼の議論にあって一貫して存在したかどうかは、なお検討を要する。

事実、中共は一九二二年六月の「時局についての主張」で、国民党などの革命的民主派および革命的な社会主義団体との連席会議による——したがって平等な構成団体からなる——「民主主義連合戦線」の樹立を主張した後[13]、七月の第二回全国大会でも同趣旨の決議を採択[14]、「大会宣言」(陳独秀と蔡和森、張国燾が起草)には、民主主義革命の目標として、内乱一掃と軍閥打倒、帝国主義の抑圧排除、連邦共和国の樹立、男女平等の普通選挙権と言論・出版・集会・結社・ストの絶対的自由、労働者・農民・女性を保護する法律制定を掲げたが、この宣言は、同時に民主主義革命と社会主義革命の関係について以下のように展望するものだった。

我々プロレタリアートには自らの階級利益がある。民主主義革命が成功しても、プロレタリアートはいくらかの自由と権利を得るにすぎず、完全には解放されはしない。さらに民主主義革命が成功すれば、未熟なブルジョワジーはすみやかに発展し、プロレタリアートと対立する位置に立つであろう。したがってプロレタリアートはブルジョワジーに対抗し、「貧農と連合したプロレタリア独裁」という第二歩の奮闘を実行せねばならない。もし、プロレタリアートの組織力と戦闘力が強固であれば、この第二歩の奮闘は、民主主義革命の勝利後ただちに成功するであろう[15]。

この大会の諸決議には、さまざまな点でロシア革命の影響を受けた議論が展開されているが、この「大会宣言」も同様である。「貧農と連合したプロレタリア独裁」とは、レーニンの「四月テーゼ」に由来するし、「この第二歩」への奮闘が、「民主主義革命の勝利後ただちに成功する」としているのも、ロシアの経験を中国で再現することの主張に他ならない。陳独秀たちは、民主主義革命と社会主義革命を連続的に遂行しようとする〈連続二段階革命論〉を主張したのである。陳独秀の「現在の中国政治問題に対する私の見解」にあって、ブルジョワ革命後の「平和で自由な独立中国」の期間に設定されていたプロレタリアートの成長は、ここではブルジョワ革命の過程に設定されている。だからこそ次なる革命が連続的に行われ得るとされているのである。

つまり中共第二回全国大会は、「民主連合戦線」の方針とともに、〈連続二段階革命〉の構想をもってブルジョワ民主主義革命の課題に取り組もうとしたのだが、このうち前者の方針はまたしても転換されることになった。コミンテルンから中国に再度派遣されていたマーリンは、この年四月までに、中国共産党に対して国民党との提携ではなく「加入」を提案していたからである。この提案は、国民党の主義や行動を批判する陳独秀らによって拒否された[16]が、マーリンは屈しなかった。彼はソヴィエト・ロシアに帰国してコミンテルン執行委員会に報告し（七月十一日付）[17]、中国共産党のすべての工作はマーリンとの「緊密な連絡の下」に行えとするコミンテルン極東局の通告[18]と、後述する同執行委員会の八月指令を得て中国に戻った。マーリンの要求で二二年八月、中央委員会が開かれ（杭州西湖会議）、彼はコミンテルン代表の威令をもって反対論を押し切り、共産党員の国民党加入戦術（いわゆる党内合作）を承認させることに成功した。

そしてこの西湖会議論争でのマーリンの説得の根拠になったのは、コミンテルンが彼の報告に基づいて発出した、コミンテルン執行委員会は国民党を「中華共和国の樹立に努めている革命組織であると考える」、中国共産党は「ブルジョワ階級・プチブルジョワ階級とプロレタリア分子との間の日々顕在化する分裂にともなって成長するが、分裂以前にあって共産党員は国民党を支持し、……国民党内部と労働組合内部で共産党の支持者を組織しグループを形成せねばならない」とした前述の指令（八月指令）であった[19]。この指令の背景には、マーリン報告に見える、国民党は知識分子・華僑（ブルジョワ分子）・階級属性が不安定な兵士・労働者からなるとする「階級連合政党」論[20]とともに、中国社会についての「階級未分化」論が存在したようである。

ここに国民党への加入戦術が決定された。このことは、中国共産党にとって、第二回全国大会で構想していた民主連合戦線論にとどまらない新たな革命戦術と、それまでブルジョワ政党と考えてきた国民党に対する新たな評価が必要となったことを意味したのである。そこで陳独秀は、こうした状況を踏まえ、党内の議論の統一と勢力拡大に向け、積極的な意見を表明し、また行動に出る。その一つが、新機関誌『嚮導』第二期（一九二二年九月二十日）に発表した論説、「国民党とは何か」と「造国論」である。この「国民党とは何か」で陳独秀は、同党を「国民運動を代表する革命の党であり」、党員構成でも「ブルジョワ階級を代表する知識人とプロレタリア階級の労働者の勢力とが、ほぼ拮抗している」と論じた[21]。さらに「造国論」では「階級未分化」論に基づきながら、ブルジョワジーとプロレタリアートが連合しての革命、すなわち「国民革命」の概念を提起した。

私有財産制度の下では、ブルジョワ階級が未成熟であれば、プロレタリア階級も当然に成長できない。それゆえ、中国の産業の発達は階級が充分に育ち、あきらかに分化するほどには至っていない。したがってプロレタリア階級の革命はなお時期尚早であって、二つの階級が連合する国民革命（National Revolution）の時期が成熟しているのみであると我々は断言する[22]。

ただし、この「造国論」にあっても、「国民革命によって外国の侵略と国内の騒乱を取り除いたあかつきには、プロレタリア階級の勝ち得た力や地位がブルジョワ階級をしのがないとも限らないし、……将来のブルジョワ階級が自らの階級にのみに有利な経済制度を守り続けることは、難しかろう」[23]として、国民革命から「国家社会主義」への移行が主張されていることは注意されるべきである（なお、「国家社会主義」は「政治を語る」とは異なり、ここでは肯定的な語彙──マルクス主義の言う「社会主義」として用いられている)。

さらに一九二二年十一月、コミンテルン第四回世界大会出席のため訪れたモスクワで作成した文書「中国共産党の当面する現実問題についての計画」では、陳独秀は「渙散で懦弱なブルジョワジーが、封建階級および帝国主義者と闘争し得る範囲内で経済勢力を集中・発展させ」る、とブルジョワジーの勢力拡大を限定的に評価し、「この種の「プロレタリアとブルジョワジーの」連合戦線の勝利は、当然ブルジョワジーの勝利だが、幼いプロレタリアートは……この連合戦線の複雑な戦闘過程にあってはじめて自らの階級の独立した闘争力量の発展スピードを速める」と述べているのである[24]。ならばこの時点でも、陳独秀は〈連続二段階革命論〉を主張していた、と見ることができる。しかも、マーリンがヨッフェ(A. Ioffe)、ジノヴィエフ(G. Zinoviev)らに宛てた書簡によれば、この時期(二二年末から二三年五月)彼と陳独秀は、国民党の要職をほぼ共産党員で独占する「中国国民党改組計画草案」を作成、孫文との間で協議を試みていた。国民党への党員加入とは、共産党の国民党への従属ではなかった。マーリンと陳独秀は、むしろこれを契機に、国共合作の主導権確保を狙っていたのである[25]。

そして、一九二三年一月以降に共産党の周囲で生じたいくつかの政治事象は、陳独秀らの国民党への共産党加入という戦術を促進することになった。第一に、孫文は一月二十六日、ソ連の全権代表ヨッフェとの共同声明を発し、ソ連の支援を受けることを表明した。またコミンテルンの側も同月十二日、「国民党に対する中国共産党の態度の問題についての決議」を採択、国民党が「中国における唯一の重要な民族革命グループ」である一方、「同国における独立的な労働運動がまだ弱体」であり、労働者階級は「民族革命の課題の解決を直接の利益としながらも、完全に独立的な社会勢力としてはまだ十分に分化していない」ことを指摘した上で、共産党に──「固有の組織」の堅持という条件を付けながら──「国民党内にとどまる」ことを命じた(一月決議)[26]。

第三に、中国共産党指導下の最大の労働組合の一つ、京漢［北京─漢口］鉄路総工会は、二月一日、その成立大会を鄭州で開催しようとして軍閥呉佩孚の干渉を受け、これへの抗議と団結権の主張のため四日、全線ストに突入した。だが、七日にはその拠点河北省の長辛店、湖北省の江岸などで武力弾圧が開始され、死者五二名・負傷者三百人の犠牲を出してストは敗北した。それは、前年の一九二二年一月以来、実に一三カ月にわたって継続してきた中国労働運動の第一次高潮――香港海員ストに始まり、長辛店や京奉〔北京―奉天〕線・京綏〔北京―綏遠〕線・正太〔正定―太原〕線などの鉄道、開灤炭鉱の他、武漢、湖南、上海、広東で共産党や共産党系組合の指導下に約三〇万人が参加する百余回のストライキが闘われた――の後退を惹起することになった[27]。

こうした国民党の動向、コミンテルン一月決議、そして京漢鉄道スト敗北という状況は、しばしば指摘されるように、中国共産党に国共合作のための議論を一層展開させることになった。四月十八日付『嚮導』第二一期には、「国民党を全中国にゆきわたらせ」「全中国を掌握させ」ることを主張する李大釗の「全国に遍く国民党を」が掲載され、二十五日の第二二期は、陳独秀の「ブルジョワジーの革命と革命的ブルジョワジー」を掲載した[28]。後者は、ブルジョワジーを反革命的・非革命的・革命的の三つに分類した上で以下のように論じている。

革命的ブルジョワジーは革命的プロレタリアートと妥協して、共通の敵である軍閥階級を打倒すべきなのであって、反革命のブルジョワジーと妥協してはならない。労働者大衆は本来的に革命の実力を持っているのだから、革命運動では重要な位置を占めるべきだし、また現在においては、革命的ブルジョワジーとは闘う目標が共通しているのだから、革命の共同戦線をはることができよう。……プロレタリアートも、こうした民主革命の成功がはっきりとブルジョワジーの勝利であることをよくわかっている。だが、未熟なプロレタリアートは、この勝利への戦いの中でしか、若干の自由を得たり、自己の能力を拡大したりする機会は得られないのである。……中国国民党の目下の使命、および進むべき正しい道は、革命的ブルジョワジーを統率して革命的プロレタリアートと連合し、ブルジョワジーの民主革命を実現することである[29]。

この論文は、従来の研究の中でしばしば、京漢鉄道スト後の陳独秀の労働者階級への不信の表明であり、陳独秀の「二回革命論」を典型的に示すものとされてきた。例えば、ある「二回革命論」批判論者は、「統率」の一語に注目して文を言い換え、「彼の中国革命に対する公式は『革命を統率するブルジョワジーが、革命的プロレタリアートと連合し、ブルジョワ民主主義革命を実現する』ことである」[30]と述べている。だが、陳独秀の文章では「統率」の目的語は革命的ブルジョワジーであり、この国民党がブルジョワ単独政党ではないこと（及び革命的ブルジョワジーを含むこと）が、陳独秀らの理論的前提であったのだから、こうした引用は陳独秀の意図の曲解である。別の論者も、陳の議論によれば、プロレタリアートと広範な労働人民は「ブルジョワジーの統率下に『若干の自由と自己の能力を拡大する機会を得る』ことができるにすぎない、陳独秀は社会主義が必要だとは言ったが、それはブルジョワ革命が勝利してブルジョワジーが政権を獲得し、資本主義が充分に発達してからのことであると考えていた」と主張する[31]。しかし、この論断も不合理である。「民主主義革命の成功」をブルジョワジーの勝利とするのは、すでに「中国共産党の当面する現実問題についての計画」（一九二二年十一月）に見える想定だが、プロレタリアートの成長は「計画」がそうであったように、ブルジョワ民主主義革命の過程に想定されている――「勝利への戦いの中で」「自己の能力を拡大」すると述べているのだから。その意味で〈連続二段階〉の見通しは放棄されてはいない。陳独秀は、社会主義革命は「資本主義が充分に発達してからのこと」だ、とは述べていないのである。

さらに従来の研究がこの陳独秀論文に注目しているのは、論文発表時期が京漢スト敗北（一九二三年二月）と中共第三回全国大会（同六月）の中間に当たり――それゆえストの敗北で陳独秀は中国の労働者階級を評価しなくなった、第三回全国大会では彼の日和見主義が生まれた、とする「定説」に強く関わっているからなのだが、実はこの一九二三年四月から六月にかけての時期、陳独秀は広州の週刊新聞『労動週報』[32]でも発言している。同紙の「発刊の詞」で、その趣旨を「労働同胞を覚醒させ、全国の労働階級統一の大団結のために、全国の労働階級の利益と自由のために戦い、軍閥を打倒し、軍閥を援助する国際帝国主義者を打倒し、さらに進んで労働階級の最終目的たる『労働するものが人を治める』のために奮闘することだ」とした陳独秀は、別文で次のような議論を展開している。

> 連合戦線の意義は、労資両階級の革命分子がその共通の敵――外国帝国主義者と本国軍閥――を打倒しようとする連合である。この種の連合戦線は純粋に両階級の革命行動の連合なのであって、決して両階級の主義の連合ではない。これは決して混同されてはならない。……労資両階級の利益は永遠に相容れない。だから両者が抱く主義には絶封に妥協の余地がない。もし政治闘争で労資両階級の連合戦線が主張されるのであるから、経済闘争でも労資の妥協を主張してもよいと誤解するなら、これ以上の誤りはない。……ブルジョワジーが労働階級の助力を利用して勝利を獲得して後、階級闘争は日々顕在化・激化し、階級利益の衝突のために、ブルジョワジーは政権を利用して労働者を抑圧するであろう。これは将来必至のことであって、両階級の政治闘争はここに始まる。経済闘争については、今日にあっても連合戦線のために労資妥協を図ってはならないのである[33]。
>
> 国民革命において、労働階級は実に偉大な勢力をもっている。中国国民運動にはブルジョワジーと労働階級が同時に参加する。しかし、中国のブルジョワジーには極めて多くの欠点があり、彼らは一方で督軍に反対し、革命をせねばならないという考えをいくらか持っているけれども、はなはだ簡単に国内の軍閥、外国の帝国主義と妥協してしまう。……労働階級の国民運動はそうではない。試みに見よ、海員・唐山・京漢の各ストでは軍閥・国外帝国主義と全く妥協してはいない。つまり、中国の労働階級は自らの階級闘争だけでなく、国民運動においても大いに有力である。国民運動の重要分子であるだけでなく、彼らを欠けば革命に望みは全くなくなる。労働

運動なくして国民運動はない、と言えるのだ[34]。

見られるように、これらの文章・演説で陳独秀は確かに革命を二段階で構想しているが、第一段階のブルジョワ民主主義革命＝国民革命で労働者の経済闘争は放棄されていないし、第二段階の社会主義革命はこの経済闘争の延長線上に捉えられている。二つの革命が非連続的に（長期的な資本主義発展という中断期を挟むものとして）構想されていたとは言えない。また、労働者の闘争は非妥協的なものとして、また「労働運動なくして国民運動はない」と高く評価されている。かつての中国における「定説」に従う研究者や公式党史の執筆者たちは、京漢鉄道スト敗北後陳独秀は労働運動に対して「消極的で悲観的な態度」を取り、ブルジョワジーを重視するようになった、彼が考えた「中国の民主革命はまずブルジョワジーが政権を獲得し、その後で改めてプロレタリア革命を行う」とする思想は後に「陳独秀の〝二回革命論〟と呼ばれることになる」と述べている[35]が、こうした主張は中共機関誌『労動週報』での陳独秀の言論を無視したものである。

（2）陳独秀の国民革命論と第三回全国大会「国共合作論争」――一九二三年前半

次に、近年の公式党史がその前後に陳独秀の「二回革命論」が誕生したとする[36]中国共産党第三回全国大会について見てみよう。六月十二日から二十日にかけて広州で開催されたこの大会では、全党員の国民党加入＝「党内合作」方式での国共合作の全面化をめぐって激しい論争が戦わされ、かつての研究では、マーリンと陳独秀が「すべての工作を国民党に」というスローガンをかかげて共産党の独立性の放棄・国民党への共産党の解消までも主張して「党内合作」を支持したのに対し、張国燾らは全党員の（特に労働者党員）の国民党加入に反対したという、左右の「偏向」

（投降主義とセクト主義）が生じたとされ、特に陳独秀の思想は「二回革命論」として非難されてきたのである[37]。近年の公式党史でも、「すべての工作を国民党に」の主張は、国民革命の革命勢力増大のためであり、レーニンの「戦術思想」に合致しているとの見解が表明されてはいるが、同時に、陳独秀らが「共産党やプロレタリアートの役割を低く評価し、国民党とブルジョワジーを高く評価したことは、国民党との合作の中で中共を従属的立場に置き、党の独立性保持を困難にした」との評価は維持され、陳独秀の「二回革命論」についての批判にも変化は見られない[38]。

だが、こうした新旧の批判の当否は検討されねばならないし、そのためには第三回全国大会での論争の実態が明らかにされねばならない。第三回大会での「国共合作論争」を、マーリンが残したメモによって復元すれば――管見の限り、こうした試みはこれまでなされてこなかったようなのだが――以下のようになる[39]。まず最初に発言したのは、中央執行委員会委員長の陳独秀である。

(1)中国が当面するいかなる革命運動もすべて国民運動となる。
(2)いかなる植民地・半植民地の民族革命運動にも国際性が備わっている。
(3)国民運動が勝利を獲得するのには、一個の国民党が必要である。この種の必要性に賛同しない者は無政府主義の傾向の誤りに陥っている。
(4)中国労働者の力量が強大であるとの宣伝は党外に向けてであればかまわないが、党内向けにこれを行ってはならない。党内での宣伝は我々に錯覚を生じさせる。
(5)我々の党員が国民党に加入するのであって、我々の党が国民党に加入するのではない。
(6)国民運動であろうと労働運動であろうと、連合行動が必要である。
(7)我々は国民党加入に危険があるからといって党外に留まるべきではない。それは革命の活動方法ではない。

(8)我々は国民党を発展させようとするがゆえに、国民党に加入する。もし今国民党のために活動しないのであれば、国民党加入に何の値打ちもない。
(9)労働組合は党と異なるが、我々は二者を統一的に見ることもできる。
(10)我々は国民運動を発展させる責任がある一方、労働組合を建設する責任がある。
(11)我々は国民党と党員を争わない。我々は階級闘争の意識がある労働者を吸収するだけだ[40]。

国共合作（中国共産党員の国民党への加入）を全面的かつ積極的に推進するための議論が、ここには網羅的に、かつ理論的権威を背景に述べられているように思われる。反対論を想定してそれを「無政府主義」的とするのは、恐らく同様の言い方をしているレーニンに基づくのだろうが、しかし、この共産党大会では、参加者が極めて率直な見解を吐露している。

陳独秀の方針表明に対し、「広東支部」（正しくは広東区）の代表は、「全国規模での国民党の発展」を提起したが、「長辛店」（長辛店支部）代表は、「国民党はブルジョワ政党であって我々の敵だ、彼らを支援することはできない」とし、「北京」（北京地方委員会）代表も「北方では我々は我々自身で組織を発展させるチャンス」があると発言、国共合作に反対の意向を示したのである[41]。

次に中央執行委員の蔡和森が長い発言を行った。彼は、コミンテルン執行委員会の一月決議は、「一．国民党と連合し、統一戦線を作り上げよ、二．我々の独立性は保持せよ」であったのだから、「労働者を国民党の旗の下に置こうとしている陳独秀はこの決議に違反している」、と批判したのである。そして蔡和森は以下の三点で論陣を張った。――①「大ブルジョワジーは軍閥と官僚から構成されているから、軍閥には反対しないし、上海の実業界は軍閥に支援を求め、その財政資本は軍閥政府に依存している」。②「小ブル階級とプロレタリアートが真の革命勢力であり、両者は連合せねばならない」。③「もし今、中国の国民運動が非常な高揚を遂げているのなら、労働者は独立した政党を必要としなくなるであろう」が〔今はそうではない〕、「独立した労働者政党を作り上げることは、国民運動を破壊することではなく、この運動を推進することなのだ」[42]。

陳独秀はこれに反論した。――①「反革命軍閥と大ブルジョワジーの状況は確かにその通りだが、彼〔蔡〕の結論は間違っている。彼の結論は、我々は民族革命のために活動せねばならない、であるべきだ」。②「小ブルとプロレタリアの二階級は、蔡和森の言うとおり革命的であるが、彼は広範な農民や……実業家（ママ）らを包含する政党を打ち立てようとはしない」。③「国民運動が非常な高揚を遂げねば我々は国民党に加入できないとするなら、それは日和見主義思想だ。我々の責任は国民運動の展開のために活動することだ」、など[43]。

更に、この時陳独秀は、「国民党を発展させつつその軍事行動や〔軍閥などとの〕結託を批判し、民主主義の宣伝を行い、その中に労働者・農民を左翼として組織する」ことを主張している[44]。

だが、今度は同じく中央執行委員であった張国燾が反対意見表明のために立ち上がった。彼は、①「国民運動がプロレタリアの存在を許すなら、我々はプロレタリアの利益を犠牲にして運動に参加してもかまわないが、中国で国民運動を展開する条件が成熟しているのかどうかを詳細に検討せねばならない。……中国の反軍閥ムードは非常に強烈だが、各帝国主義国家の利害が衝突しているからこの基礎の上に革命を行うのは不可能だ」。②「〔コミンテルンの一月決議の〕指示はすでに国民党に加入した同志が国民党に留まることは適当だ、とするものだ」。③「共産党を発展させる唯一の道は独立行動であって、国民党内で活動することではない。……我々は少なくとも北方では共産主義あるいは労働組合書記部の旗幟を掲げ、独立した労働組合工作を展開するべきだ」[45]。

張国燾を批判したのが、党内で理論家の立場を固めつつあったモスクワ帰りの瞿秋白である。彼は張の論点①に対して、「国民党の発展は共産党の犠牲を意味するのではない、逆に共産党も自身の発展の機会を得るのだ」と切り返し、

③については「もし、我々が労働者の国民党参加を認めなければ、国民党はブルジョワジーや軍閥らが与える援助で日増しに反動へと向かうことになる。もし、我々がプロレタリアを指導して国民党に加入すれば、国民党に革命性を持たせることができる。どちらがよりよい方法か？」と反論している[46]。

さらに瞿秋白は、陳独秀支持の議論を展開した。ブルジョワジーはこの社会の独立した構成要素ではあるが、「プロレタリアートの参加がなければ、いかなるブルジョワ革命も成功しない」。また中国ブルジョワジーの利益は一様ではないが、「国民党だけが異なる利益を統一できるのだ」。「ブルジョワジーの勢力増大を恐れてはならない。なぜならそれと同時にプロレタリアートの勢力も増大しつつあるからだ」。「もし我々が勢力増大を望み、明確な目標を持つなら、我々は国民運動の中で自己を増大させ、ロシア十月革命の道を歩む十分な機会を持てるはずだ」、と[47]。瞿秋白の「プロレタリアートの参加がなければ、いかなるブルジョワ革命も成功しない」とは、『労動週報』における陳独秀の主張「労働運動なくして国民運動はない」をスマートに言い換えたものであるし、「国民運動の中で自己を増大させ」「ロシア十月革命の道を歩む」というのも、陳独秀の〈連続二段階革命論〉を代弁するものであった。

この後、鄧中夏（中央執行委員）が消極的な発言をした以外は、毛沢東（湖南区[48]）・鄧培（唐山地方委員会）・李大釗が国民党加入ないしは陳独秀の見解を支持、国民党への批判的言辞を繰り返した林育南（武漢区）も結局「国民党への加入に同意した」[49]。マーリン・メモによるかぎり、大会での発言者十二名のうち、国民党への全党員加入に明確に反対したのは、蔡和森・張国燾を含め四名にとどまった[50]。大会が、陳独秀が起草した「国民運動及び国民党問題についての議決案」を採択した[51]ことからしても、論争は陳独秀（と瞿秋白の）見解が理論的にも数的にも優位を占めて決着したと考えられる。

そして、この陳独秀起草の「議決案」は、次のように述べる。――「中国社会の現状からすれば、勢力を集中させた一個の党が国民革命運動の大本営たるべきであり、中国の現有の党では、国民党だけが比較的に国民革命の党である」。「中国の労働階級はなお未熟な時代にあり、多数の労働大衆の意識はなお宗法社会に停滞し、非政治的傾向は非常に強く、ただ少数の産業労働者だけが国民運動の必要を感じているにすぎない。……このため労働運動はなお強大化して一個の独立した社会勢力となり、中国の当面の革命の必要に応じることができていない」。プロレタリアが独立した社会勢力ではないとの評価は、前述のコミンテルン決議（一九二三年一月）に見え、国共合作下の民族民主革命のための前提条件であった。また、「多数の労働大衆の意識はなお宗法社会に停滞し」ている、とは、瞿秋白の「中国ブルジョワジーの発展」（一九二三年六月二日脱稿）にも見ることができる[52]。こうした労働者階級全体（手工業労働者を含む）に対する厳しい評価を、陳独秀も決議草案に取り入れているのだが、これは、労働者の先鋭分子（鉄道・鉱山・海員など）の戦闘性に対する高い評価、労働者の運動は国民革命の成功に不可欠だとする主張と並存していた。こうした議論を組み立てることで、陳独秀（と瞿秋白）はプロレタリア政党としての原則と、コミンテルンが命じた国共合作戦術との理論的整合性を確保したのである。

加えて、陳独秀起草のこの決議は、国民党加入後も「従来通り我々の組織を保持し、各労働者団体や国民党左派から真の階級意識を持つ革命分子を吸収」することで「強大な大衆的共産党の基礎を打ち立てねばならない」と述べている[53]。また、陳独秀は国民党内における労働者と農民の「左翼」構築を説いたし、大会が採択した（瞿秋白が起草し、陳独秀も文面に手をいれている）「中国共産党党綱草案」は、「中国プロレタリアートが先頭を切ってこの国民革命に全力で参加し推し進め、農民を覚醒させてこれと連合し、将来のことを考えないブルジョワジーを督促し、革命を最後まで導いて、革命の方法で真の平民的民権を樹立する」ことを主張していたのであるから[54]、また「政治革命から社会革命への過程の短縮」にまで言及していたのであるから[55]、第三回全国大会で陳独秀が共産党の国民党への解消までも主張したとするかつての研究の議論はもちろん、「共産党やプロレタリアートの役割を低く評価し、国民党とブルジョワジーを高く評価した」とする近年の公式党史の見解も、妥当なものではない。そしてまた、当時の陳独秀の議論には、ブルジョワ革命とプロレタリア革命の間に、資本主義の発展という長期の中断期を措定する、〈非連続革命論〉の特徴を見出すことはできないのである。

（3）陳独秀「中国国民革命と社会各階級」（一九二三年四月）の再検討

それでは、前述の「ブルジョワジーの革命と革命的ブルジョワジー」とともに、陳独秀の「二回革命論」を代表する論文とされてきた、「中国国民革命と社会各階級」はどうだろうか？　陳独秀は一九二三年十二月、共産党理論機関誌『前鋒』に発表したこの論文[56]の冒頭で、次のように論じる。――「半植民地にあっては、一方で商工業は外国勢力に妨害されて十分に発展できず、ブルジョワジーも一つの独立した革命勢力となり得ず、また貴族や軍閥が外国勢力の庇護を得て存在しているため、やはり純粋のブルジョワジーによる民主主義革命を形成し得ない」。だから、「対内的には民主主義革命であり、対外的には民族革命である」国民革命が必要なのだ、と。その上で彼は、中国の諸階級についてブルジョワジー・小ブルジョワジー・農民・労働者の順に分析と評価を加えている。「植民地・半植民地社会の諸階級は、もとより全般的に未熟ではあるが、ブルジョワジーの力は農民に比べればまとまっており、労働者よりは優勢である」のだから、ブルジョワジーを軽視してはならない、「国民革命が成功すれば、普通であれば当然にブルジョワジーが政権を握る」として国民革命におけるこの階級の重要性を指摘する。次に農民については、「中国の全人口の大多数を占めているから、言うまでもなく国民革命の偉大なる勢力」だが、そのことから「農民たちの間でただちに共産主義の社会革命運動をすることができる」と考えるのは間違っている、「国民革命が完全に達成され、その後国内の産業が勃興し、普遍的に農業が資本化され、農業プロレタリアートが増大し結集した後でなければ、農村で真に共産主義の社会革命は必要にも可能にもならない」、と述べる。さらに、プロレタリアートについては、「労働者は社会において有力な階級であり」、「国民革命の重要な構成分子ではあるが、彼らはあくまで重要な構成分子にとどまるのであって、独立した革命勢力ではない」、「産業の未発達な中国では、労働者階級は量的に未熟であるばかりか、質的にも未熟なのである」、「ごく少数の純粋なプロレタリア分子は、もちろん将来におけるプロレタリア革命の唯一の種子であり、諸階級が協力し合う国民革命運動にあっても、もっとも勇敢な先鋒隊であるが、……量的にはあまりにも少ない」[57]。

こうした様々な文面は、陳独秀の所謂「二回革命論」を批判する論者たちによって繰り返し取り上げられてきた。(1)「国民革命が成功すれば、普通であれば、当然にブルジョワジーが政権を握る」との部分は、ブルジョワジーの領導権承認として、また(2)国民革命の完全達成、その後の国内産業の勃興、普遍的な農業資本化、農業プロレタリアートの増大と結集を経過せねば、農村での「共産主義の社会革命は必要にも可能にもならない」、との主張は、陳独秀が農民を無視し、資本主義の長期的発展を間におく非連続の二段階革命（二回革命論）を構想していたことの証左とされ、(3)労働者階級は「独立した革命勢力ではない」「量的に未熟であるばかりか、質的にも未熟である」、ブルジョワジーの勢力は「農民に比べればまとまっており、労働者よりは優勢である」とされているのは、革命の動力についての誤った階級評価だとされてきたのである。

だが、陳独秀の文章を断片的に引用して行われているこれらの批判は、この論文がブルジョワジー・農民・労働者の階級状況を分析し、そうすることでこれらの階級が国民革命に参加すべきことを正当化し、そのための理論構築を図っていること、更に様々な立場からの国共合作をめぐる議論に反駁している極めてポレミックな性格を持ち、国共合作が正式決定される中国国民党第一回全国代表大会（一九二四年一月）の直前に公表されているということを、全く無視している。

例えば、労働者階級は「独立した革命勢力ではない」との主張は、労働者階級単独では革命を遂行し得ないことを強調するための議論であり、そもそもコミンテルン決議に由来する。労働者が「量的に未熟であるばかりか、質的にも未熟」だとする評価――大多数の手工業労働者や産業労働者は宗法社会に沈睡し個々に経済闘争をするだけで、国家の意識を持ち政治闘争をなし得るもの（鉄道、海員）は少数であり、純粋なプロレタリア分子はさらにごく少数だ――も、すでに見た瞿秋白論文や陳独秀起草の中共第三回全国大会決議の場合と同様、労働者階級の先鋭分子への高い評価（国民革命における「もっとも勇敢な先鋒隊」）と並存し、国民革命への労働者の参加を主張するための議論として機能している。そのことは続けて述べられる、大部分の産業管理権が外人か軍閥の手にある以上、労働者の経済闘争は政治闘争に転化し、政治闘争も「自身の階級の政治闘争ではない」、諸階級一般の政治闘争だ、とする陳独秀の主張にも見て取れる。この「自身の階級の政治闘争ではない」というのは、プロレタリア革命に直接向けての闘争ではないことを言っているのであって、実際に労働者の階級としての政治闘争が否定されているわけではない。陳独秀の意図は、この「一般的な政治闘争」が労働者の階級的利益と勢力増大を保障することを前提としているのであり、彼が挙げる一般国民の政治的自由とは集会・結社・ストの自由などであって、これらはまぎれもなく当時の労働運動の課題であった。したがって国民革命に参加しなければ、「労働者階級はこの革命の闘争の過程で、自階級の戦闘力をアップさせる機会を失う」のであり、「独立した組織を持ちさえすれば、また政治闘争における一時的な策動や連携は経済闘争における主義の妥協とは違うものだということを理解しさえすれば、勇敢にこの国民革命という複雑な闘争に加わっても、彼らには利益こそあれ、決して危険はない」と断言されるのである[58]。

なお、この論文で注目すべきは、陳独秀が国民革命への労働者参加に反対する意見に対し説得を試みていることである。彼は、連合戦線への労働者の加入は「改良や妥協の傾向が生じてしまいかねないから、危険な政策だと考える向き」があるが、労働者には「利益こそあれ、決して危険はない」と説く[59]のだが、実際に国民革命に反対する労働者は、第三回全国大会以後も党内ないし党周辺に存在した。例えば、『労動週報』第一六期（七月二十八日）の「労働者〔工人〕投稿」欄には、李毓秀という名の広州の労働者が、「最近の京漢鉄路の労働者のストと大流血は労資決裂の明証である」とし、ただちに軍閥・資本家打倒とプロレタリア独裁実現を目指す議論を展開している[60]。

また、陳独秀は農民について、「国民革命の偉大なる勢力である」が、「バラバラに散らばっているため、その勢力はまとめにくい」ことなどが革命参加の阻止要因だとする一方で、外国製品の流入・兵火・天災・官吏の収奪がその革命参加を可能にしていると指摘する。そして、国民革命後農業資本化が普遍化し、農業プロレタリアートが増大して結集されねば、農村での「共産主義の社会革命は必要にも可能にもならない」とするのだが、この指摘も、実は農村でただちに共産主義運動を起こそうとする主張が中央機関誌『嚮導』の投稿欄に掲載されたことを踏まえたものである[61]。陳独秀はあくまで、国民革命に農民を動員することを主張しているのである。

ブルジョワジーについての「農民に比べればまとまっており、労働者よりは優勢である」との評価も、ブルジョワジー一般に言われているのではなく、陳独秀が四月の論文で提起した「革命的ブルジョワジー」についての評価であり、それも農民が「バラバラに散らばっている」こと、労働者の物質的な力量との対比からの指摘であって、こうした評価をただちに不当なものとすることはできない。またこの論文の、「経済的にも文化的にも遅れた国は、資本主義発達の弊害を受けているのではなく、資本主義未発達の弊害を受けているのだ」との指摘を「二回革命論」における資本主義の発展段階の肯定と関連づけて理解する研究もあるが[62]、これはレーニンの『民主主義革命における社会民主党の二つの戦術』（一九〇五年）の一節[63]に基づく指摘であり、資本主義の有害性を批判する議論に反論し、当面の任務がブルジョア民主主義革命であることに強調の力点があろう。

さらに、この論文の結論近くで、陳独秀は「国民革命が成功すれば、普通であれば、当然にブルジョワジーが政権を握る」と述べたあとで、「特殊な環境があったりすれば、新たな変化が生まれるかもしれない。その時、労働者階級がどれほどの政権[64]を獲得できるかは、彼らの革命の過程での努力如何と世界の情勢にかかっている。一九一七年のロシアでの革命がその良い例である」[65]と述べている。この論点を、労働者は国民革命に参加して勢力を増大させ得るとするすでに見た論点と合わせて考えれば、当時の彼は、やはり〈連続二段階革命論〉を主張していたことになる。ロシア革命を「良い例」とするのであれば、革命の中断期（資本主義の発展期）を間に挟む民主主義革命と社会主義革命という〈非連続二段階革命論〉ではない。

中国の研究者は多くの場合、ロシア革命の事例への言及を無視するか、あるいは陳独秀が続けて述べる、以下の文面の方を強調する[66]――「だが、こうした未来のチャンスについては、我々には予想することもできないし、また予想する必要もあるまい。今は、ただ脇目をふらずに国民革命をやるまでである」[67]。だが、ここで国民革命への全力の傾注を主張するのは、そのことを命じるコミンテルンの指示がある以上、さらにこの論文の公表には、国共合作を正式に決定する国民党第一回全国大会を目前に控え、党内（あるいはシンパの中）に存在した国共合作反対論者を説得する狙いがあったことを考えれば、当然のことである。

だから、陳独秀の〈連続二段階革命論〉とは、コミンテルンが中国共産党に与えた指示の中で一言も述べなかった中国における社会主義革命への道のりを、陳独秀が構想していたことを示すものである。

なお、この論文の発表直前、共産党は三期一中全会（第三期中央委員会第一回総会、一九二三年十一月二十四〜二十五日）を開催し、「国民運動はわが党の現在のすべての工作である」と位置づけ、「国民党の組織拡大」を「主要な工作」と位置づける「国民運動進行計画決議案」を採択していた。そして興味深いことにこの決議は、「政治的な言論と行動はすべて本党の指揮に従う」「秘密のフラクション（秘密組）」を形成し、「我々は国民党の中枢（中心的地位）に立つよう努めねばならない」と述べている[68]（傍点引用者）。このことは、前述の一九二二年末から翌年五月にかけての陳独秀とマーリンによる国民党改組構想や、中共第三回全国大会における国民党内左翼の構築の議論と同様、当時の陳独秀と共産党が国民党を通じた間接的な国民革命のヘゲモニー掌握を目指していたことを意味するのであろう。

したがって、陳独秀のこの「中国の国民革命と社会各階級」は、中国共産党が直面していた国共合作に全力を傾注し、革命的ブルジョワジーとともに労働者や農民を動員して国民革命に取り組むための理論構築を行い、党内と党周辺の反対論者を説得するための論文であった。そしてまた同時に、陳独秀は、自らの（コミンテルンの指令に由来しない）革命論を有していた。それは、ロシア革命をモデルとした〈連続二段階革命論〉であった。国民革命の過程で労働者階級の勢力拡大を想定し、国民党を国民革命の指導者とするとしても、（コミンテルンが命じてはいない）国民党内での「中枢」の立場を目指していた以上、この〈連続二段階革命論〉には、独自の政策的根拠があったのである。

（4）国共合作下の国民革命はどの階級が指導するのか？——陳独秀らの「解答」

前述の一九二二年から一九二三年にかけての時期、ブルジョワジーの革命性（あるいは革命的ブルジョワジーの存在）を前提とし、ブルジョワジーとプロレタリアの政策的連合＝国共合作戦術を採用し、同時に中国国民党における「中心的地位」を通した間接的な革命指導権掌握を目指していた中国共産党の革命構想は、一九二四年初め、大きな成果を獲得する。

すなわち一九二四年一月開催の中国国民党第一回全国代表大会は、共産党員の加入に反対する国民党右派の抵抗を抑えて国共合作を確定した。自らの「民生主義」と社会主義の一致を説いた孫文の説得と、共産党員は国民党の規律と指導に服するとの李大釗の明言が功を奏したのである。この結果大会によって李を含む三名が中央執行委員に、同候補に毛沢東・瞿秋白ら七名が選出され、大会後には譚平山と林祖涵がそれぞれ国民党中央組織部長・農民部長に任命された。六月開学の黄埔軍官学校には数十名の共産党員と共青団員が入学し、政治教官（のち政治部主任）に周恩来が就任、七月設立の農民運動講習所の主任や教官はほとんど共産党員が占めた。これらは、共産党が目指していた国民党の「中枢」獲得にまでは距離があるとしても、共産党が国共合作下に、国民党や軍隊、そして民衆運動指導における最初の地歩を得たことを示している。

だが、共産党はこうした地歩に安住することはできなかった。

第一に、一九二四年六月の張継・鄧沢如・謝持らによる「共産党弾劾案」の提出に見られる国民党右派の抵抗は失敗に終わったものの、八月から十月まで広州国民党政権を揺るがした「商団事件」は、共産党の国民党（とりわけその中のブルジョワ分子）に対する批判を強めさせた。帝国主義と結んだ華僑や地主・軍人・政客・買弁などからなる国民党右派はもとより、商工業ブルジョワジーと一部の小ブルを代表するものと考えられた中間派すらもその動揺と妥協性が指弾の対象となったのである[69]。また第二に、中国労働運動は二三年二月の京漢鉄道ストの敗北以来の後退期をようやく抜け出す徴候を見せつつあった。二四年五月の中共中央拡大執行委員会は、鉄道・海員・鉱山など近代産業における労働運動重視の方針を提起[70]、十月の第二次奉直戦争で呉佩孚ら直隷派が敗北したことも、労働運動の展開に有利な情勢を作り出した。こうした状況を背景に、二五年一月に開催された中国共産党第四回全国大会が持った課題は、第三回全国大会の、「革命的ブルジョワジー」の存在を重視した国共合作戦術を修正し、党内では一部の議論にとどまっていた国民革命におけるヘゲモニーの問題——すなわち、中国の諸階級の中でどの階級が領導権を握るのか——に解答を出すことであった。

その解答が、大会が採択した「民族革命運動についての決議案」である。決議は、買弁階級と地主階級は反革命派であり、工業ブルジョワジーは民族革命に参加できていない、などと批判的に評価した上で、「中国の民族革命運動は、最も革命的なプロレタリアートが有力に参加し、さらに領導的立場を獲得してはじめて勝利を得ることができる」とした[71]。ここに、国民革命における「プロレタリアのヘゲモニー」が定式化され、国共合作全面化のために陳独秀が主張した革命的なブルジョワジーの存在は後景に退いた。一方で国民党は左派（労働者・農民・知識階級急進分子）と右派（軍人・官僚・政客・資本家）、中間派（小ブル知識階級の革命分子）に分類され、中間派が「我々」と右派との間にあって組織を支配しているとされた[72]。そしてこの決議は、国民党を中国民族運動における「一つの重要な道具であるにすぎない」とし、右派の帝国主義や軍閥との結託を指弾し、中間派の優柔不断な態度を暴露することの必要性を強調した。共産党員および指導下の非党員産業労働者の国民党加入も、工作の必要時に限定することになった[73]。

ところで、中共第四回全国大会におけるこうした「プロレタリアのヘゲモニー」獲得の主張が党内主流の見解になったことの背景には、新たな理論家の登場があった。よく知られているように、第四回全国大会の前年九月にモスクワから帰国した彭述之が、同年十二月、中共理論機関誌『新青年』に、「誰が中国国民革命の領導者なのか？」を発表しているのである[74]。彭述之は、「中国の労働者階級が外国帝国主義と封建軍閥に反抗している事実」を一九二二年から二三年にかけての諸ストライキに指摘し、これらは「中国労働者階級が真に中国国民革命を領導する使命を担い得ることを証明しているばかりか、それはすでに世界革命の先鋒軍であることを証明している」、「だから中国労働者階級は天然に国民革命の領導者なのだ」と論じたのだった。そして陳独秀も、同誌同号に「二十七年来の国民運動で得られた教訓」を掲載、同調する見解を述べた[75]のだが、彭述之と陳独秀が行ったのはそれだけではない。

実は、彭述之はその議論を展開するにあたって、驚くべき筆法を用いている。彼は、「ある人」の、「未熟な商工業ブルジョワジーは、その臆病な心理ゆえ、当然に革命には賛成しない。しかし、産業が一定程度まで発達して、企業規模が一地方をこえて次第に全国的なものになり、同時にまた軍閥の［騒乱による］妨害や外国製品、外資との競争にあうことになると、自然と彼らに、経済的な要求のためには政治革命が必要だという自覚を促していくことになる」との発言を引用し、それでは、「中国が資本主義国家になるのを待たねば、中国のブルジョワジーは革命に立ち上がらないことになる」、「そうした推論は些か日和見主義的だ」と決めつけ批判しているのだが、この「ある人」の発言は、前述の陳独秀「中国国民革命と社会各階級」（一九二三年十二月）から引用されたものだった[76]。彼は、他にも数箇所、陳独秀論文から労働者に対する「低い」評価（中国の労働者は「その大多数でなお宗法社会の中に眠り続けている」、「物質面での彼らの力はブルジョワジーの強さに〔遠く〕及ばない」）を引用し、これを同様に強く批判している[77]。

実際には、陳独秀は、彭述之が言うように中国が資本主義国家にならねばブルジョワジーは革命に立ち上がらないと述べた訳ではないし、労働者階級を一方的に低く評価したのでもない。陳独秀論文の本来の意図からすれば、彭述之の批判は強引にすぎる議論なのだが、にもかかわらず彭がこうした批判を公表し得たのはなぜなのであろうか？そこには間違いなく陳独秀の同意がある。党機関誌の読者であるならば、誰でも気づくであろうほどの文面（長さと正確さ）をもって陳独秀の論文を引用し、これに批判（あるいは論難）を加えたのは、前回の党大会から大きな理論転換が行われること、そのことを陳独秀をトップとする党の指導者たちが合意していることを示すためであったに違いない。第三回全国大会の国共合作全面化の決議が大前提としていた「ブルジョワジーの革命性」を基軸とする国民革命論に取って代わって、民族革命における「プロレタリアのヘゲモニー」を提起することはそれだけ党内での事前の説得を必要としたのであろう。同時に想定できるのは、機関誌上での自身への非難を恐れなかった陳独秀の、党内議論（党内民主主義）を重視する姿勢と自らの権威への自信が両立して存在していたことである。

議論を共産党の理論転換に戻そう。この第四回全国大会は、それまでの第三回全国大会の戦術・革命観――ブルジョワジーの革命性に重点を置き、同時に、国民党内の「中心地位」を獲得して国民党を通じた国民革命展開を目指す――に大きな変更を加え、民族運動における労働者階級の「ヘゲモニー」獲得を主張したのであるが、当然に労働者階級に対する評価は、高いものとなっている。第四回全国大会の「中央執行委員会報告についての決議案」は、次のように述べている。――「労働運動は中国国民運動の基本である。事実、中国労働運動は『二・七』以来、最も重い抑圧の下でも依然高揚しつづけ、国民運動発展の中心となっている。労働運動の発展は国民運動の発展と正比例しているのである。階級闘争は国民運動を促進しているし、国民運動も階級闘争を激化させている」[78]、と。この時階級闘争としての労働運動が国民革命の主力を担うことが強調されたのである。

そして、中共第四回全国大会にあって陳独秀指導部が提起した新たな方針は、その後の革命運動の展開を予言するものでもあった。この時期中共は、中国最大の産業都市上海で、低賃金・劣悪な環境下に長時間労働を強いられていた日本の在華紡労働者への働きかけを本格化させていたのであったが、二月、内外綿株式会社の第八工場で起こった労働者解雇に起因する自然発生的ストライキは、内外綿のほか上海紗廠・日華紗廠など六社二二工場に波及（約三万人）、中共はこのストを指導し、彼らを労働組合に組織化することに成功した。ストそのものは一旦収束したものの闘争は五月初めに再燃、十五日の内外綿での日本人工場監督による中国人労働者射殺（顧正紅事件）は事態を一層流動化させた。この時、中共指導部は五月三十日に学生たちを動員して上海公共租界でデモを敢行することを決定した。当日、学生のデモに一般の市民も呼応、数千人に膨れ上がった民衆は、デモ中の逮捕者が拘束された上海のメイン・ストリート南京路に位置する租界警察署に向かった。デモ隊と民衆の圧力に抗しきれず、イギリス人警察署長エバーソン（E. Everson）は発砲を下令、警官たちは次々にリー・エンフィールド銃の引き金を引いた。四十数発の弾丸が群衆をなぎ倒した。——五・三〇事件である。ここに再び、そして前回（五・四運動）にまさる規模での民衆による反帝国主義運動が始まる。

この五・三〇運動では、紡績工場・市政・埠頭などでの労働者のゼネスト（約一五万）と組織化（上海総工会・約二二万人）が実現し、中共指導下の上海総工会は数カ月にわたって運動の動向を左右し得た（ゼネスト体制）[79]。広州と香港（省・港）でも対英ストライキとボイコットが一年四カ月にわたり継続した。この労働運動を中心とする民族運動昂揚の中で、広州に国民政府（主席汪精衛）が成立するのである。

だが、こうした運動の進展は、国民革命の陣営内部での（国共間・階級間の）対立をも生じさせ、国民党内の権力抗争も加わって、複雑な政治状況をもたらした。プロレタリアートの運動が民族運動の中で成長し、しかも国民党内に反共ブルジョワ勢力（戴季陶ら）が台頭したことを見て取った時、陳独秀は一九二五年十月北京で開催された中央拡大執行委員会の場で、国民党からの「脱退準備」を提案し、そうすることで国民党内の反共勢力台頭に備えようとした[80]。この提案はコミンテルンの駐中国代表や党内の反対から、委員会決議（「中国共産党と中国国民党関係議決案」）に「脱退準備」として明記されることはなかったが、この決議は「右派への反対と左派との密接な連盟」を述べると同時に、「中国共産党の政治宣伝と組織を、特に広東で独立させ拡大する」（傍点引用者）、「必要な場合を除き、我々の新加入の同志は国民党に加入させせない。特に高級党部では国民党の工作を担当させせない」と述べているから、その意図は明らかである[81]。

この十月拡大執行委員会の決議が述べた「右派への反対と左派との密接な連盟」の方針は、五・三〇運動におけるブルジョワ勢力（上海総商会）のゼネストに対する敵対や彼らの利害を反映するものと考えられた戴季陶らの国民党内での台頭があった以上、見通しとして正当であったろうし、党内で大きな反対があった形跡はない。この方針は、順調に進展するかに見えた。だが、そうはならなかった。

（5）国共摩擦下の陳独秀の革命指導

十月拡大執行委員会の方針推進を阻んだのは、コミンテルン代表のヴォイチンスキーであった。彼は、労働者階級の闘争が民族ブルジョワジーの運動と密接に関わっていることを指摘し、上海総商会などによるスト資金支援（実際にはそれは限定的で、しかもその打ち切りがゼネスト体制を崩壊させる要因となった）、スト解除交渉への介入をも高く評価していた。彼は、共産党十月拡大会議とは逆に、五・三〇運動から労働者が「ブルジョワ民主主義層」と連帯することの必要性という教訓を汲み取っていたのであり[82]、国民党右派との決裂を望まなかった。彼は国民党第二回全国大会を前に、左派と共産党の勢力で右派を圧倒することを計画していた広東区委やボロジン（M. Borodin、コミンテルン代表・国民政府顧問）の計画を封じ、右派に対する譲歩と妥協を共産党に命じたのだった。

このため、翌二六年一月四日に開催された中国国民党第二回全国大会では、代表二二八名のうち左派・共産党員が一六八名を占めながら、中央執行委員会（三六名）に選出された左派・共産党員は半数強の二一名であり、共産党員は本来の計画の約半数（七名）にとどまった。また中央監察委員会では右派が「絶対的な優勢」（周恩来）を占めたのである。ただし、この時点で左派と共産党の国民党内勢力がピークの状態にあったことも確かである[83]。大会から二カ月後に開かれたコミンテルン第六回拡大執行委員会総会の「中国問題に関する決議」（一九二六年三月十三日）は、この時国民党を「労働者・農民・インテリゲンチャ・都市民主層」からなる「革命的ブロック」と評価し、蔣介石らの広東軍を「革命的民主主義的な民族的軍隊」の「基盤」と評価していたのだった[84]。

しかし、こうしたコミンテルンの評価は間違っていた。もともと国民革命軍を一元的に掌握し、その上で北京政権＝北洋軍閥に対する軍事行動「北伐」の実施を目指していた蔣介石は、北伐に反対するコミンテルン軍事顧問団首席顧問キサンカ（Kisanka）と対立していた。蔣介石は、コミンテルン拡大執行委員会総会の直後、広州で反共・反左派クーデタ（中山艦事件、同年三月二十日）を起こした。蔣介石は、国民革命軍の艦艇中山号を指揮していた李之龍（海軍代理局長・共産党員）を、命令違反の広州回航の廉で逮捕し、省港ストライキ糾察隊の武装を解除、ソ連人顧問の居住区を軍隊で包囲した。国民党左派の指導者（国民政府主席）汪精衛は事実上政権から放逐された。

これに対し中共広東区委は反撃を主張したが、折しも広州を訪問中に事件に遭遇したソ連共産党派遣のブブノフ（A. Bubnov）使節団は、蔣介石との折衝の末、首席軍事顧問キサンカの召還などの蔣の要求を受け入れ、国共合作の維持を図った。使節団から説明を受けた上海の党中央も「中国革命勢力の統一」の名の下に、譲歩を表明せざるを得なかった。さらに四月末広州に帰着したボロジンは、共産党の頭越しに蔣介石と協議を行い、五月に開催された国民党二期二中全会の「党務整理案」――国民党内の共産党権力を大幅に制限するものだった――を彼らに受け入れさせた。まもなく蔣介石は国民党・国民政府・国民革命軍における独裁的な権力を獲得、北伐開始の準備を急いだ[85]。

ただし、その前年に国民党からの「脱退準備」を主張していた陳独秀は、当然のことながら、こうしたコミンテルンの妥協政策に全く従属した訳ではない。後年の証言によれば、彼は中山艦事件後、コミンテルンが命じた国民党との妥協（国民党最高党部からの共産党員の退出、国民党の三民主義批判の停止、国民党加入の共産党員・共産主義青年団員の名簿提出など）を受け入れざるを得なかったものの、コミンテルン代表に独自の軍事力形成の準備（具体的には広東の農民に小銃五千挺を提供して武装させる）を提案し、モスクワへの報告では「党内合作を党外同盟に改め」（＝国民党から脱退）「独立した政策を実行」することを求めた[86]。事実、六月四日付の中国共産党中央委員会による「国民党中央委員会宛ての書簡」は、次のように述べている。

本党の貴党との合作政策は早くから明白に確定されています。それは連合戦線の具体的な表現である、ということです。ただし、合作の方式は、党内合作であろうと党外合作であろうと、もとより固定される必要はありません。……この［合作政策の］原則とは、革命勢力を団結させて帝国主義に抗することであって、その団結と合作の方式如何を問うものではないのです。……貴党の「党務整理案」はもとより貴党内部の問題なのですから、どのように決定されようと、他党には賛成も反対もする権利はありません。およそ貴党の党員たる者は当然遵守の義務がありますが、貴党の党外の団体にあっては全く関係するところではないからです。「党務整理案」の中の、今後の両党合作方式に関わる問題については、我々両党はもとより革命連盟の友軍なのですから、それぞれの党の決議にもとづいて協議し、文書を取り交わし会合を持てばよいのです[87]。

しかし、この中共中央書簡作成の直前（五月末）、モスクワでヴォイチンスキーは、両党が分離することは緊急の状況下には考えるべきであるが、現在は望ましいことではない、と政治局に報告していたし[88]、上海帰着後の駐コミンテルン執行委員会全連邦共産党代表団宛の電報（七月一日付）でも、「断固として国民党からの脱退を要求する情緒と戦わねばならない」と述べていた[89]。国民党脱退要求は再び却下されたし、農民の武装化要求も拒否された[90]。

だが、陳独秀は中山艦事件がもたらした蔣介石独裁体制に、抵抗する試みを放棄しはしなかった。次なる試みが、蔣介石が目指していた「北伐」への反対表明である。中国共産党は一九二六年二月に北京で開かれた中央特別会議（陳独秀は不参加）で、帝国主義の反攻に対する「根本解決」は「一貫して広州国民政府による北伐の勝利にある」との決議を採択し[91]、中山艦事件後も、一部の地方組織や共産主義青年団は機関誌に北伐支持の論文を掲載していた[92]。ところが、陳独秀は、これらの論調とは全く異なる論文を中央機関誌『嚮導』に発表した。七月七日付の「国民政府の北伐を論ず」、である。彼は、北伐は「北洋軍閥を討伐する一種の軍事行動であっても、中国民族革命の全的な意義を代表することはできない」と述べ、北伐の意義を直隷派軍閥（呉佩孚軍）の南侵に対する「防御戦争」と限定的に位置づけ、さらにそれが投機的な軍人・政客の権勢欲のためのものとなりかねないこと、北伐の戦費は民衆から調達してはならないことを指摘して批判したのである。それは、蔣介石を総司令とする国民革命軍の北伐開始（動員令発出は七月一日）の数日後に公表された、事実上の反対表明であり、「北京特別会議」の決議に対する、総書記自らの反対表明でもあった[93]。

この北伐への反対を党全体の主張とするため、陳独秀は七月十二日に招集した中共中央拡大執行委員会（四期三中全会）の「政治報告」でも「南方の国民政府の出兵は、反赤軍〔呉佩孚軍〕の湖南・広東への侵攻に対する防御戦であり、真の革命勢力による、充実しかつ徹底した北伐ではない」と議論を展開し、「民族ブルジョワジーの武装形成」を警戒する指摘を行っている[94]。彼の「政治報告」は、この中央拡大執行委員会で承認されたし、同会議の「軍事運動決議案」は、「民族革命の色彩をおびた軍事勢力と反動軍閥の衝突が激烈となっている時期」と現状判断し、「武装闘争の工作に参加する」ことで「労農大衆の武装勢力を発展させ」、「武装暴動を準備する経験を獲得する」べきだと論じた[95]が、「北伐」には一言も言及しなかった。それは支持されるものではなかったのである。

事実、この拡大会議が出した「中国共産党の時局についての主張」（七月十四日公表）は、「五・三〇運動の連合戦線の恢復」を説き、これを自らが主張してきた「国民会議」と結び付けた。この「国民会議」は一九二三年二月、陳独秀が民国の議会制度の不備を指摘し、現行の地域選出の議会組織法と選挙法を廃止し、職域（具体的には労働組合・商人団体・教育会・弁護士協会などの職業団体）から議員を選出することを提案したことに始まり、まもなく中共の主張となっていたものである[96]。――「現在本党の時局に対する主張も、依然として国民会議こそが中国の政治問題を解決する道であることを主張するものである。なぜなら、国民会議及び国民会議の運動は、全国であろうと一地方であろうと、民衆の連合戦線の具体的な表現であるからである。……今後は人民団体が直接代表を派遣する国民会議で軍閥官僚が選挙を一手に納める国会制度に置き換えねばならない」[97]。さらには、地方から組織（郷民会議・県民会議・市民会議・省民会議）を積み上げることで全国レベルの国民会議を立ち上げ、その機能を政治綱領の発表から全国政権接収へと発展させることも主張されていた[98]。

彼は北伐支持に傾いていた党内議論を抑制することに成功した。それは確かに、蒋介石の権力強大化に対する共産党の側からする一矢であったし、同時に、彼がこの時革命の将来を切り拓く手段として、全国的な民衆運動としての国民会議運動と、都市での武装暴動の二つを想定していたことも確認できるように思われる。

なお、陳独秀がこの七月拡大執行委員会の「政治報告」で「ブルジョワジーは、民族民主革命の中で非常に重要な地位に立つ。現在の世界の政治環境からすれば、中国の国民革命はもしブルジョワジーの有力な参加がなければ、必ず非常な困難か危険に陥る」と述べたこと、また彼が「民族運動の前途」に二つのコースすなわち、「民族的な資本主義の建設」と「ドーズ（Dawes）〔案〕流の資本主義の侵略」とを設定したことが知られている。将来に向け想定された二つのコースがともに資本主義であることもあって、この七月拡大執行委員会は「二回革命論成立のメルクマール」と位置づけられたこともある[99]。だが、こうした評価には再検討が必要である。

第一に、ブルジョワジーの革命参加についての論点は、前述のようにコミンテルン（ヴォイチンスキー）が中国共産党に強いたものであったし、ブブノフ使節団の見解の影響の可能性も指摘されねばならない。使節団は、事件後広州から上海を経て帰国しており、その際上海の中共中央側と接触しているからである。

ブブノフは、中山艦事件直後、顧問団のメンバーたちに対し「事件の教訓」を、「我々はいかなることがあっても、今現在、国民革命を直接指導するという〔自らの〕力が全く及ばない任務を担ってはならない」、なぜなら「この方面でのいかなる過激な行為」も、怯えた大ブルジョワジーを〔革命の陣営から〕離脱させ、小ブルジョワを動揺させるからだ、と語っていた（傍点引用者）[100]。彼の主張によれば、革命の陣営でブルジョワジーは大きな位置を占めていることになり、現段階では決して彼らを排除して、共産党が主導権を握ることはしてはならない。こうした使節団の見解を踏まえ、陳独秀は「ブルジョワジーは、民族民主革命の中で非常に重要な地位に立つ」と改めて述べざるを得なかったに違いない。

しかしながら第二に、陳独秀の「政治報告」は、ブルジョワジーと革命の領導権を争奪する必要性は説いているし、ブルジョワジーの妥協性、それが革命から離反する可能性も、はっきりと指摘している。ブルジョワジーは「将来の敵であり、一年か三年後の敵」であり得るのである（傍点引用者）。「民族的な資本主義の建設」が目指されるとしても、それはわずか「一年か三年」以後にはなくなるのだから、ブルジョワ政権下の長期的な資本主義発展と想定されるものではなかった。〈連続二段階革命論〉は維持されていたのである[101]。

なお、やや後の九月に陳独秀が『嚮導』の論文「我々は今なぜ闘うのか？」[102]で、「国民革命成功後の建設時期」における「革命的民主的民衆政権」の下でこそ、「真の中国の資本主義ははじめて自由に発展できる」、我々は「決して資本主義を経過せずに半封建的社会から一飛びで社会主義に到達できるとの幻想を持たない」と述べたことが、研究者によって「二回革命論」の形成を示していると指摘されることがある[103]が、こうした指摘も当たっていない。ここでの陳独秀の論法は、「革命的民主的民衆政権」を「労農民主独裁」と言い換えれば、そのままレーニンの『民主主義革命における社会民主党の二つの戦術』（一九〇五年）に見えるものだからであり[104]、またここで決して陳独秀は、「真の中国資本主義」の「発展」を長期的なものと述べてはいないからである。「陳独秀の『二回革命論』」という先入観を抜きにこの論文を読めば、ブルジョワジーを「一年か三年後の敵」とする七月の議論とは矛盾しない。

一九二五年には民族革命における「プロレタリアートのヘゲモニー」掌握を明確に打ち出し、五・三〇運動では、二二万の組織労働者と一五万人の上海ゼネストという成果を挙げていながら、二六年三月の中山艦事件以降、コミンテルン・連共の指示した政策枠組み――蒋介石と妥協し、大ブルジョワジーを革命の陣営にとどめる――は中国共産党を強く規制することになった。国民党からの脱退も、農民の武装化も拒否された。しかも、共産党は、国民党の中で左派を通じた活動を命じられていたのである[105]。

だが、陳独秀らが果たそうとしたのはそれだけではない。第一に、彼らは、北伐の進展[106]に伴って拡大する国民政府の支配地域で、民衆運動（労農運動や国民会議運動）を発展させようとした[107]。また第二に、北伐軍が目指す中国最大の産業都市上海で、武装蜂起と政権樹立を目指した。一〇月二十三日に決行されたそれは、上海を中心に江蘇・浙江・安徽など長江下流域を支配していた北洋軍閥の巨頭孫伝芳に対し、杭州（浙江省）駐屯の部隊――夏超の部隊が反旗を翻したことを好機として、「プロレタリアの独立行動」が意識されながら行われた（上海第一次蜂起）[108]。

が、発動の直前に夏超敗北のニュースが到着、中止の指令が行き届かないままに蜂起が行われ、惨たる失敗に終わった。その後も陳独秀は、上海における武装蜂起を、ブルジョワジーを地方政権に押し上げて軍閥勢力を減少させ、租界の帝国主義に抵抗する根拠地を作ることだと位置づけていたのである[109]。

おわりに――国民革命の帰趨と陳独秀批判の意味

そして一九二七年一月以降、中共指導部は上海での武装蜂起に一層積極的に取り組むようになる。二月十一日から十五日にかけて開かれた中共上海区第一回代表大会では、陳独秀が「全国政治及び今後の革命前途」、彭述之はコミンテルン第七回拡大執行委員会総会（一九二六年十一〜十二月）の「中国の情勢の問題についての決議」[110]の「精神」を報告し、政治決議を採択した。決議は、「江浙両省がブルジョワ右派の勢力範囲になっている以上、将来は全国規模でブルジョワジーとプロレタリアの指導権争奪になる」と見通し、「ストライキだけでなく武装暴動で」上海を奪取し、「市民自治政府を樹立して、［レーニンに倣い］労働者・被抑圧民衆の民主主義独裁とする」ことを主張、蒋介石を「打倒する戦術を確定すること」も決まった[111]。

北伐軍が杭州を占領した（二月十七日）との報に、ゼネストと武装蜂起による上海奪取の方針を固めていた陳独秀たち共産党指導部は、二十二日、再度の武装蜂起を試みた。今回はあらかじめ上海総工会が組織したストライキが発動された（十九日）が、共産党は前進を停止した北伐軍と連絡を取ることができなかったし、他の階層との提携も進展しなかった。ストの三日後になって実行された労働者糾察隊の蜂起は、準備不足や指揮不統一のため失敗した。上海総工会は二十四日午後一時からの復業を指令せざるを得なかった[112]。

上海第二次蜂起の失敗後、陳独秀指導部は、特別委員会と特別軍事委員会を設置し、改めて綿密な作戦計画の立案に取り組んだ[113]。三月二十一日、北伐軍先頭部隊が上海近郊に到着した日の翌日、中共は第三次武装蜂起の開始を決定、正午を期して八〇万と称される労働者がゼネストに立ち上り、今回は間髪をいれず労働者糾察隊の蜂起が始まった。激戦のすえ蜂起は勝利、糾察隊は張宗昌の奉魯軍を市内から駆逐した。二十二日、市民代表会議は中共系を多数派とする上海市臨時政府の委員を選出、共産党は上海市の政権を握った[114]。

だが、翌二十三日、白崇禧の指揮する北伐軍本隊が到着すると、共産党はこのおよそ一万五千もの強大な軍事力への対応を迫られた[115]。しかも二十六日には蔣介石本人が到着した。二月の段階から共産党は彼を「右派反動勢力の中心」だと認識していた[116]し、陳独秀は三月二十五日の会議で、「中国革命がブルジョワジーを代表する武装を打倒するのでなければ、中国には革命はいらないということになる」「我々が上海を放棄しようとするなら話は簡単だが、闘おうとするなら、直ちに行動しなければならない」と述べていた[117]。そして、この日の上海区委の会議は、三千に満たなかった武装糾察隊を半年で一万二千人にまで拡充する計画を立て[118]、同時に蔣介石軍の将領にも工作が行われていたのである。

ところが、共産党に協力すると考えられていた第一師団と第二師団は上海からの移転命令を受け[119]、蔣介石は労働者の武装解除をちらつかせながら三月二十九日、市政府の職務開始を阻んだ。共産党は守勢に追い込まれた[120]。まさにこの時（三月三十一日）、コミンテルンの指令が着電した。――「公然たる闘争は（諸勢力の相互関係がすでに極めて不利になっていることに鑑み）当面採用してはならない。武器は引き渡してはならないが、万一の場合は隠匿せよ」。それは、事実上蔣介石に対する抵抗を禁じるものだった[121]。陳独秀が四月五日、フランスから上海に帰着した汪精衛と国共合作継続を共同声明し、さらに蔣介石攻撃を非とする電報を後日武漢に打電したのも、こうした指示に従わざるを得なかったからである[122]。それでも彼らは武器の隠匿を拒否、労働者の抵抗を計画したが[123]、その余裕を蔣は与えなかった。「汪陳共同声明」のわずか七日後の十二日、暗殺とペテンを組み合わせた巧妙な襲撃に上海総工会糾察隊は虚を突かれ、武装解除された。抗議のため閘北で立ち上がったデモの隊列を見舞ったのは、第二六軍による一斉射撃だった[124]。

その後、陳独秀たちは四月、武漢で中国共産党は第五回全国大会を開催し、コミンテルンの方針に基づき国民党左派との合作政策を継続することを決定した。

だが、蔣介石政権の樹立や広東の李済深のクーデタによって支配地域を大幅に失った武漢国民政府の支配は不安定だった。商船の長江航行停止、外国系工場・銀行の閉鎖、上海の銀行による為替取引停止は、武漢政府の支配領域を経済封鎖し、二〇万とも三〇万ともいわれる失業者を生じさせた。また武漢における労働運動の激化、湖南での農民による地主勢力への激しい攻勢は、国民党左派と共産党との緊張を高めた[125]。この結果、コミンテルンの指示に基づく国民党左派との合作継続は、共産党の手を強く縛るものとなっていった。陳独秀らは、左派の政策決定に追随し、国民党軍人の反共軍事行動（馬日事変など）の圧力に屈服する道へと追い込まれてしまうのである[126]。

例えば共産党の第五回全国大会は、国民党中央土地委員会の決議に与して、小地主・革命軍人の土地を没収の対象としないとする決議を採択した[127]し、中央政治局は店員の過度な要求の是正や店主の営業管理権の保証、外国商業の妨害禁止を決議し（五月十三日）[128]、労働者の武装糾察大隊の移動に軍の同意が必要だと規定し、労働組合の政治ストや逮捕権の行使にも制限を加えた（五月二十五日）[129]。さらには大地主の土地没収すら延期し、農民運動での無秩序な行動抑制を各省委と農民協会党フラクションに命じる通告（六月初め）[130]を発した。しかも、五月十三日の中央政治局決議が、「プロレタリアートは革命の全ての指導を占有するものではない。それはただ国民党左派〔の指導〕を保証し、条件の許す限りで〔按照環境的要求〕革命を推進するのだ」[131]と述べたのは、彼らが従前の全国大会や中央委員会の決議を撤回し、革命指導権を手放したことの表明であった。それはもちろん、コミンテルンの「指導」が必然的にもたらしたものである。

ところがちょうどこの時、五月十八日から三十日までモスクワで開催されたコミンテルン第八回執行委員会総会の後、スターリンは総会で行われたトロツキー（L.Trotsky）の批判の芽を摘むためであるかのように、従来の政策とは全く異なる新しい指令を中国に打電した[132]。――⑴土地革命の実行（下からの土地没収）、⑵武漢政府改組、労農出身の指導者の国民党中央委員会参加、⑶党員二万と労働者・農民五万の武装による独自軍創出、⑷国民党員を長とする革命法廷設立。電報受領後の中共中央政治局会議（六月七日）で陳独秀が説いたように、それは無理難題だった。武漢政府の改組はもちろん、独自の軍事力樹立や革命法廷設立も机上の空論[133]である。共産党は指令の実行を拒否する返電を行った（六月十五日）[134]。

事態を一層混乱させたのは、コミンテルン代表ロイ（M.N.Roy）がスターリン電を武漢政府主席汪精衛に見せたことである。結果、国民党左派政権はボロジンの顧問職を解職（同十七日）、政府内の二名の共産党員部長に辞職を迫った。ロイ（とコミンテルン）が期待をかけていた西北軍閥馮玉祥も反共を声明（同二十一日）、漢口駐屯の第三五軍軍長何鍵は反共の態度を露わにして労働組合を占拠した。このため湖北省総工会糾察隊は自ら解散した（同二十九日）[135]。

この後七月十五日、汪精衛ら国民党左派は「一つの党内に二つの最高機関があってはならない」として「分共」――政権からの共産党員追放を決定、十八日共産党の側も「国民革命の最前戦線に立つ」ことを表明しつつ、「国民政府に参加している共産党員の退出」を公表した[136]。国共合作はここに完全に崩壊した。この間中共はコミンテルンの指示を得て陳独秀を排除した政治局臨時常務委員会を成立させ[137]、さらに八月七日、中央委員会の緊急会議を漢口に開催する（八・七会議）。新コミンテルン代表ロミナッゼ（V.Lominadze）も出席した同会議は、陳独秀の名こそ挙げないもののの「党中央のあらゆる活動はコミンテルン決議案が明々白々に指摘した路線に全く反する」「空前の妥協的な日和見主義の路線」であり、「客観的には革命を売る日和見主義政策」であったと糾弾する「全党党員に告げる書」を採択、瞿秋白を指導者とする新たな中央臨時政治局を選出した[138]。

中国国民革命――National Revolution をこう訳して中国革命の文脈に位置づけ、国共合作との両立を理論的に正当化し、党内の異論を説得、そしてまた諸階級におけるプロレタリアのヘゲモニー論をも共産党の革命論に組み込んだ、党の指導者にして理論家であった陳独秀は、この革命が共産党にとっての失敗に終わった時、その責めを一身に背負わされて党指導部から追放されたのである。だが、革命の敗北の事実は、コミンテルンが蔣介石の軍事力の革命に対する「貢献」を過度に評価し、同時にまたその「危険性」を過度に軽視した結果であること、こうした二重の誤りを理論面から正当化する役割を果たしたのが、スターリンとブハーリン（N.Bukharin）の「中国革命の非資本主義的発展論」（第3章後述）であったことを明らかにしている。彼らの「指導と理論」は、蔣介石のクーデタを防ぐ手段としても、国民党左派による労農運動抑圧を阻止することにも、機能しなかったのである。

そして、前章で、そしてまた本章の冒頭でも触れたように、陳独秀たちがその革命活動の出発点で目指していたのは、あくまで社会主義革命であった。コミンテルンの説得（極東勤労者大会）によって、ブルジョワ民主主義革命優先へと方針転換したとしても、彼は当初からの〈連続二段階革命〉の構想を手放してはいなかった。一九二六年七月の彼の発言に照らしても、「ブルジョワジーは一年か三年後の敵」だったのであるし、一九二七年三月、彼は中国革命の実現のためには、「ブルジョワジーを代表する武装を打倒」せねばならない、と主張していた。革命の〈非連続〉を指標とする「二回革命論」など、実は存在する余地などなかったのだ。

しかも、国民革命の〈次なる革命〉を問題にし、それが短期間で成長したプロレタリア勢力によって担われると言ったのは、陳独秀であってコミンテルンではない。コミンテルン／スターリンは、最後までプロレタリアが担う〈次なる革命〉を語ろうとしなかった。それを語ったのは、陳独秀だったのである。

1李玉貞『馬林伝』中央編訳出版社、二〇〇二年、四一～四五、八一頁、いいだもも編訳『民族・植民地問題と共産主義　コミンテルン全資料・解題』社会評論社、一九八〇年、二七頁。

2「中国共産党の最初の党綱」『中国共産党史資料集』1、五五頁。

3一九二一年一一月のイルクーツク予備会議の後、二二年一月二十一日から二月二日にかけモスクワで本会議を開催。『民族・植民地問題と共産主義』四三七頁。

4楊奎松「遠東各国共産党及民族革命団体代表大会的中国代表問題」『近代史研究』一九九四年第二期、一九九四年三月。三九名の代表中、国民党系の代表は朱枕薪（民国日報）、郝天柱（太平洋与中国雑誌社）、張秋白（中国国民党）の三名である。

5『民族・植民地問題と共産主義』四二二～四二三頁。

6「労働者の自覚」『陳独秀文集』1、二四七頁。

7前掲「対於時局的我見」『新青年』第八巻第一号。ここで彼が言う「君主派」とは、ブルジョワ階級内でも封建勢力に近い部分を指すのだろう。

8施存統「馬克思底共産主義」『新青年』第九巻第四号、一九二一年八月一日。

9張太雷は極東勤労者大会の半年前に開催されたコミンテルン第三回世界大会（一九二一年七月）に派遣され、植民地・民族問題委員会で「独自の綱領と組織とを放棄することなく、共産主義者は民族的革命運動の主導権を得なければならない」と発言している（『民族・植民地問題と共産主義』五六頁）。

10「告做労動運動的人」『民国日報』副刊「覚悟」一九二二年五月一日、『陳独秀著作選編』第二巻、四五一頁。

11『陳独秀著作選編』第二巻、四五五頁。なお、中国共産党が無政府主義者を「連合戦線」の一員にカウントしたのは、この時だけのように思われる。

12「対於現在中国政治問題的我見」『東方雑誌』第一九巻第一五号、一九二二年八月十日、『努力週報』第一八期、一九二二年九月三日。

13『中共中央文件選集』第一冊、四五～四六頁。

14この「〝民主的連合戦線〟についての決議」は、「中国の政治経済の現状、中国のプロレタリアートの現状にあって、我々は民主主義革命はもとよりリブルジョワジーの利益であるが、プロレタリアートにも有益であると考える。したがって我々共産党は全国の革新党派と連合し、民主的連合戦線を組織し、封建軍閥を排除し、帝国主義の圧迫を打倒し、真の民主政治の独立国家を建設することを任務とせねばならない」と述べている。『中共中央文件選集』第一冊、六五～六六頁。

15「中国共産党第二次全国大会宣言」、同前書、一一四～一一五頁。陳独秀らが大会宣言を起草したことは、張国燾前掲『我的回憶』第一冊、二三八頁。

16陳独秀「致呉廷康的信（一九二二年四月六日）」『〃二大〃和〃三大〃中国共産党第二、三次代表大会資料選編』中国現代革命史資料叢刊、中国社会科学出版社、一九八五年、三六頁。

17『〃二大〃和〃三大〃』一〇八頁以下。

18共産国際遠東局「給中共中央的通知」『〃二大〃和〃三大〃』一二二頁。

19「共産国際執行委員会給其派駐中国南方代表的指令」（一九二二年八月）、李玉貞主編『馬林与第一次国共合作』光明日報出版社、一九八九年、八〇～八一頁。

20『〃二大〃和〃三大〃』一一四～一一五頁。

21『陳独秀文集』2、九四頁。

22『陳独秀文集』2、九〇頁。なお、National Revolution を「国民革命」と訳したのは、間違いなく陳独秀の発案であろう。辛亥革命時期、孫文はその「中国同盟会革命方略」（一九〇六年）で、「これまでの革命は英雄の革命であったが、これからの革命は国民の革命だ（前代為英雄革命、今日為国民革命）」（広東省社会科学院歴史研究室他編『孫中山全集』第一巻、中華書局、一九八一年、二九五頁）と述べたが、当時の中国共産党員でこうしたことを知っている辛亥革命参加者は、ほぼ陳独秀一人に限られる。また、国民党との連携を目指す以上、国民党のスローガン的用語を採用するのは、当然の配慮であったろう。

23『陳独秀文集』2、九〇～九一頁。

24「中国共産党対於目前実際問題之計画」『陳独秀著作選編』第二巻、四八八頁。編者の注によれば、この文書の英語・ロシア語テキストには「陳独秀一九二二年十一月於モスクワ」との注記がある。『馬林与第一次国共合作』に「中国共産党目前的策略」として収録されている文書にも同様の注記がある（九二頁）。

25『馬林与第一次国共合作』一九七～二〇三頁。マーリン・陳独秀の「中国国民党改組計画草案」（一九二三年一月一日）では、国民党本部（広州）の下に組織部と宣伝部を置き、組織部が総書記部・情報部・財政部・連絡部を所轄し、宣伝部が出版部・工人部・農民部・軍事部・知識人部・海外部を所轄することになっていた。このうち組織部長の候補には国民党員の張継／廖仲凱が擬されているが、宣伝部長候補には陳独秀、連絡部長候補には瞿秋白／陳独秀／鄧中夏、出版部長候補には蔡和森、工人部長候補には張国燾、農民部長候補には于樹徳、知識人部長候補に陳独秀といったように、ほぼ全ての部長職への共産党員任命が提案されていた。この他、上海支部と広州支部の支部長候補にもそれぞれ瞿秋白と譚平山の名が挙げられている。

26 村田陽一編訳『コミンテルン資料集』2、大月書店、一九七九年、三七三頁。

27 中国労働運動の第一次高潮については、李新・陳鉄健前掲『偉大的開端』五〇三～七〇〇頁、京漢鉄道ストについては、中国労働組合書記部「二七大屠殺的経過」『嚮導』第二〇期、一九二三年二月二十七日、および鄧中夏『中国職工運動簡史（一九一九―一九二六）』中国現代史資料叢刊、人民出版社、一九七九年、八五～一〇七頁、李新・陳鉄健前掲『偉大的開端』七〇一～七三〇頁を参照。

28 T, C, L,「普遍全国的国民党」『嚮導』第二一期、一九二三年四月十八日、独秀「資産階級的革命与革命的資産階級」同第二二期、同年四月二十五日。

29『陳独秀文集』2、一一一～一一二頁。

30 陳哲夫「第一次国内革命戦争時期陳独秀的右傾機会主義剖析」『歴史研究』一九六〇年第一・二期、一九六〇年二月。

31 胡華「試述陳独秀右傾機会主義的発展」『教学与研究』一九六四年第三期、一九六四年三月。

32 労動週報社、一九二三年四月十四日創刊。

33 独秀「民主連合戦線与労資妥協」『労動週報』第七期、一九二三年五月二十六日。

34「陳独秀先生演説」『労動週報増刊』、一九二三年六月二日。

35 中共中央党史研究室『中国共産党歴史』上巻、中共党史出版社、一九九一年、九三～九四頁。ほぼ十年後の二〇〇二年、中共中央党史研究室は大幅に紙幅を増やした新版の『中国共産党歴史』を公刊したが、この際にも京漢鉄道スト後の陳独秀の「消極化」「二回革命論」の形成を主張する九一年版の文面はそのまま維持されていた（『中国共産党歴史』第一巻上冊、中共党史出版社、二〇〇二年、一三八頁）。

36『中国共産党歴史』一九九一年版上巻、九四頁、二〇〇二年版第一巻上冊、一三八頁。

37 胡喬木『中国共産党的三十年』人民出版社、一九五一年、一一～一二頁、中共中央党校党史教研室資料組『中国共産党歴次重要会議集』上、上海人民出版社、一九八二年、二五頁。

38『中国共産党歴史』二〇〇二年版第一巻上冊、一三五、一三八頁。

39 この第三回大会での国民党加入問題をめぐる論争を記録したマーリンのメモ（スネフリート文書第二七六／三一一五号、アムステルダム国際社会史研究所所蔵、『馬林与第一次国共合作』二三四～二四二頁）には、ⅠとⅡの二つの文書があり、一見したところ、ⅠからⅡへと議論が進んだかのように見えるが、これには検討の余地がある。

すなわち、Ⅰは瞿秋白の発言に始まり（箇条書きで論点16）、鄧中夏（同論点９）、毛沢東（論点７）、唐山支部（鄧培、論点１＝「陳の見解に同意」）、李大釗（論点３）の発言が続き、最後に林［育南］の長い発言（論点16）が記されている。またⅡでは、氏名未詳の発言（論点11）のあと、「広東支部」（論点１）、「長辛店」（論点１）、「北京」（論点１）が意見を述べ、蔡［和森］が長い発言を行ったのち、陳独秀がこれに「回答」（論点７）し、さらにこれに対する張国燾の長い発言が記載されている。見られるように、Ⅰで四番目に発言した鄧培は「陳の見解に同意」としているのだが、Ⅰには、彼よりも前に陳独秀が発言したとの記載がない。またⅡでは、蔡和森の発言に陳独秀が「回答」したとあるのだが、これは蔡和森が陳独秀の発言を批判したのに対する「回答」であろうから、蔡発言の前に陳独秀の発言があってしかるべきなのだが、現行のテキストをⅠ↓Ⅱの順で読むかぎり、それは見出せない。こうした矛盾は、ⅠとⅡの順序が逆であり、Ⅱの冒頭の氏名不詳の発言者こそ陳独秀であった、と考えれば解決できる。以下、この見解に基づいて論争を整理する。


40『馬林与第一次国共合作』二三八頁。

41同前書、二三八～二三九頁。

42同前書、二三九～二四〇頁。

43同前書、二四〇～二四一頁。

44瞿秋白「中国共産党歴史概論」、中央檔案館編『中共党史報告選編』中共中央党校出版社、一九八二年、一七四頁。

45『馬林与第一次国共合作』二四一～二四二頁。

46同前書、二三四～二三五頁。

47同前。

48中共中央組織部・中共中央党史研究室・中央檔案館編『中国共産党組織史資料』第一巻（中共党史出版社、二〇〇〇年）によれば（三七五頁）、毛沢東は一九二三年四月に湖南〔湘〕区執行委員会書記から中共中央の部署に転任しているが、中共第三回全国大会には湖南区代表として出席したようである。

49鄧中夏は「我々は国民党のために活動するのではない、今後は合作政策を改めるべきだ」、毛沢東は「国民党加入を恐れるべきではない」と発言した。この他、鄧培は「陳の観点に同意」し、李大釗は「国民運動への参加を恐れてはならない、我々は運動の前列に立つべきだ」と述べ、林育南は「我々は自らの利益を犠牲にして彼ら［国民党］の側に立つ訳にはいかないし、彼らの改組に希望を持つこともできない」としながらも、マーリン・メモによれば「国民党への加入には同意」した（『馬林与第一次国共合作』二三五〜二三七頁）。

50 瞿秋白の「中国共産党歴史概論」によれば、劉仁静も国共合作反対論者であった（『中共党史報告選編』一七四頁）。

51『中共中央文件選集』第一冊、一四六〜一四八頁。この決議案が陳独秀の執筆であることは、瞿秋白の論文「自民治主義至社会主義」（『新青年』季刊第二期、一九二三年九月）が、同決議を陳独秀論文として引用していることから判明する。

52「中国資産階級的発展」（一九二三年六月二日）『前鋒』創刊号、一九二三年七月一日。瞿秋白の同様の認識は、彼のジノヴィエフ宛書簡（六月二十一日付）にも見える（『瞿秋白文集』政治理論編 2、人民出版社、一九八八年八月、一二三頁）。

53『中共中央文件選集』第一冊、一四七頁。

54 同前書、一三九頁。『中国革命中之争論問題』（一九二七年四月）で瞿秋白は、「党綱」の原案にあった「不徹底なブルジョワジー〔不徹底的資産階級〕」との表現を、「将来のことを考えないブルジョワジー〔苟且偷安的資産階級〕」と書き改めるなど、陳独秀が文面に手を入れたことを述べている（中共中央書記処編『六大以前――党的歴史材料』人民出版社、一九八一年、六九八頁）。なお、瞿秋白は、こうした書き換えから党内にブルジョワジーの指導権容認の見解が生じたとしているのだが、その主張には無理があろう。

55 この「党綱」には、「世界のプロレタリアと植民地の被抑圧民族との連携」という条件付きながら、「政治革命から社会革命への過程を短縮する」とある（『中共中央文件選集』第一冊、一四〇頁）。

56「中国国民革命与社会各階級」『前鋒』第二号、一九二三年十二月一日。

57『陳独秀文集』2、一二九〜一四一頁、『陳独秀著作選編』第三巻、一五三〜一五九頁。

58『陳独秀文集』2、一四二〜一四三頁。

59『陳独秀文集』2、一四三頁。

60 李毓秀「主張労資携手的我見」（『労動週報』第一六期、七月二十八日）は、「最近の京漢鉄道の労働者の大ストライキと流血は、労資決裂の明証である〔最近京漢鉄路的工人大罷工流血、就是表示労資決裂的明証〕」と述べた上で、「もし我々労働者一人ひとりが京漢鉄道の同志たちに学び、同じように〔自らを〕犠牲とするなら、……わが中国はただちにプロレタリア独裁と共産の世界に到達するだろう〔如果我們工人個個都学着京漢鉄路的工友們……我們中国、亦馬上会達到無産階級専政、和共産的世界〕」と主張する。こうした主張は、当時一定の広がりを持っていたようであり、『労動週報』の翌号（第十七期、八月十九日）

の「工人投稿」欄に掲載された何常「主張労資携手的感想」は李毓秀の主張を支持し、「資本主義の打倒」を強く主張している。

61「読者之声」『嚮導』第三四期、一九二三年八月一日。投書欄掲載の陳独秀宛書簡が、「今の社会主義運動の最大の弱点は、都市の色彩が濃すぎることだ〔現在社会運動的最大弱点、就是都市式的色彩太濃〕」として、「大規模郷村共産主義運動、地方共産主義運動」の展開を主張したのに対し、陳独秀は、「今農村に適しているのは国民運動だけだ〔此時郷村裏只宜於国民運動〕」と回答している。

62『陳独秀文集』2、一三四頁、横山宏章『陳独秀』朝日選書、一九八三年、一六〇〜一六一頁。

63 瞿秋白「自民治主義至社会主義」(『新青年』季刊第二期、一九二三年九月二十三日脱稿)が引用している。

64 原文は「若干政権」。「若干」の語は「どれほど」以外に、「わずかの」という意味も持つため、またブルジョワジーが政権を握ると(右傾日和見主義者の)陳独秀が考えた以上、彼が想定し得たプロレタリアの政権など「若干の(わずかな)」ものにすぎなかったはずだとの先入観があったためか中国でも日本でもほとんど例外なく、後者の意味に誤解されてきた。例えば日本国際問題研究所中国部会の訳は、「労働者階級はその時に何ほどかの政権を獲得するであろうが」となっているが、これは正しくない(『中国共産党史資料集』1、三〇〇頁、傍点引用者)。

65『陳独秀文集』2、一四五頁。

66 陳哲夫前掲「第一次国内革命戦争時期陳独秀的右傾機会主義剖析」、胡華前掲「試述陳独秀右傾機会主義的発展」、李洪鈞『陳独秀評伝』遼寧大学出版社、一九九〇年三月、一九六頁。

67『陳独秀文集』2、一四六頁。

68『中共中央文件選集』第一冊、二〇〇〜二〇一頁。

69 述之「国民党右派反革命的経済背景」『嚮導』第八二期、一九二四年九月十日、和森「警告国民党中派諸領袖」同第八五期、同年一〇月一日。このほか、中共の「中央通告第十五号」(同年七月二十一日)は、「今後左傾を表明する分子でなければ、我々は国民党への入党を紹介するべきではない」、「〝労働者・農民・学生・市民の各団体を指揮する実権〟を我々の手に獲得し、あるいはこれを維持し続け、そうすることで我々の国民党内左翼における勢力を強固にし、右派勢力がこれらの団体に侵入することを極力排除する」と述べている(『中共中央文件選集』第一冊、二八三頁)。

70「工会運動議決案」『中共中央文件選集』第一冊、二三四頁。

71「対於民族革命運動之議決案」同前書、二三二〜二三三頁。

72 同前、同前書、三三八頁。
73 同前、同前書、三三八～三四〇頁。
74 彭述之「誰是中国国民革命之領導者?」『新青年』季刊第四期、一九二四年十二月。
75 陳独秀「二十七年以来国民運動中所得教訓」、同前。
76『陳独秀文集』2、一三一～一三二頁。［ ］内に示した部分は、陳独秀の原文にあって彭述之の引用からは脱落した部分である。

77『陳独秀文集』2、一四〇、一三九頁。

78『中共中央文件選集』第一冊、三二七頁。
79 江田憲治「上海五・三〇運動と労働運動」『東洋史研究』第四〇巻第二号、一九八一年九月、同「民衆運動とナショナリズム――一九二五年の五・三〇事件を手がかりとして」『現代中国研究』第二一号、二〇〇七年十月、参照。
80 陳独秀「在中国共産党第五次全国代表大会上的報告」『中共党史資料』一九八二年第三輯、一九八二年六月、三三頁、同「全党同志に告げる書」『陳独秀文集』2、三五三頁。
81『中共中央文件選集』第一冊、四八九頁。なお、党史研究者の中には拡大執行委員会の決議に「脱退準備」の語がないことから、陳独秀提案の存在を否定する見解もあるのだが（『中共党史資料』一九八二年第三輯、五八頁）、彼が第五回党大会の場で、拡大執行委員会での「脱退準備」の意向に言及し、拡大執行委員会の決議案にもそのように受け取れる文面がある以上、陳独秀がこの時点で国民党からの脱退準備を主張していたことは確実である。
82 **National Revolutionary Movement in China and Tactics of Chinese Communist Party,** *Communist International,* **No.17, November 1925,** ソ連科学アカデミー極東研究所編著、毛里和子・本庄比佐子訳『中国革命とソ連の顧問たち』日本国際問題研究所、一九七七年、一二四～一二六頁。
83 大会後に選出された国民党中央常務委員九名のうち左派と共産党員は六名を占め、中央党部の中では共産党員の譚平山が組織部長、林祖涵が農民部長に選任され、毛沢東は宣伝部長を代行、各部の秘書はすべて共産党員であった。また当時、国民革命軍では千名を越える共産党員が活動し、第一～四軍と第六軍の政治部主任は共産党員であった。特に蔣介石直系の第一軍では、三個師団のうち二個師団、九個連隊のうち七個連隊の党代表が共産党員であった（周恩来「関於一九二四至一九二六年党対国民党的関係」『周恩来選集』上、人民出版社、一九八〇年、一一九頁、李雲漢『従容共到清党』中国学術著作奨助委員会叢書、一九六六年、四七二～四七四頁、楊天石「〝中山艦事件〟之謎」『歴史研究』一九八八年第二期、一九八八年四月、同『尋求歴

史的謎底』首都師範大学出版社、一九九三年、四五一頁)。

84『コミンテルン資料集』3、五二九〜五三〇頁。

85向青「共産国際、蘇聯和中山艦事件」『党史資料叢刊』一九八三年第二輯、一九八六年三月、楊天石「中山艦事件之後」『歴史研究』一九九二年第五期、一九九二年十月、黄修栄『共産国際与中国革命関係史』上海人民出版社、一九八五年、二八五〜二九四頁。

86「全党同志に告げる書」『陳独秀文集』2、三五三〜三五五頁。

87『中共中央文件選集』第二冊、一四一〜一四三頁。

88 *Stalin's failure in China, 1924-1927*, Conrad Brandt, Harvard University Press, 1958, p.78.

89『聯共(布)、共産国際与中国国民運動(一九二六—一九二七)』上、共産国際、聯共(布)与中国革命檔案資料叢書第三巻、三二一頁。

90向青前掲「共産国際、蘇聯和中山艦事件」、「全党同志に告げる書」『陳独秀文集』2、三五三〜三五五頁。

91「関於現時政局与共産党的主要職任議決案」『中共中央文件選集』第二冊、五六頁。

92雲山「北伐的意義与各階級民衆応有的覚悟」『戦士』第一三期、一九二六年六月二十日、大雷「此次広東出師之意義」『人民週刊』第一六期、一九二六年七月八日、「擁護国民革命軍北伐」『中国青年』第六巻第四号、八月七日。

93なお、この論文の「基調」について、陳独秀とコミンテルン極東局の間には合意があったようである。『聯共(布)、共産国際与中国国民運動(一九二六—一九二七)』上、四七二〜四七三頁。

94『中共中央文件選集』第二冊、一六五、一六九頁。

95同前書、二二七頁。

96独秀「中国之大患—職業兵与職業議員」『嚮導』第一九期、一九二三年二月七日、「中国共産党対於時局之主張」『中共中央文件選集』第一冊、一七七頁。この「国民会議」は、職域を議員選出の母体としている点で、一九二〇年五月の陳独秀講演「私の中国政治解決方針」(第1章四五頁参照)の提案と軌を一にし、ソヴィエト制からヒントを得たものと判断される。

97「中国共産党対於時局的主張」(一九二六年七月十二日)『中共中央文件選集』第二冊、一五三頁。

98「中央通告第一号」(一九二六年七月三十一日)『中共中央文件選集』第二冊、二六八〜二七三頁。

99戴鹿鳴「関於陳独秀右傾機会主義路線的形成問題」『教学与研究』一九八〇年第五期、一九八〇年五月。

100「広州ソ連顧問団総会におけるブブノフ(イワノフスキー)の報告(一九二六年三月二十四日)」『聯共(布)、共産国際与中国国民運動(一九二六—一九二七)』上、一六三頁。

101 「中央政治報告」『中共中央文件選集』第二冊、一六八～一七一頁。なお、陳独秀自身の言によれば、彼はこの時、「中国革命には二筋の道がある、一つはプロレタリアートが指導する道で、これでこそ目的を貫徹できる。一つはブルジョワジーが指導する道で、必ずや道半ばで革命を裏切る結果となる。我々は現時点でブルジョワジーとの合作をしてもよいが、同時に指導権を奪い取る必要がある」との意見を提案したが、上海駐在のコミンテルン極東局に反対され、「自らの意見を堅持できなかった」と述べている（「全党同志に告げる書」『陳独秀文集』2、三五五～三五六頁）。この証言が正しければ、「民族運動の前途」を「民族的な資本主義の建設」か「ドーズ流の資本主義の侵略」か、と設定したのは、コミンテルン極東局の見解の制約によることになる。

102 「我們現在為甚麼争闘？」『嚮導』第一七二期、一九二六年九月二十五日。

103 郭緒印「重評陳独秀的〝二次革命論〟」『学術月刊』一九九一年第七期、一九九一年七月、趙秀華「陳独秀〝二次革命論〟的誘因新探」『湖北社会科学』二〇一三年第一〇期、二〇一三年十月。

104 『レーニン全集』第九巻、八一頁。

105 ブブノフは、国民党左派を「現在に至るまで上層部だけの組織であり、内部の組織性と大衆との連携はなおたいへん弱体である」と評価した上で、だからこそ「中国共産党は、国民党左派を通して活動せねばならない。現在は同派の中で共産党の影響を強化するだけでなく、同派に対する工作を通し国民党自体を直接に強化せねばならない」としていた（『聯共（布）、共産国際与中国国民革命運動（一九二六―一九二七）』上、二五一頁）。

106 一九二六年七月十一日の湖南省省都長沙の占領に続き、十月十日に湖北の省都武昌を、十一月八日に江西の同南昌を占領している。

107 実際、この方面では、共産党指導下の労働者や農民の運動は大きな成果を挙げた。湖南の農民協会員は九月の四〇万から十一月には一四〇万まで急増、十月十日成立の湖北全省総工会は年末までに三〇〇組合、三〇万人に達する労働者を結集した。また国民会議運動も十月の国民党中央各省区連席会議の決定を受け、湖南で大きく進展している。劉継増他『武漢国民政府史』湖北人民出版社一九八六年、八〇、一一三頁、沈慶林「大革命時期的国民会議運動」『党史研究資料』一九八六年第四期、一九八六年四月。

108 『聯共（布）、共産国際与中国国民革命運動（一九二六―一九二七）』上、五八〇～五八一頁。

109 周尚文・賀世友『上海工人三次武装起義史』上海人民出版社、一九八七年、四〇～四九頁、「中央局報告（十、十一月分）」『中共中央文件選集』第二冊、四八六～四八七頁。

110　このコミンテルン決議と決議受け入れをめぐる中共中央内部の論争については、次章一五一～一五三頁参照。

111　周尚文他前掲書九〇頁、金再及「再論一九二七年春中共中央的政治路線」『革命史資料』一九八六年第四期、一九八六年十月。

112　周尚文他同前書九二～一〇九頁、上海市檔案館編『上海工人三次武装起義』上海人民出版社、一九八三年、一二三～一四七頁。

113　周尚文他同前書一三四～一三七頁、「中共上海区委各部作戦計画」『上海工人三次武装起義』三五〇～三五九頁。

114　周尚文他同前書一六二～二〇〇頁。

115　当時上海方面に進出した白崇禧の北伐東路軍は、第一軍の三個師団と北伐後浙江軍を収編した第二六軍二個師団からなっていた（国民革命軍戦史編纂委員会『国民革命軍戦史』巻二下、一九三四年、一〇四、一一二、一一四頁及び付図四四）。総兵力は一万五千と推定される。

116　「中共上海区委秘書処通訊（第十一号）」（一九二七年二月一七日）に次のようにある。「現時蒋介石已成為右派反勢力的中心、……一切右派反革命分子皆集中到蒋之左右」。『上海工人三次武装起義』一一二頁。

117　「特委会議記録」（三月二十五日）『上海工人三次武装起義』三八九頁。

118　「中共上海区委召開拡大活動分子会議記録」（三月二十五日）『上海工人三次武装起義』四〇一～四〇二頁。

119　「中共上海区委会議記録」（三月二十六日）、「中共上海区委召開活動分子会議記録」（同）、「特委会議記録」（三月三十日）『上海工人三次武装起義』三九一、四〇七、四三六頁。

120　「蒋総司令致臨時市政府函」『民国日報』一九二七年三月三十日、周尚文他前掲『上海工人三次武装起義史』二六六～二六七頁。

121　**Мандалян, Почему обанкротилось руководство китайской компартии?**, *Правда*, 16 июля 1927г.（マンダリャン（Mandalian）「中国共産党の指導はなぜ失敗に終わったのか？」『プラウダ』一九二七年七月十六日）。マンダリャン（Mandalian）は二七年三月当時、コミンテルンから派遣されて上海に駐在。なお、マンダリャンが電報発出を三月三十一日とするのに対し、陳独秀は三十日の中共特別委員会で「コミンテルンから電報が来た。『一、武力で租界に突入してはならない、二、左・右両派の衝突に注意せよ（国際有電来：一、不要用武力衝入租界。二、注意左・右派的衝突）』」と発言している（『上海工人三次武装起義』四三八頁）から、蒋介石に対する武装抵抗禁止の前に、租界突入禁止の指令が着電していた可能性がある。

122　「国共両党領袖聯合宣言――告両党同志書――」『民国日報』一九二七年四月五日、「特委会議記録」（四月十六日）『上海工人三次武装起義』四五九頁。

123 四月六日の会議で上海区委の羅亦農は、指令どおり反蔣介石プロパガンダを間接的なものにとどめるとしたが、武器を隠すことは「自殺政策」だと指摘、「蔣介石が糾察隊の武装を解除しようとするならすべての労働者がストに立ち上がり、華界に来て蔣介石軍の武装解除を支援する」と述べている。「中共上海区委召開活動分子会議記録」（四月六日）『上海工人三次武装起義』四五一、四四八～四四九頁。

124 周尚文他前掲『上海工人三次武装起義史』二七〇～二八七頁。この上海クーデタにおける蔣介石の暴力行使をできうるかぎり低減して見ようとする見解が日本の研究者の一部にあるが（北村稔『第一次国共合作の研究――現代中国を形成した二大勢力の出現』岩波書店、一九九八年）、その主張には実証面で問題があることについては、江田憲治の同書に対する書評（『東洋史研究』第五九巻第二号、二〇〇〇年九月）参照。

125 劉継増他前掲『武漢国民政府史』一一六～一二〇、三四四～三四九、三五七頁、蔣永敬『鮑羅廷与武漢政権』中国学術著作奨助委員会、一九六三年、二二三～二二九、二五六～二七四頁。

126 その一つが北伐継続への支持（四月十八日）である。四・一二クーデタ後、蔣介石に対し「東征」を敢行するか、それとも張作霖への「北伐」を続けるかが国共両党にとっての難題となった。四月十六日の両党連席会議では、新任コミンテルン代表ロイの影響下、共産党は即時「北伐」に反対した。ロイは武漢政府支配下の各省で土地革命を推進し、革命基盤を強化すべきだと考えていたのである。これに対し、国民党左派は蔣介石の強大な軍事力との対決に躊躇してむしろ「北伐」に傾斜、ボロジンもこれを主張していた。共産党は一旦は「北伐」は革命に有害だとする決議を採択したもののモスクワの主張もあって結局これに同意した。楊天石「〝四・一二〟政変前後武漢政府的対策」『東方学報』京都　第五九冊、一九八七年、三五五～三五六頁。

127 蔣永敬前掲『鮑羅廷与武漢政権』三〇〇～三〇二頁、『中共中央文件選集』第三冊、七〇頁。

128 この「関於小資産階級問題共産党与国民党的関係」（『中共中央文件選集』第三冊、一一六～一一八頁）は、店員層の労働攻勢による国民党との対立の緩和を目指していたが、これは国民党中央政治委員会が五月十八日に採択する訓令の内容を先取りするものであった（蔣永敬前掲『鮑羅廷与武漢政権』二四二～二四五頁、「中国国民党中央執行委員会政治委員会第二十二次会議速記録」、中国第二歴史檔案館編『中国国民党第一・二次全国代表大会会議史料』下、江蘇古籍出版社、一九八六年、一一七四～一一七九頁）。

129 この「工人政治行動議決案」は、五月二十日、国民党中央常務委員会が「革命紀律」を守らない労働者以外の逮捕禁止を湖北省総工会に訓令することを決定した（「中国国民党中執会第二届常委会第十二次拡大会議決議録」『中国国民党第一・二次全国代表大会会議史料』下、九五五頁）のち、翌二十一日に中共湖北省委員会が立案、二十五日に政治局が採択したものである（『中共中央文件選集』第三冊、一三四～一三五頁）。

130 「中央通告農字第五号」『中共中央文件選集』第三冊、一五六～一六三頁。

131 「関於小資産階級問題共産党与国民党的関係」『中共中央文件選集』第三冊、一一六～一一七頁。

132 『コミンテルン資料集』4、二〇七～二〇八頁。

133 「国民党の指導部は党の代表大会で選出されたものである。今の我々がどうやって変更できるのか」「労働者農民からなる新たな軍隊をつくれというのはもちろん結構なことだが、困難は避けがたい」「革命法廷をつくることは、実際には不可能である」。『陳独秀文集』2、三〇八～三〇九頁。

134 「政治局の意見に基づくコミンテルンへの電報」（一九二七年六月十五日）、『陳独秀文集』2、三一三～三一四頁。

135 劉継増他前掲『武漢国民政府史』五〇八～五一一、四二四～四二五、四三二頁、楊雲若『共産国際和中国革命関係紀事』中国社会科学出版社、一九八三年、七三頁、蔣永敬前掲『鮑羅廷与武漢政権』三九五～三九六頁、「全省総工会自動解散糾察隊」『漢口民国日報』一九二七年六月二十九日。

136 『武漢国民政府史』五一三頁、中国共産党中央委員会「対政局宣言」（一九二七年七月十三日付）『嚮導』第二〇一期、一九二七年七月十八日。

137 『中国共産党組織史資料』第一巻、三三頁、『中共中央文件選集』第三冊、二四七～二四八頁。

138 『中国共産党組織史資料』第二巻（上）、三一～三二、四三頁、『中共中央文件選集』第三冊、二七四、二七六、二八八頁。

瞿秋白

第3章　瞿秋白におけるトロツキズムとスターリニズム
――中共理論家の役割とその悲劇

はじめに――瞿秋白再評価の課題

一九二七年四月二十七日、「インターナショナル」の歌声とともに始まった中国共産党第五回全国代表大会は、二十九日、武昌高等師範第一小学から漢口黄陂会館へと会場を移し、党総書記陳独秀の政治・組織報告から本格的な議事日程を開始した。そしてこの日の午後、五万八千の党員を代表する八二名の代表たちの席には、奇妙な謄写版刷りのパンフレットが置かれていた。『中国革命中の争論問題――第三インターか第〇インターか　中国革命のメンシェヴィズム』と題されたそれは、党中央委員の瞿秋白が、他ならぬ党中央指導部の政策を公然と糾弾するものだった[1]。

この『中国革命中の争論問題』が批判の鋒先を向けたのは、当時瞿秋白と同じく党中央に所属し（政治局委員）、総書記陳独秀の右腕的存在だった彭述之である。その刺激的な副題も中国共産党が「彭述之主義」を克服しなければ、第三インターから追放されて第〇インターに加入せざるを得なくなる（どのインターからも排除される）ことを寓意していた。瞿秋白は指弾した。「彭述之主義」は、国民革命における民族ブルジョワジーの勢力を軽視し、しかも革命を民主主義革命と社会主義革命という二つの段階で構想したために、ブルジョワジーにヘゲモニーを譲り渡そうとしている。それは日和見主義であり、中国におけるメンシェヴィズムでありトロツキズムなのだ、と。論難の激しさと、これまで党中央での対立をあからさまにしたことにおいて、共産党史上未曽有の批判であった。この彭述之批判は、中国の研究者にあって、彭とともに陳独秀の「右傾日和見主義」を批判したものと位置づけられ、高い評価を受けてきた[2]。

そしてまた瞿秋白は間違いなく、当時の中国共産党にあって優れた理論家であった。彼は、コミンテルン代表から「マルクス主義理論を本当に理解している〔党内〕唯一の人物」と評価され[3]、一九二〇年代の中共にあって最も多くの理論論文とカンパニア向けの文章を書き、膨大なロシア語文献を翻訳した。だからこそ、中国の代表的な瞿秋白研究者は、彼のことを「偉大なマルクス主義者」と呼んでいる[4]。だが、これらの要因ゆえに、研究上の「死角」が生まれてはいないだろうか？　例えば、瞿秋白の「右傾日和見主義者」陳独秀に対する反対は、一貫したものだったのか。日和見主義に対置される彼の革命論――「一回革命論」は、どのように生まれたのか。さらには国際共産主義運動の視座から見た場合、瞿の思想はどう位置づけられるか。そして文革後の瞿秋白研究が、文革中に行われた瞿秋白に対する不当な糾弾への批判から出発したがゆえに、彼の思想と行動への高評価を前提としていることも否めない[5]。

本章はこうした瞿秋白研究における「死角」の克服という問題意識から、一九二〇年代半ば――国共合作成立期（一九二三～二四年）と国民革命期（一九二五～二七年）――における彼の言説を辿ることから作業を開始し、前述の疑問の解明を目指すものである。

（1）中国社会の階級分析と国共合作の正当化――一九二三年前半

一九二二年十二月、『晨報』の特派員としてモスクワで活躍し、『赤都心史』などのソヴィエト・ロシアを紹介する優れたルポルタージュを発表した瞿秋白は、コミンテルン第四回世界大会（一九二二年十一～十二月）に参加するためモスクワを訪れていた陳独秀の要請を受け、帰国を決意した。学生時代（北京俄文専修館）、五・四運動を経験する中で社会主義へと思想を傾斜させていた瞿秋白は、東方勤労者共産主義大学（クートヴェ）の中国班でロシア語を教えるとともに、政治理論の講義の通訳をし、同年九月には中国共産党に入党していたのである[6]。

一九二三年一月北京に帰着した瞿秋白を待っていたのは、中国共産党中央の理論・宣伝工作であった。前章で見たように中国共産党は、二二年七月の第二回全国大会で、労働者・農民・ブルジョワジーなどからなる民主連合戦線の力でまず民主主義革命、次に社会主義革命を目指すという方針を決定、更に八月の杭州西湖会議では、コミンテルンの指令（八月指令）とマーリンの主張に基づき、国民党への党員加入の方針を決定していた。だが、党内にはブルジョワジーの革命性に疑問を抱き、国共合作の全面的化には反対する見解が存在していた。連合の対象であるブルジョワジーをどう評価するか、という課題はなお未解決だったのである。しかも、コミンテルンは二三年一月、共産党員の国民党加入を促す決議を採択、また二月に中共指導下の最大労組京漢鉄路総工会のストが軍閥の弾圧で惨たる敗北を喫したことは、共産党に国共合作の推進を急がせることになった。こうした政治情勢が求める理論的要請——中国社会の階級分析の要請に応える立場に、瞿秋白はあった。

例えば、彼は帰国後の最初の論文「政治運動と知識階級」（一月二十七日脱稿）[7]で、中国ブルジョワジーを、軍閥政治と帝国主義経済の産物である買弁式「商業資本」、官僚式「財政資本」、及び旧来の商工業と近代的なそれを含めた「商人階級」に分類し、これを相互に対立し「階級分化」しつつある二つの陣営（売国・専制派と愛国・民治派）と位置づけた。共産党の文献の中ではじめて、ブルジョワジーに反革命勢力と革命勢力があることが主張されたのである。この見解は、陳独秀の「ブルジョワジーの革命と革命的ブルジョワジー」（四月二十五日発表）[8]の議論につながることになる。革命的ブルジョワジーの存在の指摘と、それとのプロレタリアートの連合こそ、国共合作全面化を理論的に正当化する主張だった。

瞿秋白の議論は、さらに中国の資本主義全体に及び、ブルジョワジーとプロレタリアートの発展の特質を指摘して、陳独秀の議論を一歩進めた。彼の「中国ブルジョワジーの発展」（六月二日脱稿）[9]は、中国資本主義発展の特徴を、⑴工業に比して商業に偏った発展、⑵手工業の兼併・農民の破産と工場に吸収される労働者数の懸隔、⑶非生産部門の過度な発達、⑷余剰資本が政治投機に用いられ、余剰労働力が兵隊になり、軍閥支配を強化し内乱を促進していること、などに指摘し、第一次世界大戦後の中国資本主義の発展が帝国主義への反抗を必然的なものとしていることを主張する。そして、一つの軍閥による統一を望んだり、外国に頼って軍閥排除をねらう「大商階級」、外国に抑圧され比較的革命的な華僑、反帝情緒を持つ小商人、反帝に追いやられている新興工業階級、とブルジョワジーを分類、一方労働者は、資本主義の跛行的発展のために、工業プロレタリアートは少なく未成熟であり、宗法社会の遺毒の影響を強く受けているが、鉄道・鉱山・紡績・海員などの労働者は官僚軍閥・帝国主義の抑圧を直接蒙っているがために組織は容易だ、とした。

瞿秋白が結論するのは、こうした中国資本主義の特徴的な発展の結果、反帝連合戦線が促成されている、ブルジョワジーとプロレタリアートの勢力を比較すれば、総体としてはブルジョワジーよりもプロレタリアートの力の方が強い、したがって中国の「ブルジョワ的な民族主義運動は、プロレタリアートの革命行動なくしては成功しない」、ということであった。すなわち、瞿秋白は、国共合作下のブルジョワ民主主義革命を目指しながら、そこでのプロレタリアートの役割を主要なものとして指摘し、主張したのであった。

なお、従来の研究の中には、当時の瞿秋白と陳独秀の主張とを対蹠的に位置づける見解が多いが、正しくない。第一に、両者はともに、国民革命はプロレタリアの参加なくして成功しないとしてこの階級を重視しながら、社会勢力としての弱体さを指摘していた。第二に、陳も瞿もブルジョワジーの一部に革命性を認め、同時に彼らの妥協性を忘れていない。もちろん、一三年前半における二人の代表的な論文——陳独秀「ブルジョワジーの革命と革命的ブルジョワジー」と瞿秋白「中国ブルジョワジーの発展」を比較すれば、瞿秋白の論はプロレタリアの役割に力点を置き、陳独秀の論文では革命的ブルジョワジーの存在が強調されていた。だが、両者は共通した基盤に立って相互補完的に、国共合作下のブルジョワ民主主義革命を正当化する理論構築の課題に立ち向かっていたのである。

事実、第2章で見たように、一九二三年六月広州で開催された中共第三回全国大会における国共合作論争でも、瞿秋白は陳独秀の方針を支持して反対派に反論、国共合作全面化の決議採択に大きく貢献した。このためコミンテルン代表マーリンも、モスクワへの報告で、陳独秀の議論を支持したものとして李大釗とともに瞿秋白の名を挙げているのである[10]。そして瞿秋白は、この大会のために「中国プロレタリアートはこの国民革命に参加し、まずその能力を鍛錬、集中させて政治闘争における立場を獲得すべきであり、そうすることで世界社会主義革命の過程にあって世界プロレタリア及び植民地被抑圧民族と連合協力し、政治革命から社会革命への過程を短縮、共通の最高目標――プロレタリア独裁を樹立し、世界ソヴィエト共和国を創造してプロレタリアの共産主義社会に進む」とする「中国共産党綱草案」を執筆[11]、これは陳独秀起草の「国民運動および国民党問題についての決議案」とともに採択されている。

ところで、一九二三年六月の中共第三回全国大会では、中国国民革命にとっての一つの理論的命題の解決が回避されていた。すなわち、諸階級連合の国民革命を指導する階級は何か、である。当時の党員たちが、この問題を意識していなかった訳ではない。事実、第三回大会で李大釗は「過去でも将来でも、国民運動の指導要素はプロレタリアであって他の階級ではない」と述べているし、蔡和森も「統一戦線の中でプロレタリアがもしすべての領導権を掌握できないとしても、少なくとも部分的な領導権は持つべきだ」と発言している[12]。にもかかわらず、これ以上議論は深められなかった。コミンテルンの理論的枠組みが、前述のように中国社会＝階級未分化論と国民党＝階級連合政党論であった以上、また共産党は、国民党を「比較的に」「国民革命の党である」ことを認め、その革命化を図る方針を優先した以上[13]、この命題を掘り下げて提起することは、困難であったと思われる。

ただし、例外もあった。第三回全国大会後の七月上旬に刊行された『新青年』季刊第一期[14]の瞿秋白「新青年の新宣言」である。彼はこう述べている。――「中国の暗黒の反動旧勢力は、世界帝国主義の力を借りて永遠に権勢を振るおうとし、中国のブルジョワジーは、当然世界資本主義に依存して常に妥協を謀ろうとしている。かくして、中国の真の革命という偉大な使命は、労働階級だけが担うことができる。中国社会の近年の無数の事実は、例えブルジョワ革命であっても、労働階級が指導しなければ成功することはできないことを明らかにしている。いわんやブルジョワジーは勢い必ず途中で変節してしまう。中国の真の解放は、終始労働階級の事業である」。

ではなぜこの時、瞿秋白はブルジョワジーの「妥協」や「変節」を語り、ブルジョワ革命における「労働階級の指導」を語ったのであろうか。恐らくそれは、中共第三回全国大会と同じ一九二三年六月に起こった「北京政変」が、他ならぬブルジョワジーに対する中共幹部党員の評価に大きな変化（しかも積極的な）をもたらしていたからである。すなわち、六月十三日、中華民国大総統の職位を狙った直隷派軍閥の領袖曹錕は、軍隊の力で大総統黎元洪を北京から放逐し、国務院に彼の権限を代行させたのだった（国会もこれを追認）。この暴挙に全国の世論は沸騰したが、中でも上海のブルジョワ層はこれを強く非難した。例えば上海各路商界総連合会は政変当日のうちに「国民会議」の開催要求を表明したし、上海総商会も六月十四日、政変を認めた国会を非難する通電を発した。更に総商会は二十三日、国会に代わる新たな民意代表機関として「民治委員会」を組織することを決議した[15]。とりわけ前者については、第2章でも触れた、陳独秀主張の職域（職業団体）から選出される国民意思決定機構「国民会議」を想起させる[16]のだが、こうしたブルジョワジーの行動は、その革命性について論争したばかりの共産党にとって、自らの見解の正しさを証明するものと見えたに違いない。共産党は機関誌『嚮導』の第三〇・三一合併号（七月十一日）を「北京政変特集号」として発行、瞿秋白を除く共産党の幹部たち――陳独秀・蔡和森・毛沢東・劉仁静・マーリンらが論文を執筆した。例えば、陳独秀は説いた。現在の「大難」から「国を救い得ると期待できるのは国民党だけ」だが、その「国民党の武器とは国民――商人団体・労働組合・学生会・農民などの人民団体――の力しかない。国民の力で国民革命運動を行い国難を靖んじるしかないのだ」（「北京政変と国民党」）、と。彼は「人民団体」の筆頭に「商人団体」を挙げたのである[17]。

劉仁静も『嚮導』で「中国の労働階級はいま、商人階級の主張に賛成し、工・商・学・農が連合する国民会議の招集を要求し、時局を解決すべきである」と述べたし、マーリンも、「我々は商人が純粋の国民革命者ではないことを知っているが、だが彼らの提案と行動から見れば、我々は彼らが現在国民運動を指導していることを理解せばならない」と主張したのだった。さらに中共第三回全国大会ではブルジョワ革命に否定的だった毛沢東も、この時ブルジョワジーを高く評価し、その指導権までも認めている。「我々は上海以外の商人も皆一斉に立ち上がり、一致した行動を取ることを希望する。……商人の団結が広ければそれだけ声勢は壮大となり、全国の国民に指導者たる力量は大きくなり、革命の成功も早くなるのだ」[18]（以上、傍点引用者）。

これらの論文の中で当時の共産党幹部やマーリンがブルジョワジーの行動を高く評価し、指導的役割まで述べたことは、瞿秋白に危機感を覚えさせたに違いない。のちに彼は、「当時確かに一派の同志は無意識的にブルジョワジーが革命を指導すべきだと考えていた」と述べているのである[19]。だからこそ瞿秋白は前述の「新青年の新宣言」を書き、新たな主張を加えて長文（B５版二段組の誌面で二四頁）の論文を書き上げた。九月二十三日脱稿の「民治主義から社会主義へ（自民治主義至社会主義）」、である[20]。国共合作成立期の瞿秋白の革命論を代表するものと考えられるので、以下、詳しく見てみよう。

（2）革命の直接移行論――「民治主義から社会主義へ」（一九二三年九月）

「中国の宗法社会的皇帝制度が崩壊してから十二年、ようやくいくらかの民主主義の可能性が生まれているが、今は世界社会主義革命の時代である」。――こう述べることから始める瞿秋白の論文「民治主義から社会主義へ」は、さらに、「現実の生活は民主主義を要求しているのだが、思想的な先駆はすでに社会主義を提示している。では民主主義と社会主義は結局どちらが実現し、ブルジョワジーとプロレタリアートは結局どちらが革命運動の指導者たり得るのか」と問題を提起する。そこで瞿秋白は、まずブルジョワ民主主義の必要性から議論を始める。ブルジョワ革命が社会主義の前提となるからである。「ブルジョワ社会（民主主義）の基礎の上においてのみ社会主義の種子は萌芽し得る。」「民主主義のブルジョワ社会にあってはじめてプロレタリアートは活動の自由と広範な政治運動の可能性を持つ。――これはプロレタリアートの成熟と経験に必要な前提である。」[21]

この民主主義革命こそ社会主義革命への必然的かつ必要な通過点であることを、彼は繰り返し説いた。そこで彼が強調するのは、一九世紀のドイツやフランスの革命でプロレタリアートは闘争を通じて鍛錬され勢力が増大していったのに対し、ブルジョワジーはむしろ革命を恐怖するようになったことであり、革命が転化する可能性である。

> 社会構造の進化の原則によれば、ブルジョワ制度（民主主義）の発展こそプロレタリアートの闘争が全く正当に発展することに必要な前提である。だから往々にしてこれらの国家［ドイツ・フランス］ではプロレタリアートが逆にブルジョワ革命の組織者・指導者となった。大ブルジョワジーが臆病になり、君主封建制度の政治的従属者となればなるほど、この種の状況は明確となる。……したがって、先進国であろうと後進国であろうと、封建軍閥政治の下では、プロレタリアートは必ず民主革命に参加しこれを推し進めねばならないが、遅れた国家であるほど、その国のプロレタリアートは民主革命の中で勢力を持つことになり、そのブルジョワ革命の勝利がプロレタリア革命に転化する機会は多くなる[22]（傍点原文）。

こうした主張を行ったのち、瞿秋白は、エンゲルス（F. Engels）の『ドイツにおける革命と反革命』から「ブルジョワ式の政治制度が成立してはじめて労働者と企業家との間には大々的な衝突が現れる。……その時になってはじめてプロレタリアの解放の問題が全く明晰に全世界に暴露される」の一節を引用し[23]、レーニンの『民主主義革命における社会民主党の二つの戦術』（一九〇五年）からは、「我々はロシア革命における『ブルジョワ民主主義の範囲』を飛び越すことはできないが、できうる限りこの範囲を拡大することはできる。我々はこの範囲の中でプロレタリアの利益を争い、……彼らが将来の再戦を準備し徹底的に勝利する条件を勝ち取ることはできるし、そうせねばならない」を紹介している[24]（傍点引用者）。その上で彼が結論するのは、「したがって、プロレタリアの政党は民主主義革命の運動に参加せねばならない」というテーゼである[25]。

では、この民主主義革命の目標は何か？　彼はレーニンの『民主主義革命における社会民主党の二つの戦術』を引用しながら、それが「民衆による革命的民主主義独裁（平民之革命民主的独裁制）」の樹立であることを説いた。実際にレーニンが説いたのは、「プロレタリアートと農民の革命的民主主義独裁」なのだが[26]、彼はこれをこう言い換えたのである。プロレタリアが真の自由を獲得しようとするなら、「ブルジョワ的自由とブルジョワ的進歩を経るしかない」し、「封建軍閥の下では、完全な政治的自由、民主主義の共和国、民衆による革命的［民主主義］独裁制以外に社会主義に近づく道はない」のである、と[27]。

瞿秋白は、この共産主義者のブルジョワ民主主義革命運動への参加と「革命的民主主義独裁」の実現を、「民主主義から社会主義への革命戦術」と位置づけ、その上で次の議論に移る。中国の現状は「社会の進化」からしてどういった段階にあるのか、を問題にするのである。そこで彼は、自身の論文「現代中国の国会制度と軍閥」（『前鋒』第一期、一九二三年七月）から文章を引き、次のように主張する――中国社会が社会主義革命を成し遂げる「物質的な基礎」の段階に達しているかどうかはなお検討が必要だが、中国はすでに資本主義に入りつつあり、しかも民主主義的改革を必要としている。中国のブルジョワ的発展のためには、「軍閥を打倒する民主革命」と「帝国主義を打倒する民族革命」が不可避なのだ[28]。

この「民主民族革命運動」（国民革命）は、梁啓超一派が言うような「平和的な手段」（社会政策）では成し遂げられはしない。「中国ブルジョワ階級の覚醒もこの現実の運動にあってのみ生じ得る。いわんや彼らはプロレタリアの督促がなければ歩みを進めることができない」からである。瞿秋白が強調するのは、ブルジョワジーの「無力さ」であり、「真の労働平民だけが国民革命を実行できる」ことである[29]。そこで彼は、「プロレタリア政党の戦術」を次のように主張した。

中国の客観的な政治経済状況およびその国際的な地位は、現実にブルジョワ的な革命を要請している。同時にこの絶対的にブルジョワ的ないわゆる「民族民主革命」は国際的なまた国内のプロレタリアートの力を借りなければ実現しない。プロレタリアートだけが直接行動をなすことができ、革命を徹底させ、中国資本主義の二つの大きな障害を除去できるのだ。つまり、労働階級〔労工階級〕の方法で国民革命を行うのだ。したがって労働階級は国民革命の過程で日々重要な地位を、ついには指導権を獲得する。労働階級の最終的な目標が社会主義であるとすれば、国民革命が最高点に達した時、世界革命と合流して直接社会主義に到達し得る[30]。

論文はこの引用部分の後にも続くし、末尾では中共第三回全国大会の「国民運動及び国民党問題についての決議案」を写して擱筆しているのだが[31]、彼の主張の力点が中国語原文で二百字ばかりのこの「プロレタリア政党の戦術」についての主張にあること、言い換えれば、この数行を書くために瞿秋白がこの論文を著したことに疑問の余地はない。この数行の論点——国民革命の過程で成長した労働者階級が革命の指導権を獲得し、直接に（つまり一回の革命で）

社会主義革命まで達成する——は、彼が一九二七年四月に完成させるパンフレット『中国革命中の争論問題』でも繰り返される[32]し、彼が党内権力を握った時点での中央臨時政治局拡大会議の決議（一九二七年十一月）でも「間断なき革命」論として表明されているからである。

　問題は、瞿秋白はどのようにこうした提起をなし得たのか、ということである。こう述べるのは、瞿秋白が典拠を明示して引用している資料では、エンゲルスもレーニンも、この一文が述べるブルジョワ革命とプロレタリア革命を直接に（一つの段階で）行うようなことは述べていないからである。両者の言説では、二つの革命は、はっきりと二つの段階で構想されている。エンゲルスは「ブルジョワ式の政治制度」の成立後に労働者と企業家との間で「大々的な衝突」が起こると説き、レーニンは社会主義革命のことを「再戦」（瞿秋白の中国語訳）と述べているのである。また両者からの引用は、指導権の問題に触れていない。ならば瞿秋白は、革命の一回性と労働者の指導権という重要な論点を、エンゲルスにもレーニンにも基づかず、どこから着想したのであろうか？

　この疑問に答えるのは、恐らく、トロツキーの『一九〇五年』である。瞿秋白のこの論文の『一九〇五年』からの引用は一カ所だけであり、それもロシアの経済統計資料を紹介しているだけなのだが、この著作を読まねばそんなことはできないはずであるし、読んだとすれば、当然同書の「ロシア語初版への序文」を読んだに違いない。そこには、トロツキーの「永続革命論」が次のようにまとめて記述されているのである。

　ロシア革命はブルジョワ的目標に直面しているが、しかしそれにとどまることはできないであろう。革命はプロレタリアートを権力に就けずには、その当面するブルジョワ的課題を解決することもできないであろう。ところがプロレタリアートはその手中に権力を掌握するならば、革命のブルジョワ的枠にとじこもっていることはできないであろう。……圧倒的多数を農民人口が占める後進国では、労働者政府のおかれた状況が直面する矛盾は、国際的規模でのみ、プロレタリアート世界革命の舞台でのみ、その解決の途を見出すことができるであろう[33]。

しかも、この『一九〇五年』の「ロシア語初版」がモスクワで刊行された時（一九二二年）、瞿秋白はこの都市にいたのである。

瞿秋白は、ブルジョワ民主主義革命とプロレタリア社会主義革命についてロシア・マルクス主義が積み重ねてきた議論の中で、一九〇五年革命についての代表的な二冊の著作（レーニン『民主主義革命における社会民主党の二つの戦術』とトロツキー『一九〇五年』）に接していた。そしてプロレタリアがブルジョワ民主主義革命の課題を遂行するという論点ではレーニンを引き、革命を二段階とする『二つの戦術』の一節を訳している。しかし、結論としては、トロツキーの「永続革命論」を支持したのである[34]。世界革命の中で民主主義革命から社会主義革命へと直ちに成長する中国革命。これこそが彼の「国民革命論」の中核をなしていた。しかも、近年のトロツキー研究者の指摘によれば、この一九二三年の時点では、トロツキー自身が中国革命に対し明確な「永続革命的展望」を有してはいなかった[35]。瞿秋白はトロツキーに先んじて、また中国共産党の歴史の中で最初に「永続革命」の理論を中国に適用した理論家であった。

だが、こうした瞿秋白の主張が、党内で反響を得た形跡はない。レーニンの主張とトロツキーの論点の双方を引用し、しかも陳独秀起草の党決議の引用で終える論法に、ある種のわかりにくさがあったからでもあろうし、またそれが当時の中共党内にあって理論水準の比較的高い議論であったためであるかもしれない。何より、中共の政策的力点はプロレタリアの指導権や革命の移行問題ではなく、国共合作の実現にあった。瞿秋白の理論が現実的な意義を有するにはなお数年の期間が必要であった。この点を次に見てみよう。

（3）五・三〇運動期におけるヘゲモニー争奪論――一九二五年

瞿秋白が次に中国共産党の理論・宣伝畑で活躍を見せるのは、一九二五年の時点からである。同年一月に開かれた中共第四回全国大会は、瞿秋白も起草に参加した「民族革命運動についての決議案」で、「中国の民族革命運動は、最も革命的なプロレタリアが有力に参加し、更に指導的な立場を獲得してはじめて勝利を得ることができる」と規定した[36]。国共合作全面化のために陳独秀が主張した「革命的ブルジョワジー」論は後景に退き、国民革命における「プロレタリアのヘゲモニー」論が定式化されたのである。「労働運動の発展は国民運動の発展と正比例している」との評価も行われた。

大会で中央委員に選出され、中央宣伝部に加わった瞿秋白は、こうした大会決議を踏まえながら、労働者の民族闘争における役割を指摘する論文を次々に発表する。例えば、二月発表の「一九二三年の〝二七〟と一九二五年の〝二七〟」では、中国労働者階級の闘争は「一つの階級の階級闘争であるばかりか、中国民族の民族闘争の先鋒であった」と評価し[37]、五・三〇運動の前哨戦となった上海日系紡績スト（二月スト）について述べた「民族的労資闘争」も、同様のことを主張している[38]。これらは、五・三〇運動における労働運動の指導的役割を予見するものだった。

ところで中共第四回全国大会は、ある対外的な決議を行っている。「中国共産党大会はロシア共産党指導者の、トロツキー主義は日和見主義〔投機主義〕の一派である、との解釈に全く同意する」と述べる「同志トロツキーの態度についての決議」[39]である。前年に始まった反トロツキー・キャンペーン[40]に際し、コミンテルン所属各党はスターリンらロシア党主流派に与したが、中国共産党もその一つだった。そして瞿秋白は、反トロツキー・キャンペーンの先頭に立った。彼は、スターリンがレーニン讃美の中にトロツキー攻撃を混ぜ込んで述べた「レーニン主義の基礎について」を翻訳して発表、また自ら「レーニン主義とトロツキー主義」を執筆した。後者は一九〇五年革命におけるトロツキーの「永続革命論」を以下のように批判している[41]。――「永続革命派（トロツキーとパルヴス［A.Parvs］）は一九〇五年に、当時の環境を『飛び越え』直ちに社会主義革命を行うことを主張した」。「だが、彼はロシア農民階級の重要性を忘れていた。……［メンシェヴィキと同様］トロツキー派も農民を無視しその利益を顧みず、ために農民を反動へと追いやり、プロレタリアを孤立させ、反革命勢力を助けた。だから、トロツキー主義とはある種のメンシェヴィズムであり、日和見主義である」。

こうした論点はスターリンの「レーニン主義かトロツキー主義か」[42]にも見えるから、彼は、スターリンの中国党におけるスポークスマンを演じたのである。一九一七年におけるレーニンとトロツキーの一致はよく知られているし、トロツキーの農民無視なる非難も正確ではない[43]。また瞿秋白の紀行文集『赤都心史』（一九二四年）にトロツキーは二度登場している。一度は第三回世界大会の会議場でみごとな弁舌を振るい、中国人記者らの質問に熱心に答えるコミンテルン指導者として。もう一度は、十月革命記念集会でレーニンに続き演壇に立ち、大衆の歓声を受けるソヴィエト・ロシア指導者として[44]。瞿秋白編集の『新青年』には一九〇五年のペテルブルク・ソヴィエト議長としてのトロツキーを描く文章が掲載され[45]、トロツキーの東方勤労者共産主義大学における演説が訳載されている[46]。そのトロツキーがなぜソ連党内で糾弾を浴びることになったのか、瞿秋白らが省察した形跡はない[47]。

――行論を中国に戻そう。第2章でも触れたように、一九二五年五月三十日、上海の南京路で起こった租界警察官による発砲は、その場で労働者や学生十三名を撃ち倒した。当時上海では、二月スト後も続いていた日系紡績工場の労働争議と、租界支配強化を目指すものと見なされた工部局四提案（出版規制や埠頭税増額など）への反対から反帝国主義のムードが醸成されつつあったが、この五・三〇事件は状況に決定的なインパクトを与えた。ここに五・三〇運動が開始される[48]。

まず、労働者支援や工部局提案反対の先頭に立っていた上海学生連合会は、上海総商会と上海各路商界総連合会に働きかけて公共租界の罷市（商店営業停止）を実現、自らも罷課（授業ボイコット）を決める。そして、中共指導下に成立したばかりの上海総工会も六月二日からの全面的な罷工（ゼネスト）を宣言した。六月四日、この総工会と上海学連・全国学連・各路商界総連合会が工商学連合委員会を結成、同会は七日、領事裁判権廃止や英日軍撤退など一七カ条からなる要求条件を発表した。他方、六月半ばには一五万人の規模に達した労働者のゼネストは、海員や港湾苦力のストの力でブルジョワジーに対外ボイコットを強制し、スト支援活動をも組み込んだ「ゼネスト体制」を構築した。公共租界の罷市は六月下旬、総商会の要求で中止されるが、少なくとも運動の前半にあって労働者はその主力を担い、主導権を握った[49]。

この五・三〇運動時期、瞿秋白が果たした役割は宣伝家としてのそれであった。彼は、『嚮導』に論文を発表する一方で、中共が発刊した『熱血日報』を編集し、先鋭な議論を展開した。例えば、工商学連合会の対外要求（一七条件）が不平等条約撤廃を掲げないのは「根本的な解決方法ではない」と批判し、大ブルジョワ層を会員とする上海総商会がより軟化した要求条件を掲げると、民衆の利益を犠牲にして外国に媚びるものだと指弾、上海交渉の決裂後には全国規模での反帝ゼネストを提起した[50]。彼は、工商学連合委員会を左旋回させ、不平等条約撤廃を運動の中心的な課題としようとしたのである。そのための戦術・戦略として提起したのが人民の武装と民衆の主体的組織による革命政府の樹立であった。――「いま全国の民衆が立ち上がっているのであるから、自ら主体的に工・商・学・農の各界を組織して軍閥政府を打倒し、革命政府でこの使命〔不平等条約撤廃〕を実行する。……我々真の平民は……更には武装を準備し、全国的に連合すべきだ。これは今盛んに言われている経済絶交のスローガンよりも重要で切迫した任務なのだ。中国の国民革命は開始されたのだ！」[51]。

そして、こうした人民の主体的組織、武装の準備、不平等条約撤廃を目指す構想は、陳独秀の主張とほぼ一致していた。陳独秀も「全国工商学兵代表大会」による不平等条約破棄決議、政府が従わない場合の「国内戦争」、国民革命政府樹立を主張し、七月十日の「中国共産党中国共産主義青年団宣言」は、要求に不平等条約撤廃を掲げ、「人民による真の国民会議招集」「労働者・農民の武装自衛権」を掲げた。瞿秋白は、同様の主張を八月十三日脱稿の「五・三〇後の反帝国主義連合戦線の前途」でも繰り返している[52]。

だが、中共の指導者たちがこうした主張を行っているまさにその時、コミンテルン執行委員会は、中共中央執行委員会宛に次の文面を含む書簡（七月六日付）を送った[53]――「民族革命運動の波が小さなものとなっている状況の下、ストライキ労働者は闘争の中で孤立し、企業主や帝国主義、中国軍閥の攻撃の的となろうとしている。したがって中国共産党は、運動の予想外の転変に充分な注意を払わねばならないが、同時に適当な時機を見て差し支えない要求を出し、そうすることで組織的に労働者を復業させ、労働者の組織を守れるようにするべきである」。事実上のゼネスト解除指令である。

この時点では、上海総工会は、資本家の要求に応じ中国系企業での復業を認めていたが、「ゼネスト体制」はなお堅持されていた[54]。だが、ちょうど同じ七月六日、工部局は民族系紡績工場への送電を停止、結果四万五千もの失業者が発生した。このため総工会は、電気や水道を含む市政部門での復業交渉に応じざるを得なかった。さらに、ゼネストの中核をなしていた日系紡績のストでも復業交渉が開始され、瞿秋白が論文「五・三〇後の反帝国主義連合戦線の前途」を書き上げた前日には、交渉は妥結していた。資本家にボイコットを強制する力を発揮していた埠頭苦力と海員のストも、前者は資本家の救援金拠出サボタージュによって失敗、後者も総商会の介入で妥結した。ゼネストは市政・日系紡績・埠頭苦力・海員という主力ストライキが中止ないし妥結することで力を大幅に失った。九月、奉天軍の部隊は上海総工会の事務所を閉鎖、その活動を禁じた。五・三〇運動を支えた上海労働運動の高揚はここに一つのサイクルを閉じるのである。

そして瞿秋白はこうした五・三〇運動の展開――労働者のゼネストを主力とする運動が、その後半にはブルジョワジーのサボタージュや介入によって後退し、弱体化する——から新たな論点を導き出した。九月の論文で、彼は主張した。「民族解放運動の内部では、プロレタリアートのブルジョワジーに対する階級闘争も不可欠であり、事実上不可避である。この闘争にもしプロレタリアートが勝利すれば、民族解放運動は充分な発展を遂げることができる。もしブルジョワジーが勝利すれば、中国の民族的要求、民主〔民権〕的要求は彼らの妥協政策と利己的な手段によって犠牲とされるであろう」、と[55]。

このテーゼは中共の十月拡大執行委員会の決議（後述）にも反映されるし、「国民会議」運動の重要性を説いた翌年一月の論文でも繰り返されることになる[56]が、それは彼の新たな問題提起であった。現実の民族運動は、彼が一九二三年の段階で指摘していたブルジョアジーの革命からの脱落や、中共第四回全国大会決議案における、民族的工業ブルジョワジーはまだ形成途上にあるため「民族革命運動にまだ参加できてはいない」[57]といった想定だけでは不十分であることを彼に教えたのである。

また、瞿秋白が「人民の武装」を提起したことはすでに見た。上海総工会が奉天軍の弾圧に抗し得なかったのも、彼らが何の武器も手にしていなかったからである。陳独秀も「国内戦争」に言及していたが、彼はこれを「革命戦争」と呼んだ。十月に呉佩孚・孫伝芳らの直隷連軍が、江蘇・安徽などから奉天派を駆逐しようと反奉戦争を起こすと、彼は主張した。人民は「あらゆる政治的自由と武装自衛の権利を要求すべきだ。この旗幟の下の反奉戦争こそ革命的な戦争なのだ。我々人民が解放を要求し、国民革命運動の更なる発展を要求するなら、反奉戦争における指導者的立場を占め、積極的に戦争に参加するしかない」（傍点原文）[58]。そして我々は、この「革命戦争」論やヘゲモニー争奪論が、彼の革命論に改めて定置されるのを見るであろう。

なお、この時期（一九二五年十月）、中国共産党が開催した拡大執行委員会は、「革命的民衆政権」とともに「工農商学兵代表の国民会議」などのスローガンを打ち出し、労働者の武装、労働者自衛軍の組織を進めることを決議していた[59]。また同会議は、ブルジョワジーはプロレタリアの経済闘争の結果階級分化し、「より反動的な」部分は、「民族革命を裏切ろうとする」とし、国民党は「都市小ブルと一部の農民を代表する」と再定義され、国民党内のブルジョワジーを代表する勢力が反動化したことが指摘された。国民党各派の評価にも変更を加えた[60]上で、共産党は、帝国主義と妥協し労資妥協を主張する右派に反対し、すべての帝国主義に徹底して反対し労農運動を支持する左派と密接に連合することを目指したのである[61]。そして、この段階での共産党中央（陳独秀や瞿秋白ら）の国民革命の戦術論は、軍事行動と国民会議運動をともに主張するものであり、両者はまた民族ブルジョワ層に対する評価についてもほぼ一致していた。だが、この一致は一年を経ずして対立へと転じることになる。

（4）北伐戦争を巡って――プロレタリア主導の革命戦争（一九二六年）

五・三〇運動の中から瞿秋白や陳独秀が提起した国民会議運動と軍事行動という二つの革命戦術は、翌一九二六年一月十日の「中央通告第七十一号」と二月の中央特別会議によって具体化されている。「中央通告第七十一号」は、奉天派と直隷派が連合して軍閥支配を回復しつつある状況[62]を述べた後、以下のように主張した。「我々の緊急の任務は国民党・学生・労働者・小ブルジョワジーなどの革命的大衆と連合し、右派・国家主義派及び商会などの人民団体を督促し、……彼らを導いて国民会議予備会の招集を勝ち取ることへと踏み出させ、広州の国民政府が国民軍、人民団体の代表及びすべての反奉天勢力と連合し、委員制の臨時中央国民政府を樹立し、国民会議予備会の即時招集を主張することにある。」[63]彼らがこの時主張したのは、一九二三年に陳独秀が提起し、ブルジョワ層からも同調の声が挙がったことがある国民会議をともかくにも「予備会議」として出発させることであった。「非常国会」や「安福国会」、曹錕の「賄選」など国会の限界が明らかになっていた以上、地域別選挙制の国会に代わる職域選出原理を持つ「国民会議」は広く国民各階層にとって重要な政治的手段と見なされたのである。

また一九二六年二月、李大釗、瞿秋白らが参加して（陳独秀は病気のため不参加）北京で開催された中共中央特別会議は、「現在の政局と共産党の主要な任務についての決議案」を採択、そこで当時国民政府の中で議論されていた「北伐」を支持する方針を明らかにした。「現在の最も主要な任務は、各方面で広州国民革命勢力の北への発展を準備すること、また農民の中での工作を強化することであり、とりわけ北伐の過程にあって、労農の革命的同盟（連合）の基礎を築き、国民革命の全国規模での勝利を達成することである。」[64]

この二つの文献から読み取れるのは、当時の中国共産党が置かれていた立場（あるいは「自立」の程度）と言ってよいかもしれない。

第一に、「中央通告第七十一号」は、国民会議予備会の構成団体に国民党（小ブルと農民）、学生、労働者とともに、国民党右派や国家主義派（当時は小ブル分子とされていた）、商会（ブルジョワ勢力）までも挙げている。北京特別会議の決議も、「今後ブルジョワジーが帝国主義に抵抗することはやはり不可避である」と説き[65]、瞿秋白もこの頃同じ構想の論文を発表していたのである[66]。前年の十月会議では理論上統一戦線から排除されていたブルジョワジーが、再び登場する。背景には、コミンテルン代表のヴォイチンスキーの主張があった[67]。この結果、前章でも見たように、一九二六年一月開催の国民党第二回全国大会では、左派と共産党が中央執行委員会の多数派（常務委員会では三分の二）を占めるに至ったものの、共産党員の執行委員数は当初計画の半分近くに抑えられ、中央監察委員会では右派の方が絶対多数を占める、妥協的な配置が行われたのだった。

第二に、共産党の北京特別会議が「北伐」を支持したことは、彼らの自立性の証しでもあった。首席軍事顧問のキサンカもコミンテルン自体も、様々な理由からこれに反対していたからである。

こうした中国共産党・中国国民党、そしてコミンテルンの複雑な政治的思惑が交差する時、コミンテルン軍事顧問の北伐反対に不満であり、国民政府の軍事力を一元的に指導することを望んでいた蔣介石は三月二十日、反共・反左派のクーデタを発動した。国民革命軍海軍の中山号艦長（共産党員）を逮捕、ソ連人顧問団の住居を包囲し、広州を事実上の戒厳下に置いたのである。

このクーデタに対するコミンテルン（使節団）の反応、中共の広東区と上海中央の主張についても、すでに第2章で述べたところである。結局陳独秀らは、国民党からの脱退断念を強いられ、国民党が党内の共産党員の活動を制限する「党務整理案」も受け入れることになった。七月十二日に始まった中共中央拡大執行委員会（四期三中全会）の「中央政治報告」において、陳独秀はコミンテルンの意向を受け、民族ブルジョワジーの革命参加を重要な要素とせざるを得なかったし、「左派を支援できるだけで左派に取って代わってはならない、左派と連合し中間派を統制して左傾化せしめ得るだけで、中間派の消滅を図ってはならない」との立場を表明した[68]。だが、陳独秀は、ブルジョワジーは「一年か二年後の敵である」とも述べ、国民革命軍の北伐に対する批判的立場は堅持した。彼の政治報告は、北伐に限定的な評価しか与えなかったし、軍事運動決議案も北伐には直接言及しなかった[69]。拡大会議を受けて七月十四日に公表された「中国共産党の時局についての主張」も、「依然として国民会議が中国の政治問題を解決する道である」と主張し、国民会議を「民衆連合戦線の具体的表現」と位置づけている[70]。

これに対して、中山艦事件後の瞿秋白はブルジョワジーについて異なる見解を表明していた。例えば、四月初め執筆の論文は、「ブルジョワジーは暫時完全には反動化していない」としても、彼らが「国民革命運動を指導できるとか、なお誠意をもって再び革命の側に立ちうる」訳ではない[71]と批判的に評価する一方で、六月執筆の論文では、彼らの勢力自体をかなり低く見積もった。「『民族ブルジョワジー』は根本から完全に形成を遂げることはあり得ない。その民族改良主義あるいはブルジョワ的民族主義は結局のところ強固にはなり得ない」[72]。この頃にはすでに蔣介石は国民党・国民政府・国民革命軍の実権を掌握していたのであるから、これは明らかに楽観的すぎる民族ブルジョワ観であった。それは、彼らとの統一戦線を維持せよ命じるコミンテルンの指示とも、「ブルジョワジーは一年か三年後の敵ではあるが、現在は友軍だ」とした陳独秀の見解とも異なる民族ブルジョワ観であるし、瞿秋白自身の、民族解放運動における階級闘争の必要性の議論（一九二五年九月）をむしろ後退させたかに見える。

だが、七月の拡大執行委員会後、北伐に新たな政治的意義を与えることで、瞿秋白は再び主張を展開させる。この時期に口述した「北伐の革命戦争としての意義」（八月七日）で、彼はプロレタリアートがブルジョワジーのヘゲモニー掌握を阻み、これを争奪すべきことをより明確に主張したのである。彼はすでに五月の論文で革命戦争を最高次の革命闘争の方式として主張していたが[73]、この論文でも革命戦争こそ帝国主義・買弁階級に対する猛攻撃であり、革命勢力の「唯一の一貫した革命戦術」だと指摘した[74]上で、議論を進める。彼によれば、中山艦事件で国民政府の指導権を握った民族ブルジョワジー（新右派）は、「現在なお革命の陣営にとどまっているが、終始軍事力で自らを代表させねばならない」し、「地位を固めるために、いくらか前に進まざるを得ない――それが北伐である」。ところがいま、小ブルジョワ大衆が急速に革命化し、農民も民族ブルジョワジーと北伐に失望しつつある。だから民族ブルジョワジーの指導権は危殆に瀕する一方で、「プロレタリアが革命とその武装の指導権を奪取する」絶対的な必要性が生まれている[75]。そこで瞿秋白は主張する。――プチブル・農民・プロレタリアなどの「革命的な平民」が買弁階級の独裁を打倒し、「革命的な民主独裁制」を樹立するために広義の革命戦争に取り組もうとしているのに対し、民族ブルジョワジーは「北伐という大看板で平民の政治勢力の拡張を抑圧し、更には自己の軍事力を発展させ」、狭義の革命戦争でブルジョワ独裁を樹立することを妄想している。だから、この革命戦争とは「帝国主義・買弁階級の統治が崩壊する過程」であると同時に、「プロレタリアートとブルジョワジーが革命の指導権（領袖権）を争う重要なキー・ポイントなのだ」[76]、と。その主張は、間違いなく見通しを過たないものだった。

ただし、論文「北伐の革命戦争としての意義」は『嚮導』編集部に送られながら、掲載されなかった。それは陳独秀の反対によってのことであると推測されている[77]。前述のように北伐に批判的な陳独秀の「政治報告」が拡大中央執行委員会で採択され、「国民会議こそが中国の政治問題を解決する道だ」とする見解が、「中国共産党の時局についての主張」として公表されていたのである[78]。

ここに陳独秀と瞿秋白の対立は完全に顕在化した。彼らの見解の重要な相違点は、瞿秋白が、北伐の過程で「革命的な平民」の勢力を発展させ、プロレタリアートが革命戦争の指導権を獲得することが可能だと考えたのに対し、陳独秀はこれに全く否定的であったことにある。瞿の主張の実現には、蔣介石を圧倒し得る軍事力の構築が必要となろうが、北伐開始時点で中共の指導下にあったと言ってよいのは、一〇万を数える国民革命軍の中でも葉挺の独立連隊（約二一〇〇人）だけである[79]。瞿秋白は「革命的な平民」の革命戦争に対する参加・支援を説いたが、「平民」をどうすれば軍隊に編制できるのか、具体的な方策については議論を及ぼしてはいない。この点では、陳独秀に経験があった。彼は、中山艦事件後、農民への武器供給をコミンテルン代表に要求したが、拒否されていたのである[80]。ならば、彼にとって瞿秋白の主張は全く非現実的だったに違いない。国民革命軍の指導権を左右し得る軍事力創設は、コミンテルンから拒絶されていた選択肢だったからである。

したがって、この時期――一九二六年八月以降の数カ月にあって、瞿秋白は党中央の中で孤立を深めることになった。彼は宣伝部の委員であったが、主任彭述之は陳独秀の右腕的な存在であり、もう一人の委員の蔡和森は遠くモスクワにあった。瞿秋白の論文は、『嚮導』には一九二六年七月十四日の第一六三期から翌二七年五月一日の一九四期まで掲載されなかったし、この頃不定期刊となっていた『新青年』月刊も七月二十五日付の第五号が最後となった。党の理論家としての瞿秋白は、その主張を中央機関誌に公表することができなかったのである[81]。

(5) コミンテルンの「非資本主義的発展」論と十二月決議論争(一九二七年)

ところが突然、コミンテルンで全く「新しい」理論が登場したことが、状況を一変させる――かに見えた。すなわち一九二六年十一月二十二日に始まったコミンテルン第七回拡大執行委員会総会の二日目、「世界情勢とコミンテルンの当面の任務」と題する報告を行ったブハーリンは、中国革命について触れた部分で、レーニンが一九二〇年七月のコミンテルン第二回世界大会で提起した「後進国の資本主義段階飛び越え」の議論[82]を全く突然に持ち出した。資本主義の危機とソ連におけるプロレタリア独裁の存在という条件下にある中国には、「外国のブルジョワジーと妥協し同盟するコース」と、「プロレタリア独裁・西欧プロレタリアと同盟するコース」とがあるが、後者のコースでは、「労働者階級の決定的な影響の下にプロレタリア独裁国家と密接な連携をもつ小ブル国家〔中国〕は、重要な国営の工場・鉄道・銀行機構を持つことで、農民を苛重な税金から解放」し「社会主義の道へと前進する」と展望して見せたのである[83]。

続いて十一月三十日、中国委員会で演説したスターリンも、中国で来るべき権力は、労農独裁に似ているが、反帝国主義という点で特徴を持つ、「非資本主義的な、もっと正確に言えば社会主義的発展への過渡的な権力となるであろう」と論じた[84]。十二月十六日、総会がブハーリンとスターリンの議論に基づき採択した「中国の情勢の問題についての決議」も、「この国家は、プロレタリアート、農民およびその他の被搾取階級の民主主義的独裁であるだろう。それは、非資本主義的(社会主義的)発展への移行期の革命的反帝国主義的政府であろう」、と主張したのである[85]。

だが、この十二月決議における「非資本主義的発展」への構想転換は、コミンテルンの指導権を反対派のジノヴィエフから奪い取ったばかりのブハーリンとスターリンが、新たな革命論を打ち出すことで自分たちの理論面での権威付けを図ったかのように、従来の政策の根幹を変えないまま提起された。なるほど決議は、第六回拡大執行委員会総会の所謂「四民ブロック」論から「都市民主層」（＝ブルジョワジー）を除き、現段階の「革命の推進力は、プロレタリアート、農民及び小ブルジョアジーの革命的ブロック」だと規定した。だが同時に、ブルジョワジーのいくらかは「革命と歩みをともにする」と指摘され、民族ブルジョワジーとの連合は可能とされていた[86]。第七回拡大総会のわずか一カ月前、ブハーリンは全連邦共産党第一五回協議会において、「［中国の］商業・産業ブルジョワジーは現在、客観的には革命的な役割を果たしており、当該段階にあってそれとの連合は革命運動の発展にとって必須である。なぜなら外国帝国主義者に対して最大限の諸勢力が団結しなければならないからだ」と報告しており[87]、こうした民族ブルジョワジー評価はそのまま継承されていたと見るべきである。

また「中国の情勢の問題についての決議」は、プロレタリアを「革命的ブロック」の「支配的要因」だと位置づけ、そのヘゲモニー掌握は革命成功に不可欠だとした。ところが、決議によれば、この「革命的ブロック」の母体とは国民党のことであり、国民党の中で「共産党員が左派に代行して指導活動を行ってはならない」ことも命じられたのである[88]。これでは国民党の党内指導権を左派（小ブルジョワ）に握らせることを主張しているのに等しいし、この国民党が「革命的ブロック」に発展するとすれば、革命の指導権は小ブルジョワのものとなろう。さらに、スターリンは確かに軍隊の問題を重視し、「武装した革命と武装した反革命」の対決が中国革命の特質だとしたが、この評価は蔣介石を総司令とする国民革命軍をトータルに「武装した革命」とするものであって、蔣の軍事権力を批判も警戒もしてはいなかった。「決議」が述べる軍隊工作も、政治工作や軍隊細胞内での左派の強化を命じるだけで、中共指導下の軍事力創設は、言及すらされていない[89]。

すなわち、民族ブルジョワジー（の一部）を将来においてもなお統一戦線内の要素と見ること、国民党左派主導の国共合作を維持すること、蔣介石の軍事力の役割を高く評価することなど、革命の具体的な戦術・方針については、それまでの政策を変更しないか、その延長線上のものだったのである。

したがってコミンテルン十二月決議が、一九二七年一月に中国にもたらされた時[90]、中共中央での議論の焦点となったのは、唯一の新たな理論提起――中国革命の「非資本主義的発展」論だけであったはずである。それゆえこの決議を議論するため、恐らく決議到着からそれほど時を置かずに開かれた中央政治局（拡大）会議にあって報告を行った彭述之も「コミンテルンの指示と中央の政策は、一般的に言って大した相違はない」としたのであった。だが、瞿秋白らは両者の違いを指摘して彭の報告を批判し、彼らの間で激しい論争が繰り広げられた[91]。コミンテルン決議が言う革命の「非資本主義的発展」とは、瞿秋白が以前から主張してきた国民革命から社会主義革命への直接移行論と一致するものに見えたから、彼にとって決議は党に自論の正しさを認識させ、方針を変更させるチャンスと思えたに違いない。しかも会議は結局、陳独秀ら中央政治局が「国民革命とプロレタリア革命を全く連続しない二つの時期に截然と分けた」ことを「根本的な誤り」と認める決議を採択した。――「〔国民革命をブルジョワ革命として〕自ら一線を画するのであれば、この意義を越える、必要でも可能でもある全ての企図は、将来の次回の我々プロレタリアートの革命に待つことになる。……とすれば、我々が第四回全国大会以来声高に叫んできた国民革命におけるプロレタリアのヘゲモニーや、去年の第二回〔第三回の誤り〕拡大会議以来声高に叫んできたブルジョアジーとのヘゲモニー争奪は、聞こえがいいだけの空論となろう。我々が実際にこの革命を指導できなければ、彼らが我々を指導し、さらには我々に国民革命を圧殺させることになるからである」[92]。

だから、このコミンテルン十二月決議に対する「解釈」決議は、陳独秀らがそれまでの革命観の誤りを認め、〔瞿秋白の革命論に一見したところ近い〕コミンテルンの「非資本主義的発展」論受け入れを明言した点では、瞿の勝利を意味したはずである。彭述之も、スターリンの言説を引用し、コミンテルン決議に従って「国民革命は社会主義革命への道にすぎない」とする論文を発表したのだった[93]。だが、瞿秋白のこうした理論面での勝利は、党内力学における勝利を意味しなかった。この「解釈」決議以後も、彼の党中央での孤立に変化は見られない。

この間、国民党左派は蔣介石独裁に対する挑戦を始めていた。一九二六年十月の北伐軍の武漢占領後、同地に成立した左派主体の「臨時連席会議」（二六年十二月）は党の最高権限行使を宣言したのである。これに対抗して蔣介石は南昌に「中央政治会議」を招集（二七年一月）、両派の対立が公然化するのだが、この時陳独秀らは、国民党内に反ソ・反労農の右傾分子が台頭していると指摘し、蔣介石の労農運動抑圧への傾斜や軍事独裁を批判、武漢左派支持の論文を『嚮導』に執筆した[94]。だが、こうした活動に瞿秋白は参与していない。

また共産党は一九二七年二月十一日から十五日、上海区第一回代表大会を開催したが、自ら報告することを求めた瞿秋白の要請は、中央秘書処に拒否された（報告したのは陳独秀と彭述之）[95]。ただし、この中共上海区代表大会は「ストだけではなく、暴動を準備」して上海を奪取し、「労働者と被抑圧市民の民主独裁制」を樹立すること、蔣介石を「打倒する戦術を確定する」ことを決議し[96]、大会直後の区委員会の二月十六日付文書と同十七日付文書も、蔣介石のことを「反革命」「反動勢力の中心」と位置づけていた[97]。したがって、この点で瞿秋白と陳独秀・彭述之の間に大きな見解の相違があった訳ではない。

二月十八日晩、上海総工会代表大会は、北伐軍の杭州占領の報に、ゼネスト敢行を決議した。翌十九日朝、それは上海の基層労働組合に通告され、三日目の二十一日にはスト労働者は三十五万人に達した。だが共産党側の働きかけに上海のブルジョワ層は無関心であったし、前進を停止した北伐軍と連絡できる立場にあった国民党の鈕永建らも協力を拒んだ。孤立した共産党は躊躇の末、二十一日夕刻になって翌日からの蜂起を決定したが、百数十挺の銃しか持たない二千名の労働者糾察隊の蜂起は、明らかに準備不足だった。蜂起は、海軍兵士の蜂起遅延や指揮の不統一などの要因も加わって失敗した（戦死者四十数名、逮捕者三百数十名）。上海総工会は労働者に二十四日午後一時からの復業を指令せざるを得なかった[98]。

瞿秋白はこの敗北の責任を追及した。二月二十四日に執筆した「上海『二・二二』暴動後の政策及び工作計画意見書」[99]において、彼は蜂起で採用された戦術を糾弾し、準備不足や方針の動揺などの誤りを認めることを党中央に要求するのである。

私の考えでは、党は二月二十二日の暴動について「実行前、早めに準備することがなかった」ことの誤りと、中央の二月十七日（?）（ママ）〔十八日の誤りか〕から二十一日朝までの政策の動揺といいかげんさの誤りを公然と認めるべきである。……更に政治スローガンは「市民代表大会」と決定されていたが、これを行動スローガンとすること――つまり直ちに各工場各労働組合が代表を選出し、小商人大衆を扇動して代表をこの「臨時市民代表大会」（国民革命のソヴィエト）に参加させるよう手を打ち、ともに罷工・罷市を討議し、一致して武装「自衛」から暴動に至るまでの行動機関とする――を確認することはなかった[100]。

すでに一九二三年の論文でロシア一九〇五年革命におけるソヴィエト創設の意義を見て取っていた[101]彼は、具体的な革命手段としての「ソヴィエト」を提起した最初の理論家である。更に瞿秋白は批判する。「労働者はストをしたが、大ブルジョワジーの支援を待ち、小ブルジョワジーを捨て去って指導も煽動もしなかった。ひたすら鈕鉄生〔永建〕が李宝章〔上海防守司令〕の部下と折衝して兵変（将校の態度改変）を起こさせ、大商人が罷市発令を承知するなどの様々な所謂「暴動の勝利の保障」を得てから、それから暴動を準備しようとしたのだ。このような戦術は客観的にはまるで階級を売る戦術である」[102]。

この他彼は、ゼネストから直ちに市民代表緊急会議を組織し、武装蜂起に移る、といった蜂起に関わる提言を数多くしているのだが、こうした批判や新たな戦術提起を党中央がどう受け入れるか、それを知ることはなかった。彼の特別委員会への出席は三月二日が最後であり、その後上海を離れるからである。この後、瞿秋白は、数カ月来党の政策決定や理論・宣伝活動から遠ざけられて来たことへの憤懣をぶつけるかのように、党中央（主に彭述之）の理論と政策を批判する文章の執筆を開始する。武漢で約七万六千字のパンフレットとして（恐らく四月上旬）完成するのが、本章冒頭で触れた『中国革命中の争論問題』である[103]。

（6）瞿秋白の彭述之批判――『中国革命中の争論問題』（一九二七年四月）

この『中国革命中の争論問題』（以下、『争論問題』と略称）の冒頭で彼は次のように述べる。――「最近〔二六年十二月〕コミンテルン〔第七回拡大執行委員会総会〕は中国革命について決議案を採択し、中国革命の前途及び共産党の任務について根底的な指摘を行ったが、この決議案は……同時に過去の戦術〔策略〕に対する検討を求めている」。この一文が中共指導部の「過去の戦術」糾弾への導火線である。彼は、続けて解明すべき課題に、「国民革命の連合戦線の中でどの階級が革命の領袖階級（Class -Hegemony）なのか？」「プロレタリアはこの革命における領袖権〔指導権〕をどのように獲得すべきか？」「中国共産党は過去に革命の領袖権を争ったのか？」などを挙げ、「このことは、過去の戦術の正しさと誤りを検証することなのだ」と述べている（傍点原文）[104]。「正しさと誤り」のうち「誤り」に重点があるのは、言うまでもない。

以下、瞿秋白は「中国は命を革めるのか？」として中国の経済・諸階級・国際状況から革命の必然性を述べ（第一章）、さらに「誰が誰の命を革めるのか？」（第二章）、「誰が革命を領導できるのか？」（第三章）、「どう領導を争うのか？」（第四章）、「領導者はどうなのか？」（第五章）と議論を進め、その標的が中共中央、中でも理論・宣伝部門で主要な役割を果たし[105]、コミンテルン十二月決議を巡る論争で彼と鋭く対立した彭述之であることを明らかにする。その方法は、過去の彭の言論への徹底的な攻撃である。

瞿秋白が最初に問題にしたのは、二年以上前に彭述之が発表した論文「我々はなぜ国民党の軍事行動に反対するのか」（一九二四年十月）[106]である。彼はこの論文が、「[中国国民党は]絶対的に伝統的な軍事行動を放棄し、[……]改めて真の革命的大衆を捜し求め、真の革命の道を歩む」べきである（傍点瞿秋白）と述べた部分を引用し、それではプロレタリアは革命戦争の環境にある中国革命にあって、革命的軍隊に対する領袖権を獲得できないし、革命全体の領袖権をブルジョワジーと争うこともできないことになる、との論点を強引に導き出し、この部分に最初の砲火を浴びせる[107]。だが、彭が実際にこの論文で国民党に「放棄」を呼びかけたのは軍閥と結んだ「伝統的な軍事行動」であり、彭は民衆を「組織・訓練」して軍隊とし、「革命的な軍事行動を起こす」ことを主張していたのであって、「軍事行動」一般に反対したのではない。ここで瞿は攻撃相手の議論を恣意的に引用している。

瞿秋白はさらに、彭述之の主張は、彭が論文「誰が中国国民革命の領導者なのか？」（一九二四年十二月）[108]で述べた、「労働者階級は天然に国民革命の指導者である」が理論的根拠になっていると指摘した上で、この論文が「一方で全力を挙げて国民革命を領導し、国民革命を徹底的に推進、もう一方で将来のプロレタリア革命を準備する」と述べたことを強く論難する。

もし、プロレタリアが確かに中国国民革命の領導を勝ち取れるならば、国民革命は勝利できるし、プロレタリアと農民などは革命的民主主義（民権）独裁制（政府）を樹立するであろう。では伺いたいが、プロレタリアは国民革命を社会革命に転化する可能性を持つのに、どうして自分で自分の命を革める必要があるのか？……彭述之は一方で国民革命を領導しようとしながら、もう一方であたかも国民革命がプロレタリアートの領導を受けることでは勝利できないとあらかじめ認定し、そこで一方でもう一つの革命を準備しようとするのだ。……ここに「永続革命［中国語原文ママ］」（Permanent revolution）の学説が生まれた。つまり、民主主義の勝利の後、すぐにもう一つの「将来のプロレタリア革命」を行い、民主主義の命を革め、彼の言う独裁専政を実行する、というものだ（〔瞿注〕一九二七年一月中旬の『嚮導』第一八四期に彭述之は中国の「永続革命」説を発表している）。この理論は確かに中国流のトロツキズムである[109]。

だが、この彭の主張をトロツキズムと指弾するのは、瞿自身の言論に照らしても不合理である。第一に、本章第3節で見たように一九二五年の反トロツキー・キャンペーンにあって、瞿秋白はトロツキーが「当時の環境を『飛び越え』直ちに社会主義革命を行うことを主張した」と非難していたはずである。ところが、この『争論問題』では、民主主義革命と社会主義革命を段階づけて構想した（一九二四年の）彭述之の革命論をトロツキズムと呼んでいる。前者ではブルジョワ革命を「飛び越え」ようとしたことが、後者の場合はブルジョワ革命を一つの段階としたことが、トロツキズムの証左とされている。

第二に、瞿秋白はトリックを用いている。彼は彭述之が一九二七年一月の論文「レーニン主義は所謂中国の『国情』に適合していないのか？」（『嚮導』第一八四期）で「永続革命」の語を使ったことに目を付け、「永続革命」論＝トロツキズムの公式を用いて彭の主張を「中国流のトロツキズム」と糾弾した。だが彭はこの時コミンテルンの議論に従っており[110]、論点整理の中で「永続革命」の語を一度だけ用いたにすぎない。ここではスターリンらの言う国民革命の「非資本主義的（社会主義的）発展論」を、マルクスやレーニンも用いた「永続革命」[111]と呼んでみせただけのことである。だが、瞿秋白はこのたった一語を見逃さず、彭に「トロツキズム」のレッテルを貼ったのだった[112]。

第三に、瞿秋白は、やはり彭述之が一九二四年十二月論文で民族ブルジョワジーの勢力を軽視する一方、「中国労働者階級は天然に国民革命の領導者である」とした論点を取り上げ、それが民族ブルジョワジーとのヘゲモニー争奪の放棄を招いた、と批判している。

第一に、彼は民族ブルジョワジーが「ほとんどゼロに等しい」と力説し、更には民族ブルジョワジーはいるようでいない「幽霊」だとまで言った。第二に、彼は現在革命を領導しているのは官僚買弁階級（国民党新右派）だと言った。第三に、彼は二回にわたって革命の前途はわりあい悲観的だ、と言った。……第四に、したがって北伐軍の勝利を待って（ロシアの二月革命から十月革命のように）彼の「永続革命」を実行する。この四種の見解は総合されて彭述之流の戦術となった。……要するに、彭述之は口先では「革命の領導権は天然に労働者階級のものだ」と声高に叫ぶが、それは実際には、領導権をブルジョワジーに両手で捧げ渡すものである[113]。

この錯綜する論理（『争論問題』のこれより前の記述では、ブルジョワジーが「ゼロに等しい」と彭が言った訳ではない[114]のだが、ここでは彭が言ったことになっている）は、不当な論難と言うべきだろう。確かに彭は一九二四年十二月論文で民族ブルジョアジーの勢力を微弱に見積ったが、それはプロレタリアのヘゲモニー掌握の必然性を強調するためであって、同様の論法は瞿秋白本人も用いている。「領導権をブルジョワジーに両手で捧げ渡す」というのも、単なる誹謗にすぎない。

第四に、瞿秋白は、彭述之の議論を「彭述之主義」と括り、これを「ロシアのトロツキズムよりもずっと悪質な、明白なメンシェヴィズム」だと決めつけた[115]。国際共産主義運動での「メンシェヴィズム」非難が、中共党内の政敵に向けて発せられたのは、これが初めてのことである。

だがそれでは、こうした瞿秋白の政敵攻撃の「方法」は、彼自身の発明なのであろうか？　恐らくはそうではない。彼は、スターリンらが一九二三年から二四年にかけ政敵トロツキーを論難した手法をそのまま導入したのである。政敵の主張を、(a)攻撃しやすい「以前」のものに捉えて批難する、(b)自派に都合のいいように歪曲し書き換える、(c)トリックを行使する、(d)「～主義」なるレッテルにまとめ、明確な敵対勢力としての「メンシェヴィズム」と同一視する、といった手法である。かつてスターリンの中国におけるスポークスマンの役を演じた瞿秋白は、この「手法」を学んでいたかに見える。それは、以後の中国共産党の党内論争にスターリニズムが浸透していく端緒となるのである。

　だが、彼の〈集中砲火〉は何を目指したものだったか。それが彭を失脚させ、自分の理論家としての地位を回復するためであったとしても、そのことで目指したものがあるはずではないか。

　それは第一に、社会主義への直接移行の実現である。彼はこの『争論問題』で、コミンテルン決議（ないしスターリン演説）の用語に従い、中国革命の「勝利の前途は、ブルジョワ的な範囲を越えて非資本主義的発展へと過渡して行かざるを得ない」と述べて慎重にコミンテルン決議との接点を保ちながら（わざわざ「一国社会主義論」に言及している）[116]、一方で一九二三年以来の革命論――社会主義への直接移行論を堅持した。「中国革命は、土地革命（農地革命）を中核とし、また反帝国主義の有力な軍隊であって、当然国民革命から成長して社会革命となる――つまり『一回の革命』で直ちに社会主義へと到達する」。こう述べた後で彼は、自身の二三年九月論文のテーゼ「労働階級の最終的な目標が社会主義であるとすれば、国民革命が最高点に達した時、世界革命と合流して直接社会主義に到達し得る」を引用する[117]（傍点原文）。瞿秋白のこの「一回革命論」を、コミンテルン／スターリンの「非資本主義的発展」論と比較すれば、その急進性は明らかである。なぜなら、コミンテルン／スターリンによれば国民革命の勝利がもたらすのは、「革命的」なる修飾語を加えられるにせよ、「小ブルジョワ国家」であったからである[118]。だから、コミンテルン十二月決議は「中国革命の任務」として没収する巨大企業・鉱山・銀行を「外国利権の性格をもつ」ものに限り、民族ブルジョワ層の経済権力に手をつけようとはしなかった。これに対し、瞿秋白は「革命の党綱」として銀行・鉱山・大企業などを含む「経済上の最高権力の国有」を主張した[119]。コミンテルンとは違い、瞿秋白は国内外を問わずすべての経済権力の国有化を提起したのである。

第二に、運動主体としてのソヴィエトの樹立である。瞿秋白にとって、社会主義革命には大衆がその意志を直接的に表明し権力を行使するシステムが必要であり、それこそが国民会議＝「国民革命におけるソヴィエト」であった。彼は『争論問題』で、五・三〇運動をリードした上海工商学連合委員会を「国民革命式ソヴィエトの雛形」と呼んでいる[120]し、市民会議や県民会議などを積み上げて構築される国民会議も、「国民革命におけるソヴィエト」と位置づけた[121]。一年前（一九二六年三月）の論文で、国家主義派や国民党右派を含めた「連合戦線の回復」のため主張していたのとは全く異なる、ソヴィエトとしての国民会議の主張が瞿秋白の議論に現れる。スターリンがコミンテルン十二月総会の演説では、（農村）ソヴィエトの樹立に反対を表明していたにもかかわらず、である[122]。

第三に、民族ブルジョワジーとの連合を放棄し、そのヘゲモニー掌握を阻むことである。「民族ブルジョワジー各派の妥協主義的傾向はすべて確定的となっている。もし、プロレタリアートがなおも決然とこれとの連合戦線破棄を準備しないのであれば、……プロレタリアの党は、自らメンシエヴィキの道を歩み、小ブル大衆のみならず労働者階級自体の大衆をも失うことになる。そうなれば、ブルジョワジーが革命を領導する可能性はずっと高くなるのだ！[123]」。（傍点原文）

我々はこの瞿秋白の叫びにも似た文章に、彼の危機感を見出し得よう。瞿秋白は、中国革命を〈革命戦争〉と捉えていたがゆえに、また「大半は土地を失った農民」からなる軍隊に影響力を持つことは「農民との同盟を獲得する意義を有する」と考えたからこそ、国民革命軍の指導権奪取を主張した。プロレタリアートは「革命的民主主義独裁の目標を達成するために、革命軍隊の領袖権を獲得するよう努めねばならない。プロレタリアートとブルジョワジーが互いに革命軍隊に対する影響力を争奪し合うのは、領袖権争奪の重要な一部である。」しかし「民族ブルジョワジーの代表――国民党新右派は、まさに全力で国民革命軍の指導権を奪取しようとしており、しかも今その一部は彼らの指導下にある。」「民族ブルジョワジーが軍隊を手にいれ、兵士大衆を掌握して労働者・農民の虐殺に駆り立てることは、あり得ることなのだ。」[124]

ならば、革命論と戦術において、瞿秋白のそれがコミンテルンの現実追随的な――この『中国革命中の争論問題』の完成とほぼ同じ一九二七年四月初め、スターリンは蔣介石への「信頼」を語っていたのであるから――それを越えた急進的にして現実を打開する可能性を有したものであったことは確かである。しかもそのことは同時に、彼の中国革命論と戦術がトロツキーのそれにほぼ一致していたことを示している。トロツキーは同じ四月初め、論文「中国革命における階級関係」を脱稿していた。この論文でトロツキーは、中国革命が「民主的革命から社会主義革命に成長移行する可能性」を展望する一方で、中共の国民党への従属を批難して「ブルジョワジーとの訣別」を主張し、「中国のピウスツキ（Pilsudski）」のクーデタに警鐘を鳴らし、労働者ソヴィエトの即時樹立を主張していたのである[125]。

瞿秋白の「一回革命」論も、実はトロツキーの「永続革命論」に由来し、同内容のものだったことはすでに述べた。具体的な政策においても、蔣介石のクーデタ前夜に民族ブルジョワジーとの決裂を主張し、事実上のソヴィエト樹立を提起した点で、彼はトロツキーと同じ立場に立っていた。瞿秋白の主張は「トロツキズム」に対する糾弾や「一国社会主義論」擁護というスターリニズムの外皮を伴いながら――あるいは彼本人の自覚とは別に――実際には、中国におけるトロツキーの革命論だったのである。

おわりに――中共指導者としての瞿秋白

このように見てくれば、瞿秋白が『中国革命中の争論問題』で「民族ブルジョワジーが軍隊を手に入れ、兵士大衆を掌握して労働者」の虐殺に駆り立てる、としたその予言は、同書が冊子としてまとめられた一九二七年四月、まさしく現実のものとなった。彼の民族ブルジョワジーと手を切れ、との主張も見通しを過たないものであった。だが問題は、瞿秋白の指弾の対象、である。

陳独秀・彭述之ら共産党指導部は、上海第三次蜂起で市民代表会議をソヴィエトと位置づけ、ゼネストから直ちに蜂起に移ったように、彼と同じ結論に達していた。また陳独秀らは、蔣介石を（民族）ブルジョワジーの代表と見なし、彼の「反動性」を見抜いていた。だから、コミンテルン指令が届くまでは蔣と対決し、武装闘争を含む様々な手段での対抗を方針としていたのである。蔣の危険性を軽視したのは、北伐成功を優先したスターリンらである。

——ならば、瞿秋白は明らかに指弾の対象を間違っていたのである。

上海クーデタ後、そして蔣介石が南京政権を樹立した後、中国共産党は武漢で第五回全国大会を開催し、コミンテルンの方針に基づき国民党左派との合作政策継続を決定した。この大会で瞿秋白は、彭述之を指導部から追い落とし、自らは政治局委員へと昇任、指導部入りを果たした。本章冒頭で述べた『争論問題』の大会配布は、この点では「成果」を挙げたのである。

だが、前章で見たように、上海クーデタ以後の武漢政府は弱体さを加えていったし、一方でコミンテルンが命じた武漢左派との合作継続は、共産党の手を縛るものだった。彼らは武漢左派の決定に追随し、小地主・軍人の土地を保護し、労働運動や農民運動を抑制する方向へと政策の舵を切らざるを得なかった。こうした共産党の意思決定に瞿秋白が抵抗した形跡はほぼ見られない。民衆運動だけでなく政権と軍権でもヘゲモニーを掌握すべきことを述べた未公表の五月二十日付論文[126]を除けば、彼は従来の尖鋭な見解を維持できなかった。逆に、党の譲歩政策を支持し宣伝したのだった[127]。

そして、六月におけるロイのスターリン電報暴露がもたらした混乱の中で、中共はなおも左派との合作を維持しようとし、中央拡大会議（七月三日）は「国共両党関係決議」を採択した。——中国国民党は「当然国民革命を指導する立場にある」、「国民党内CP分子は（中央及び地方の）政府の工作に参加しているが、国民党員の資格で参加しているのであって、CP党員の資格で参加しているのではない。両党の連席会議は……ほぼ連合政権の意義を持たない」、「労働者・農民などの民衆団体はすべて国民党党部の指導と監督を受けねばならない」。それは、無残なまでの国民党への服従を表明していた[128]。「退却綱領」とも呼ばれるこの決議を起草したのは、瞿秋白だったのである[129]。

だから七月上旬、コミンテルン指令に基づき、陳独秀を排除して成立した中央政治局臨時常務委員会（張国燾・李維漢・周恩来・李立三・張太雷）[130]に瞿秋白が含まれていないのも、彼が譲歩政策を執行した中央政治局の主要メンバー（常務委員）であり、「退却綱領」の執筆者だったからである[131]。

ところが、コミンテルンはまもなく陳独秀に代わる党指導者に瞿秋白を選んだ。新任のコミンテルン代表ロミナッゼの武漢到着前から彼は南昌蜂起の計画に加わり、ロミナッゼとともにコミンテルンが招集を命じた中央委員会の緊急会議（八・七緊急会議、於漢口）を主導、中央臨時政治局常務委員として党の実権を握った。かつてスターリンを支持し、反トロツキー・キャンペーンを担ったこと、新任の代表とロシア語で意思を疎通し得たこと、中共第五回全国大会で党中央の「日和見主義」を批判していたことは、すべての政策的誤りを陳独秀に帰して新指導者を選ぼうとしていたコミンテルンにとって、好材料であったのである。彼はコミンテルンの寵児だった。

この後、瞿は国共合作を武装暴動へと切り換え、更にコミンテルンの政策転換を契機に地方におけるソヴィエト政権樹立を目指し、十一月の臨時政治局拡大会議では、中国革命を「間断なき革命（無間断的革命）」として提起するに至る。「中国革命はマルクスの言うところの〝間断なき革命〟である。……この革命は必ず急激に転化し、民権革命の課題を達成することから社会主義の革命へと進む」[132]。年来の主張である民主主義革命から社会主義革命への直接転化論を、ついに明確に党の方針とするのである。

この「間断なき革命」論は、従来の研究では、コミンテルン指導部の主張[133]からコミンテルン中国駐在代表ロミナッゼの発案であるかのように考えられることがあるが、そもそも瞿秋白は一九二三年の時点で（トロツキーに基づき）、民主主義革命から社会主義革命への直接転化論を主張し、一九二七年四月の『中国革命中の争論問題』でもこの転化論を繰り返し強調しているから、これをロミナッゼに帰することはできない。また瞿秋白は、「マルクスの言うところの」と言いながらも、マルクスが用いた“Revolution in Permanenz”（revolution in permanence）[134]の中国語訳に当たる「永続革命」を用いてはいないのだが、これは、彼は以前に政敵彭述之の革命論を「トロツキズム＝永続革命」論だと非難していたため、「永続革命」の訳語を持ち出すわけにはいかなかったからである。そこで瞿秋白は、レーニンの用語“непрерывная революция”（uninterrupted revolution）[135]に基づき、これを「無間断的革命」と訳したのである[136]。

だが、革命運動の高揚を背景になし得るはずのソヴィエト樹立と社会主義革命への展望に対し、この時期、共産党指導下の革命は明らかに退潮しつつあった。「間断なき革命」論は、一九二七年十二月の広州コミューンなど数々の武装蜂起が失敗し、党員数が数分の一にまで弱体化したのち、翌二八年二月コミンテルンに批判された。更に同年六月の中共第六回全国大会では、彼の「革命潮流高揚論」も議場の支持を得られず、その政策と方針全般が「盲動主義」「命令主義」「左傾（の日和見主義）」として断罪されることになる[137]。

第六回全国大会後、瞿秋白は駐コミンテルン中共代表としてモスクワに留まるが、コミンテルン東方部副部長のミフ（Pavel Mif）らと対立、一九三〇年春には同代表の職を解任される。ただし、同年六月開始の李立三の大都市奪取プランが失敗に終わると、事態収拾のため周恩来とともに帰国することを命じられ、九月、中共六期三中全会を主宰した。だが、この三中全会の決定は王明・ミフらの策動の結果コミンテルンから強く非難され、翌三一年一月の六期四中全会で彼は政治局委員のポストを失い、「自己批判」の声明を強いられる。三四年二月、江西省瑞金に設けられた中華ソヴィエト共和国臨時政府の教育人民委員に任命されるものの、閑職であった。同年、国民党軍の包囲攻撃のため紅軍主力第一方面軍はソヴィエト共和国の「首都」から撤退するが、病身の彼は要望したにもかかわらず部隊への同行を許されなかった。結果彼は国民党側に逮捕され、著名な遺書「余計な話（多余的話）」を残して処刑された。瞿秋白の同行を許可しなかったのは、中央政治局のトップであったモスクワ留学派秦邦憲（博古）の決定によるものだった[138]。
それは、コミンテルン＝スターリンを超える先鋭なトロツキズムに従う革命論を有していながら、そのことを自覚できなかった、そして党内随一のスターリニズム・スポークスマンの役割を果たしながら、最後には彼らから切り捨てられることになる、「インターナショナリスト」瞿秋白の悲劇であった。

注

1 中国社会科学院現代史研究室『中国共産党歴次代表大会』中共中央党校出版社、一九八二年、一〇一頁、趙朴「中国共産党組織史資料（六）」『党史研究』一九八三年第二期、一九八三年四月、羊牧之「我所知道的瞿秋白」『憶秋白』人民文学出版社、一九八一年、八三～八四頁。なお、瞿秋白『中国革命中之争論問題』を以下に引用する際は、同書が収録された前掲の中共中央書記処編『六大以前』の書名と頁数を表記する。

2 例えば、周永祥『瞿秋白年譜新編』（学林出版社、一九九二年）は、瞿秋白はこの『中国革命中之争論問題』で「マルクス・レーニン主義の原理に基づき、……陳独秀・彭述之と理論闘争を展開し、系統的に彼らの右傾日和見主義〔右傾機会主義〕の誤りを批判した」と述べている（二〇二頁）。近年でも、薛琳・閆盼「中国共産党政治紀律建設的早期探索――兼論瞿秋白的重要貢献」（『党的文献』二〇一九年第一期、二〇一九年二月）が同様の見解を表明している。

3 『馬林与第一次国共合作』二四六頁。

4 陳鉄健『従書生到領袖　瞿秋白』上海人民出版社、一九九五年、一五六頁。

5 文化大革命後の瞿秋白再評価の代表的な研究としては、前注に引いた陳鉄健『従書生到領袖　瞿秋白』の他、丁守和『瞿秋白思想研究』（四川人民出版社、一九八五年）、陳鉄建『瞿秋白伝』（上海人民出版社、一九八六年）、陳鉄建他編『瞿秋白研究文集』（中共党史資料出版社、一九八七年）や不定期刊の研究雑誌『瞿秋白研究』（學林出版社・上海社会科学院出版社・中国福利会出版社・南京大学出版社、一九八九～二〇一五年）などを挙げることができる。

6 『瞿秋白年譜新編』五二一～八三頁。

7 秋白「政治運動与智識階級」『嚮導』第一八期、一九二三年一月三十一日。
8 独秀「資産階級的革命与革命的資産階級」『嚮導』第二二期、一九二三年四月二十五日。
9 屈維它「中国資産階級之発展」『前鋒』第一期、一九二三年七月一日。
10『馬林与第一次国共合作』二四六頁。

11『中共中央文件選集』第一冊、一四〇頁。この「党綱草案」は、陳独秀の〈二段階連続革命〉論を「政治革命から社会革命への過程の短縮」として説くが、この〈連続革命〉を可能にする要因として「世界プロレタリア及び植民地被抑圧諸民族との連携」を加えている。

12『馬林与第一次国共合作』二三六、二三九頁。

13「関於国民運動及国民党問題的議決案」『中央文件選集』第一冊、一四六頁。

14『新青年』季刊第一期の刊行は、奥付では六月十五日だが、マーリンは七月三日付のコミンテルン宛書簡で、『新青年』が一九二二年七月以来停刊していると述べており（『馬林与第一次国共合作』二七九頁）、その刊行を告げる「新青年雑誌啓事」の『嚮導』掲載が七月十一日付の三一・三二期であることから、実際には二三年七月上旬の刊行と考えられる。

15「商総聯会対倣擾政局之重要宣言」『時事新報』一九二三年六月十四日、「時局厳重中各団体力謀応付」同六月十五日、「昨日総商会会員大会紀」同六月二十四日。
16 この「国民会議」を巡る議論は、瞿秋白の「国民会議運動与聯合戦線」（『嚮導』第一四四期、一九二六年二月三日）のように共産党指導下の民衆運動として、彼らの議論の中に繰り返し登場することになる。
17 彼の言う「人民団体」で国民党の「武器」となり得るのは、この時点では商人＝資本家団体だけであったからであろう。陳独秀は、学生団体の主張や声明を評価していなかったし、実力行使をなし得る労働組合や農民団体は存在しなかったからである。独秀「北京政変与学生」『嚮導』第三一・三二期、一九二三年七月十一日。
18 競人（劉仁静）「北京政変与労動階級」、孫鐸（マーリン）「北京政変与上海工会之主張」、沢東「北京政変与商人」、『嚮導』第三一・三二期、一九二三年七月十一日。
19「中国革命中之争論問題」『六大以前』六九八頁。

20『新青年』季刊第二期、一九二三年十二月二十日。なお表題の「民治主義」は『新青年』目次では「民主主義」であり、論文でも「民主主義」と「民治主義」が混在するが、以下の引用では「民主主義」に統一した。

21『新青年』季刊第二期、七九～八〇頁。

22『新青年』季刊第二期、八二～八三頁。

23エンゲルス「ドイツにおける革命と反革命」『マルクス＝エンゲルス全集』第八巻、一九六二年、大月書店、一〇頁。引用は瞿秋白の中国語訳に基づく。なお、瞿秋白は、「ドイツにおける革命と反革命」をマルクスの著作として引用している。

24レーニン「民主主義革命における社会民主党の二つの戦術」『レーニン全集』第九巻、四一頁。ただし、引用は瞿秋白の中国語訳に基づく。

25『新青年』季刊第二期、八七頁。

26『レーニン全集』第九巻、四二頁。

27『新青年』季刊第二期、八九～九〇頁。

28『新青年』季刊第二期、九二～九五頁。

29『新青年』季刊第二期、九五～九七頁。

30『新青年』季刊第二期、九九～一〇〇頁。

31「当面の政治闘争は、外国勢力と軍閥を排除する国民運動であるのだから、労働者大衆の中で大規模な国民運動の宣伝を展開し、国民革命の国民党を拡充せねばならない」などの文面が引用されている。なお、瞿秋白はこれを、陳独秀「国民運動及び国民党を論ず」という文章からの引用のように記している。

32『六大以前』六九五～六九六頁。なお、『六大以前』はこの「中国革命中之争論問題」が一九二八年四月に活字本として「再版」された時の中国共産党党報委員会の「序」の記載に従い、その成立を一九二七年二月としているが、「争論問題」には三月初めの出来事の記載がある（『六大以前』七二二頁）一方で、上海労働者の第三次武装蜂起（三月二十一日開始）が全く述べられていない。したがって、脱稿は三月の初めから二十日にかけてのことの可能性がある。

33原暉之訳「ロシア語初版への序文」『一九〇五年』現代思潮社、一九六九年、一二頁。

34ただし、瞿秋白はこの「民治主義から社会主義へ」の中で、トロツキーの『一九〇五年』からは統計を引用するだけで、同書の永続革命論を自らの主張の根拠としては引用しない。彼が論文を執筆した一九二三年の三月、レーニンは三回目の脳卒中発作を起こし、以後執務能力を失い、同年十二月からスターリンによる反トロツキー・キャンペーンが公然と開始されることになるのだが、長堀祐造はこの間（あるいはやや後の）事情について、「瞿秋白の語学力と中共内での地位を考えれば、彼は早い段階でロシア共産党内の異変を察知していたに違いない」としている（長堀祐造『魯迅とトロツキー――中国における『文学と革命』』平凡社、二〇一一年、一二六頁）。この想定は恐らく正しく、瞿秋白はロシア共産党内の権力の移行を見越してトロツキーへの言及を最小限のものとしたと考えられる。

35 西島栄「中国革命をめぐる三つの論点とトロツキー」『トロツキー研究』第七〇号、二〇一七年七月。西島によれば、トロツキーが中国に本格的に「永続革命的展望をあてはめた」のは、一九二七年九月以降のことである。

36『中共中央文件選集』第一冊、三二九〜三四一頁。ただし、前述のようにこのヘゲモニー論の提起で直接の役割を果たしたのは、彭述之であった。

37『嚮導』第一〇一期、一九二五年二月七日。

38『嚮導』第一〇三期、一九二五年二月二十一日。

39『中共中央文件選集』第一冊、三二五頁。

40 ロシア共産党第一三回協議会（一九二四年一月）は、スターリンら指導部の経済政策と党運営を批判した主張したトロツキーを「小ブルジョワ的偏向」と決めつける決議を採択、第一三回党大会（同年五月）もこれを追認した。さらにコミンテルン第五回世界大会（同七月）は、「ロシア問題についての決議」を採択、反トロツキー・キャンペーンを支持した。『コミンテルン資料集』3、五七六〜五七九、一二九〜一三〇頁。

41 いずれも『新青年』月刊第一号、一九二五年四月二十二日。なお、前者は「瞿秋白『列寧主義概論』」とあるが、後の自編論文集の副題によれば、スターリンの「レーニン主義の基礎について（列寧与列寧主義）」の部分訳である（『瞿秋白論文集』重慶出版社、一九九五年、九七七頁）。

42 鄭超麟訳「托洛茨基主義或列寧主義？」『新青年』月刊第二号、一九二五年六月一日。なお、鄭超麟（一九〇一〜一九九八）は福建の人。筆名超林、意因。一九一九年勤工倹学で渡仏、少年共産党に参加。二三年にモスクワ留学、二四年の帰国後は主に中央宣伝部で活動。二九年左派反対派に参加、以後トロツキストとして活動した。著書に長堀祐造・三好伸清・緒形康訳『初期中国共産党群像　トロツキスト鄭超麟回憶録』1・2（平凡社東洋文庫711・712、二〇〇三年）がある。

43 トロツキーは、自身が第一次ロシア革命期にとった立場を、「農民に依拠する、そして国際社会主義革命の時代を切り開く労働者政府」であったと説明し、「農民を『とびこえ』ようなどといういかなる試みも当時のわたしの文書にはなかった。『永続革命』の理論からレーニン主義、とりわけ四月テーゼにいたる道は一直線であった」と述べる（トロツキー「農民の『過小評価』」、

藤井一行訳『新路線』柘植書房、一九八九年、七二頁)。

44「列寧杜洛次基」(一九二二年七月六日)、「赤色十月」(同年十一月八日)『瞿秋白文集』文学編 1、人民文学出版社、一九八五年、一六一～一六二、二〇三～二〇四頁。

45鄭韋之「階下囚」『新青年』季刊第二期、一九二三年十二月二十日。この文章の、ペテログラード・ソヴィエトの最後の一日について述べる部分(四～五頁)は、実は、トロツキーの『一九〇五年』の該当部分の翻訳である。原暉之訳前掲『一九〇五年』二二八～二三〇頁参照。

46托洛茨基(鄭超麟訳)「東方革命之意義与東方大学的職任」『新青年』季刊第四期、一九二四年十二月二十日。

47国外の共産主義者がスターリンら主流派に盲従する立場をとることは珍しくはなかった。ロシア共産党第一二回大会(一九二三年)に出席した荒畑寒村は、『赤露行』(希望閣、一九二四年)にトロツキーの演説を聴いた感激を記したが、翌二五年には「レニニズムとトロツキーズム」を著し、スターリン流のトロツキー批判を行っている(『荒畑寒村著作集』第六巻、平凡社、一九七六年)。

48江田憲治前掲「上海五・三〇運動と労働運動」、同「民衆運動とナショナリズム――一九二五年の五・三〇事件を手がかりとして」参照。

49なお広州では六月十九日に香港、二十一日に広州沙面租界の労働者が上海の支援を掲げてストを開始、二十三日に広州で行われたデモにまたしても英兵が発砲、五十数名が射殺された。労働者は中共指導下のストライキ委員会に結集し、七月一日成立の国民政府の支援を受けながら一年四カ月にわたる広州・香港ストを堅持する。ここでも反帝民族運動の主力は労働者だった。

50「警告工商学連合委員会」『熱血日報』一九二五年六月十二日、「上海総商会究竟要的甚麼?」同六月十四日、「死活只有両条路――全国対外大罷業還是做奴隷?」同六月二十一日。

51「帝国主義之五卅屠殺与中国国民革命」(六月十七日)『嚮導』第一一九期、一九二五年六月二十二日。論文脱稿日付は『瞿秋白文集』政治理論編 3 による(次注の所引論文も同じ)。

52独秀「此次争闘的性質和我們応取的方法」『嚮導』第一一八期、一九二五年六月二十日、「中国共産党中国共産主義青年団宣言」(七月十日)同一二一期、七月十八日、秋白「五卅後反帝国主義聯合戦線的前途」(八月十三日)、同第一二五期、八月十八日。

53『共産国際、聯共(布)与中国革命文献資料選輯(一九一七―一九二五)』共産国際、聯共(布)与中国革命檔案資料叢書第二巻、七四三頁。

54 外国系企業や市政・埠頭などのストは継続され、スト支援資金捻出のための協議も団体間で進んでいたから、その意味では「ゼネスト体制」はピークにあったと言ってよい。江田憲治前掲「上海五・三〇運動と労働運動」。

55 秋白「五卅運動中之国民革命与階級闘争」『嚮導』第一二九期、一九二五年九月十一日。

56 瞿秋白「国民会議与五卅運動」（一九二六年一月二十二日）は、「中国のブルジョワジーは明らかに国民革命の中で指導権を勝ち取り、革命的解放運動を停止させようとしている」、プロレタリアートはこれと戦い指導権を獲得しなければならない、と述べる（『新青年』月刊第三号、同三月二十五日）。ただし、この論文は一方で、幅広い連合戦線の回復を主張している（後述）。

57『中共中央文件選集』第一冊、三三二～三三三頁。

58 秋白「反奉戦争与国民革命運動」『嚮導』第一三四期、一九二五年十月三十日（傍点は前掲『瞿秋白論文集』四九四頁の記載に従う）。彼は十一月執筆の論文でも、反奉戦争を「革命戦争」へと変え、「真の民衆政権を打ち立てる」ことを主張している（秋白「滬案重査与五卅屠殺的結局」（同十一月二十七日）、同一三七期、十二月三日）。

59「中国現時的政局与共産党的職任議決案」『中共中央文件選集』第一冊、四六八～四六九頁。

60 共産党自らを左派とする位置づけは改められ、従来中間派とされていた集団は左派と新右派（小ブル分子の一部）とに分類され、旧来の右派は反動化して党外に去ったとされた。

61「中国現時的政局与共産党的職任議決案」及び「中国共産党与中国国民党関係議決案」『中共中央文件選集』第一冊、四六一、四六九～四七〇、四八九～四九一頁。

62 前年十一月における奉天派の将軍郭松齢の張作霖に対する反乱からはじまった国奉戦争の結果、馮玉祥の国民軍の勢力が後退し、直隷派と奉天派の政権が再登場した。

63『中共中央文件選集』第二冊、一～二頁。

64 同前書、五七頁。

65 同前書、五四頁。

66 瞿秋白は、前掲の「国民会議与五卅運動」（『新青年』月刊第三号）では、「連合戦線の回復が目下最も切実で緊急の課題である」として、「各地の工・商・学・農各界、国家主義派、国民党右派、国民党左派、共産主義派のすべてが連合し、国民会議促成会を組織する」ことを主張すると同時に、国民政府と国民軍が中心になって「国民会議予備会を招集して臨時革命政府を組織し、中国を統一して国内のすべての反革命勢力を粛清する」ことを提起し、これらは「一般の労働平民からブルジョワジーに至るまでが採るべき」方針だと述べていた。
67 前章一〇四〜一〇五頁参照。
68『中共中央文件選集』第二冊、一七〇頁。
69 同前書、一六九、二二七頁。
70『嚮導』第一六三期、一九二六年七月十四日。

71「北京屠殺与国民革命之前途」（四月七日）『新青年』月刊第四号、一九二六年五月二十五日。

72「世界的及中国的赤化与反赤之闘争」（六月七日）『新青年』月刊第五号、一九二六年七月二十五日。

73「中国革命中之武装闘争問題――革命戦争的意義和種種革命闘争的方式」（四月十二日）『新青年』月刊第四号、一九二六年五月二十五日。

74「北伐的革命戦争之意義」（八月七日）『瞿秋白文集』政治理論編 4、三七五頁。

75『瞿秋白文集』政治理論編 4、三七六〜三七七頁。

76『瞿秋白文集』政治理論編 4、三七八〜三七九頁。
77 鄭超麟は、一九四〇年代に自分が保管していた瞿秋白の自編文集（『瞿秋白論文集』）の原稿からこの「北伐的革命戦争之意義」を発見したこと、そこには「この文章は『嚮導週報』の編集者から掲載を拒否された〔此文『嚮導週報』編者拒登〕」とのメモが付されていたことを述べ、「たぶん陳独秀が掲載を許さなかったのだろう。というのも当時陳独秀は北伐を主張していなかったからである」、と証言する（鄭超麟口述・周永祥整理「我対瞿秋白的一些回憶」『上海文史資料選輯』第四二輯、一九八三年、四五頁）。
78『中共中央文件選集』第二冊、一六五頁、『嚮導』第一六三期、一九二六年七月十四日。

79「葉挺同志参戦報告」（一九二六年九月九日）、中央檔案館編『北伐戦争』中共中央党校出版社、一九八一年、一頁。
80 陳独秀「全党同志に告げる書」（一九二九年十二月十日）『陳独秀文集』2、三五四頁。
81 この間発表された瞿秋白の文章は、「瞿秋白由粤回来報告」（『中央政治通訊』一九二六年九月十五日）、「国民革命中之農民問題」（『我們的生活』第四号、一九二六年十一月三十日）、「中国婦女之白化与赤化」（『赤女雑誌』創刊号、一九二六年十二月十二日）などに限られる。いずれも党内誌か小規模雑誌である。
82「勝利した革命的プロレタリアートがこれらの民族のあいだで系統的な宣伝をおこない、ソヴェト政府が自分のもっているあらゆる手段でこれらの諸民族の援助にのりだすならば、資本主義的発展段階が後進民族にとって不可避だと考えるのは、まちがいである」（レーニン「民族・植民地問題小委員会の報告」（一九二〇年七月二十六日）『民族・植民地問題と共産主義』四〇頁）。なお、ここでレーニンはこの後進国が資本主義段階を「飛び越える」命題を「確立し、理論的に基礎づけ」ることを求めたが、コミンテルンは六年後の第七回拡大執行委員会総会までこれを取り上げることはなかった。

83 中国社会科学院近代史研究所翻訳室編訳『共産国際有関中国革命的文献資料』第一輯、中国社会科学出版社、一九八一年、一五三〜一五六頁。コミンテルン第七回拡大執行委員会総会については、『コミンテルン資料集』4、五四六〜五四七頁参照。

84 スターリン「中国における革命の見通し――コミンテルン拡大執行委員会中国委員会での演説――（一九二六年十一月三十日）」、『中国共産党史資料集』2、三九八頁。

85『コミンテルン資料集』4、一一一頁。

86『コミンテルン資料集』4、一一二、一一〇頁。

87 **О международном положении — доклад тов. Бухарина,** *XV Конференция Всесоюзной Коммунистической Партии (б) ,26 октября —3 ноября 1926 г.*, Государственное Издательство,1927г., стр.27-28.（「国際情勢について――同志ブハーリンの演説」『第一五回全連邦共産党（ボ）協議会　一九二六年十月二十六日〜十一月三日』国立出版所、一九二七年、二七〜二八頁）。

88『コミンテルン資料集』4、一一一〜一一二、一一五頁。

89『中国共産党史資料集』2、三九六〜三九七頁、『コミンテルン資料集』4、一一八頁。

90 蔡和森の「党的機会主義史」（一九二七年九月）は、この十二月決議の中国到着を一九二七年一月としている（『中共党史報告選編』八九頁）。また『嚮導』第一八四期（一九二七年一月二十一日）掲載のヴォイチンスキー論文がこの決議を引用している。

91 この会議について瞿秋白『中国革命中之争論問題』は、「政治局がインター決議を討議した会議〔政治局討論国際議案的会議〕」と述べる（『六大以前』七〇〇頁）が、蔡和森の「党的機会主義史」は、「中央が決議を討議した際」の彭述之の報告に対し、中央委員と瞿秋白が激しく反対した」とするから（『中共党史報告選編』八九〜九〇頁）、会議には政治局委員以外に何人かの中央委員が加わった規模のものだったと考えられる。なお、瞿秋白は会議の開催時期を「二月初め」とするが、前注引用の資料から判断すると、これは誤記と思われる。

92 中共中央政治局「対於《共産国際執行委員会第七次拡大全体会議関於中国問題決議案》的解釈」『中共中央文件選集』第三冊、二〇頁。

93 述之「列寧主義是否不適合中国的所謂『国情』？」『嚮導』第一八四期、一九二七年一月二十一日。
94 独秀「列寧逝世三週年紀念中之中国革命運動」『嚮導』第一八四期、一九二七年一月二十一日、述之「目前革命中的聯合戦線問題」同一八五期、一月二十七日、独秀「革命与民衆」同一八六期、一月三十一日、述之「国民政府遷移問題」同第一八八期、二月十六日。
95 上海区代表大会については、金再及「再論一九二七年春中共中央的政治路線」『革命史資料』一九八六年第四期、一九八六年十月、周尚文他前掲『上海工人三次武装起義史』九〇頁。瞿秋白が報告を拒まれたことは、瞿秋白「中国革命中之争論問題」に見える（『六大以前』七二二頁）。
96 周尚文他前掲『上海工人三次武装起義史』九〇頁。
97 『上海工人三次武装起義』一一八、一二二頁。
98 周尚文他前掲『上海工人三次武装起義史』九二〜一〇九頁、『上海工人三次武装起義』一二三〜一四七頁。
99 『六大以前』七二七〜七三二頁。
100 『六大以前』七二七頁。
101 「一九〇五年的革命固然結果為反動所催残、然而俄国無産階級在此中得了不少政治上的教訓——創立蘇維埃制度」。瞿秋白前掲「民治主義至社会主義」『新青年』季刊第二期。
102 『六大以前』七二八頁。
103 「特委会議記録」（二月二十五日〜三月二日）『上海工人三次武装起義』一七四〜一七九、一八六〜一九三、二〇六〜二一三、二一八〜二二七、二四七〜二五五頁、羊牧之前掲「我所知道的瞿秋白」『憶秋白』七八〜七九頁、楊之華『回憶秋白』人民出版社、一九八四年、七五〜七六頁。
104 『六大以前』六七二頁。
105 彭述之は、かつてモスクワ東方勤労者共産主義大学では瞿秋白の教え子であったが、一九二五年一月の中共第四回全国大会後は、宣伝部で彼の上司になっていた。
106 「我們為什麼反対国民党之軍事行動」『嚮導』第八五期、一九二四年十月一日。
107 『六大以前』六七一、六九〇頁。
108 『新青年』季刊第四期、一九二四年十二月二十日。
109 『六大以前』六九六頁。

110 彭は、この論文で国民革命の闘争は「当然に反帝国主義の闘争となり、世界革命の一部となるし、当然にプロレタリアの革命闘争に接近し変化する」、「レーニンの言うように、ブルジョワの民主主義革命からプロレタリアの社会主義革命への転化の際、［二つの革命の］間に資本主義の発展を経過する必要はない」と述べている。
111 マルクス「一九五〇年三月の中央委員会の同盟員への呼びかけ」『マルクス＝エンゲルス全集』第七巻、二五九頁、レーニン「農民運動にたいする社会民主党の態度」『レーニン全集』第九巻、二四三頁。
112 瞿秋白は、「彭述之流の『永続革命』」では、中国革命とプロレタリアートの民主主義の任務を否定することになり、「国民革命軍が勝利したところで、ただちに『軍閥は倒れた、政府は労働者のものだ』と大声で叫ぶべきだということになる。これはプロレタリアが農民及び一般の小ブルを指導する方法であろうか?」（『六大以前』六九六頁）と述べるが、これも彭の議論をトロツキズムになぞらえるためである。かつて瞿秋白は、トロツキーを批判する論文の中でトロツキーがロシア第一次革命の際に言ったとされる（実際にはトロツキーの言葉ではない）「皇帝はいらない、政府は労働者のものだ」を取り上げて批判していた（「列寧主義与杜洛茨基主義」『新青年』月刊第一号、一九二五年四月二十二日）。
　なお、付け加えるならば、この時点での彭述之の理論的立場と、彼が後年実際にトロツキストとなることには何の関連性もない。

113『六大以前』七〇〇、七〇二頁。

114『六大以前』六九一頁。

115『六大以前』七〇一頁。

116『六大以前』六九七頁。瞿秋白は「ソ連一国では社会主義を建設できない」とする反対派ブロックを批判している。

117『六大以前』六九五〜六九六頁。

118『コミンテルン資料集』4、一一五頁。

119『六大以前』六九七頁。

120『六大以前』六九〇頁。

121『六大以前』七一七頁。彼は市民会議・県民会議を「市民、農民、兵士、労働者の大衆が直接参加する」「行動的権力機関」となし、「ソヴィエトの方法で国民会議制度の平民共和国を樹立する」ことを主張している。

122「国民会議与五卅運動」『新青年』月刊第三号、一九二六年三月二十五日、『中国共産党史資料集』2、三九九頁。

123『六大以前』七〇二頁。

124『六大以前』六九〇、七〇〇、七一四頁。

125トロツキー「中国問題についての第一の演説」、同「中国革命における階級関係」、山西英一訳『中国革命論』現代思潮社、一九七六年、七五、九〜一六頁。

126美夫（瞿秋白）「論中国革命中之三大問題」『六大以前』七三一〜七三六頁。

127彼は「争論問題」では、小ブル上層（店主層）を「革命的民主主義独裁」から排除し、納租停止に応じない小地主の土地は農民が占拠してかまわないとしていた（『六大以前』七〇二〜七〇三、七一〇頁）が、「五卅二周年紀念与国民革命聯合戦線」（『嚮導』第一九六期、一九二七年五月三十日）では、中小の経営者ら（中等階級）の革命参加を説き、「農民は必ずしも直ちに小地主の土地を要求する訳ではない」と逆の論調を述べている。また蔡和森は、ある政治局会議でボロジンが、土地革命とは土地の没収を意味するものではなく「減租減息［小作料・利息の低減］」「郷村自治」「佃農保護」などのことだ、との見解を表明したのに対し、瞿秋白が支持したことを述べている（「党的機会主義史」『中共党史報告選編』一三一〜一三二頁）。

128この決議は、第四〜一〇条が中共八・七会議の「告全党党員書」に引用されている（『中共中央文件選集』第三冊、二七七〜二七八頁）以外に、ドイツ語テキストの中国語訳「国民党関係方面についての退却綱領」を見ることができる（同前、二九一〜二九三頁）が、中国語のフルテキストは発見されていないようである。この決議を瞿秋白が起草したことは、蔡和森「党的機会主義史」に見える。蔡によれば、六月三十日と推定できる会議で、瞿秋白が書面提案を行い、これに陳独秀が賛成、正式決議案としての起草を瞿秋白に求め、その結果七月一日（三日の誤りか）に武昌で中央拡大会議が開かれた（『中共党史報告選編』一三五〜一三六頁）。

129蔡和森は、中央拡大会議で「秋白がリードした決議と説明は、二カ月来（五回大会以来）の動揺と、躊躇と、土地革命回避と、所謂左派への譲歩政策の総決算」だったと述べる（「党的機会主義史」『中共党史報告選編』一三七頁）。これに対し、陳鉄健前掲『従書生到領袖　瞿秋白』は、「退却綱領」決議の起草者を陳独秀だとする（二八九頁）が、根拠は挙げない。また、瞿自身はその「中国革命与共産党」（中共第六回全国大会書面報告）で、「この一一カ条の政綱は国民党左派との合作の最後の試みであった」とだけ述べている（『瞿秋白文集』政治理論編5、四一三〜四一四頁）。


これだけの材料だけであれば、「退却綱領」の執筆者が蔡和森の言うとおり瞿秋白であったのかどうか結論を見出し難いが、モスクワで開かれた中共第六回全国大会の「政治報告」討議の議事録は別の角度から新たな事実を示してくれる。すなわち、最初に登壇した張国燾が「和森の機会主義史が言う日和見主義〔機会主義〕の集大成である決議案〔退却綱領〕は、他ならぬ秋白の起草だ」と指弾した際に、瞿秋白は反論していない（中共中央党史研究室・中央檔案館編『中国共産党第六次全国代表大会檔案文献選編』下巻、中央党史出版社、二〇一五年、四八六頁）。この大会討議では、他者の発言に異論のある者は短時間ながら登壇して反論することが許されていたにもかかわらず、である（彼が反論することを表明したのは、「不断革命」についてだけである。同前書、五〇八頁）。したがって、「退却綱領」決議を瞿秋白が起草したことは間違いない。

130 『中国共産党組織史資料』第一巻、三三頁。

131 この政治局臨時常務委員会のメンバーに瞿秋白が選ばれなかったことを、陳鉄健前掲『従書生到領袖　瞿秋白』は「理解に苦しむ」とする（二九二～二九三頁）が、瞿秋白の譲歩政策関与や「退却綱領」執筆を考慮すれば、そうした評価は当たっていない。

132 「中国現状与党的任務決議案」『中共中央文件選集』第三冊、四五三頁。

133 コミンテルン第九回執行委員会総会「中国問題についての決議」（一九二八年二月）『コミンテルン資料集』4、二八六、五七九頁。

134 「一八五〇年三月の中央委員会の同盟員への呼びかけ」『マルクス＝エンゲルス全集』第七巻、大月書店、一九六一年、二五九頁、**Marx, Engels, Werke, Band 7, S.254.**

135 「農民運動にたいする社会民主党の態度」一九〇五年九月、『レーニン全集』第九巻、二四三頁、**В.И. Ленин, Сочинения, т. 9, стр.213.**

136 付言すれば、**"непрерывная революция"**（間断なき革命）は永続革命と同義である。上島武・中野徹三・藤井一行『トロツキーとゴルバチョフ』窓社、一九八七年、八二～八三頁。また、陳独秀らは一九二九年以降トロツキズムへと立場を変えるが、その際永続革命の中国語訳としては「不断革命」を用いている。

137 コミンテルン第九回執行委員会総会「中国問題についての決議」『コミンテルン資料集』4、二八六～二八九頁。ただし、前述のようにこの時コミンテルンは「間断なき革命論」をコミンテルン中国代表の観点であるとし、この論点では直接瞿秋白を非難してはいない。なお、中共第六回全国大会における瞿秋白の主張を巡る論争については、第5章参照。

138 陳鉄健前掲『従書生到領袖　瞿秋白』三五一～三六四、四六七頁、長堀祐造「瞿秋白『多余的話』異聞――「豆腐」の謎を解く一試論――」『慶應義塾大学日吉紀要　中国研究』13、二〇二〇年三月。

第4章　中共党史における糾弾用語
——「二回革命論」言説はどのように生まれたのか？

はじめに——中国共産党の糾弾用語の学習と受容

中国共産党はその成立に際し、多くの社会主義に関する知識を外国から（主に日本とアメリカ、そしてロシアを経由して）学んだ。そしてそのことは、第3章に見たような党内抗争や異分子排撃に必要とされた「用語」においても同様であった。例えば、瞿秋白が彭述之の言論を「日和見主義（機会主義）」と決めつけ、「彭述之主義」「メンシェヴィズム」と非難したこと、八・七緊急会議が陳独秀の政策を「空前の妥協的な日和見主義の路線」と指弾したことなどが、事例として想起されよう。

このうち「日和見主義」と「人名＋主義」式の批難を同時に用いる手法は、スターリンが「ロシア共産党内の日和見主義的反対派」について語った（一九二四年九月）ことを契機に中国共産党が学んだものである[1]。中国共産党はこのスターリン論文を受け、翌年一月開催の第四回全国大会で「同志トロツキーの態度についての決議案」を採択、「中国共産党はロシア共産党指導者の、**トロツキー主義は日和見主義**（投機主義）の一派であるとの見解に完全に同意する」と述べたのだった（傍点引用者）[2]。また、党内の政敵を「メンシェヴィズム」と決めつける用法も、スターリンらによる反トロツキー・キャンペーンに中国共産党が従った結果、一九二五年には理論誌『新青年』に登場している[3]。批判対象の政策・方針を**линия**（line）と呼ぶことで糾弾のレベルを上げる方法はスターリンによって編み出され、蔡和森がモスクワ滞在中これを「路線」と翻訳、一九二七年の八・七会議での陳独秀批難の用語となった。それは一九三〇年、李立三指導部の大都市奪取プラン(所謂「李立三コース」)が失敗に終わった後、これを糾弾する「(李)立三路線」として大々的に用いられた。その後「路線の誤り」の語は単なる政策や戦術上の誤りを超える「重大な誤謬」の位置を占め、党内闘争で猛威を揮うことになる[4]。

ただし、こうした糾弾用語のすべては、ソ連/コミンテルンからの輸入品である。そのことは、中国共産党の政治文化におけるスターリニズムの影響の大きさを物語っているのだが、中国共産党がその百年に余る歴史の中で、この種の用語の創出をすべてソ連/コミンテルンに仰いだ訳でもないことは、当然に推測される。本章が提起するのは、いわば中国独自の糾弾用語である「二回革命論」がどのように誕生したのか、という問題である。

「理論なくして革命なし」と言ったのはレーニン(「なにをなすべきか」)であるが、この彼の言葉に象徴されるように、共産主義者の政治文化は「実践」とともに「理論」を重視した。中国共産党も、もちろん例外ではなく、ある政策が実行される場合(あるいは、政策が変更される場合)、理論的な正しさが検証されねばならなかった。国共合作政策を共産党員の国民党加入という形式で実現を図る際にも、中国は「階級未分化社会」なのだから労働者階級と資本家階級は尖鋭な対立にまで至っておらず、国民党は労働者を含む「階級連合政党」なのだから、共産党員はこれに加入して役割を発揮できる、との理論的な説明が必要であったのである。

そして、理論が優先的に存在することは、共産党の中で政治的糾弾が行われる場合にも当てはまる。例えば、指導者が政策上誤りを犯し、その結果革命の事業が危殆に瀕したと考えられた時、その指導者は当然批判されることになるが、その場合、彼の誤りの背景には、何らかの「理論」の誤りがある(場合によっては「主義」の誤り)、とされるのである。第2章で幾度か触れた、陳独秀の「二回革命論」はこうした「理論の誤り」が明確に指摘された典型的な事例と言ってもよい。

陳独秀は一九二〇年一一月の中国共産党の結党以来、五回の党大会で指導者に選出され、革命運動を率い党組織の運営を担ってきたが、一九二七年七月、「国民革命」が中国共産党にとっての敗北に終わると、その責めを一身に背負わされ、指導部から追放された。そしてこの後、彼は実に長きに亘り、中共党史における否定的人物として扱われてきたのだが、こうした「扱い」を正当化する役割を果たしたのが、「二回革命論」言説である。それは事実と異なる政治的レッテルであり、中国共産党の歴史の中で、最初に指導者に向けられた糾弾の用語であった。ならば、この「二回革命論」なる語がどのように生まれ、党史の中でどのような機能を果たしたのかを検討することは、中国共産党の政治文化をふり返り、理解するための一助となるはずである。

（1）中国共産党研究史における「二回革命論」

糾弾用語としての「二回革命論」[5]言説が、広く人口に膾炙されるようになるのは、中国共産党成立三〇年[6]を機に著された、毛沢東の側近にして著名な中共史家・胡喬木の『中国共産党の三十年』（一九五一年）以後のことである。日本語にもただちに翻訳された[7]この著作の中で胡喬木は、「二回革命論」を一九二三年六月開催の中共第三回全国大会に関連づけて言及している。大会は、「党内の二種類の主要な誤った傾向を批判した」が、その一つが、「陳独秀を代表とする投降主義の傾向」であったとするのである。

彼ら［＝陳独秀ら］は、ブルジョワ民主主義革命はブルジョワジーが指導すべきであり、「すべての工作は国民党のものとする」「民主主義革命が成功しても、プロレタリアートはいくらかの自由と権利を獲得するにすぎない」と考えていた。……彼らは、プロレタリアートはブルジョワ共和国の成立を待ち、資本主義経済が一層発展を遂げるのを待って今度はブルジョワ共和国を打倒し、プロレタリア独裁を樹立する、それではじめて社会主義を実現できると考えていた。これは二回目の革命である。だから、彼らの主張は「二回革命論」と呼ばれる[8]。

胡喬木はこの記述の後に、陳独秀の「〔蔣介石に対する〕日和見主義的な譲歩」や「日和見主義指導」、それらが「一九二七年の初めに」「右傾日和見主義路線にまで発展」し、その結果「第一次国内革命戦争」（＝国民革命）が敗北したのだと述べているから、陳独秀の「二回革命論」こそが彼の「日和見主義指導」ないし「右傾日和見主義路線」の原因であり背景であると読めるように述べている[9]。

さらに九年後の一九六〇年、雑誌『歴史研究』に掲載された陳哲夫「第一次国内革命戦争期における陳独秀右傾日和見主義の分析」は、「二回革命論」の中共の政策への影響をはっきりと述べ、批判の論点を増やした。陳哲夫は主張した。――「二回革命論」とは陳独秀の理論・認識の上での根本的な誤りである。一九二三年二月に中国共産党が全力を挙げて取り組んだ京漢鉄道ストライキ（いわゆる「二・七」闘争）が敗北したため、陳独秀は労働者階級の低評価など誤った階級分析を行うようになり、その結果「二回革命論」が誕生したのだ、国民革命期の陳独秀の「日和見主義」政策も「二回革命論」によってもたらされたのだ、と[10]。彼は「二回革命論」の「罪状」を胡喬木よりも明確に位置づけたのである。

こうして、一冊のパンフレットと一篇の論文によって、国民革命の敗北をもたらした陳独秀の「誤り」の根源には「二回革命論」（中国革命はまずブルジョワジーが指導権を握る民主主義革命が行われ、その後の長期にわたる資本主義の発展の後、プロレタリアートが成長してはじめて社会主義革命が行われる、とするもの）があった、それは二三年二月の京漢鉄道スト敗北を要因とし、同年六月の中共第三回全国大会の時点では形成されていた、とする議論が人民共和国の中共党史研究の中で確立されることになった。以後、胡喬木や陳哲夫に続く研究者たちが、「二回革命論」は陳独秀の「右傾日和見主義路線」の「理論的基礎」であるとか、「主要な特徴」だといった決めつけ[11]を行い、「第二インターの修正主義者」流の「謬論」とする著作[12]も現れた。

なお日本にあっても、今井駿の「陳独秀と国民革命」(一九七四年)が中国の研究者と同様、「二回革命論」を陳独秀思想の本質に関わる方法論と捉えてこれを「原理還元論」と名付け[13]、菊池一隆の「中国共産党総書記時期における陳独秀」(二〇二一年)も「二回革命論」の理論的基礎を「史的唯物論の公式的・教条的理解」であったとしている[14]。これに対し、横山宏章『陳独秀』(一九八三年)は、「二回革命論」は「統一戦線戦術=国共合作」を前提とした一時的な革命論であり、「陳独秀の政治理論のすべてとみなすことはできない」との議論[15]を提起したが、この今日から見れば先駆的と言うべき見解を受けとめる向きは(本章の旧稿を含め)、決して多くはなかったように思われる。こうして、「二回革命論」言説は、中国でも日本でも中共党史の中で「定説」の地位を占めるに至った。

文化大革命後の一九七九年、中国では陳独秀の評価を見直す研究動向が始まり、新文化運動や中共建党における彼の役割を再確認し、「民族の裏切り者」「日本のスパイ」といった抗日戦争期にでっち上げられた不当なレッテルも次々に剥がされていった。だが、「二回革命論」の存在が疑われることはなかった。こうした状況下、本章の旧稿(一九九〇年)はこれまで利用されてこなかった資料を用い、新たな視座から「二回革命論」の実相を検討し、実は陳独秀のそうした革命論は存在しなかったこと、「二回革命論」言説の形成はコミンテルン=スターリンの中国革命指導の誤りを糊塗するために作り出されたものであることを論じた[16]。やがて旧稿は、中国の代表的な陳独秀研究者である唐宝林らの支持を得[17]、一九九〇年代の中国の学界には、「二回革命論」とは国民革命期全体に存在した訳でも一貫した内容を持つものでもなかった、その形成の原因にはコミンテルンの政策がある、国共合作に貢献する役割を果たしたのだ、などとする研究論文が発表され、「二回革命論」を全く取り上げない共産党「通志」の大冊さえも現れた(一九九七年)[18]。こうした研究動向は、「二回革命論」の存否を巡る論争と呼ばれているようである[19]。研究の進展と論争、またコミンテルン資料の公表の結果、「陳独秀を代表とする右傾投降主義」が「第一次大革命〔国民革命〕の失敗をもたらした」とする、公式党史・中共中央党史研究室編『中国共産党歴史』一九九一年版に見える記述[20]が是正されることも期待されたのだった[21]。

だが、二〇〇〇年代になって『中国共産党歴史』の二〇〇二年版が刊行された時、こうした期待は裏切られた。同書は一九九一年版の「陳独秀を代表とする右傾投降主義」を「陳独秀を代表とする右傾日和見主義」(傍点引用者)と書き改めた上で、「右傾日和見主義の誤り」についての具体的な記載を大幅に増やした。また、同書は、京漢鉄道スト後に陳独秀の思想的後退を指摘し、「二回革命論」を陳独秀の論文「ブルジョワジーの革命と革命的ブルジョワジー」と「中国国民革命と社会各階級」に代表させ、それは中共第三回全国大会頃に成立したとする一九九一年版の記述——すなわち伝統的な「二回革命論」批判言説——を、そのまま維持したのである[22]。

ならば、かつて(そして近年に至るまで)、中共党史記述の「前提」であり「定説」として論じられてきた「陳独秀の二回革命論」は、いまなお検証されるべき言説として存在していることになる。我々はこの検証を、「二回革命論」言説が、なぜ、そしてどのように生まれ、事実であるかのように語られてきたのか、という問題を中心に論じることにしたい。

(2)「二回革命論」言説の系譜(一)——瞿秋白・蔡和森

前述のように中共党史にあって、国民革命敗北の原因とされてきたのが、「陳独秀の右傾日和見主義」であり、その根源とされてきた(されている)のが「二回革命論」であった。しかしながら、第2章で繰り返し指摘したように、陳独秀の一九二三年から二七年にかけての時期の革命論は、所謂「二回革命論」としての特徴であるブルジョワ民主主義革命↓長期間の資本主義の発達（プロレタリアの成長）↓「二回目」のプロレタリア革命、といった構想を有するものではなかった。彼はプロレタリアの階級的成長をブルジョワ革命の過程に想定し、次なる革命を短期間のうちに（二年か三年後）実現されると考えていた[23]。彼は確かに中国革命を二つの段階に分けて考えていたが、それは〈連続二段階〉のものだったのである。

では、そうであるならば、なぜ、陳独秀を糾弾する「二回革命論」なる言説が、胡喬木や公式党史に代表されるような「定説」に化していったのであろうか？　これまで中共党史研究者のほとんどは——中国でも日本でも——「二回革命論」の存在を前提に議論を立てたがゆえに、こうした課題に関心を持つことがなかったようなのだが、管見のかぎりで言えば、「二回革命論」の語は、一九二七年の後半、瞿秋白が初めて用いたものである。

第2・3章で述べように、一九二五年五月に始まった国民革命は、二七年四月の蔣介石の上海クーデタと南京国民政府樹立、七月の武漢国民党（左派）政権の「分共」決議によって共産党の敗北に終わった。この国共分裂後に成立した瞿秋白指導部は武装暴動の方針を確立し、十一月には中央臨時政治局拡大会議を開催したのだが、瞿秋白はこの時民主主義革命から社会主義革命への直接移行を「間断なき革命（無間断的革命）」と位置づけるとともに、「中国革命の進展の過程には民主主義革命が自ら一段落するような局面——二回革命の理論が言うところの（所謂二次革命的理論）——は存在しない」[24]、と述べた。これが中共の文献における「二回革命論」の最初の用例である。

それがより明確に批判的言辞を伴って言及されるのは、瞿秋白指揮下の武装暴動がこの十一月以降も次々に失敗を重ね、その方針が中断に追い込まれた後、一九二八年六月にモスクワで開催されることになった中共第六回全国大会のため、瞿秋白が準備した政治報告「中国革命と共産党（中国革命与共産党）」においてである[25]。瞿秋白は、この報告の第二章「中国共産党の過去と前途」の第一節「中国共産党と日和見主義（機会主義）」で、国民革命の最中共産党の指導に「日和見主義の種が播かれた」要因として、三つの事柄を挙げた。彼はその第一に、中共党内では国民党が国民革命を成功させた後で二回目のプロレタリア革命を行う、今は「将来のプロレタリア革命の準備をする」という見解が事実上公式見解になったこと、第二に、党中央は革命の領導権を積極的に争おうとせず、国民党左派に領導させようとしがちだったことを挙げ[26]、さらに次のように述べた。

第三の問題は政権の問題である。――また二回革命〔両次革命〕の問題である。二回革命の意見は、今回の革命では国民党が政権を取り、次の革命ではじめて共産党が政権を取り得る、というものだった。中国共産党の当時のこの種の意見は当然、革命の前途と領導権の問題の答案に伴うものだった。したがって、のちに武漢政府に参加したことも、実際には革命を領導して前進させるのではなく、国民党を助けて「革命を正しい軌道にのせる」方法だったのであり、革命的民主主義独裁〔民権独裁〕の理念に対する無視は、日和見主義の根源であった[27]。

この瞿秋白の「二回革命論」批判は、前章で触れた彼のパンフレット『中国革命中の争論問題　第三インターか第二インターか？　――中国革命におけるメンシェヴィズム――』（一九二七年四月）における彭述之批判を踏まえるものだが、彼が用いた「二回革命」の語は、胡喬木以来今日の「公式党史」に至るまでの「二回革命論」の「定説」とは、三つの点で異なっている。

第一に、「定説」が「二回革命論」を一九二三年に生まれたものとするのに対し、瞿秋白は、中国共産党が国民革命の過程で政権樹立の課題に直面していた一九二六年後半以降の問題として語っている。また第二に、ここで瞿秋白が言っているのは、「二回革命」論ゆえに当時の共産党が政権参加の課題を達成することができなかった、ということである。――「共産党は全力で国民政府に参加し、革命を発展させるべきであった」。湖南・湖北・江西の県の民衆団体（農民協会や労働組合）と国民党党部が地方政権の権力機関となり、「上海暴動も政権問題を中央委員会の面前に提起していた」にもかかわらず、中共中央が国民政府への参加にほとんど関心を示さず、地方レベルでも「武漢国民党中央の民衆団体と地方党部に対する行動制限に賛成する道のりを歩んでしまった」と批判しているのである[28]。したがって、「二回革命論」は政権不参加をもたらしたものとして論じられているにとどまり、「陳独秀の右傾日和見主義」の根源のようには扱われてはいない。しかも第三に、「二回」の革命の非連続性（中断期の存在）について、瞿秋白は何も語っていない。陳独秀指導部の「日和見主義の路線」[29]を糾弾することで党内権力を掌握した瞿秋白は、いわば「二回革命論」の要である非連続性を一九二七年でも二八年でも指摘していないのである[30]。瞿秋白は中共中央の理論宣伝部門で活動し、陳独秀の革命論をよく知る立場にあったにもかかわらず、である。

このことは、瞿秋白は陳独秀の革命論を〈非連続二段階革命論〉として認識していなかったことを示している。つまり〈非連続〉の「二回革命論」は、第２章で見たように陳独秀の言論に即して認められないばかりか、瞿秋白指導部の時代までは存在しなかった、それ以後に造られたものだ、ということになる。

では、〈非連続二段階革命論〉としての「二回革命論」を言い出した（あるいは造り上げた）のは誰か？　それは、中共第六回全国大会での瞿秋白の「政治報告」に厳しい非難を浴びせ、大会後の中央委員会・政治局会議で政治局常務委員（宣伝部長）に選出され、事実上の党指導者となった蔡和森である[31]。

蔡和森が一九二八年一一月刊行の党機関誌『布爾塞維克（ボリシェヴィキ）』に発表した「中国革命の性質及びその前途」[32]は、ロシア革命におけるレーニンの議論、ボリシェヴィキとメンシェヴィキの論争を紹介、メンシェヴィキは、「民主主義革命の主人は大ブルジョワジーであり、その勝利はブルジョワジーの勝利である」、「ブルジョワ民主主義革命が勝利してから必ずブルジョワ民主政治の下で長期にわたって資本主義が発達し社会主義の経済条件が成熟するのを待って再び社会主義革命を行う」と考えられていた、とメンシェヴィズムを定式化する。

その上で、蔡和森は「我々が中国革命の中で犯した誤り」の中の「革命の性質に対する不正確な観点」として、陳独秀の『嚮導』と『前鋒』掲載論文――「ブルジョワジーの革命と革命的ブルジョワジー」（一九二三年四月）と「中国国民革命と社会各階級」（同年十二月）を取り上げる。この二篇の中から、定式化されたメンシェヴィズムに「合致」する文章を原文の文脈抜きに取り出し[33]、そこから陳独秀はプロレタリアートの領導や農民の重要性を無視していた、ブルジョワジーとの連盟を偏重し、民主主義革命の勝利とは労農独裁の実現であることを理解していなかった、「国民革命成功後、**長期にわたる**資本主義の発展を経過せねば、社会主義革命の必要も可能性も生まれない」と考えていた（傍点引用者）、などの論点を強引に引き出し、「一言でいえば、これは『二回革命論』であり、中国の原始的なメンシェヴィズムの傾向」だと断じたのである。

ここでは、陳独秀の名も論文名も明記されてはいないが、これは〈陳独秀の「二回革命論」〉を一九二三年の「ブルジョワジーの革命と革命的ブルジョワジー」と「中国国民革命と社会各階級」の二論文に代表させ、二つの革命の間に「長期にわたる資本主義の発展」＝革命の中断期を置く〈非連続二段階革命論〉として強調する議論の最初のものであった。人民共和国で繰り返されてきた陳独秀「二回革命論」批判の論点は、この時点でほぼ尽くされている。

（3）「二回革命論」言説の系譜（二）――李立三・蔡和森・鄧中夏

ただし、ここまでの「二回革命論」批判でも、この「二回革命論」の誕生を明確に一九二三年（あるいは中共第三回全国大会の前後）とする「定説」とは、大きな隔たりがある。また蔡和森も瞿秋白も、陳独秀に対する名指しの批判は避けているし、京漢鉄道ストライキの敗北と「二回革命論」の誕生を結び付ける言説も生まれていない。瞿秋白や蔡和森の「二回革命論」批判は、まだ糾弾用語としての「二回革命論」言説を完成させてはいないのである。

こうした状況が一変するのは、翌一九二九年のことである。すなわち、この年の七月から八月にかけて中東鉄道事件（中国東北鉄道の管理権を巡る張学良とソ連の衝突）を契機とする中共中央と陳独秀の論戦は、中共党内分派（中国共産党左派反対派）の結成、十一月の陳独秀除名にまで発展した。除名処分に対し陳独秀は十二月、「全党同志に告げる書」と「我々の政治意見書」[34]を発表して中共中央とコミンテルンの過去の歴史と現在の政策を断罪、徹底的な闘争を宣言したのである。そして陳独秀の批判は、彼の国共党内合作に対する当初の反対や二五年十月以降の度重なる国民党からの脱退要求、ブルジョワジー・蔣介石評価や革命の展望などでのコミンテルン側との対立など、革命史を総括しながらコミンテルンと現党中央を弾劾するものだった。だから、中共中央の側も自身の立場から革命を総括し、これに対抗する議論を立てることを余儀なくされたのである。

この中共中央の反撃の中で陳独秀の根本的な誤謬として「二回革命論」を批判する主張が登場し、しかもそれは根本的なものとされるがゆえに、その出現は国民革命以前の、党内合作を決定した第三回全国大会にまで遡らせて論じられた。こうした論難の最初のものが、この時期の事実上の党指導者であった李立三の報告「一九二五年から一九二七年にかけての中国大革命の教訓」（一九三〇年一月）である。「日和見主義とトロツキズムが結びついた解党派〈機会主義与托洛斯基主義結合的取消派〉」の章題から始まるこの文章で、李立三は、第三回全国大会で陳独秀らの右傾思想と、他方の左傾思想が対立した、として次のように述べた[35]。

この両派の主張の根本思想は、ともに日和見主義の「二回革命」の理論であった。前者の一派の主張は、いまはブルジョワ革命であって、プロレタリアートは全力でブルジョワジーを援助すべきであり、将来の社会主義革命はその時になってからことだとし、したがって共産党は解消されてもよいとまで考えられたのである。後者の一派の主張は、いまのブルジョワ革命には我々はもとより参加すべきであるが、我々の任務は将来の社会主義革命を準備することであり、したがって産業労働者を国民党に加入させブルジョワ思想に染まらせてはならない、とするものだった。

ここに「二回革命論」の登場は、明確に中共第三回全国大会の時点に設定されたのである。そして、中共第三回全国大会で「右傾思想」と「左傾思想」の双方が登場したと述べる同様の議論は、同じ李立三が一九三〇年二月一日に行った「党史報告」[36]はもちろん、華崗（中共中央組織局宣伝部長）が執筆し、一九三一年に上海で出版された『一九二五―二七　中国大革命史』でも踏襲され（華崗の「自序」によれば、同書は「トロツキスト反対派と中国の日和見主義者が結びついて解党派となり、一致してコミンテルンと中国共産党を攻撃した」ことを契機として一九二九年秋から執筆が再開されたものだった[37]）、そのまま、胡喬木の『中国共産党の三十年』でも採用されることになったのだった。

したがって、この李立三の主張が「陳独秀の『二回革命論』」言説の「定説」化に大きな貢献をなしたのは確かである。だが、それでもなお、李立三言説には今日の「定説」から見れば欠けるものがある。すなわち、一九三〇年の李立三言説は、京漢鉄道ストライキの敗北（一九二三年二月）の結果、陳独秀が労働運動に対し「消極的で悲観的な態度」を取るようになったとする、陳哲夫以後の論点――それも重要な――を打ち出してはいない。では、それを提起したのは誰なのか？

この点では、陳独秀に対する批判がこの時期、コミンテルンの膝元でも進められていたことに注目せねばならない。すなわち、一九二九年一月モスクワに赴いていた蔡和森は、同年末歩兵学校の中国人学生を相手に陳独秀批判の報告を行い、これは後に「陳独秀主義を論ず」としてまとめられた[38]。「陳独秀主義とはなにか？　それは中国革命運動と労働運動における日和見主義・メンシェヴィズム路線の典型的な代表である」との断言から始まるこの論文の基調は、前述の「中国革命の性質及びその前途」とほぼ同じだが、ここでは明確に「一九二三年の第三回党大会前後の時期に、そのメンシェヴィズム路線の一般的な理論基礎が形成された」、その理論的立場を最も代表するのが「ブルジョワジーの革命と革命的ブルジョワジー」と「中国国民革命と社会各階級」だとした上で、さらに二三年二月の京漢鉄路スト敗北後、陳独秀はただちに「メンシェヴィキの根本的な立場——労働者階級の勢力への不信に逃げ込んだ」[39]、と指弾している。ここにはじめて、京漢スト敗北が「陳独秀のメンシェヴィズム」と関連づけられたのである。ちょうどこの時期、人民共和国成立以前の唯一の中国労働運動史——『中国職工運動簡史』（一九二九～三〇年）に同じくモスクワに滞在し、同書に「陳独秀が〝二・七〟の失敗から得た結論は、労働者階級には力量がないということであり、ここに日和見主義の全理論が完全に形成されたのである」[40]との論点を記載している。すなわち、蔡和森と鄧中夏の二人はともに、陳独秀の「ブルジョワジーの革命と革命的ブルジョワジー」（一九二三年四月）と「中国国民革命と社会各階級」（同十二月）を同時に引用することで、十二月論文にしかない労働者階級への「低い」評価は「〝二・七〟の失敗」に近い四月の時点で生まれていた、すでに四月に陳独秀は「労働者階級には力量がない」と結論していた、とするトリックを用い、陳独秀を非難したのである[41]。このトリックは恐るべき効果を発揮した。近年に至るまで、共産党史研究にあって、このトリックに基づいた記述が継続しているのである。

だが、本書第2章で見たように、一九二三年四月から六月にかけての広州『労動週報』における陳独秀の議論は労働者の力量を高く評価し、なおかつ運動の将来に社会主義を展望するものであった。また、同年十二月の『前鋒』論文「中国国民革命と社会各階級」も、決して労働者階級の力量を否定してはいなかった。そこでの「労働者階級は量的に未熟であるばかりか、質的にも未熟」とする評価も、ほぼ同時期の他ならぬ鄧中夏の論文が、全く同様の見解を示していたのである[42]。

かくまでも不当な両者の陳独秀批判は、一九二九年以降の中共中央の「陳独秀＝トロツキスト・解党主義者」批判に糾弾材料を提供しながら、「二回革命論」の「定説」の——人民共和国成立後の一九五〇〜六〇年代に登場する——諸論点を勢揃いさせるのである。

繰り返しを恐れずに言えば、陳独秀の革命論を「二回革命論」として批判する従来の「定説」は、陳独秀は⑴ブルジョワ革命とプロレタリア革命を非連続的に捉え（プロレタリア革命はブルジョワ革命後の資本主義の長期的な発展、それがもたらすプロレタリアの成長なしには達成されないと考える）、⑵ブルジョワ革命におけるブルジョワジーの指導権を承認したと指弾し、同時に、⑶陳独秀が一九二二年以降に依拠せざるを得なかったコミンテルンの政策的枠組み（国共合作の推進）という彼の議論の目的性を無視して批判を加えるものであった。

また「二回革命論」という用語の首唱者であった瞿秋白は、連続「二回」の革命を構想する理論を一九二六年後半以降の中共中央の方針として批判しただけである。ところが、国民革命敗北の「総括」が進展し、「トロツキスト・解党主義者」陳独秀に攻撃が集中される中で、それは蔡和森や鄧中夏、李立三らによって〈非連続二段階革命論〉として二三年の第三回全国大会、あるいは京漢線ストの失敗直後に措定され、陳独秀を断罪する「二回革命論」言説の諸論点が完成されていくのである。

おわりに——陳独秀の「二回革命論」言説克服の課題

中国共産党の中共党史研究室編『中国共産党歴史』の二〇〇二年版が、陳独秀に対する再評価を行わずに刊行された後、「陳独秀の二回革命論」言説は依然学界の主流的位置を占めている。多くの中国共産党史の研究者・論者は、公式党史の見解に沿って「二回革命論」の存在を認め、文化大革命以前からの「定説」の基本的観点を維持するか、部分的に修正するだけにとどめているのである。例えば、朱敏彦等主編『中国共産党八〇年事典』[43]や、中国共産党編年史編委会『中国共産党編年史』[44]、管見のかぎりもっとも大部（三三冊）の共産党史著作である謝遠学主編『中国共産党歴史紀実』（人民出版社）[45]は、「二回革命論」の存在をほぼ「定説」通りに述べ、党史研究史上の論争点を紹介しまとめた劉書楷・郭思敏主編『中共党史弁疑』[46]も、「二回革命論」の存在を認める立場から、研究者の見解を整理している。

そして『中国共産党歴史』は、二〇一〇年と二〇一一年になって「第二版」が刊行されたが、このうち第一巻（人民共和国成立以前）の内容は、二〇〇二年版と全く同じである。なお、これ以後、『中国共産党歴史』に匹敵する規模の公式共産党通史は出版されていない[47]。

こうした中共公式党史における「二回革命論」言説は、結局のところ、同党における毛沢東を中心とする歴史観につながるものである。もちろん、我々は、内外の研究成果[48]によって、中共党史における「ドグマ」の存在を数多く知っているのだが、党史の叙述の中で横行してきたこの「陳独秀の二回革命論」という言説は、こうした「ドグマ」の最も代表的なものの一つである。そして、こうした言説の克服は新たな指導者中心の歴史観が生まれようとしている今日、改めてその必要が語られねばならない。

注

1 スターリン「国際情勢について」（一九二四年九月）『スターリン全集』第六巻、大月書店、一九五二年、三〇五頁。

2『中共中央文件選集』第一冊、三二五頁。なお、opportunism を「投機主義」とする中国語訳は例外的であり、前年十二月の彭述之前掲「誰是中国国民革命之領導者?」や二五年四月刊行の『新青年』月刊第一号（レーニン号）掲載の瞿秋白「列寧主義概論」では「機会主義」と訳され、以後こちらの訳語が定着する。

3 瞿秋白「列寧主義与杜洛茨基主義」（一九二五年二月）『新青年』月刊第一号、一九二五年四月二十二日。

4 江田憲治「中国共産党史における翻訳概念――『路線』と『コース』をめぐって」、石川禎浩他編『近代東アジアにおける翻訳

概念の展開』京都大学人文科学研究所、二〇一三年。

5「二回革命論」の中国語表記は、「二次革命論」もしくは「両次革命論」であり、「二段階革命論」と訳されることもある（横山宏章前掲『陳独秀』一五六頁）が、ここでは「二回革命論」の訳語を用いる。

6本書冒頭で述べたように、この時（そして今日でも）、中国共産党は自らの創立を第一回全国大会開催の一九二一年としていた（いる）。だから、一九五一年は「三〇年」の歴史を語る年となったのである。

7胡喬木著、中国研究所訳『中国共産党の三十年』中国研究所、一九五一年八月。

8胡喬木前掲『中国共産党的三十年』一一～一二頁。

9同前、一五～一六、二〇頁。実際、胡喬木の研究者である朱家梅の『胡喬木論中共党史』（中共党史出版社、二〇一二年）は、そう述べている（六五頁）。

10陳哲夫「第一次国内革命戦争時期陳独秀的右傾機会主義剖析」『歴史研究』一九六〇年第一・二期、一九六〇年二月。

11胡華前掲「試述陳独秀右傾機会主義的発展」、林茂生・王樹棣・王洪模「略談陳独秀」『歴史教学』一九七九年第五期、一九七九年五月、姚康楽「対陳独秀右傾機会主義路線形成的一点認識」『党史研究』一九八〇年第五期、一九八〇年十月。

12李践為主編『中国共産党歴史』第一冊、人民出版社、一九九〇年、九一～九二頁。

13野沢豊編『中国国民革命史の研究』青木書店、一九七四年、所収。

14菊池一隆「中国共産党総書記時期における陳独秀―「進化論」から史的唯物論へ―」『愛知学院大学文学部紀要』第五〇号、二〇二一年三月。なお、菊池のこの論文は、筆者の言によれば「一九七〇年以降」に執筆し、「時に手をいれながらも実に半世紀寝かせてあった」ものを二〇二一年に公刊したものである。

15横山宏章前掲『陳独秀』一六三～一六四頁。

16江田憲治「陳独秀と『二回革命論』の形成」『東方学報』京都第六二冊、一九九〇年三月。中国社会科学院近代史研究所『国外中国近代史研究』第二二輯、一九九三年五月、に訳載。

17唐宝林「把陳独秀当作正面人物来写――参加中共中央党史研究室著『中国共産党歴史』改修稿（大革命部分）討論会側記」『陳独秀研究動態』（16）、一九九九年五月。また、唐宝林の前掲『陳独秀全伝』は、この『中国共産党歴史』改訂討論会（中共中央党史研究室主催）で、陳独秀の革命論は「二段階連続革命論」だったのだとする「日本の学者江田憲治」の観点を紹介し、「陳独秀が言う国民革命後のブルジョワジーによる政権獲得の状況とは、ロシア二月革命後の状況――ブルジョワジーの政権掌握、ブルジョワ政府の樹立を指している。だが、つづいて十月革命が発生したからといってレーニンも『日和見主義的な二回革命論』だったと言えるだろうか？」と発言したところ、「在席の多くの権威ある研究者たちは、そこで『そんなことはできない』と認めた」、と紹介している（二二頁）。

18 江田憲治「陳独秀研究の地平」『トロツキー研究』第三九号、二〇〇二年十二月、参照。「『二回革命論』を全く取り上げない共産党『通志』の大冊」とは、鄭恵他編『中国共産党通志』（中央文献出版社、一九九七年）。同書は、その「政治志」の中で、瞿秋白の「二回革命論」の項目を立てながら、陳独秀の「二回革命論」は立項していない。実にこの時期は、「陳独秀の二回革命論」言説が実は存在しなかった（党史上の不当な糾弾用語であった）ものとして歴史から排除される、中共党史の一つの――あるいは最後の――チャンスであった。

19 朱家梅前掲『胡喬木論中共党史』六五～六六頁。

20 中共中央党史研究室前掲『中国共産党歴史』上巻、一九九一年、一六七、一七四頁。この見解は、中国共産党の「若干の歴史問題に関する決議」（一九四五年四月）に基づいている。

21 無署名「献給新世紀的大礼――一九九九、告別〝陳独秀右傾機会主義〟的伝統観念」『陳独秀研究動態』（19）、二〇〇〇年一月。

22 一九九一年版と二〇〇二年版とで違っているのは、陳独秀の二つの論文名が一九九一年版（九三～九四頁）では脚注に記されているのに対し、二〇〇二年版（一三八頁）では本文の中で記述されていることだけである。

23「中央政治報告」（一九二六年七月）『中共中央文件選集』第二冊、一六九頁。

24「中国現状与共産党的任務決議案」『布爾塞維克』第六期、一九二七年十一月二十八日、『中共中央文件選集』第三冊、四五三頁。

25『瞿秋白文集』政治理論編5、三四一～五二四頁。前掲『中国共産党第六次全国代表大会檔案文献選編』（上巻）によれば、これは書面報告として一九二八年四月に執筆され、第六回大会の際代表たちに配布されたものである（三一二頁）。なお、モスクワで出版された謄写版印刷の『中国革命与共産党』（京都大学人文科学研究所附属東アジア人文情報学研究センター図書室所蔵）も参照した。

26『瞿秋白文集』政治理論編5、三八六～三八八頁。

27 同前書、三八八～三八九頁。

28 同前書、三八九～三九〇頁。

29 中国共産党中央執行委員会「告全党党員書」、中共中央党史資料徴集委員会等編『八七会議』中央党史資料出版社、一九八六年、

二六頁。ただし、八・七会議の諸文献は、陳独秀の名には言及していない。
30 なお、「中国革命中の争論問題」で指弾した彭述之の革命論についても、瞿秋白は、一回目と二回目の革命の間に中断期を置かないものと理解している（『六大以前』六九六頁）。
31 蔡和森の中共第六回全国大会における瞿秋白批判については、『蔡和森的十二篇文章』人民出版社、一九八〇年、一二八～一四四頁、『中国共産党第六次全国代表大会檔案文献選編』下巻、四九二～五〇〇頁。ただし、蔡和森の中共党内権力掌握は、ほんの二カ月ほどのことにすぎなかった。その後の彼のポストを襲ったのが李立三である。この間の経緯については、江田憲治「中共党内抗争と民主主義――蔡和森の主張とその失脚の意味」、森時彦編『二〇世紀中国の社会システム』京都大学人文科学研究所、二〇〇九年、参照。
32 「中国革命的性質及其前途」『布爾塞維克』第二巻第一期、一九二八年十一月、『蔡和森文集』人民出版社、一九八〇年、七八六～七九〇頁。
33 「ブルジョワジーの革命と革命的ブルジョワジー」（前掲『嚮導』論文）から、前述の「革命的ブルジョワジーを統率して、革命的プロレタリアートと連合し、ブルジョワジーの民主革命を実現する」の一文が引用され、強引に農民無視の証左とされている。また「中国国民革命と社会各階級」（同『前鋒』論文）からは、同じく前述の「国民革命が成功すれば、普通であれば、当然にブルジョワジーが政権を握る」、労働者階級は「あくまで重要な構成分子にとどまるのであって、独立した革命勢力ではない」、「普遍的な農業の資本化、その後の農業プロレタリアートの発達と結集という段階を踏んで、ようやく農村に真の共産主義の社会革命の必要性と可能性があらわれるのである」が断章取義に引用されている。
34 『陳独秀文集』2、三四八～四四三頁。
35 李立三「一九二五年至一九二七年中国大革命的教訓」『中共党史報告選編』二八八頁。
36 李立三「党史報告」『中共党史報告選編』二一八頁。ただしここで、李立三は国民党への共産党員加入を巡って張国燾らと陳独秀・瞿秋白との間で戦わされた論争を、西湖会議でのことだとしているが、これはもちろん李立三の誤記。
37 華崗『一九二五―一九二七　中国大革命史』文史資料出版社、一九八二年、二九七～二九八頁。華崗のこの著書の第三回全国大会についての記述を含む第六章は、『布爾塞維克』第四巻第三期（一九三一年五月十日）に掲載されている。
38 和森「論陳独秀主義」『布爾塞維克』第四巻第五期、一九三一年九月十日。中共双峰県県委員会編『蔡和森伝』（湖南人民出版社、一九八〇年）附録の年譜によれば、蔡和森はこの一九二九年の五月と十二月に陳独秀批判の報告をしており、五月の発言が「陳独秀主義を論ず」としてまとめられたとされている（一八九頁）が、五月時点では陳独秀と中共中央との対立はまだ顕在化していないからこれは誤り。前掲『蔡和森文集』所収の「蔡和森同志平生年表」は、彼は十二月にモスクワ兵学校で中国人学生向けに「陳独秀問題についての報告」を行ったとしている（八四九頁）。

39『蔡和森文集』八〇六頁。

40鄧中夏前掲『中国職工運動簡史』一一二頁。

41同じ時期に同じ場所で中共の二人の幹部が、偶然同じことを思いついたとは考えにくいから、このことはどちらかのアイデアをもう一人が採用したのであろう。推測にとどまるが、ことが労働運動史に関わる論点である以上、鄧中夏の考えがまず生まれ、これを蔡和森が自らの文章に採用したのではないだろうか。

42中夏「本団応注意農民運動」（原載『団刊』第二号、一九二三年十月三十一日、『鄧中夏文集』人民出版社、一九八三年八月、三二頁）には、次のようにある。「中国の新式工業の下にある労働者は統計で数えられるのは六三万余に過ぎず、大目に見積もっても百万名に満たない。たとえこの百万の労働者のすべてを集中した一個の権力の統制下に組織できるとしても、それは四億人の中でのごく少数にとどまるだろう。いわんやこれらの労働者は宗法思想の浸潤と遺伝のために、階級的意識を持っていないしそれを覚醒させてはいない（中国新式工業下的労動者、可統計的只不過六十三万余名、充其量亦不過一百万名。即令這一百万労動者通通能够組織在一個権力集中的統御之下、恐怕在四万万人当中還是一個小小的数目罷、何況這些労動者或為了宗法思想的浸潤与遺伝、有許多尚無階級的意識与覚悟）」。

43上海人民出版社、二〇〇一年。

44同書①。山西人民出版社・中共党史出版社、二〇〇二年十月、二〇〇頁。

45人民出版社、二〇〇三年、第二部下巻、一五～一七頁。

46中共文献出版社、二〇〇六年。

47二〇〇二年版の「二回革命論」についての記述は、全く同じものが二〇一〇年版の一〇〇～一〇一頁、二〇一一年版の一一一頁に見える。付言すれば、『中国共産党歴史』二〇一一年版の刊行後、二〇一六年に中共中央党史研究室が刊行した『中国共産党的九十年　新民主主義革命時期』（中共党史出版社・党建読物出版社）は、「陳独秀の『二回革命論』」に言及していない。しかしこれは、同じく新民主主義革命期を扱う『中国共産党歴史』第一巻上・下冊（一〇五八頁、二〇〇二年版）に対し、三分の一程度の頁数（三五四頁）しかない、一般向けの書籍であることが要因（の少なくとも一つ）になっていると思われる。また、二〇二一年に刊行された前掲『中国共産党簡史』（人民出版社・中共党史出版社）も、人民共和国成立以前の頁数は一四四頁にすぎず、特に中共の最初の一〇年間については、きわめて偏頗に――国民党に殺害された烈士の名が数多挙げられる一方、瞿秋白も李立三も登場しない――簡略化された叙述が行われ、その結果として「二回革命論」は登場していない。

48 ここでは、二〇二一年刊行の石川禎浩『中国共産党、その百年』（筑摩書房）及び高橋伸夫『中国共産党の歴史』（慶應義塾大学出版会）を挙げたい。

第5章　中共党史における党内民主主義

――意思決定のあり方と論争の所在を中心に

はじめに――「論争の党」としての中国共産党

振り返って見れば、中国共産党の歴史は、まず「論争」から始まった。第1章で見たように、陳独秀ら初期の共産主義者たちはアナキストや穏健派社会主義者（修正主義者）を批判し、論争する中で組織を形成していったのであるし、上海で開かれた第一回全国代表大会では、幾つかの問題の決着にはかなりの論争が必要であった。党員は国会議員となり得るのか、あるいは共産党は他政党と連合するのかどうか、を巡って激しい論争が戦わされたのである[1]。そもそも新文化運動の中で成長し、様々な社会変革を目指す外来思想が中国に紹介される中で、議論を通して最も包括的な体系を持つ（と考えられた）マルクス主義を変革手段として選び取っていった若き中国共産主義者にとって、論争を闘わせ理論的優位を争うことは当然のことであったかもしれない[2]。事実、最初の一〇年間にあって、中国共産党は政策決定や方針転換、個別の事件への対応を巡り、党の大会や中央委員会の中で、あるいは党中央と地方組織との間で、さらには一般大衆向けの「公然機関誌」や党員を対象とする「党内誌」の上で、多くの「論争」を行っている（二〇一頁表参照）。こうした論争の存在を見れば、「共産党はその出発点から民主集中制の原則に基づいて建設された」[3]とまで言うことは困難であるとしても、中国共産党が「論争の党」として出発した、と規定することはまず可能である。

この間、共産党はわずか五十数名の知識人主体の政治集団から数万の党員を擁する大衆政党へと成長し、第一次国共合作の下で労働運動などの民衆運動を爆発させ、合作の決裂後には多くの犠牲を払いつつ武装闘争に移行、やがて都市の労働者政党から農村を基盤とし農民を主力とする党へと変貌を遂げていく。ところがこうした「論争」(特に機関紙誌を舞台にした公然論争)は以後の三〇年代や四〇年代にあっては、ほとんど見ることができない。この事実は何を意味しているのであろうか?

言うまでもなく、意思決定に際し民主主義が機能していない場で「論争」は起こりえない。もし政治的な集団が「一枚岩」的な性格を持ち、「論争」や異議申し立てが許されないとすれば、そこに民主主義を認めることはできない。逆に言えば、多くの「論争」が行われた一九二〇年代の中国共産党において、党内民主主義の存在を確認し検証することは可能なことになる。また三〇年代以降にこうした論争が消失する(少なくとも表面化しない)事態は、党内民主主義の喪失を想定せしめる。

さらに党内において民主主義を実現し得ない革命政党が、国家権力の掌握後に民主的な政治を実現し得ないことは、これまでの歴史が証明していよう。中国の「社会主義」が大きく変容しながら、民主主義がいまなお決して充分ではない(それどころか減退を続けている)今日、「社会主義と民主主義は本来対立するものだ」といった科学的とも思えない立場を拒むならば、一九二〇年代には機能していた中国共産党の党内民主主義はいかなるものであったのか、三〇年代以降なぜ失われていったのか、その歴史的過程が考察されねばならない。

本章は、中国共産党の党内における論争、さらに論争を制度的に保障するものであったはずの党規約や関連決議の検討を通して、これらの問題の解明を目指すものである。

(1) 党内民主主義の初相——一九二一〜一九二七年

表　1920年代の主要な中共党内論争

時　期	論争のテーマ	論争の場	論争の主体
21.7	国会への対応・他党との連合など	中共第1回大会	大会代表
22.8	国民党への個人加入	中央委員会（西湖会議）	中央委員多数派vs.マーリンら
22.9-10	陳独秀「造国論」（ブルジョワジーとプロレタリアートの連合）	『嚮導』	党員（シンパ?）vs. 党中央
23.6	国民党への全党員加入	中共第3回大会	陳独秀・瞿秋白らvs.張国燾・蔡和森ら
26.3	中山艦事件への対応	党内書簡（?）	広東地区委vs.党中央
26.6-7	国民革命軍の北伐への対応	『嚮導』『人民週刊』『戦士』『中国青年』	陳独秀vs.広東地区委, 湖南地区委（共青団）
26.7	国民革命軍の北伐への対応	拡大執行委員会総会	北伐支持派vs.反対派
26.9-12	国民党左派評価	党内書簡(『中央政治通訊』)	広東地区委vs.党中央
27.1	コミンテルン第7回拡大執委決議への対応	政治局（拡大?）会議	瞿秋白vs.彭述之
27.4	党中央の日和見主義政策	瞿秋白『中国革命中の争論問題』	瞿秋白vs.彭述之
27.6	「東征」か「南伐」か「両湖問題の解決」か	中央政治局	陳独秀・李立三・瞿秋白vs.譚平山vs.蔡和森
27.8-9	秋収蜂起の方針	党内書簡(『中央通訊』)	湖南省委vs.党中央
27.11-28.2	土地問題の解決方針	『布爾塞維克』	瞿秋白ら
27.11	武装暴動による政権奪取	『中央政治通訊』	陳独秀vs.党中央
27.12	武漢暴動の総括	党内書簡(『中央政治通訊』) 湖北省委拡大会議	共青団湖北省委などvs.羅亦農・陳喬年ら
27.12	広州蜂起の方針	党内書簡(『中央政治通訊』)	陳独秀vs.党中央
28.1-2	広州蜂起の総括	党内書簡(『中央政治通訊』) 広東省委拡大会議	広東省委vs.党中央
28.2-6	中国革命の段階	『布爾塞維克』	譚平山vs. 『布爾塞維克』記者
28.6	中国革命高揚論	中共第6回大会	瞿秋白vs.蔡和森ら
28.11-12	富農評価	『布爾塞維克』	蔡和森vs.李立三
29.6	紅四軍の指揮運営方針	紅四軍第7回党大会	毛沢東vs.朱徳
29.8-10	中東鉄道事件への対応・中国革命の性質	『紅旗』・党出版パンフ『中国革命与機会主義』	陳独秀vs.党中央
29.11	革命復興の成熟	中共江蘇省第2回大会	何孟雄vs.李立三

〔典拠〕竹内実編『中国近現代論争年表　上　1895～1948』（京都大学人文科学研究所研究報告、同朋舎出版、1992年）の記載を補充して作成。

そこでまず最初に、一九二〇年代の中国共産党の組織原理はどのようなものであったのかについて、党の規約から検討しよう。共産党は第二回全国大会（一九二二年七月）で初めて規約を制定する[4]が、それに先立って採択された「共産党の組織規約についての決議案」では、「集権の精神と鉄の規律」、「軍隊式の訓練」、個人の見解を犠牲にしての「党の一致の擁護」が「厳密かつ集権的な規律ある組織と訓練」の原則とされた[5]。また大会が採択した「中国共産党規約」は、極めて中央集権的色彩の濃いものであった。

本党の党員は、全国大会及び中央執行委員会の議決に絶対服従しなければならない（第一八条）。下級機関は上級機関の命令を完全に執行しなければならない。執行しない場合、上級機関はこれを解散または改組することができる（第一九条）[6]。

こうした規約・組織原則の成立は、中国共産党がその規約作成にあたって、党内民主主義を重要な契機とする「民主主義的中央集権制」の伝統を持つボリシェヴィキ＝ロシア共産党の規約を参照したのではなく、中央集権制を強調するコミンテルンの文献に基づいたためだと考えられる。少なくとも、レーニン時代にあって、ロシア党における民主集中制とは党員全体による党の意思の形成、形成以前における広範な討議、批判の自由、処分よりも説得などの党内民主主義を重要な要素としていた[7]のに対し、コミンテルンの文書（例えば「加入条件」）は、中央集権制と軍事的規律、「鉄の規律」を各国の共産党に求めるものであった[8]。絶対的に自由な個人の連帯を主張したアナキストと対決する中で、彼らの組織論を批判し、共産党創設に向かった彼らにとって、こうした組織のあり方は「原則」としては受け入れやすいものだった、と考えられる。当時の彼らの「民主主義的中央集権制」への言及は、極めて限られたものである[9]。

しかも、中国共産党規約のこうした集権的性格は、ボリシェヴィキ＝ロシア共産党の「民主集中制」に基づく規約が中国に紹介された後になっても変わらなかった。すなわち、一九二三年十一月、当時改組を準備していた中国国民党は、ソ連から派遣されたボロジンが起草した「中国国民党章程草案」を公表するが、この草案の骨格は、明らかにロシア共産党一九二二年規約のそれと一致する[10]。また二四年一月に開催された中国国民党第一回全国大会は、「大会は国民党の組織原則は民主主義的集権制度であるべきだと考える」とし、その内容を「全党員が共同討議、決議及び選挙に参与する制度が、民主主義の実行を保証する所以である。討議が終結し、執行機関が議決すれば、所属の党員はすべてそれらの決議案あるいは命令を遵守し実行する義務を負う。これがいわゆる政党の集権制度である」と規定する「規律問題についての決議」を採択しているのである[11]。ところが中国共産党にあっては、この組織原理の規約への明記は、一九二五年一月に第四回全国大会が採択した第二次修正規約でも行われていない[12]。当時にあって、中国共産党は自らの組織原理として民主集中制を定置せず、党内民主主義を論じることもなかった。

それではこの時期、党内民主主義のもう一つのメルクマールとして考えられる「論争」はどのように行われ、いかなる意思決定をもたらしているのであろうか。いくつかの実例を見てみよう。

第一に、一九二三年の中共第三回全国大会での国共合作論争である。すなわち、第2章で見たように、共産党は前年七月の第二回全国大会で民主連合戦線結成を決定、八月の中央委員会（杭州西湖会議）ではコミンテルン代表のマーリンが提案した国民党加入戦術へと方針を転換する。さらにこの国民党加入を共産党員全体に広げる政策に対しては、党内では国民党＝ブルジョワ政党論、ブルジョワジー＝反革命・非革命論の立場から反対する主張も根強く、大会では激論となった。論争そのものは、国民党をブルジョワジーやプロレタリアなど諸階級の連合政党だと位置づけ、ブルジョワジーの革命性を否定しない陳独秀や瞿秋白らの議論が多数を占め、国民党への全党員加入が決議された。これを受けて前述の国民党第一回全国大会が二四年一月に開催され、第一次国共合作の確立を見る。

しかし、この論争で指摘されるべきは、有力な反対論者の二人、蔡和森と張国燾がともにコミンテルンの二三年一月決議[13]を独自に解釈しながら反対論を展開したことである。前年の杭州西湖会議でコミンテルンの権威を振りかざしたマーリンに膝を屈した二人は、今回その決議を逆手にとって抵抗を試みた――「労働者党員までも国民党の旗の下に置くことは、党の独立性を保持せよというコミンテルンの指示に反する」（蔡和森）、「コミンテルンの指示は、加入済みの共産党員は国民党に留まれ、というもの」なのだから、全党員を加入させるべきではない、「共産党を発展させる唯一の道は独立行動だ」（張国燾）[14]。

さらに、他の代表たちの発言には、コミンテルンの理論的枠組みや党中央の見解から逸脱したものが見られる。例えば、長辛店の代表は、国民党はブルジョワ政党だとして加入に反対したが、そもそも国民党は小ブルや労働者階級を含む階級連合政党だとするのがコミンテルンの規定であったし、陳独秀もその立場で党機関誌『嚮導』に論文を公表していた。また毛沢東は、「資本主義国家のブルジョワジーが打倒されなければ国民革命は実現できない」と述べていたのである[15]。こうした「逸脱」は、マーリンがコミンテルンへの報告の中で述べているように、当時の中国共産党の「未熟さ」を物語っているのかもしれない[16]。しかし同時に、党大会という党の最高の意思決定の場で、代表たちが党中央の見解を正面から批判する、自由な発言をしていることは確認できよう。しかも、有力な反対論者の一人、蔡和森は、中央執行委員選挙で陳独秀に次ぐ票数で再選されている[17]。党中央に対する反対派が、中央委員に高得票で当選しているのである。こうした論争のあり方・選挙の結果からすれば、当時の中国共産党は、団体としての意思が正式に決定されるまでの討議は自由である、という民主的なルールを無自覚であるとしても実行していたのである。

党中央の見解に対する「批判」について言えば、それが党の機関誌に公表された事例も存在する。例えば、一九二二年九月に「国民革命」を提起した陳独秀の論文「造国論」に反対する見解が党員（あるいはシンパ）から寄せられると、『嚮導』編集部はこの投書を掲載しているし、二四年十二月に理論機関誌『新青年』に掲載された彭述之の論文「誰が中国国民革命の領導者なのか？」は、前年の陳独秀論文を逐条的に引用しながらその論点を批判したものだった（第2章参照）。当時共産党は、翌年一月の第四回全国大会での新たな理論的命題（国民革命におけるプロレタリアの指導権）の導入を準備する時期にあった。そのために陳独秀の議論を批判してでも、党内に新たな理論の存在を広める必要があったのだと考えられる。こうした場合、自らのかつての見解が公然と――党機関誌で――批判されることを指導者陳独秀は恐れなかったし、党員がこれを奇異とした形跡は見られない。

こうした党員（幹部）たちの公然たる見解表明が、会議による新たな方針決定へとつながった事例は、やや時代を下っての一九二六年の北伐論争と二七年の党中央批判についても見ることができる。

国共合作下の反帝民族運動が高揚する中で国民政府が成立した後、その軍事力たる国民革命軍の指導者として台頭したのが蒋介石である。彼は、一九二六年三月の反共クーデタ（中山艦事件）を経て、念願の北伐を開始した（同年七月一日動員令）のだが、この北伐については第2章で触れたように、中共の中で議論があった。中共は、二月開催の中央特別会議（北京）で北伐の積極的推進を方針としており、このため北伐開始の前後、中国共産党の湖南区と広東区、そして共産主義青年団の機関誌は、北伐を支持しこれを鼓舞する論説を掲載したのである[18]。

これに対し、国民党からの脱退や蒋介石に対抗する共産党独自の武装の構築を模索していた[19]陳独秀（北京特別会議には不参加）は、北伐で蒋の権力が伸張することを望まなかった。七月中旬に開催されることになっていた[20]中央拡大執行委員会会議の直前（七月七日）、彼は論説「国民政府の北伐を論ず」[21]を中央機関誌『嚮導』に公表、北伐を直隷派軍閥の南侵に対する「防御戦争」と位置づけ、「中国民族革命の全的な意義を代表することはできない」とし、事実上の反対を表明したのである。つまり、六月下旬から七月上旬にかけ、共産党にあってはその中央機関誌、二つの地方機関誌、（やや遅れて）共青団の機関誌がそれぞれに国民革命軍の北伐に対する見解を表明したのだった。

こうした見解表明の後に開かれた中央拡大会議は、当時の中共における党内民主主義の「水準」を示しているだろう。意思決定を必要とする事象（この時は国民革命軍の北伐に対する対応）に向け、意見表明が複数の党機関誌で公然と行われ、その上で中央拡大執行委員会会議で北伐不支持が決まったのである。その結果、中国共産党は、「国民会議こそが中国の政治問題を解決する道だ」と述べる「中国共産党の時局についての主張」を公表、これを受けて北伐支持派だった広東区委員会の張太雷は、立場を変えて「独秀の意見は正しい」という一文を機関誌に発表、同様に北伐支持派だった湖南区委員会も「時局についての主張」の文言を引用し、国民会議運動の展開に力点を置いた「湖南の政局についての宣言」を発した。共産主義青年団の雑誌も北伐支持の論調をややトーン・ダウンさせた記事を掲載している[22]。

もう一つの事例は、中共切っての理論家瞿秋白の言論に関わるものである。第3章で述べたように、一九二六年の北伐論争以降党中央で孤立を深めていた瞿秋白は、翌二七年三月、その不満を一気に爆発させてパンフレット『中国革命中の争論問題』を書き上げ、上海四・一二クーデタ後、武漢で開かれた中共第五回全国大会の席上で大会代表たちに配布した。それは党中央政治局委員であり、陳独秀の右腕たる彭述之の言論を「メンシェヴィズム・トロツキズム」だと決めつけ、党大会の場で公然たる論争を挑むものに他ならなかった。

もちろん、こうした党中央批判が党大会で可能であったのは、蔣介石による上海クーデタ以後の革命の危機を前に、新たな議論が求められていたことが想定されねばならない。しかしそれにしても、数カ月に渡り党の主要雑誌で論文を公表できなかった瞿秋白が、党の最高意思決定機関である大会に議論を持ち込み、自らの主張を公にできたことの意義は指摘されるべきである。また、瞿秋白が党中央政治局のメンバーに、国際共産主義運動の中で指弾の対象となってきた「メンシェヴィズム・トロツキズム」のレッテルを貼り、内部対立を暴露、党のそれまでの政策を全面的と言っていいほどに糾弾したにもかかわらず、管見の限りそのことは大会で問題にされていない。当時の共産党員からすれば、それは意思決定過程のルールから外れるものではなかったのであろう。

このように見てくれば、当初の共産党は、中央集権的色彩の濃い規約の下にありながらも、党大会などで活発な論戦を闘わせ、機関誌で公然と議論していたのであるから、党内民主主義を機能させていた、と言うことができる。公然論争には、同じ雑誌での陳独秀の「造国論」を巡る『嚮導』での論争（一九二二年九〜十月）[23]、民主連合戦線の是非をめぐる『労動週報』論争（一九二三年五〜八月）[24]、党内誌での国民党左派評価論争（一九二六年九〜十二月）[25]を数えることができるし、また異なる雑誌間の論争にも、前述の北伐論争（湖南省委員会『戦士』・広東省委員会『人民週刊』・中央委員会『嚮導』・共産主義青年団『中国青年』、一九二六年六〜八月）を挙げることができる。

ただし、決定以前の「論争の自由」は、組織的原理としては党規約に示されていなかったし、瞿秋白の場合のように党内少数派の見解が雑誌に掲載されないことも、なかった訳ではない。こうした限界が克服――少なくとも目に見えるほどに――されるには、党内民主主義が組織原理として導入されることが是非とも必要であった、と言えるかもしれない。この点を、陳独秀の次なる指導者・瞿秋白の時代について見てみよう。

（2）党内民主主義の展開――一九二七〜一九二八年

統一戦線からの「ブルジョワジーを代表する」（と共産党の側からは考えられていた）勢力の離脱――蔣介石の上海クーデタと南京政権の樹立に直面した中国共産党は、一九二七年四月、武漢で開催した第五回全国大会で国民党左派との合作維持の下での「革命の深化」という方針を決定する。この左派との合作維持はモスクワ指令下の至上命題となり、陳独秀ら中共指導部は動揺する国民党左派の政策（蔣介石との軍事対決の回避、労農運動規制、土地問題解決先送りなど）に従う道を歩まざるを得なかった。だがこうした一連の譲歩も、左派政権下の軍人の反共反乱、さらには左派自体の

「分共決議」によって破綻した。七月下旬、共産党は国民党政権打倒を目指す武装暴動方針へと急カーブを切り、八月七日漢口に中央委員会の緊急会議を招集、新執行部を選出する。いわゆる八・七会議である。

そして国民革命が高潮期から共産党にとっての敗北に帰し、共産党が新たな方針選択を迫られていた時期、同党の文書に注目すべき変化が現れる。彼らは「党内民主主義」について語り始めるのである。

まずその端緒となったのが、一九二七年六月一日、中央政治局が採択した「中国共産党第三次修正規約案」である[26]。この新規約（以下、二七年規約）は、同じく修正規約というものの、第一次・第二次のそれが二二年規約に小幅な修正を加えたにとどまっていたのに対し、構成や組織原理の上で大きな改訂が加えられた。例えば、その第一条では、党員は「党の一定の組織で活動する」と規定して、かのレーニンが主張した党員資格原則が取り入れられ、また第一二条は、「党部の指導原則は民主集中制である」とした。党内の規律については、以下のように規定された。

党の規律を厳格ならしめることは、全党員および全党部の最も基本的でかつ最も重要な義務である。党部機関の決議は、迅速かつ正確に執行しなければならない。ただし、党内のすべての論争問題は、決定以前にあってはまったく自由に討議することができる（第六五条、傍点引用者）[27]。

この規定はロシア共産党の一九二二年規約、つまりレーニン時代最後の党規約にほとんどそのまま見られるものである。この他、レーニンが党員の異議申立を処理する機関として構想した統制委員会（中国共産党では監察委員会）の設置、党大会における中央機関の報告の討議と承認などの条項を含め、中国党の二七年規約はロシア党の二二年規約――中国国民党の党規約が参照したもの――の主要部分を引き写すことによって成り立っていると言っても過言ではない。ロシアで生まれた民主集中制の思想は、中国共産党成立後五年経ってようやく、党の文献に明記されたのである。

もちろん、この規約がただちに中国共産党の党内民主主義を活性化させた訳ではない。むしろ、二七年規約の意義は、次に見る八・七会議採択の「全党党員に告げる書」が指弾した、陳独秀指導下の譲歩政策＝「日和見主義」の背景として、党内民主主義が欠如していることの指摘を可能にしたことにある。

中央はこれまで大衆の監督を受けず、大衆に報告もせず、党の政策を一般党員の討議に付さなかった。党内はまったく宗法社会制度であって、すべての問題は党の上層の指導者だけが決定し、しかも「首領」の意見は常に服従しなければならないと考えられたばかりか、そのつど無条件に正しいと考えられた。こうした環境にあって、党内の民主主義〔党内的民権主義〕はまったくの空文となった[28]。

中国共産党がそれまで党内民主主義をその文献の中で論じなかったことはすでに指摘した。にもかかわらず、「全党党員に告げる書」が、「党内民主主義はまったくの空文となった〔変成空話〕」と述べ、それをあり得たはずのものとして持ち出しているのは、二七年規約に登場した「民主集中制」、そこに見られる民主主義規定を念頭に置いたものだと考えられる。

さらに党内民主主義の導入が図られたのは、「党員に告げる書」が述べるように、また新任のコミンテルン代表ロミナッゼが「以後我が党の指導は集団化するのであって、家父長〔族長〕化してはならない」[29]と述べたように、陳独秀の「家父長的な」指導を八・七会議が糾弾したためである。言い換えれば、陳独秀の「家父長制」に対置されるものとして、党内民主主義の導入が提起されたのである。もちろん、事実としては、陳独秀指導下の中国共産党は、党内民主主義の実行を標榜はしなかったにせよ、具体的には様々な公然論争の存在や会議での議論を通じた意思決定に見られるように、民主的な意思決定をかなりの程度実行していた。また、一九二七年五・六月当時、陳独秀指導部の意思決定はコミンテルンの指令やその代表たちの見解によって規制されており[30]、党の政策を陳独秀一人が左右できた訳ではない。だが、コミンテルンへの批判を一切許さず、革命敗北の責任を陳一人に押し付け、また彼に弁明する機会を与えなかった八・七会議の非民主的なあり方が、皮肉にも党内民主主義の組織原理を中国共産党にもたらしたのである。

政治的な抑圧はたいへん厳しいが、それでも活動の中で党の民主〔民権〕主義を実現し、党の政策を党員大衆の中で討議させ、下級討議で討議させなければならない（「全党党員に告げる書」[31]）。

現在の非合法状態にあっては、最大限度の集権が必要である。しかし、集権制度が党内の民主〔民権〕主義を消滅させることになってはならない（「組織問題決議案」[32]）

この他にも、八・七会議が選出した瞿秋白ら新指導部は、その「中央通告」で、「党の政策問題は、党員および青年団員をして討議に参加せしめ、そうすることで真の革命的意義を持つ党内民主〔民権〕主義を実現しなければならない」と述べた[33]し、中央〔臨時政治局〕常務委員会が編纂する党内誌『中央通訊』は、「党の政策を説明し、党の誤りを批判し、党員の党内問題についての討議資料などを掲載する」ものと位置づけられた[34]。彼らは所謂「日和見主義」の清算だけでなく、現在の政策に向けての党内討議を、党員〔大衆〕に開かれたかたちで実行しようとしたのである。例えば、当時の共産党にとって最重要課題の一つであった土地問題については、中央機関誌『布爾塞維克』第六期（一九二七年十一月二十八日）に立夫〔瞿秋白〕「中国共産党土地問題党綱草案」が発表され、そこには次のような編集者の前書きが付されていた。

本草案は立夫同志が起草したものだが、ここで各位の公開討論を求めた上で、第六回全国代表大会における最終的決定に待つものである。同志たちに意見・修正や増補、また理論分析の訂正がある場合、あるいは自らまとまった草案を提出する場合は、それらはすべて本誌に発表することができる。

全党員に対するこうした「公開討論」の呼びかけは前例を見ないものであり、そこには「党内のすべての論争問題は、決定以前にあってはまったく自由に討議することができる」とした二七年規約の精神、そして八・七会議の党内民主主義の主張の実現をはっきりと見ることができる[35]。

また、八・七会議以降には、党中央から排除されたかつての指導者たちの見解が党内で公表され得たことも注目に値する。その一例が、陳独秀による党中央批判の党内誌掲載である。彼の、現段階では「経済闘争に重点を置くべき」であり、「〝暴動による政権奪取〟の幻想」は捨て去るべきだとした書簡（十一月十二日付）や、広州蜂起でのソヴィエト・スローガンに反対した書簡（十二月十三日付）も、党中央の反論とともに『中央政治通訊』（旧名『中央通訊』、第一四期から改名）に掲載されている[36]。

さらに、一九二八年五月には彭述之の『中国革命の根本問題』が再刊され、ついで瞿秋白の『中国革命中の争論問題』も再刊された。すでに述べたように、瞿秋白の『争論問題』（一九二七年四月）は彭述之に激しい論難を加えたものであり、彭述之の著書は瞿秋白の『争論問題』の後で書かれている（一九二七年五月）[37]。当時党の指導部にあった瞿秋白の著書はともかく、彼の論敵に位置し、しかも四月に党中央委員を解任されたばかり[38]の彭述之の著作まで再刊されていることは、まもなく開催されることになっていた中共第六回全国大会に向けて広範な議論が求められていたこと、この時期にあっても彭述之が党内の理論家として認められていたことを示していよう。彭述之の再刊本に付された序文で、中共中央党報委員会は、彭述之に改めて意見の公表をするよう要請しているのである[39]。

また、八・七会議以前の政治局メンバーで唯一党から除名された（後述）譚平山は党中央に書簡を送り（一九二八年二月十一日付）、中国の現状はロシア革命で言えば一九〇五年以後、一九一七年四月以前の段階にあるのに、中共の政策は一九一七年四月以降のものだ、と批判した。これに対して、共産党はこの書簡を二八年六月の機関誌『布爾塞維克』の投稿欄に掲載し、反論の文章を付した。共産党中央は、同年三月の時点で編集部に書簡を送付しているから、この公表も元々は、第六回全国大会に向けた理論討議の性格を持つものであったろう。なお、譚平山を「先生」づけで呼ぶ反論の文章は、除名者に対するものとは思えないほど丁寧な論調であり、除名者の党批判がこうしたかたちで党機関誌に掲載されたのは、他に例を見ることができない[40]。

もちろん、すべての党内討議が、ソヴィエト政権樹立をめざす武装暴動が次々に失敗していく中で、混乱なく実行された訳ではないし、党内民主主義についての党中央の政策自体が十全なものであったのでもない。二七年十一月、いわゆる「間断なき革命」論を提起し、武装暴動によるソヴィエト樹立の方針を確認した瞿秋白指導下の中共中央臨時政治局拡大会議は、党の民主集中制の確立、党組織の民主主義化を主張[41]しながら、こうした原則からは逸脱する「政治紀律決議」を採択した。すなわち、南昌蜂起後の「反党」行動を理由に譚平山を除名、同じく南昌蜂起の際の命令違反をもって張国燾を臨時政治局候補委員・中央執行委員から解任するなどの処分を行ったのである[42]。本来、二七年規約によれば、党員の除名は所属する支部大会や省委員会の決定によることになっており、また中央執行委員の解任は選出母体である全国大会によってのみ可能なはずである。にもかかわらずこれらの除名・解任が行われているのは、一九二一年に「非常措置」としてロシア共産党が導入した中央委員会の「処分権」の援用と考えられる[43]。それは後に中共党内で民主主義が後退していく中で、破壊的な影響をもたらすことになる。

また、地方組織でも党内民主主義の実行に混乱が見られる。

例えば第一に、河北の順直省委[44]問題である。そもそも同省委の立ち上げを巡って北京と天津の両地方委員会が主導権を争い、収拾のため中央から彭述之が省委書記に派遣されていた（二七年七月下旬）。ところが、八・七会議後の瞿秋白指導部は、彭述之を省委書記から解任して新たな書記を任命、さらに省委の上位組織として北方局を設立してそのトップに蔡和森を任命した。この蔡和森は着任後、「党内討議」や民主的手続の重視を表明しながら、人事措置によって自身への権限集中を図ったのである。だが彼の指導下十月に行われた北京「広告暴動」と玉田県の暴動はともに失敗[45]、これらを総括した十一月の北方局・順直省委合同会議にあって多数派はむしろ彭述之を支持した。このため、蔡は翌二八年一月省委改組会議を開催、彭を「組織的にも政治的にも日和見主義の犯罪的首魁」と断じ、「党籍剥奪」を求める決議を採択させたのである。なお、この省委改組会議の採択決議には、すべての指導部に対する党員大衆の「直接選挙と直接監督」、党員大衆から不満を持たれる指導者・指導機関の即時更迭・改組、など党員権限を幅広く認める条項が盛り込まれている[46]。この〈大衆的党内民主主義〉とでも呼ぶべき蔡和森の主張は、党内民主主義についての八・七会議の主張を一歩も二歩も進めたことは確かである。問題は、それを順直党内で少数派であった蔡和森が、「党員大衆の権利」の名の下に、彭述之を追い落とし、自らの権力を確保する手段としたことである。七月、劉少奇らは、蔡の指導を「集権制の破壊」「個人攻撃」と糾弾し中央に処分を要求した[47]。

また第二に湖北省では、強行の末散々な失敗に終わった武漢暴動（一九二七年十一月）後の十二月、党中央は暴動失敗の原因は長江局・省委指導部の「極めて重大な日和見主義の誤り」にあるとする共産主義青年団長江局・湖北省委の報告を受け、両湖巡視員（元長江局書記）羅亦農及び湖北省委常務委員会の職権を停止し、中央湖北特別委員会を派遣して、湖北省委拡大会議を開催させた[48]。羅亦農の出席を許さなかったこの拡大会議（十二月十四日）は、下部党員による旧指導部糾弾の場となり、激論を経て羅亦農や陳喬年（省委書記）らが「重大な日和見主義の誤りを犯した」とする決議を採択、彼らを排除した新指導部を選出した。しかも、省レベルの会議でありながら、羅亦農と陳喬年を中央委員から解任することまで決議されかけたのである。これはさすがに反対派の指摘により中央への解任要求決議に改められた[49]。ただし、この決議を受けて十二月二十四日に開かれた中央臨時政治局会議は、羅亦農・陳喬年らの誤りは日和見主義ではない、とする決定を行って湖北省委の職権を回復させ、中央委員解任要求は却下している。また党中央は、省委拡大会議の責任者である特別委員会のメンバー二名を湖北省委から転出させる処分をした[50]。

一九二七年十二月のわずか三日間のソヴィエト政権（いわゆる広州コミューン）に終わった広州蜂起の評価を巡っても、翌年一月、広東省委員会（書記李立三）と中央臨時政治局の間で論争が起こった。広東省委が蜂起の失敗原因と指導機関の誤りに重点を置いて失敗を総括、責任者の処罰を行ったのに対し、臨時政治局はむしろ蜂起の政治的歴史的意義を強調する決議を採択したからである[51]。広東省委の態度はかなり強硬であり、中央の事実誤認を列挙し、自らの決議に基づいて中央が訂正決議を出し、それを党内誌『中央政治通訊』に掲載することを要求した。これに対し、中央も二度に渡り書簡を送って反論し、最終的には中央の決議への服従と省委決議案の下部党議の停止を要求、なお反対意見がある場合は、二月開催の省委拡大会議で述べるよう通告した[52]。この論争は、中央から派遣された書記代理鄧中夏の下で開かれた広東省委拡大会議が、中央の決議の精神に基づいて以後の宣伝活動を行うことを受け入れたこと、中央が自らの蜂起評価を堅持しながら、一部広州省委の見解を取り入れ、また事実誤認についても訂正した補充決議を出したことで決着を見た[53]。

こうした蜂起失敗の総括をめぐる論争の事例からは、後に批判されることになる八・七会議後の「懲罰主義」のうち、少なくともその一部は、地方組織にあってその指導部に対する下部からの批判・不満が党内民主主義の枠をはみ出して噴出したものであったことを見て取れよう。ただし、こうした地方における論争も、主要な決議・通告・書簡などが『中央政治通訊』に掲載されており、論争と意思決定のプロセスの公開性は保持されていた。

さらに、こうした蜂起の度重なる失敗を背景に、一九二八年六月、モスクワで開催された中共第六回全国大会は、瞿秋白の指導の総括をめぐって激しい論戦が戦わされた。すでに同年二月、コミンテルンは、瞿秋白指導部が提起した革命論――「間断なき革命」論を批判しており、中国共産党もこの批判を受け入れていた[54]。

しかし、大会で政治報告を行った瞿秋白は抵抗を試みる。彼は、「間断なき革命」の語を用いることなく、現段階の革命を「ブルジョワ民主主義革命」であると認めた上で、これを「必ずや社会主義革命に転化する趨勢がある」と言い換えた[55]。また「間断なき革命」と表裏一体の関係にあった「革命潮流高揚〔高漲〕論」は維持しようとしたのである。

彼は大会向けに作成した書面報告では、「中国革命は明らかに高揚〔高漲〕しており、武装暴動による政権奪取という全般的戦術〔総策略〕は依然として当面の課題であって、しかも一層具体的な解答が求められている」と述べ、「一省さらには数省の政権を奪取する闘争はなおさら喫緊の課題である」と結論したし[56]、大会での口頭報告〔六月二十日〕でも、「革命は客観的には高潮に向け進んでおり、高揚している〔上漲〕のであって、低落しているのでも、停滞しているのでもない」と述べた[57]。一方、大会前の準備会合でスターリンが革命情勢は「全国的には高揚しているとは言えない」と発言する一方で[58]、瞿秋白報告の前日に「中国革命と中共の任務」と題する報告を行ったブハーリンは「革命の潮流は二つの波の中間という状況にある」と述べつつ、「我々はいま新たな波浪が始まる直前にいる」と述べていたのであるから[59]、革命情勢が新たな高潮に向かっているのか、そうではないのかという問題〔「革命の高揚・低落問題」〕について、コミンテルンの指導者は、やや曖昧な態度を取っていたのである。

だが、瞿秋白の大会報告には、大会代表から鋭い批判が浴びせられた。瞿秋白報告に対する討議が始まって二人目に登壇した蔡和森は、舌鋒鋭く反論を展開した。――「革命の高潮」には、全国性・持久性・主要大都市での発動・階級的優勢といった条件が必要だが、現在はそのいずれもが存在しない、瞿秋白は「広州暴動の敗北は全国的なそれでも最終的なそれでもない」「農民も労働者も我々から離れてはいない」などとして、革命は『依然として高揚〔高漲〕

している』と結論するが、こうした分析は妥当とは思えないし、そこには明確な観点がない」、と[60]。この後の討議でも、「革命は二つの高潮の中間期にある」（李立三）、「革命の波は低落しているのであって、高揚〔高漲〕してはいない」（項英）、「〔革命は〕一般的な成熟の条件からはやはりほど遠い」（羅章龍）といった発言が相次ぎ、一部の代表（向忠発・張昆弟ら）は高揚・低落問題には言及しないと明言して瞿秋白不支持の立場を採った。瞿秋白の高揚論を支持する代表の発言は、三分の一に満たなかった[61]。

これらの議論を踏まえ、大会の「政治決議案」は、中国革命の現段階はブルジョワ民主主義革命であって、「間断なき革命」論は誤りである、「革命の高潮は過ぎ去った」、「一般的に言って広範で大衆的な革命の高潮は存在しない」と結論したのである（傍点原文）[62]。明らかに瞿秋白批判が明確となった「結論」ではあるが、今日（恐らく）そのほとんどすべてを読むことができる大会の準備会議と本会議における参加者の発言記録からして、こうした討議にあらかじめ一方的なバイアスがかかっていたとは言えない。討議に先んじて行われたブハーリン演説に対する支持を明確に表明する代表の数も必ずしも多くはなかったことを考えると、コミンテルンは、中国革命の現段階はブルジョワ民主主義革命だとする見解から外れないかぎり、彼らに自由な発言を認め、自らの「寵児」瞿秋白を敢えて擁護しなかったのである。また、瞿秋白の政治報告を巡って発言した大会代表たちは、率直に自分たちの意見対立を明らかにした。

例えば、王若飛は「過去の失敗の責任」を陳独秀だけに押し付ける訳にはいかないとし、「コミンテルン代表の未熟さとばかさかげん」を指摘、陳独秀のために弁明した[63]。これに対し向忠発が翌日、「陳独秀の意見だけを言って、彼の誤りを語らない」と批判したところ、王はただちに登壇して再反論している[64]。また彼らの発言には、それまで党内で知られていなかった事実の暴露――党員の集団殺害や地方幹部の金銭的腐敗――までをも含んでいる[65]。したがって少なくとも、瞿秋白時代の最後の大規模会議――第六回全国大会では、革命の行く末という重大問題について、代表たちが自由な議論を戦わせることができたし、党内の問題を広く語ることができた。そして、こうした議論を踏まえた指導者交替が行われたという意味で、この大会は党内民主主義を機能させていた、と言うことができる。ただし、この大会の決議には、中国共産党の党内民主主義にブレーキをかけ、これを変容させる決議が含まれていたことも、以下に見るように確かである。

(3) 党内民主主義の変容――一九二八~一九三〇年

この中共第六回全国大会が採択した決議の一つには、党内民主主義についての以下のような主張が見られる。

(三) 真の民主集中制を実行する。非合法の条件の下ででき得る限り党内の民主主義を保障する。主要な問題を集団的に討議し、集団的に決定する。同時に極端な民主主義の偏向に反対する。なぜならそれは党の規律を破壊することになり、それによって無責任な態度が増大し、党の指導部に対する忠誠心〔信仰〕を損なうことになるからである。(傍点原文)

(四) 党内のすべての紛糾、地方主義、セクト主義の偏向を一掃する。なぜならこれらの偏向は党の内部の統一を破壊し、その戦闘力を減退せしむるからである[66]。

ここで「党内の民主主義」が「極端な民主主義」に対する反対を伴いながら主張されていることが注目される。ここで言う「極端な民主主義」とは、武漢暴動総括に見られたような地方の旧指導部に対する攻撃、あるいは順直省委におけるような指導者間の対立がもたらした混乱を指しているであろう。すでに瞿秋白指導下にあっても、この問題は上級機関の責任者への不当な糾弾、党員大衆による決定の全面化、党員相互の個人攻撃、党内権力の争奪として論じられていた[67]が、それは第六回全国大会において「極端な民主主義」の名の下に集約され、以後の党中央は、〈極端な民主化の是正〉を〈党内民主主義の確立〉よりも優先して論じることになる[68]。

さらに中共第六回全国大会は、もう一つの面で民主主義から集権制に傾斜する。それを示すのが、この大会が採択した新規約、「中国共産党党章」[69]である。この新規約は、コミンテルン作成の「共産主義インタナショナル諸支部の模範規約（一九二五年三月）[70]のかなりの部分を引き写したものであり、例えば「模範規約」の「非合法の条件の下では、上級の党機関が下級党機関を任命すること、また上級機関の承認を条件として自主的に補充を行うことが、許される」との第七条は、そのまま中国党の第八条となっている。また、党員の除名規定については「模範規約」第四五条の言う「党員の除名の問題は、その所属する党組織（細胞）の党員総会から上級の党指導部に提案される」に加え、「党の各級委員会は党員に反党行為があった時、その党籍を直接剥奪する権利を持つ」との規定が付加されている（第六条）。したがって、前年の臨時政治局拡大会議が確定した党中央の処分権に加え、各レベルの党機関の自己補充権、下級機関に対する任命権、そして除名権がここに確立されたのである。

かくして八・七会議以来の党内民主主義は、まず制度の上から「民主化」の規制、「集権」の強化という逆のベクトルを持つ力を受けることになった。そしてこれとほぼ時を同じくして党内論争のあり方も変化を見せ始める。ここで、四つの論争に着目したい。①一九二八年十一月の党指導者・蔡和森と李立三の間の「富農評価」を巡る論争と、②二九年五月に始まる紅軍第四軍における所謂「朱毛の争い」、③二九年八月の「中東鉄道事件」論争（及び同時に陳独秀が提起した「中国革命の性質」についての論争）、そして④一九二九年十一月と三〇年四～九月に何孟雄と党中央（李立三）の間で戦わされた論争である。これらの結末は、中国共産党における党内民主主義の行方を暗示するものであった。

第一の「富農評価」論争については、前年以来の論争状態の末、中共第六回全国大会が一応の結論を出していた。

――「富農がすでに反動勢力となっている地方では、反富農の闘争は反軍閥・反地主豪紳の闘争と同時に進められねばならない。……富農が革命と反革命の間を動揺する時期にあって、貧農・雇農の闘争を妨害しない場合は、党は故意に富農に対する闘争を強め、彼らをたちまち反革命の側に移らせ、革命の積極的な敵となる結果を招いてはならない」[71]。この大会後、蔡和森は論文「中国革命の性質及びその前途」を一九二八年十一月の党機関誌『布爾塞維克』に発表、富農が反革命化する可能性を指摘しつつ、それは民主主義革命の段階では多少とも闘争に参加するか中立を守るが、革命が社会主義に転化する時、帝国主義・地主・ブルジョワジーによる革命破壊の手先となる、と言及した[72]。しかし、これでは現段階で富農の反革命化の可能性を低く見積もっていると読めたためであろう、彼は論文の一部を訂正する旨したためた文章を『布爾塞維克』編集部に送った。すなわち、「農民全体に有利な民主主義革命の段階では、富農は多少とも闘争に参加し、あるいは中立を守るが、反田租反高利貸闘争がその利益と衝突する時、富農は反革命化する可能性がある」、と。ところが、この訂正文（「和森正誤」と題し、裏表紙のちょうど一頁を占めていた）が掲載された『布爾塞維克』誌には、李立三の「中国革命における農民問題」が発表されており、それは蔡和森の十一月論文を「理論的にも戦術的にも誤りがある」、と非難するものであった[73]。しかし、その非難の大半は、蔡和森が自ら「誤り」を認め、訂正文を掲載することで解決済みの、不必要な議論だった。

では、蔡和森の「訂正」を無視し、〈いいがかり〉とでも言うべき批難を、なぜ李立三は行ったのだろうか。実はこの間蔡和森は、以前に担当していた順直省委の混乱（組織分裂寸前にまで至っていた）の責めを負わされ、政治局委員・同常務委員・中央宣伝部長を解任されていたのである（十一月二十日付）[74]。

彼の代わりに政治局委員・同常務委員に昇格、宣伝部長となったのが李立三であった。したがって、この論争は、二八年六月の中共第六回全国大会以降、ポスト瞿秋白を争う立場にあった蔡和森を、李立三が追い落とした権力闘争を反映していた（なお、二人は個人的にも決して良好な関係にはなかった[75]）。そして蔡論文を標的とする李立三論文を収録した機関誌の末尾に蔡和森の訂正文が掲載されたことは、指導者の交替を党内に広く示すものだった。ここで前述の自己補充権が機能したのである。

また第二に、一九二九年七月、中東鉄道（中国東北鉄道、満洲里—綏芬河・ハルピン—長春）の管理権を巡って国民党側とソ連との間に紛争が起こり、中国共産党中央が「帝国主義戦争に反対しソ連を守れ」とのスローガンを掲げると[76]、陳独秀は党中央に合計三通の書簡を送った。このうち、中共のスローガン「ソ連を守れ」を批判した第一書簡（七月二十八日付）は、党中央の反論と同時に機関紙『紅旗』八月七日に掲載される。党中央の反論は、陳独秀に見解の撤回を要望するとともに、「中央は一貫して同志が政治、党に対する意見を公に発表することを希望している。……中央はボリシェヴィキの熱誠を以てあなたが今後出される重要問題についての意見を受けとめる用意がある」と結んでいた[77]。公開論争は保障されるかに見えた。しかし、わずか三日後の八月十日、『紅旗』は陳独秀の見解を「極めて重大な日和見主義の誤り」と決めつける李立三論文を掲載、非難の論調を強めた[78]。この三日の間に、トロツキスト反対派の立場から中国革命の性質について論じる陳独秀の第二書簡（八月五日付）が到着していたからである。中国の支配勢力はブルジョワジーだとして封建勢力の存在を主張する党の見解を真っ向から批判、中央の情勢判断（「革命高潮の早期到来」や「革命の復興」）の誤りと「官僚集権制」の党運営を指弾し、「党内デモクラシー」を主張したこの書簡は、陳独秀の「党機関誌への全面的な公表」という希望表明にもかかわらず、ついに党機関誌には掲載されなかった。第二書簡が公表されたのは、十月に出版された糾弾パンフレット『中国革命と日和見主義（中国革命与機会主義）』においてである[79]。その公表は、瞿秋白の党中央が譚平山の書簡を党機関誌に掲載し、また彭述之の著作を出版した時のような、理論討議の性格を有していなかった。それは非難と糾弾のためだった。そして陳独秀の第三書簡（八月十一日付）も、『紅旗』第三九期（一九二九年八月二十日）の「撤翁［陳独秀］同志の中東鉄道問題に対する意見の日和見主義的誤りを批判する」と題する激しい批判論文の「附録」として掲載されたのであった[80]。

この論争の過程で、李立三が主導権を握る党中央は、党内のトロツキスト反対派に対する闘争と「日和見主義の残余」（陳独秀のこと）に対する闘争とを結び付けるよう全党に命令する「中央通告」を発し、またいかなる分派活動に対しても「制裁」を加えることを宣言した[81]。ついで、十月、彼の中央は「党内の日和見主義とトロツキスト反対派に反対することについての決議」を採択、反対派が要求する公開討論、見解の党機関誌（紙）への掲載を拒否し、「ボリシェヴィキの組織原則」によれば、「〔直近の〕大会決議に違反する観点は絶対に党内で自由に討議することはできない」とした[82]が、それは実際には公開論争そのものの死刑宣告に等しかった。翌十一月、陳独秀と彼に同調した彭述之らは党籍を剥奪され、彼らは中国トロツキー派の運動を本格化させる[83]。

同じ頃、典型的な「公然論争」と「相互批判」が行われながら、結局党内民主の芽を摘むことになった出来事が、中国共産党の率いる軍の中でも起こっていた。これが第三の事例である。すなわち、朱徳を軍長に、毛沢東を政治委員として一九二八年四月成立した紅第四軍は、当初湖南・江西省境の井崗山を根拠地にし、さらに江西・福建に転戦したが、この軍の指揮権と党組織の運営権は同年十月以降、党中央からメンバーを指名された前敵委員会（書記毛沢東）と、この前敵委がメンバーを指名し同軍の党大会が選出する——つまり前敵委の隷下にある——軍委員会（書記朱徳）によって担われていた。活発な軍事行動の最中にあったにもかかわらず、第四軍の党大会は二八年十一月の時点ですでに六回の開催を数えていたのである。しかし、この前敵委員会と軍委員会の関係は、一度軍委員会が廃止され（二九年一〜五月）、中央からの要員派遣に伴って再設置された経緯に見られるように、必ずしも安定したものではなかった。軍の指揮・運営を巡って党側の毛沢東（ら）と軍側の朱徳（ら）が会議や書簡で公然と論争し、その結果、二九年六月、紅第四軍第七回党大会が開かれた。そしてこの党大会の決議は、前敵委員会の決定の一部には誤りがあり、毛の思想や工作には問題があった、また朱徳の主張にも事実でなかったり「武断に失する」ものがあると指摘、同時に党内における「批判精神の向上」を繰り返し説いた。その上で毛沢東を「厳重警告処分」、朱徳を「書面警告処分」とし、新前敵委員会書記に陳毅を選出したのである[84]。

この論争では双方が見解を公表し、その上で選挙と決議で決着がつけられたのであるから、第四軍党内で党内民主主義が（それも高いレベルで）機能していたと言ってよい。だが、李立三ら党中央はこれを認めなかった。彼らは陳毅を上海に招喚し、陳毅は八月末、向忠発・李立三・周恩来らに報告を行い、五通の書面報告を書き上げ[85]、これらに基づいて九月二十八日、第四軍宛書簡が作成された。「紅軍は労働組合や農民協会のような組織ではない。それは常に敵との血戦状態にある戦闘組織であるから、その指揮は集中されねばならない」と述べるそれは、第四軍の集権的指導と毛沢東の復権を指示するものだった[86]。十二月二十八日に開かれた紅四軍第九回党代表大会（古田会議）で毛沢東は、前敵委員会書記に復帰、集権的指導の方針を正当化する決議を採択したのだった[87]。

第四に、一九二九年十一月から翌三〇年九月にかけての、党中央と何孟雄との間の論争の事例を挙げたい。華北の労働運動や江蘇省の農民運動部門で活動し、同省委常務委員を経て上海の区委書記になっていた何孟雄[88]は、二九年十一月の中共江蘇省第二回代表大会にあって、党指導者李立三の、革命情勢の復興は成熟を遂げており、労働運動は政治ストなど攻勢路線を採るべきだとする見解に反対し、現段階における革命の復興は始まったばかりであり、攻勢の準備段階にあると主張した。さらにこの大会で江蘇省委候補執行委員に選出された何孟雄は、第二期省委の第一回会議では、農村における「根拠地」樹立を提起したのだが、それは「旧態依然の割拠観念だ」との批判を指導部の側から浴びることになっていたのである[89]。

だから何孟雄は、自らの活動経験を踏まえた、都市労働運動の現状と農村根拠地の重要性に対する見解を――これまで誰も口にしなかった明確さで――一九三〇年四月十五日付の書簡で党中央に向け突き付けた。現在、「農民運動は都市の労働運動よりもずっと発展を遂げている」のだから、都市より農村の運動に努力を傾注するべきではないか、というのである。これは「周子敬」（何孟雄の変名）なる人物の「投書」として機関紙『紅旗』第一〇四期（五月二十四日）

に掲載された[90]。党中央の方針に対する反対意見が、機関誌に掲載されることは、これまでにも幾つもの事例を挙げることができるが[91]、今回の事例は、そうした「公表」の最後のものとなった。

この時『紅旗』編集部は「記者」の名での何孟雄の投書への反論文を附し、二つを同時掲載した。「記者」は、「労働運動が農民運動よりも立ち後れているとの分析は間違いだ」、「農村の闘争や紅軍の発展は都市労働者の闘争とは切り離せない」などと述べたのだが、それは陳独秀に対してと同様、「説明」や「説得」口調のものではなかった。党中央の「記者」は、高飛車に何孟雄の見解を抑えようとしていたが、それにはそれだけの必要があったからである。何孟雄の主張とその反論が機関紙に掲載されてからわずか二週間余の六月十一日、李立三の党中央は、「新たな革命の高潮と一省もしくは数省における先駆的勝利」決議を採択、かつて日本人研究者によって「李立三コース」と呼ばれた大都市奪取プランを開始するのである。

だが、何孟雄は李立三の指導部に対する批判を止めなかった。彼は上海の党組織会議（上海区委・産委党団書記連席会議、八月二十日）で、党中央の「革命の高潮」という過大評価を批判し、紅軍の長沙（再）攻撃には前途がない（実際、失敗に終わった）、「中国革命は〔李立三の主張に反し〕世界革命を起こせない」し、上海の政治ゼネストは現状では「不可能だ」、と主張した[92]。だが、彼が次の会議（九月一日）で「立三同志の路線」への批判にまで進んだ時、その発言は遮られ、李立三は彼を「解党派のスパイ〔取消派的暗探〕」だと糾弾した[93]。まもなく彼は職務を解かれ、党機関紙『紅旗日報』は「右傾日和見主義者」のレッテルを貼って非難キャンペーンを展開した[94]。この事態は、コミンテルンがモスクワから瞿秋白と周恩来を帰国させ、李立三指導部を改組するため開催させた中共六期三中全会（一九三〇年九月）においても変わらなかった。三中全会の「同志に告げる書」は、李立三の中央政治局を「一貫してコミンテルンと同じ路線に立って来た」と弁護する一方で（周恩来報告も「最近中央は戦術的に一部で誤りを犯した」と述べるにとどめている）、「右傾と〝左傾〟の日和見主義に反対する」党内闘争（「二つの戦線での闘争」）にあって、「火力を主要な危険である右傾に集中せしめる」ことを呼びかけた（傍点原文）[95]。彼らは確かに李立三に自らの誤りを認めさせ、彼を党指導者の立場から「解任」したが、党内論争での矛先は李立三にではなく、そもそも李立三を批判していた何孟雄に向けられたのである。

なお、この六期三中全会について公式の中国共産党史は、モスクワから帰国を命じられた周恩来と瞿秋白が、李立三の政策がもたらした混乱の収拾のため誠実に取り組んだかのように記述している[96]が、そうした記述からは重要な事実が見落とされている。三中全会の文献は「断固として唯一の一致した路線のために闘い、一、三の路線が党内に存在して自由に討論し自由に批判することに反対せねばならない」（傍点原文）と主張し、何孟雄を支持する江蘇省委のメンバーの、「組織的には中央に服従するが、政治的見解の上ではなお自分の意見を留保する」という態度を非難しているのである。これでは、ある問題をめぐって生じた反対意見の所在を「路線」と決めつけてしまえば、党内討議は不可能になるし、中央委員会総会や全国大会で少数派となったグループが、次なる総会・大会まで自己の見解を留保することもできなくなる。意見留保の権利と行動の一致という「民主主義的中央集権制」本来の原則は、この時忘れ去られた（この意見留保の権利が党規約に書き込まれるのは、実に一九五六年の中共第八回全国大会を待たねばならない）[97]。

したがって周恩来と瞿秋白がなしたことは、スターリン主義的な集権的意思決定の制度化であり、この時党員に対し自己批判運動（「全党の正確な路線に基づき」組織内部で活動を点検し、欠陥を補い錯誤を是正するとともに、「根本路線の異分子」と闘争すること）の展開が広く呼びかけられたのも、その一つである[98]。この時の「自己批判」はソ連党に倣い、（個人が自身を批判するのではなく）党が党を批判すること、つまり組織内部で他者を批判することを意味したが、何孟雄の李立三指導部への批判は、「根本路線の異分子」「解党派のスパイ」の発言とされたがゆえに「自己批判」とは評価されず、むしろ糾弾闘争の対象となったのである。

さらに、コミンテルンのミフ（コミンテルン執行委員会東方書記局主任代理・同極東局書記）の強権的な介入で一九三一年一月七日（の一日のみ）開かれた中共六期四中全会は、王明らいわゆるモスクワ留学派を党指導部の位置まで引き上げるとともに、コミンテルンの指示に基づき、党内批判のレベルを「路線問題」にまで高め、李立三や三中全会選出の指導部（瞿秋白ら）を、コミンテルンの路線に反対する「立三路線」「調和路線」だと規定した[99]。これ以後、党内の反対勢力（あるいはそう考えられた幹部たち）に「路線の誤り」のレッテルを貼り、厳しい糾弾を浴びせることが党内闘争の慣例となり、李立三や瞿秋白のような失脚した指導者や党中央から批判を受けた幹部たちは「声明書」ないし「申明書」と呼ばれる文字通りの自己批判を書くことを強要されることになる[100]。

しかも、四中全会における決議や指導者交替は、会議での討議によって決定されたものではなかった。コミンテルンの指令はあらかじめ会議の結論を決定づけており、会議が開催された時には、もう勝負が決していた。機関誌（紙）など党員大衆に開かれた場から姿を消した論争は、この時党の意思決定機関である中央委員会からも姿を消している。すなわち、一九二〇年代末から三〇年代初めの時期に、中国共産党の論争のあり方は、⑴論争が理論的な説得を目指すものから政治的な打撃の手段となり、⑵機関誌（紙）などの公開の場で行われることがなくなり、⑶しかも会議における討議の自由すら失われ、意思決定の場が狭められていく、という大きな変質が生じる。そしてこの論争の変質は、党内の反対意見に対する抑圧、「自己批判」による意思統一、さらに路線闘争の強調に見られる、党内民主主義の喪失と歩みを共にするものだった。

もちろん一方では、党内少数派はこうした事態に抵抗し、党内民主主義を機能させようとした。陳独秀は前述のように、「党内デモクラシー」（党地方組織の委員選挙制、党の政策に対する党員の批判の自由、会議での政策・活動方法についての討議の自由、党員間の論争の党機関誌掲載など）を主張していた[101]。また江蘇省委の一部や中華全国ソヴィエト代表大会中央準備委員会（三〇年七月成立）のメンバーでグループを形成していた何孟雄は、九月以降も、「私の政治的意見を公然と提起することはボリシェヴィキ党員のあるべき態度だ」とし、瞿・周指導部の求める自らの誤りの承認を拒み、党中央の見解に対しては補充意見だけを認め、原則問題の討議を認めないやり方の一掃を主張した[102]。これらに対し政治局は、彼の主要な論点が李立三批判にあることを理解したからであろう（また、コミンテルンが三中全会の何孟雄に対する集中砲火を批判した[103]こともあって）、十二月十六日に至って「何孟雄同志問題についての決議」を採択、何孟雄の「政治意見書」は一般に正しいとして、彼に対する処分を取り消す決議を行い、この政治局決議と彼の「意見書」を党内に公表することを決定した。だが、彼の「意見書」が謄写版のパンフレットとして刊行された時、そこには同時掲載されるはずの政治局決議が省かれていた[104]。ミフや王明が何孟雄の復権を望んでいなかったからである。

翌三一年一月七日、ミフが開催を強行した中共六期四中全会では、何孟雄は会議そのものの開催に反対し、不均衡発展の問題などについて縷々述べ立てたが、ミフは耳を貸さなかった。

一月八日、何孟雄・張金保・林育南ら十八名は、林の起草した「同志に告げる書」を発表、四中全会そのものに反対を提起した[105]。また四中全会で指導権を握った王明らを「李立三派・投降分子」と指弾し、臨時中央の組織と「緊急会議」の開催を主張した羅章龍・王克全らの全国総工会・上海工会連合会フラクションを中心とするグループも、四中全会の出席者が政治局によって勝手に指定されたこと、会議のあり方が「民主化されていない、請負方式」のものだったことを批判した。最終的には「第二中央」「第二江蘇省委」の組織という分裂行動に走ったとされる彼らも、本来「当面の急務は党内民主主義の恢復」だと主張していたのである[106]。この点でボリシェヴィキの伝統を保持していたのは、「ボリシェヴィキの原則」を振りかざす党中央ではなく、むしろ彼らが糾弾してやまない「左」「右」の反対派だったのである。

だが、こうした意思決定における民主主義を求めた党内反対派の抵抗は、いわば各個撃破されていった。前述のように陳独秀らトロツキスト反対派は、一九二九年十一月に中共から除名された。四中全会後まもなくの三一年一月十七日から十八日にかけ、何孟雄や林育南らの反対派は密告によって国民党当局に逮捕され（東方旅社事件）、二月七日に処刑される[107]。また何孟雄らの逮捕の十日後、今度は羅章龍が中央委員解任と同時に除名され、王克全も中央委員・政治局候補委員を解任の上、除名された[108]。立場は異なるものの、同じく党内民主主義を主張した三つの反対派は、ここに党内勢力としては壊滅した。

おわりに——党内民主の行方と毛沢東独裁

以後、中国共産党の歴史は、党内の意思決定を中心に見る限り、王明らモスクワ留学派と毛沢東との対立抗争を軸に展開される。党内民主を語らない（あるいは自己の政治目的のためにしか語らない）両派の抗争の過程は党内民主主義が一掃される過程であったし、毛沢東の権力は党内民主主義の政治的比重と反比例して伸長することになった。

すなわち、六期四中全会で党内権力を掌握したモスクワ留学派は、モスクワの指示を受け、農村・山間部に築かれたソヴィエト区から進んで「中心都市」を占領する方針を打ち出したが、このことは農村での勢力拡大を重視する毛沢東との対立を招いた。このため留学派は、軍事指導者としての毛沢東の力の源泉であった第一方面軍総政治委員職から毛を事実上解任（一九三二年十月）する一方、自らの（コミンテルンの）路線に反していると見なした党の指導機関や幹部に向け、「自己批判」の名の下での糾弾を繰り返し[109]、あるいは鄧小平のような指導者に対し「路線」のレッテルを貼って処分を強行した[110]。この間贛西南［江西省西南部］・閩西［福建省西部］・鄂豫皖［湖北・河南・安徽省境地区］などの革命根拠地では、万を以て数える党員や軍人たちが、「ＡＢ団」［アンチ・ボリシェヴィキ団］や「社会民主党」といった実際には存在しなかった反革命組織の成員の嫌疑をかけられ、粛清されていった[111]。

こののち一九三四年、共産党軍は国民党のソヴィエト区包囲攻撃に対する抗戦に失敗、紅軍主力八万六千は中央根拠地の「首都」瑞金を離れて大移動を開始した。その途上、貴州省遵義で開かれた政治局拡大会議（一九三五年一月）にあって毛沢東らは留学派とコミンテルン軍事顧問ブラウン（Otto Braun）の戦争指導を批判した。その結果、軍と党の指導は「周恩来・王稼祥・毛沢東」で構成される「新三人組」の掌握に帰し、まもなく同組の軍事面での最終決定権限者は周恩来から毛沢東へと変わり、軍隊と党が事実上一体化する状況下で、毛は党の実権をも握った。さらに一九三八年に至ってコミンテルンは毛沢東の中共指導者としての地位を承認、毛沢東の論文は必ず党機関誌の巻頭に掲載されることになり、理論面での権威も毛のものとなった[112]。彼は四一年九月の政治局拡大会議と十月の書記処工作会議でモスクワ留学派を瓦解に追い込み、王明らに対する絶対的優勢を確立した[113]。

だが、毛沢東の権力衝動はそれでも止むことはなかった。彼の目標は、全党の思想を自らの下に統一する（そうすることで抗日戦に勝利し、国民党に取って代わる）ことにあったと考えられているのだが、そのためにはモスクワ留学派の残存する影響力と、都市部から延安に駆け付けて来た知識人の自由主義を一掃せねばならない。この目標実現のために一九四二年二月、毛沢東は「整風運動」を開始した。当初「教条主義」と「主観主義」を一掃するための学習運動の装いで始まった運動は、やがてあらゆる党員を徹底的に「審査」し、「反革命」や「スパイ」の嫌疑者を摘発する運動へと発展した[114]。「民主大会」（！）の名の下に糾弾集会が開かれ、知識人や国民党統治区での活動経験者を中心に数千人規模の党員が嫌疑をかけられ、拘禁され、拷問を含む苛酷な手段で「自白」を強要され――この頃「自己批判」は自分で自分を批判することへと意味が変わる――延安だけでも数十名が自殺に追い込まれた。だが、この運動こそが、「個々の党員の心底における毛沢東の絶対的権威」を確立せしめたのであった[115]。

――整風運動の「成果」はもちろん、多くの具体的な政治的「果実」として現れた。毛沢東は一九四三年三月、中央政治局が採択した「中央機構の調整及び簡素化についての決定」によって、政治局と書記処（この時期政治局常務委員会の職権を代行）の「主席」を兼任、党の意思の最終決定権限を握った[116]。同年七月には、「毛沢東思想」を「中国における「マルクス・レーニン主義」としてを称える慣例も始まる[117]。また四五年四月、本書冒頭でも述べたように中共中央委員会（六期七中全会）は、「若干の歴史問題についての決議」を採択、中国共産党の歴史を路線闘争の歴史として描き、毛の権力掌握の歴史的正統化を図った[118]。

そして、同じ一九四五年四月、実に一七年ぶりに開催された中国共産党第七回全国大会における議論、意思決定のあり方は、毛沢東の党内覇権がいかなるレベルにまで達していたかを如実に示していた。前回の第六回全国大会では瞿秋白の政治報告に対する討議に象徴されるように、代表たちは必ずしもコミンテルン（スターリンやブハーリン）の見解に縛られず、指導者瞿秋白の主張について自由に支持あるいは反対の見解を述べることができた。発言者に対して会場から不規則発言が出ることもあったし、代表の発言に即時（短時間ながら）反論することも可能だった。

だが、この第七回全国大会は全く異なる様相を示した。毛の政治報告（四月二十四日）と朱徳の軍事報告（同二十五日）が行われた後、周恩来とこれに続く彭徳懐、陳毅、高崗らの発言は討議というよりその職掌に関わる報告の性格が強かった。そして次に登壇した張聞天は、前総書記という経歴にもかかわらず、徹底的というべき「自己批判」を行ったのだった。張は「（毛の）政治報告を聞いて自己反省」したと述べ、自らの教条主義・盲動主義・セクト主義の誤りを、モスクワ留学派が権力を握った六期四中全会以降の、遵義会議、王明が影響力を行使した政治局十二月会議、そして整風運動の時点に認め、自己批判の弁を縷々述べ立てたのである。そして張はその発言を「毛沢東路線と毛沢東思想の勝利万歳！」で締めくくった[119]。

同じくモスクワ留学派として中央政治局の指導者であった博古（秦邦憲）も、教条主義・日和見主義の「路線の誤り」に全面的に関与したことの「責任」を認め、七中全会採択の「若干の歴史問題についての決議」にも「完全な同意」を表明した。彼もまた教条・日和見主義の形成と発展の経緯を説明し、最後の段階（政治局十二月会議・一九三七年）ではそれは「右傾投降主義路線」に転化したとまで述べている[120]。

その他の発言者もモスクワ留学派を中心に、自身の部署での活動報告や毛の主張を敷衍しての議論に交え、「自己批判」を述べている。例えば楊尚昆は、幾つもの教条に囚われたが故に「第三次〝左〟傾路線」の「断固たる執行者」となってしまったと述べ、陸定一は政治局十二月会議後の一時期と抗日戦期の「百団大戦」（一九四〇年）の際、自らが属する華北の党組織が「比較的大きな誤りを犯した」ことを指摘している。また李富春も「〝左〟傾日和見主義の政治路線とセクト主義の組織路線」を執行したこと、とりわけ「反羅明路線」の名の下に鄧小平らを攻撃したことを自己批判した[121]。

しかも、発言者のほとんどは、冒頭で毛沢東の政治報告と朱徳の軍事報告に「完全に同意する（あるいは擁護する）」と述べた上で発言を開始している。つまり、政治報告と軍事報告の後で行われた大会代表たちの発言とは——第六回大会とは異なり——これらの報告を議論するのではなく、支持（あるいは賛美）を表明し、これまで毛沢東と対立する立場にあった党員たちにとっては自己批判を行うための、またそうではない党員たちにとっても毛沢東の政策を基準に自らの政策上の失敗を自ら批判するためのものだった。

そして毛はその書面による政治報告（「連合政府を論ず」）にあって、中国共産党の新たな活動の「作風」として、理論と実践の結合、人民大衆との緊密な連携とともに、「自己批判」を挙げ[122]、また口頭の政治報告でも、「団結しようとするなら民主がなければならない、民主がなく、批判と自己批判がなく、意見をはっきりさせられなければ、団結することはできない」と述べている[123]——ここでの「民主」は実際には「自己批判」と同義である——から、こうした大会のあり方は彼の意図通りであったに違いない[124]。毛は大会閉幕の辞（「愚公山を移す」）にあって、「多くの同志たちが自ら批判を行い、団結の目標から出発し、自己批判を経て団結に達した。今回の大会は団結の模範であり、自己批判の模範であり、また党内民主の模範である」と述べている[125]。整風運動と第七回全国大会を経て、自分の圧倒的な権力と権威の下に服する幹部・党員たちを前にして——つまり誰一人として毛沢東に意見を言わない（言えない）状況を踏まえ――彼はこう語ったのだった。そして、そもそも「党内民主」を語ることが少なかった毛沢東[126]が、この党大会における数々の報告や演説の中で「党内民主」という語を用いたのは、この閉幕の辞ただ一度である。この時の彼の「党内民主」への言及は、同時に中共の「党内民主」への〈葬送の鐘〉を鳴らすものだった。

そしてこの〈葬送の鐘〉は、後の中国共産党と現代中国の歴史にも、決定的な影響を与える。この事実については、紅軍と人民解放軍の軍人であった蕭克の発言にその証を見ることができる。彼は、前述の「朱毛の争い」に関連して次のように述べている。――「一つの組織にあって、もし主な指導者が問題の性質を規定することを口にした時、それが正しかろうと間違っていようと誰も意見を言わなくなってしまえば、それは危険だし、もし誤っていたら大変なことになる。紅四軍の第七回党大会の決議案が第四軍の主要なポストにある指導者を批判したことは、党の事業にとって有益だった。私はかつて古くからの党の同志に言ったことがある。『もし、〝文化大革命〟以前に、わが党に紅四軍の第七回党大会のような批判精神があれば、〝大躍進〟や〝文化大革命〟は起こらなかったかもしれない』、と」[127]。

注

1「中国共産党第一次代表大会」『中共中央文件選集』第一冊、五五七～五五八頁。大会直後に作成されたコミンテルン宛報告と覚しき同文書によれば、このうち国会議員問題については、決定は次回の党大会に持ち越され、中共第二回全国大会の「議会行動についての決議案」で、中央執行委員会以下の強い統制下に党員が議員に選出され議会活動を行うことが認められている（同前、七三～七五頁）。他政党との連合問題については、この「中国共産党第一次代表大会」は擁護派の見解の方を詳しく述べているが、大会決議「最初の党綱」には、「黄色知識階級及び他の類似政党」との関係は完全に「断ち切る」とあり、反対派の主張が勝利を占めた（『中国共産党史資料集』1、五五頁）。

2第一回大会の論争とマルクス主義知識人の思想状況については、石川禎浩「マルクス主義の伝播と中国共産党の結成」、狭間直樹編『中国国民革命の研究』京都大学人文科学研究所、一九九二年、参照。

3范平・姚桓『中国共産党党章研究』中共中央党校出版社、一九八七年、一一一頁。

4「中国共産党党章」『中共中央文件選集』第一冊、九三～九八頁。

5『中共中央文件選集』第一冊、九一頁。

6同前書、九六頁。

7確かに、レーニンは分派の禁止や党中央の処分権（後述）などを一九二一年の党大会で認めさせたが、それはあくまで一時的な非常措置と考えられており、すべての党内論争がこれ以後抑圧された訳ではない。したがって、ここで言う「民主主義的中央集権制」は、後にスターリンによって運用され、階層的な意思決定の中で「一枚岩」の党を作り上げたそれとは異なる。なお、レーニン時代の民主集中制については、藤井一行『民主集中制と党内民主主義―レーニン時代の歴史的考察―』（青木書店、一九七八年、一三九～一七八頁）を参照。

8「共産主義インタナショナルへの加入条件」（一九二〇年八月六日）の第一二条には、「共産主義インタナショナルに所属する党は、民主的中央集権制の原則にもとづいて建設されなければならない。現在のような激しい内乱の時期には、党が最も中央集権的に組織され、党内に軍事的規律に近い鉄の規律がおこなわれ、党中央部が、広範な全権をもち、全党員の信頼をえた、権能ある、権威ある機関である場合にだけ、共産党は自分の責任を果たすことができるであろう」とある（『コミンテルン資料集』1、二一七頁。傍点原文）。この文書は、中共第二回大会の「中国共産党加入第三国際決議案」の附属文書として中国語に訳されている。なお、ここでは「民主的中央集権制」は「徳莫克乃西的中央集権」と訳されている（『中共中央文件選集』第一冊、七〇頁）。

9「民主主義的中央集権制」に言及した文献としては、『新青年』第九巻第二号（一九二一年六月一日）に掲載された山川均著・周仏海訳「社会主義国家与労動組合」、社会主義青年団の機関誌『先駆』第一七期（一九二三年五月十日）掲載の存統「本団的問題」がある。前者では、ソヴィエト・ロシアの労働組合の組織は「労農政治の原則」たる「民主的集中」に基づいており、「その集中は、上から官僚主義的に行われるのではなく、下から民主的に行われる」との簡単な紹介が見られる。後者では、細胞から全国大会への意思決定の積み上げ、全国大会の決定の遵守、上級への異議申し立て権などが「民主的集中」の内容として説明され、組織の決定には多数決で改定・廃止が決まらない限り「絶対服従」せねばならない、とある。

10「中国国民党章程草案」『国民党週刊』第一期、一九二三年十一月二十五日。なお、この「草案」は、国民党第一回全国大会でいくつかの修正を経た後、「中国国民党総章」として採択された（『中国国民党第一・二次全国代表大会会議史料』上、九一～一〇一頁）。ロシア共産党の一九二二年規約については、藤井一行前掲『民主集中制と党内民主主義』二六三～二七三頁。

11 前掲『中国国民党第一・二次全国代表大会会議史料』上、二八頁。
12 「中国共産党第二次修正章程」『中共中央文件選集』第一冊、三八三～三八九頁。
13 この決議（「国民党にたいする中国共産党の態度の問題についての決議」一九二三年一月十二日）は、「一部は自由主義的・民主主義的ブルジョアジーと小ブルジョワジーに立脚し、一部はインテリゲンチャと労働者に立脚している国民党は、中国における唯一の重要な民族革命グループであ」り、「今日の条件のもとでは中国共産党員が国民党内にとどまることが必要であると考える」と述べるものであった（『コミンテルン資料集』2、三七三頁）。
14 「斯内夫利特［マーリン］筆記　中国共産党第三次代表大会関於国共合作問題的討論」『馬林与第一次国共合作』二三九～二四二頁。
15 同前書、二三八、二三六頁。
16 同前書、二四三頁。
17 瞿秋白「中国共産党歴史概論」『中共党史報告選編』一七六頁。なお、もう一人の反対派張国燾は中央執行委員選挙で落選しているが、これは彼が党内で不当なまでの分派（小団体）活動を行ったことが大会で非難されたためである。陳独秀「在中国共産党第三次全国代表大会上的報告」『中共中央文件選集』第一冊、一七二頁、「致共産国際執行委員会的信」『馬林与第一次国共合作』二四三～二四四頁。ただし、この時張国燾は、大会報告における言及と中央執行委員選挙落選以外、何らかの処分を受けた訳ではない。
18 雲山「北伐的意義与各階級民衆応有的覚悟」『戦士』第一三期、一九二六年六月二十日、大雷「此次広東出師之意義」『人民週刊』第一六期、一九二六年七月八日、「擁護国民革命軍北伐」『中国青年』第一二九期、八月七日。
19 「全党同志に告げる書」『陳独秀文集』2、三五四～三五五頁。
20 前掲『中国共産党歴次重要会議集』上（六〇頁）によれば、七月十二日開催。
21 独秀「論国民政府之北伐」『嚮導』第一六一期、一九二六年七月七日。
22 大「独秀的意見是対的」『人民週刊』第一八期、一九二六年八月十二日、中国共産党湖南区執行委員会「対湖南政局宣言」『戦士』第一四期、七月［日付不明］、「北伐為的什麼？」『中国青年』一三〇期、八月二十日。

なお第3章で見たように、瞿秋白は一九二六年八月、論文「北伐の革命戦争としての意義」を口述したが、『嚮導』編集部は彼の掲載要請を拒否した。本章の旧稿（『史林』第七七巻第六号、一九九四年十一月）は、この掲載拒否を党内民主主義に反するものとしたが、これは誤りであった。北伐を支持しないという方針は、七月の中央拡大執行委員会の「政治報告」で採択され、その趣旨を反映した「中国共産党の時局についての主張」が七月十四日付『嚮導』で公表されている以上、確立された中共中央の政策方針であった（これは党内民主主義にかなった、陳独秀と湖南省委・広東省委・共青団との間の公然論争を経た上での決定である）。わずか一カ月後、それも北伐の戦果がまだ顕著でない時点で、党の方針と異なることを主張する瞿秋白論文を中央機関誌に公表することは、間違いなく困難なことであったに違いない。

23『嚮導』第二四期、一九二二年九月二十日、十月四日。

24 独秀「民主聯合戦線与労資妥協」『労動週報』第七期、一九二三年五月二十六日、李毓秀「主張労資携手的我見」同第一六期、七月二十八日、何常「主張労資携手的感想」同第一七期、八月十九日。

25 中共中央「致粤区的信」（一九二六年九月十七日）、同「致粤区信」（十月四日）、中共広東区委「復党中央十月四日来信」（十月二一日）、中共広東区委「政治報告（二）」（十一月二十三日）、中共中央「致粤区信」（十二月四日）、広東省檔案館他編『広東区、団研究史料』広東人民出版社、一九八三年、四二二～四二六、四四九～四五二、四五六～四六〇、四七八～四八六、四八七～四九〇頁。

26『中共中央文件選集』第三冊、一四二～一五五頁。すでに中共第五回全国大会の「組織問題議決案」は、党員数の激増や当面する任務を理由に、旧規約の改訂・補充を提起していた（同前書、八八頁）から、同決議に基づいた規約修正と考えられる。

27『中共中央文件選集』第三冊、一五二頁。

28『八七会議』三四～三五頁。

29「共産国際代表羅明納茲［ロミナッゼ］的報告」『八七会議』五五頁。

30 例えば、陳独秀の「中央政治局会議での発言記録」「政治局の意見に基づくコミンテルンへの電報」『陳独秀文集』2、三〇七～三〇九、三一一～三一四頁、参照。

31『八七会議』三六頁。

32『八七会議』四六頁。

33「中央通告第一号」『八七会議』一一九頁。

34「中央通告第四号」『八七会議』一三九頁。

35 事実、これ以後の『布爾塞維克』の読者投稿欄や「中国土地問題与土地革命」という論争用の欄には、志益「関於土地問題党綱的討論」（『布爾塞維克』第一四期、一九二八年一月十六日）や星月「読了立夫同志的『土地問題党綱草案』以後」（同第一五

〜一六、一八、一九期、同年一月三十日、二月六日、二月二十日、二月二十七日）といった論文が掲載されている。

36「陳独秀来信」「中央復陳独秀函」『中共中央文件選集』第三冊、五五〇〜五五七頁、「独秀来信（三）」「中央常委致広東仲甫的信」、中共中央党史資料徴集委員会他編『広州起義』中央党史資料出版社、一九八八年、一三八〜一四一頁。

37『六大以前』七五七〜八〇五頁。『中国共産党史資料集』3（一七九頁）が引用する『中国革命的根本問題』刊行本への中共中央党報委員会の序文によれば、同書を彭述之が執筆したのは一九二七年六月。

38『中国共産党組織史資料』第二巻（上）、四二頁。解任は政治局の決定による。政治局は八・七会議の結果、中央委員会の全職権を行使することになっていたにせよ、本来中央委員の解任は選出母体（全国大会）の権限である。このことの意味については後述。

39『中国共産党史資料集』3、一八〇頁。

40譚平山・記者「中国共産党的政策是『超時代』的嗎？」『布爾塞維克』第二二期、一九二八年六月三十日。

41「最近組織問題的重要任務決議案」『中共中央文件選集』第三冊、四七一〜四七四頁。

42同前書、四八二〜四八四頁。

43この処分の権限は除名まで含み、また中央委員までも対象としていた。レーニン本人が不当性を認めながら、非常事態を理由として党大会に認めさせたこの措置は、当初秘密決議であったが、のちスターリンが一九二四年に公表、三四年には党規約に明記される（藤井一行前掲『民主集中制と党内民主主義』一六七〜一六九頁）。したがって、決議の提案者であるコミンテルン代表ロミナッゼがこれを援用した可能性が高い。

44現在の北京市・天津市と河北省を担当地域とした。「順直」とは清代の順天府と直隷省を合わせた呼称。国民党政権がこの地域を「河北省」と呼称していたため、共産党は敢えて旧称を用いたのである。

45「広告暴動」とは十月十日北京市内で行われた標語貼りの活動。「暴動」に関与した連絡員の逮捕から同月下旬、北方局・北京市委・北京総工会などが当局に摘発され、王荷波ら数十名が逮捕殺害された。また十八日に開始された玉田暴動は一時的な県城占拠に終わった。李継准・屈左軍「綜述」、中共中央北方局「関於玉田暴動失敗教訓的通告」（一九二七年十一月七日）、中国共産党歴史資料叢書『中共中央北方局』土地革命戦争時期巻（上冊）、中共党史出版社、二〇〇〇年、五〜六、四九頁。

46「蔡和森致中共中央信」「中共順直省委関於党内問題決議案」「中共順直省委組織問題決議案」『中共中央北方局』七六、一二三〜一二四、九六頁。この他、順直省委の「組織問題決議案」には、個々の政策決定に際し下級党部と大衆が「随時討議・批判し、修正を提起する権利を認める」「活動に当たっている同志と多数の大衆が党の政策と方法に反対である場合、大衆の意見を取り入れ、これらを改めねばならない」ことが記載されている（『中共中央北方局』一〇〇頁）。また順直省委常務委員会の「工作の注意すべき点」（一九二八年一月十四日採択）は、常務委員会で自分の意見が採択されなかった常務委員は、下級党部と大衆の討議を求めることができるとしている（「除非在常務委員会中、自己堅決的主張不得通過時、才可提出下級党部及群衆討論」、中央檔案館・河北省檔案館編『河北革命歴史文件彙集』甲2、一九九一年、八七頁）。

47 以上については、江田憲治前掲「中共党内抗争と民主主義——蔡和森の主張とその失脚の意味」参照。

48 「団湖北省委劉昌群、韓光漢給団中央、党中央的報告」「中共湖北省委転発中央通知的緊急通知」、中央檔案館・湖北省檔案館編『湖北革命歴史文件彙集』甲4、一九八四年、一～一八頁。

49 「中共湖北省委拡大会議記録」「中共湖北省委拡大会議決議案」『湖北革命歴史文件彙集』甲4、一九八四年、一一四～一六六頁、趙朴「五次大会到六次大会一年中的組織状況（二）」『党史研究』一九八六年第六期、一九八六年十一月。

50 中共湖北省委組織部等編『中国共産党湖北省組織史資料　一九二〇・秋～一九八七・一一』湖北人民出版社、一九九一年、五九～六〇、六三～六四頁、李維漢『回憶与研究』（上）、中共党史資料出版社、一九八六年、二〇七～二〇八頁。

51 中共広東省委「関於広州暴動問題決議案」『広州起義』二四七～二五三頁、「広州暴動之意義与教訓」『中共中央文件選集』第四冊、一～四四頁。

52 中共広東省委「対中央政治局会議通過之『広州暴動之意義与教訓』的決議案的決議」『広州起義』二九五～二九八頁、「綜述」同前書、一五～一六頁。

53 「中共広東省委拡大会議記録——討論広州暴動問題」（一九二八年二月九日）『広州起義』三〇二～三二七頁、「中央通告第三十五号——『広州暴動之意義与教訓』決議案的補充」（二月二十六日）『中共中央文件選集』第四冊、一二三～一三一頁。

54 「共産国際関於中国問題的議決案」（一九二八年二月二十五日）、「中央通告第四十四号」（同四月三十日）、『中共中央文件選集』第四冊、七五七、一七七頁。

55 瞿秋白「在中国共産党第六次全国代表大会上的政治報告（口頭報告）」（一九二八年六月二十日）『中国共産党第六次全国代表大会檔案文献選編』上巻、三一五頁。

56 瞿秋白「中国革命与共産党——関於一九二五年至一九二七年中国革命的報告」（一九二八年四月）、同前書、三一〇、三二一頁。

57 瞿秋白前掲「在中国共産党第六次代表大会上的政治報告（口頭報告）」、同前書、三三三頁。

58 「周恩来対斯大林同瞿秋白和中共其他領導人会見情況的記録」（一九二八年六月九日）、同前書、四四頁。

59 同前書、二四八頁。
60 「第二十九号蔡和森在政治報告討論時的発言」（一九二八年六月二十二日）『中国共産党第六次全国代表大会檔案文献選編』下巻、四九三〜四九四頁。
61 同前書、四八三〜六六六頁。なお、「政治報告」討議（六月二十一〜二十七日）で発言した党代表は六一名（うち正式代表五二名）、このうち高揚論支持派は一九名、反対派が二二名、中間派二〇名であった。
62 『中共中央文件選集』第四冊、二九八、三〇九〜三一〇頁。
63 『中国共産党第六次全国代表大会檔案文献選編』下巻、五七七頁。なお、王若飛は、以下のように続けている。――「独秀同志が［六回大会に］来ないのは、私の見るところ、八・七前後に毛唐［原文は「大毛子」。ロミナッゼのこと］から厳しい処分を受け、八・七会議にも十一月拡大会議にも出席を認められず、国外に出ることを迫られたからだ」。陳独秀は、インターについて「自分を犠牲にして中国党指導部の威信を保つことに決めた」が、一方で「自分が国内にとどまって言論を発表すれば悪影響が出かねないと不安がっている」と考えている。こうしたことから、陳独秀はモスクワに行ってもトロツキストと呼ばれるだけで、「大会に出られるとは限らない」と考えたのだ、と。もっとも王は、最後に「彼がインターの新政治路線を受け入れれば、インターは当然彼が党に戻り活動することを拒否しない、受け入れられねば、もちろん遠慮なく出て行かせる」と言い添えてはいるのだが。
64 同前書、五九三〜五九四頁。
65 同前書、五六八〜五六九、六五八〜六五九頁。
66 『中共中央文件選集』第四冊、三二〇頁。
67 「中央通告第三十二号」（一九二八年一月三十日）『中共中央文件選集』第四冊、八二頁。
68 中国共産党中央委員会「告全体同志書」（一九二八年十一月十一日）『中共中央文件選集』第四冊、七〇四、七〇八〜七〇九頁、中共六期二中全会「組織問題決議案」（一九二九年六月）、同前第五冊、二二六、二二七頁。
69 『中共中央文件選集』第四冊、四六八〜四八二頁。
70 『コミンテルン資料集』3、二四二〜二四八頁。
71 「農民運動決議案」『中共中央文件選集』第四冊、三五六頁。
72 和森「中国革命的性質及其前途」『布爾塞維克』第二巻第一期、一九二八年十一月一日。

73和森「和森正誤」、立三「中国革命中的農民問題」『布爾塞維克』第二巻第二期、一九二八年十二月一日。

74中国人民大学檔案系・中国政治制度史教研究室『中国共産党機関発展史参考資料』第一輯、三二三頁、中共中央政治局「向国際的報告」（一九二八年十一月二十八日）『中共中央文件選集』第四冊、七二〇頁、『中国共産党組織史資料』第二巻（上）、四七、七五頁。

75鄭超麟著、長堀祐造他訳前掲『初期中国共産党群像――トロツキスト鄭超麟回想録』1、三〇五頁。

76「中東路事件与帝国主義国民党進攻蘇聯　中央通告第四十一号」（七月十七日）『紅旗』第三三期、一九二九年七月二十四日、元［羅綺園］「準備以鉄血来保衛蘇聯喲！」、同前。

77「撤翁〔陳独秀〕同志対中東路問題的意見」、「中央答覆撤翁同志的信」『紅旗』第三七期、一九二九年八月七日。

78立三「誤国政策与擁護蘇聯」『紅旗』第三八期、一九二九年八月十日。

79陳独秀「関於中国革命問題致中共中央信」（八月五日）『中共中央文件選集』第五冊、七二四～七四三頁。

80「批評撤翁同志対中東路問題意見的機会主義的錯誤」、「撤翁同志覆中央的信」『紅旗』第三九期、一九二九年八月二十日。この他、『布爾塞維克』も指弾の論陣を張った（韶玉［王明］「論撤翁同志対中東路問題的意見」『布爾塞維克』第二巻第一〇期、一九二九年九月一日）。

81「中央通告第四十四号――関於中国党内反対派問題」（一九二九年八月十三日）、中央政治局「給駐共産国際代表団諸同志的信――関於群衆運動和党内概況」（八月二十一日）『中共中央文件選集』第五冊、四一〇～四一一、四一九頁。

82「中央関於反対党内機会主義与托洛斯基主義反対派的決議」（一九二九年十月五日）、『中共中央文件選集』第五冊、五〇三～五〇五頁。この決議は、続けて「現在のように極めて張り詰めた革命闘争が闘われている時期にあって党内原則とは異なる討議を煽り立てることは、疑いもなく革命闘争への妨害であり、党の破壊であり、客観的には敵を援助することである」と述べている。

83同年十二月、陳独秀(ら)はパンフレット『全党同志に告げる書』と『われわれの政治意見書』(『陳独秀文集』2、三四八～四四三頁)を公表してコミンテルンと中国共産党の政策を糾弾、これに対し共産党はその機関誌で繰り返しトロツキー派への攻撃を行うことになるが、トロツキー派を党内分派と認めない中共との間の以後の論争は、もはや党内論争とは言えない。

84韓栄璋・陳朝響「紅四軍〝七大〟至古田会議評述」『近代史研究』一九八九年第二期、一九八九年五月、蕭克「紅四軍〝七大〟為古田会議的召開創造了条件」『福建党史月刊』二〇〇七年第一一期、二〇〇七年十一月。なお、蕭克（一九〇七～二〇〇八、

湖南の人、黄埔軍官学校第四期卒業。一九二九年当時は紅四軍の支隊長・縦隊参謀長、人民共和国成立後は解放軍上将）の「朱毛の争い」についての証言は、本章末で紹介する。

85「関於于朱徳、毛沢東的歴史及其状況的報告」「関於朱、毛紅軍的党務概況報告」「関於朱、毛争論問題的報告」「関於贛南、閩西、粤東江農運及党的発展情況的報告」「前委対中央提出的意見――対全国軍事運動的意見及四軍本身問題」。

86『中共中央文件選集』第五冊、四八四、四八九頁。

87『中国共産党史資料集』4、五五八～五五八頁。

88何孟雄（一八九八～一九三一）は湖南の人、諱は定礼、孟雄と号す。北京大学に学び五・四運動に参加、中国共産党に入党後は労働組合書記部など主に華北の労働運動方面で活動。一九二七年江蘇省委に派遣され（農民運動委員会秘書）、二八年には江蘇省委常務委員となったが、二九年初頭、江蘇省委と中央の統合に反対、このため上海の滬西・滬東区委書記へと降格されていた（「何孟雄平生年表」『何孟雄文集』人民出版社、一九八六年、二二六～二三七頁）。

89「何孟雄平生年表」『何孟雄文集』二三八頁。

90『紅旗』第一〇四期、一九三〇年五月二十四日、「問題与回答　関於無産階級領導的問題」。「問題与回答」はコラム名、以下が記事名。この記事の内容が「一、子敬来信」と「二、答関於無産階級領導的問題」である。「周子敬」が何孟雄の変名であることは、奚金芳「《子敬来信》与何孟雄〝農村包囲城市〟的思想」『党的文献』一九八九年第六期、一九八九年十一月、に従う。なお、何孟雄の農村重視論については、次章でやや詳しく触れる。

91「造国論論争」（一九二二年、『嚮導』）、国共合作反対投書（一九二三年、『労動週報』）、彭述之論文の陳独秀批判（一九二四年、『新青年』）、中東事件論争（一九二九年、『紅旗』）など。

92「何孟雄生平年表」『何孟雄文集』二三八～二三九頁。

93何孟雄「在上海区委・産委連席会議上的発言」、「給中央政治局的信」『何孟雄文集』一七四、一九二頁。

94社論「右傾機会主義対於正確路線的進攻」『紅旗日報』一九三〇年九月二十二日、社論「両条戦線的闘争」同九月二十四日、羅邁〔李維漢〕「反対何孟雄代表的機会主義路線与其取消派的暗探作用」同九月二十四・二十五日、「党内闘争与自我批評」同九月二十五日、曹仲彬「何孟雄」、中共党史人物研究会編『中共党史人物伝』第四九巻、陝西人民出版社、一九九一年、二一八～二二七頁。

95「中共三中全会告同志書」、恩来「関於伝達国際決議的報告」『中共中央文件選集』第六冊、四〇二、三八二、四〇四頁。

96金冲及主編・狭間直樹監訳『周恩来傳 1898-1949』上巻、阿吽社、一九九二年、三〇五～三一二頁。

97「中共三中全会告同志書」『中共中央文件選集』第六冊、四一〇～四一一頁、「中国共産党章程」『人民日報』一九五六年九月二十七日。

98 社論「党内闘争与自我批評」『紅旗日報』一九三〇年九月二十五日。この他、中共中央政治局のコミンテルン執行委員会宛電報（一九三〇年九月四日以前）は、モスクワに対し、「公開された集団的な自己批判により自ら（＝中国党）の誤りを是正する」と述べ（『聯共（布）、共産国際与中国蘇維埃運動（一九二七―一九三一）』中国革命檔案資料叢書第九巻、三四六頁）、三中全会の「同志に告げる書」も、「自己批判」の目的は、「コミンテルンと中国党の一致した路線をどのように一層強力に効果的に遂行するかを検討し、全般的な政治路線を動揺させないことにある」と指摘している（『中共中央文件選集』第六冊、四〇三頁）。

99「四中全会決議案」『中共中央文件選集』第七冊、一七～二七頁。

100 李立三は招喚先のモスクワで、「李立三路線」が「重大な誤りを犯した」ことを認める「声明」（一九三一年一月一日付）をコミンテルン執行委員会政治ビューローに提出し（『聯共（布）、共産国際与中国蘇維埃運動（一九二七―一九三一）』五七四～五七六頁）、瞿秋白は一九三一年一月二十八日付で自らの「調和主義の誤り」を認める「声明書」を執筆し、これは『党的建設』第二期、一九三一年二月十五日で公表された（『瞿秋白文集』政治理論編7、一三四～一三五頁）。なお、黄江軍「蘇維埃革命時期中国共産党政治文化的形成――以〝批評与自我批評〟為中心」（『蘇区研究』二〇二〇年第二期、二〇二〇年三月）は、こうした「声明」「声明書」の強要の背景として、ソ連党におけるジノヴィエフやカーメネフ（**L.Kamenev**）の「自己批判」公表の事例を挙げ、中国でも李立三・瞿秋白以外に王克全や鄧小平がそうした文書を提出したと指摘している。

101「関於中国革命問題致中共中央信」一九二九年八月五日、『陳独秀著作選編』第四巻、三九〇～三九三頁。同様の論点は、陳独秀の「われわれの政治意見書」（一九二九年十二月十五日）にも見ることができる（『陳独秀文集』2、四一六～四一七頁）。

102 何孟雄「政治意見書」（一九三〇年九月八日）、「政治意見書」（同十月五日）、「給中央政治局的信」（十二月十五日）『何孟雄文集』一八六、一九〇、二一〇頁。

103「何孟雄平生年表」『何孟雄文集』二四〇頁。

104 何孟雄の「意見書」パンフレットには、「これらの文献は『何孟雄同志問題についての決議（一九三〇年十二月十六日採択）』の後ろに書かれ、一緒に発表されるべきであるが、技術的な支障のため今に至るまで遅れ、［意見書］単独で発行する（因為技術上的障碍、所以遅至現在才単独印発出来）」との附記がある。

105「何孟雄生平年表」『何孟雄文集』二四一頁。

106「力争緊急会議反対四中全会報告大綱」『中共中央文件選集』第七冊、七二～七五頁。

107『中共党史人物伝』第四九巻、二二七～二三二頁。

108「関於開除羅章龍中央委員及党籍的決議案」(一九三一年一月二十七日)『中共中央文件選集』第七冊、六八頁、「永遠開除文虎〔羅章龍〕党籍的通知」、「開除王十人(即小王)〔王克全〕党籍的通知」『紅旗日報』一九三一年二月二日、二月三日。

109何益忠「民主革命時期〝批評和自我批評〟的生成」『中共党史研究』二〇一八年第一期、二〇一八年一月。

110楊会清「〝両条路線〟闘争視角下的〝羅明路線〟」『蘇区研究』二〇一五年第二期、二〇一五年三月。

111例えば、閩西根拠地では「社会民主党」のレッテルを貼られた六三五二名が殺害され、鄂豫皖の白雀園では紅四軍の二五〇〇名(乃至八〇〇名以下)が誤殺された。前述の蕭克は、一九三〇年十一月から十二月の一カ月余のうちに、毛沢東の四万人に満たない第一方面軍の中で四四〇〇もの AB 団を摘発し、数十人の同団総団長が殺害された、と証言している(蔣建農・蔣沫沫「蘇区粛反拡大化幾個問題的探討」『史学月刊』二〇一八年第四期、二〇一八年三月)。

112高華「在〝道〟与〝勢〟之間――毛沢東為発動延安整風運動所作的準備」『中国社会科学季刊』第五期、一九九三年十一月。

113高華『紅太陽是怎様昇起的』香港中文大学出版社、二〇〇〇年、二七九～二九〇頁。

114同前書、三九三～四一九頁。

115同前書、五〇一～五二七、四二二頁。

116中共中央文献研究室編『毛沢東年譜』中巻、人民出版社・中央文献出版社、一九九三年、四三〇～四三一頁。

117王稼祥「中国共産党与中国民族解放的道路」『解放日報』一九四三年七月八日。この論文は、毛沢東の「求め」に応じて王が書いたものである。戴恵珍「王稼祥是提出〝毛沢東思想〟科学概念的第一個――読《中国共産党与中国民族解放的道路》」『安徽史学』一九八六年第三期、一九八六年六月。

118「関於若干歴史問題的決議」『毛沢東選集』第三巻、一九九一年第二版、九五二～一〇〇三頁。

119中共中央党史研究室・中央檔案館編『中国共産党第七次全国代表大会檔案文献選編』中共党史出版社、二〇一五年、三四九～三五七頁。

120同前書、三六九～三七三頁。

121同前書、三九二、四〇九～四一〇、四三七頁。

122「論連合政府」、中共中央文献研究室編『毛沢東在七大的報告和講話集』中央文献出版社、一九九五年、九二頁。これらは今日でも多くの研究者から中共の「三大作風」として評価されている。

123 同前書、一四五頁。

124 なお、第七回全国大会採択の「中国共産党党章」の「総綱」には、「中国共産党は批判と自己批判の方法で常に自己の活動における誤りと欠点を点検せねばならない」との文言が書き込まれた（『中共中央文件選集』第一五冊、一一七頁）。

125『毛沢東在七大的報告和講話集』二三四頁。

126 毛沢東指導下の中国共産党が「党内民主」を全く語らなかった訳ではない。例えば、一九三七年四月に発せられた「全党同志に告げる書」は、「党内生活の主要な条件」の一つとして「党内民主性の拡大」を主張している。だが、それは「自己批判の発展」「集中した指導の確立」と並列され、その実現には「党が半公然ないし公然［政党］となり得る」ことが必要とされている（『中共中央文件選集』第一一冊、二〇三頁）。

127「一個組織、如果主要領導人講了定性的話、不管正確与否、就没有人敢講話了、那就危険了、如果犯錯誤就是大錯誤。紅四軍〝七大〟的決議案批評四軍在位的党的主要領導人是有利於党的事業的。我曾向一位老同志談過、如果在〝文化大革命〟前夕我們党還保持像紅四軍〝七大〟那様一種批評精神、〝大躍進〟和〝文化大革命〟也许就搞不起来」。注84所引『福建党史月刊』二〇〇七年第一一期論文。

第6章　中共党史における都市と農村
――「農村による都市包囲」論の提起を巡って

はじめに――「都市中心」論と「農村による都市の包囲」論

中国共産党は、一九二一年七月二十三日、中国屈指の大都市上海のフランス租界望志路一〇六号にあった上海風の民家で最初の党大会を開いた。ここに集まったメンバーが、中国各地の大都市（北京・済南・武漢・上海・長沙・広州）と日本から参集したことに象徴されるように、そしてこの大会が労働者の組織化を決議し、彼らが真っ先に取り組んだのが上海や北京の労働者に対する働きかけであったことに見られるように、中国共産党はまさしく大都市の政党として出発した。

だが、以後十数年の激動の歴史は、この党をわずか数十名のサークルから数万の党員を擁する大政党へと成長させるとともに、その性質も大きく変貌させることになった。一九三三年の時点で、党の中央は農村地区に築かれた革命根拠地の中心、江西省瑞金に移転し、党員の絶対多数も都市ではなく農村に所在していた。この党は、都市政党から農村政党に転換を遂げていたのである。

では、この転換はどのように実現したのであろうか。もちろんそこには、国民革命の敗北（一九二七年）とそれにつづく武装暴動路線の失敗（一九二八年）による共産党の都市基盤喪失・党員の階級構成の変化があった。そして従来の中国の研究は、陳独秀以後の中共指導部の革命戦略が活動重点を都市に置き、都市政権樹立を優先する「都市中心論」であったこと、これらに対し毛沢東らが「農村による都市の包囲論」を提起し、後者が中国革命を勝利に導いたとして来たのであった。

一例を挙げれば、高新民「都市中心論の中国共産党への影響試論」（一九八八年）[1]は、この「都市中心論」を、ヨーロッパの資本主義国に生まれた、「プロレタリアートおよびその政党が、自分の活動の重心を都市に置き、やや長期の平和な時代には主に都市で合法闘争を行い、労働者階級を獲得し、革命の力を蓄え、全国的な革命情勢が成熟すれば都市労働者の武装蜂起を行い、まず都市を占拠し、それから革命を農村に波及させようとする」議論であると定義し、これが十月革命後中国に移入されたとする。その上で、八・七会議以後の瞿秋白指導部（一九二七年八月～一九二八年七月）、李立三指導部（一九二八年十一月～一九三〇年九月）、王明らモスクワ留学派指導部（一九三一年一月～一九三五年一月）の革命指導はすべて（それぞれに特徴はあるが）「都市中心論」思想によるものであり、中国共産党が「都市中心論」の影響を脱し始めるのは、長征途上の遵義会議（一九三五年一月）以降のことだと主張する。「都市中心論」からの脱却が遵義会議を契機とするかどうかは別にして、国外（コミンテルン）からの影響を受けた中共指導部が当初「都市中心」の立場を採ったのに対し、「農村によって都市を包囲し、武装によって政権を奪取する思想」を打ち出したのは毛沢東であり、この思想が中国革命に勝利をもたらしたとする見解は、中国の研究ではかなり広く見られる。そのことは、公式党史である『中国共産党歴史』（二〇〇二年、二〇一〇・二〇一一年再版）[2]や『中国共産党簡史』（二〇〇二年）[3]、著名な近代史家張海鵬の論文「中国共産党と中国歴史の道の選択」（二〇〇二年）[4]の記述を挙げるだけで充分であろう。

しかしながらそうなると、毛沢東以前の中共指導部はすべて過てる「都市中心論」者であったということになるが、果たしてそうなのだろうか？　毛沢東こそが「農村による都市の包囲論」を打ち出し、彼が指導者になったことで党は正しい道を歩むことができたのだ、とする見解は、歴史学的に正当化されるのか？　本章は、こうした疑問から、一九二〇年代から三〇年代にかけての中国共産党史を「都市と農村」という角度から見直す試みである。

（1）都市政党の農村展開――陳独秀期

改めてここで、初期中国共産党史を概観しておこう。プロレタリア独裁・社会主義革命を目指す政党として一九二〇年十一月に誕生した中国共産党は、コミンテルンの指摘によりこれを反帝・反軍閥の民主主義革命論に転換（一九二二年七月、第二回全国大会）、国民党との合作を党内合作として推進することにした（二三年六月、第三回全国大会）が、その背景には、中共の影響下にあった都市働運動（二二年のストは大小百回以上、延べ三〇万人が参加したとされる）が、直隷派軍閥の弾圧で後退したことがあった。だが、労働運動は一九二五年には回復期に入り、中共が主導権を握った同年五月の第二回全国労働大会（広州）には、五四万の労働者を代表する一六六組合が結集する。さらに上海五・三〇運動で中共は上海総工会（約二二万人）を成立させてゼネストを指導、香港経済封鎖（省港罷工）も広州国民政府の支援を得ながら、中共主体のスト委員会がこれを一年四カ月に渡って継続させた。労働者を中心とする反帝国主義民族運動が、反帝反軍閥の「国民革命」を開始させるのである[5]。

一方、五・三〇運動と省港罷工の最中（一九二五年七月）に成立した国民政府は、激しい権力抗争に見舞われ、右派の蔣介石は二六年三月、反共・反左派クーデタで党・政府・軍を握る独裁権力を掌握した。彼は同年七月念願の北伐を開始、広東・広西両省に限られていた国民政府の領域を大幅に拡大した。この結果十二月国民党中央党部と国民政府は広州から武漢に移転することになるが、国民党左派はこの機を捉えて国民党中央の権限を掌握、蔣介石独裁を押え込もうとした。が、これに対する蔣の回答は、再度のクーデタであった。二七年四月、蔣介石麾下の軍は、上海労働者の蜂起で成立したばかりの中共主導の上海市臨時政府を解散させ、デモ隊に発砲して多数の労働者や市民を殺害した。――いわゆる四・一二クーデタである。

これに対し、共産党はコミンテルンの指示に基づき、同年四月の第五回全国大会で左派政権との合作継続の道を選んだ。蔣介石に代表される民族ブルジョワジーは革命から離反したが、小ブルジョワを代表する国民党左派との合作は継続されねばならないと考えられたのである。しかしこの政策は、労農運動の抑制という代価を支払いながら、左派の動揺も反共軍人のクーデタも防げなかった。七月、国民党左派は政権からの共産党員追放を決定（武漢分共）、国共両党は最終的に分裂した。共産党系の部隊は、八月一日、国民党革命委員会の名の下に江西省南昌に蜂起、ついで開かれた八・七緊急会議は、総書記陳独秀を事実上解任して瞿秋白を新指導者とする中央臨時政治局を選出、武装暴動方針を展開することになる。

本章が問題とする共産党の最初の十数年間のうち、その前半（一九二一〜二五年）、共産党が労働者を戦略の中心においた都市政党であったことは確かである。党勢の拡大の努力は「純粋な工業労働者が数多く存在する」上海、広東、湖南、湖北、唐山、天津、山東その他の「工業地区・大都市」に向けられ[6]、党組織も上海、北京、広州、武漢、長沙などの都市か唐山、安源といった鉱業地区に限られていた。また、この時期彼らが「都市」という語彙を用いる時、それはほとんど省都かそれに次ぐ規模の産業を有する県城を指しており、一般の県城以下は「農村」と見なされていた[7]。また党員構成を見ても、最初の一、二年こそ知識人が大多数で労働者はごく少数にとどまっていたが（二一年七月・五十数名中四名、二二年七月・一九五名中二〇名）、二三年前半の新入党者約二〇〇名のうち一三〇名までが労働者であり、同年六月には労働者党員の比率は約四〇％に達した（四二〇名中一六四名）[8]。注意すべきは、この二三年二月に共産党系労働運動に対する大弾圧が行われたにもかかわらず、労働者党員がこの時期に増大していることである。さらに、労働運動が反帝民族運動の主力を担った五・三〇運動後の中央拡大執行委員会（二五年十月）の「組織問題議決案」は、「大規模産業の労働者（大産業工人）はもともと天然の共産党員であり、階級意識があり革命に忠実であれば、直ちに加入できる」として、産業労働者に対する党員候補の制限を撤廃した（一般労働者・農民や知識人の候補期間もそれぞれ一カ月、三カ月に短縮[9]）。この措置は拡大執行委員会当時およそ三五〇〇名の規模であった党員数を飛躍的に増大させ、共産党は二六年一月には八千名、同年四月には約一万一千名、七月には約一万五千名の党員数を擁するに至った。しかもコミンテルンへの報告によれば、五月の時点で労働者が六六％、農民が五％であった。党勢の拡大は主に労働者の加入によるものだった[10]。

他方、農村（農民）に対する取り組みは遅れた。一九二三年五月二十四日の日付をもつコミンテルンの「中国共産党第三回大会への指令」は、「中国における民族革命と反帝国主義戦線の創設は、必然的に封建制度の遺物に対する農民の土地革命を伴う」のだから、運動に零細農を引き入れることに成功した場合のみ革命は勝利し得るとし、地主や寺廟の土地没収と農民への無償譲渡、農民を反帝闘争に導くことなどの課題をかかげ、共産党に労働者と農民の同盟構築を命じた[11]。この、農民の革命参加がその成功を保障するという論点だけであれば、中国共産党の第二回全国大会も、陳独秀も、同様の見解を表明していた。だが、問題は当時彼らの掲げ得た闘争目標が、重税を廃した統一土地税則や小作料率制限法の制定にとどまっていたことである[12]。これ以後も、共産党の機関誌はしばしば農民問題を論じたが、なお彼らは宣伝スローガンを「限租」「限田」などに限ろうとしたし、二四年五月の中央拡大執行委員会と二五年一月の第四回全国大会も、彼らの農民運動論に、農民代表機関や自衛軍の組織の宣伝、農民の自然発生的な反抗を自覚的な政治経済闘争に組織化すること、小作農・半自作農・雇農らによる反大地主の連合農民協会組織（ただし「可能であれば」とされている）などを付け加えたにすぎない[13]。何よりも、広東省海豊や湖南省衡山を除けば、農村にほとんど組織を持たない共産党は、自らの指導下に農民運動を構築することに成功していなかった。

こうした状況を一変させたのが、一九二六年以降、国民政府支配下の広東と北伐軍の経過地である湖南・湖北を中心に高揚した農民協会運動である。農民の自発的な立ち上がりを捉えた共産党は、ようやく農村に足場を固め始める。そしてこの年十月、従来の研究では「都市中心論」の系譜に位置づけられる総書記陳独秀も、党組織を農村に拡大させることを主張した。

我が党はもちろん労働者・農民党員を柱石とするものであるが、上海、武漢、天津・唐山、香港の四工業地区及び山東や河南の鉱山労働者、各省の鉄道労働者を除けば、他地域の大半は苦力か手工業労働者であり、近代産業労働者は実に少数であって、中国領土の大部分は農民の世界である。とりわけ広東、広西、湖南、湖北、河南、四川、陝西、江西などの省にはすでに農民運動が生まれている。我々はこれらの省にあっては、「党を農民の中に！」というスローガンを叫ばねばならない[14]。

彼は次の第五回全国大会までに各地方組織が達成すべき党員数を具体的に、しかも優先される階級に順位をつけて（例えば、江浙区［七千、労働者・知識人］、粤区［一万、農民・労働者］のように）党員拡大を指示した。挙げられている一四の地方組織のうち、広東・広西、湖南、湖北、河南、陝西・甘粛、四川、江西、福建の八組織は、農民の入党が最優先とされている地区である[15]。更に一九二六年十二月の中央局報告でも陳独秀は農民党員の拡大を主張した。――「いま広東には百万の組織された農民がいるが、同志は千五百人にすぎない。湖南には四〇万人の組織された農民がいるが、同志は七百人にすぎない。これでは我が党の農民の中での基盤を安定させることは決してできない。我々は党の組織を［農民の中で］拡大しなければならない」[16]。

陳独秀の指示は、翌一九二七年四月の中共第五回全国大会までにある程度達成された。同大会の彼の活動報告によれば、全党員数は五万七九六七人、階級構成をほぼ一年前（二六年五月）の数値と比較して見ると、労働者党員の割合は六六％から五三・八％にまで下がり、農民党員の割合は五％から一八・七％に上昇した[17]。陳独秀の大会報告は述べている。

我々は農民問題の重要性を理解し、農民運動を行う必要性を理解した。農民がいなければプロレタリアートは活動能力を失うことは、事実が証明している。第四回党代表大会が農民問題の決議を採択したのち、広州のみならず、河南・湖北・湖南・江西の各省では多くの重要な成果が獲得された。とりわけ、湖北省では我々の同志は農民工作と農民運動に注意を払っている。……私の見るところでは、将来党内の農民の数は、労働者の数と同等になるであろう。近い将来でも農民は党内で三〇%前後を占めることになろう。我々は引き続き我が党の対農民政策を実行し、引き続き農民を党に吸収しなければならない[18]。

もちろん、階級構成は各地方組織によって異なっており、小規模な地方組織はなお、知識人党員が主力であった（例えば安徽地方委は八〇%が知識人党員）。また上海を中心とする江浙区ではやはり大半が労働者党員であったと推定される（同区の一九二六年八月時点での労働者比率は八四・三%[19]）。また、陳独秀が特に評価している湖北区で注目に値するのは、一九二七年五月の時点で一万四千余を数えた党員の約半数、武漢以外の七千から八千人が、当時は農村と認識されていた県委員会以下の組織に属していたことである[20]。ほぼ一年前の二六年五月の段階では、党員四二八名のうち三百数十名が武漢に集中していた[21]ことを考えると、都市（武漢）と農村（県下）のアンバランスな党員分布は、大幅に改善されたことになる。これを組織について見ても、二七年七月までに、武漢特別市を除く湖北全省六九県のうち六五県に県委員会や特別支部・支部などの党組織が建設され、党員が活動していた[22]。こうした県以下の農村地区における党組織の成長は、湖北よりも早く労働者比率が低下を示していた（五〇%以下）広東や湖南についても当てはまると考えられる。

とすれば、農民党員比率の上昇、農村における党組織の成長の結果、二七年前半、陳独秀指導下の共産党は（もちろん地域差はあるにせよ）もはや都市中心の政党から政策的にも実態的にも脱皮しつつあったことが理解される。彼らは第五回全国大会で、土地革命を中国革命の主要な課題と位置づけたし、共産党の会議の中で初めて、農民の問題（土地問題）を労働者の問題（労働運動）よりも優先して論じたのであった――「現段階にあって、革命の主要な任務は土地問題の急進的な解決である」[23]。

前述の如く、陳独秀ら当時の共産党指導部は、彼らの土地革命の主張を実行に移すことはできなかった。コミンテルンの指示の下に、蔣介石のクーデタ後にも左派との合作を継続した彼らは、左派への譲歩の代価――国民党左派が約束した大地主の土地没収と農民への土地分配、農民による郷村権力の樹立を手にすることはできなかった。党内の混乱を克服できないまま、彼らは一九二七年七月、武漢左派政権からの脱退、国共分裂に追い込まれる。それは、国民党左派主導による中国の統一、その「非資本主義的発展」を希求したコミンテルンの政策の破綻でもあった。だが、この二七年前半までに共産党の党勢が都市から農村へと伸びていたことは確認されねばならない。国共分裂による大打撃ののち、瞿秋白らの新指導部が農村からの革命を主張することを可能にしたのは、陳独秀時代における農村重視政策の結果だったのである。

（2）都市暴動と農村暴動――瞿秋白期

敗北の中から、共産党は新たな選択――武装暴動の方針を選び取った。武装暴動の目指すところは――当初のコミンテルンの指示による国民党旗を掲げる革命政権であろうと、あるいは後のソヴィエト政権であろうと――政権樹立であり、国民党権力の打倒であった。ここに共産党の革命論には、それまで見られなかった「都市と農村」という要素が登場する。

例えば、暴動路線の当初、農村に樹立する権力は「農民協会政権」、都市（城市）に樹立する権力は「革命委員会」と呼ぶことになっていた[24]し、また都市と農村に対する戦術が創出され、どちらの運動を優先するかについての議論がなされることになる。

そもそも国民革命時期、共産党は労働者階級や農民階級、その運動を論じることはあっても、革命の空間としての「都市や農村」を論じることはなかった。陳独秀の「中国国民革命と社会諸階級」（一九二三年十二月）にせよ、毛沢東の「中国社会各階級の分析」（一九二五年十二月）、瞿秋白の『中国革命中の争論問題』（一九二七年四月）にせよ、当時の中国共産党を代表した革命家たちが論じるのは、国民革命に参加する「階級」、あるいは敵対する「階級」をいかに分析・評価するかであり、「都市と農村」という空間ではなかった。何よりも国民党との合作により軍閥を打倒し、全国政権を樹立するというコミンテルンが与えた政策が、都市を占領し農村を地盤とするといった発想をほぼ阻んでいたように思われる（唯一の例外が、一九二六年十月から二七年三月にかけ三度行われた上海蜂起であろう）。

だが、国共分裂は状況を一変させた。共産党は自らの勢力を集中できる空間を新たな武装暴動路線の場とし、政権樹立を指向せざるを得なかった。非合法化、逮捕、殺戮に直面する中で、限られた勢力を用いて先ず一定の地域で革命を成功させることが目指されるのである。――では、それは都市なのかそれとも農村なのか。

当初、彼らは都市暴動を優先させたかに見える。陳独秀を追放して成立した中央政治局臨時常務委員会の下でまず実行されたのは、二つの省都における行動、八月一日の南昌蜂起と同二日の武漢ゼネストであったからである。このうち南昌蜂起は、確かにコミンテルンの指示の下「国民党の正統を継承する」ことを宣言し、「中国国民党革命委員会」の名で都市に政権を樹立している。しかし蜂起は、本来国民革命軍第二方面軍内の、共産党系部隊（葉挺の第二四師団や賀龍の第二〇軍など）が無力化されることを防ぐため急遽計画されており、都市の占領・維持を狙ったものではなかった[25]。党中央は蜂起当日に、これを「広範囲に土地革命を発動する闘争」と位置づけ、「秋収暴動計画と合流して一貫した闘争とする」ことを命じており[26]、そもそも部隊を広東に戻し、「広東の農民暴動と一体化させる」ことを計画していた[27]。国民党軍による包囲を避ける要因も加わり、蜂起軍は南昌占領翌々日の八月三日には南下を開始、六日には撤退を完了していた[28]。また、武漢ゼネストも漢陽兵工廠のストが二週間続き、武昌の第一紗廠や店員、人力車夫のストが一日行われたにとどまった[29]。それはこの年三月の上海のように、ゼネストから労働者蜂起を目指したものではなく、あくまで武漢政府の足元を揺るがすためのものだった。

実際には、臨時常委が重視したのは農村における大規模な暴動計画であった。すなわち湖南・湖北・広東・江西の四省にわたる秋収暴動である。八月三日に立案されたその「大綱」の「暴動の戦略」は、次のように述べている[30]。

> 農会を中心として、農民に近接する全ての社会勢力（土匪・会党など）を外縁に結集し、暴動を実行し、農会が現地の政府であることを宣言する。郷村の政権を奪取するほか、可能な範囲で県の政権を奪取し、都市（県城）の労働者・貧民（小商人）と連合して革命委員会を組織し、これを当地の革命の中心とするとともに、各地の暴動及び革命の政権とでき得る限り連合し、反革命勢力に対して進攻する。

すなわち、コミンテルンが国民党旗を掲げることを命じた政権は、農民協会を中心とする暴動→農民協会政権樹立→県政権奪取（革命委員会樹立）という基本的プログラムで目指されたことになる[31]。その主力を担わされたのは湖南省と広東省であったが、これは両省が国民革命期に農民運動の発展を見ていたからである[32]。そして、この農村暴動戦術は八月七日に招集された共産党緊急会議（八・七会議）で成立した瞿秋白指導部（中央臨時政治局）によっても継承された。彼らも「都市」の労働者や労働運動に言及しなかった訳ではないが、この時期の中央の指令の一つ（「中央通告第八号」八月二十五日）[33]が、現在の中国国民革命は、主要には土地革命の農民暴動であり、もし当地の農民土地革命の時期に遭遇すれば、反動軍閥政府に対して破壊行動を起こすべきであり、都市の労働者は直ちに立ち上がってストや交通破壊で敵の後方を撹乱し、農民革命に呼応しなければならない、

と述べるように、労働者は農民暴動に対して副次的な位置にあった。具体的な計画の中でも、秋収蜂起に際し湖南省委が長沙暴動を湖南全体の暴動の「起点」としようとした[34]のに対し、党中央は「湖南暴動は農民の軍事力が最大で戦争のための地勢が最も有利な場所を起点とするべきだ」と批判している。瞿秋白らからすれば、長沙奪取には周辺の諸県における「民衆と軍事の」準備が必要なのであった[35]。湖南省委はなおも抵抗し、「長沙暴動と秋収暴動は一つのことだ」と長沙を「暴動の起点」とすることを重ねて主張した[36]が、党中央は、湖南暴動を三地区に分け、主に湘南と湘中・湘東の蜂起軍の分進合撃により長沙を奪取、「湖南省臨時革命政府」を樹立することを主張する壮大な計画を作成した（「両湖暴動計画決議案」八月二十九日）[37]。実際の蜂起は、毛沢東の主張もあって規模を大幅に縮小した上で長沙への分進合撃として行われるが、それにしても、当初都市（省都）蜂起先行を主張したのが毛沢東を含む湖南省委の側だったことには注意する必要がある[38]。また農民暴動を主力とする中央の主張は、少なくとも十月下旬まで広東についても同様であった[39]。

この他にも、同年十月の北方諸省の労働運動についての指示書簡は、「中国は現在切実に土地革命を必要としているのであるから、われわれは労働者の組織に意を払い、農民の政権奪取に呼応しなければならない」[40]と述べており、十一月一日の「中央通告第十五号」も、「現在の暴動の前途は、農村の方が都市よりも一層客観的な可能性が大きい」[41]との判断を下している。

こうして「農村から都市へ」、すなわち党中央の農村暴動→県城占拠（→最終的には省都攻略）の主張に基づき、共産党の地方組織は九月から十月にかけて、まず農村から県城を目指して蜂起を重ねた。だが、こうした農村蜂起はほとんどの場合一時的な県城占拠より先には進まなかった。例えば湖南省では、毛沢東率いる「労農革命軍第一軍第一師団」[42]が九月九日、三方向から長沙を目指す軍事行動を開始したが、二、三の県城を一時的に占領しただけで、成果を挙げることはできなかった。約四千から千名ほどの規模にまで減少した部隊は十月初め、江西・湖南両省の境界に位置する井崗山に登ることになる。また湖北省でも九月九日から十日にかけて、通山・蒲圻両県の農民軍が蜂起し、通山など三県城を占領したが、同月下旬には山間部へと後退、十一月には黄安・麻城両県の農民軍が黄安県城を占領したものの、国民党軍の反撃で十二月には県城を放棄することになった[43]。

ところが、この後（ほぼ時期を同じくして）十一月から十二月にかけ、瞿秋白の指導部は、述べてきたような農村暴動ではなく、大都市――武漢・長沙・広州・上海などの暴動を指令あるいは計画することになった。このことは何を意味するのだろうか。それは、一部の論者がいうように瞿秋白が「都市中心論」者であったことを示す証拠なのだろうか[44]。彼がそれまでの農村暴動戦術から都市暴動へ急カーブを切ったかに見えるこれらの暴動はなぜ起こされたのか？

これら都市蜂起の背景には、共産党の政権奪取構想の「転換」があった。前述のように七月半ばの国共分裂後、共産党はコミンテルンの国民党内残留指令を奉じ、自前の政権樹立を意味するソヴィエトではなく、農村では農民協会政権、都市（県城を含む）では革命委員会政権の樹立を主張した。だが九月十九日には、同じくコミンテルンの指令に基づき、「広州や長沙など」の大都市のみに限定しながらも、ソヴィエト政権樹立の方針に踏み切った[45]。さらに十一月九日に開かれた中央臨時政治局拡大会議――瞿秋白の下で二度目に開かれた党の最高意思決定会議――は、この「大都市のみ」という限定をも取り払い、郷村や県レベルのソヴィエト樹立を認めた。すでに瞿秋白指導部は、「中央通告第十五号」（十一月一日付）で「現在の暴動の前途は、農村の方が都市よりも一層客観的な可能性が大きい」との判断を表明していたから[46]、ソヴィエトの範囲が郷村に向け拡大されることは、必然的であった。ところが問題は、コミンテルンがソヴィエト政権樹立を、社会主義革命に向けて「革命が発展する」状況に限定していたことである[47]。だから、瞿秋白も述べている。「疑いもなく大衆の革命運動の巨大な高潮により暴動の確固たる勝利が保証された時、そうした時にのみソヴィエトを組織し、革命の政権機関とすることができるし、またそうせねばならない」[48]。

ならば瞿秋白は、度重なる武装蜂起の失敗に目を閉ざし、当面の情勢を「革命の高潮」と判断せねばならなかった。この「革命の高潮」論は更に、瞿秋白の年来の主張である、中国における民主主義革命から社会主義革命への直接移行論と結び付き、革命が今後も発展していくことを強調することになった。そしてこの発展を具現するのは、（まもなく「一省もしくは数省の革命勝利」として定式化されたように[49]）、省都クラスの大都市での政権樹立でなければならなかった。かくして、瞿秋白指導部は労働者と都市の意義を強調し、それまでの副次的な地位を否定した。

労働者暴動と農民暴動を連携させることは、党の最も重要な任務である。労働者階級の指導と支持がなければ、単純な農民暴動は最終的な勝利を獲得することはできない。……都市労働者の暴動の発動は、非常に重要である。都市労働者を軽視して、農民に呼応する勢力とだけ見なすのは大きな誤りである。党の責任は労働者の日常闘争の指導に努め、広範な大衆の革命高揚に発展させ、暴動を組織し、彼らを武装暴動へと組織し、暴動の都市を自発的な農民暴動の中心及び指導者とすることである。都市労働者の暴動は、革命の勝利が巨大な暴動の中で強固になり、発展するための前提条件である[50]。

こうした戦術の試金石となったのが三つの大都市（省都）――武漢と長沙、そして広州であった。

十一月十五日、湖北を地盤とする唐生智の政権が蔣介石軍の攻撃により崩壊間近になった時、瞿秋白は「両湖の現状では、極めて短い期間に両湖労農大暴動を起こし、政権を奪取することができる」、「郷村と都市は一致した行動と準備をせねばならない」（傍点引用者）[51]と主張した。この時旧総工会の再建や政治ゼネストが計画されているから、「都市」とは疑いもなく省都の武漢や長沙を意味していた。省都と農村の同時蜂起による省政権奪取が指令されていたのである。

ところが、この湖北・湖南に対する指令が発出される二日前の十一月十三日、武漢では共青団省委の強硬論に押された湖北党省委がゼネストと暴動に踏み切っていた。だが暴動は小規模なものにすぎなかったし、ストも広がらなかった[52]。だから中央の十五日指令に対応できたのは湖南省委だけなのだが、その湖南省委は十一月二十四日になって「ごく近いうちに全省の政権を奪取する総暴動を開始する」との通知を発出、十二月一日には長沙暴動を主張する「省委第二十号通知」を発し、同七日には、各県の組織に七日から十日までに暴動を起こすよう指令を出した。だが、長沙市内のストライキでさえも、ほとんど起こらなかった。湖南省委は二百人の決死隊を組織し、十日夕刻電灯会社、省軍事庁、衛戍司令部を襲撃したが、電灯会社の破壊に成功しただけで、たちまち鎮圧された[53]。

さらに十二月五日、党中央は共産党系の労働組合がなお勢力を保ち（共産党指導下の広州工人代表会は十月時点でも数千人のデモ隊を広州市街に繰り出すことができた[54]）、国民党左派と広西派の戦闘のため、軍事力が空白状態になっていた広州での蜂起を指令した。ただしこの時も、中央は都市の単独蜂起を命じた訳ではなく、広州周辺の農民との合流を指示していた[55]のだが、広東省委はこれを実行できなかった。十二月十一日の蜂起は、広州に駐屯する第四軍教導連隊と労働者赤衛隊などによる、都市蜂起・市街戦として戦われたのであった。蜂起部隊は広州市内の大部分を占拠し、広州ソヴィエトの成立を宣言した（広州コミューン）が、前線から引き返した国民党軍の反撃を防ぎきれず、ソヴィエトは三日で崩壊した[56]。

したがって、（武漢ゼネストの強行を除く）長沙と広州の蜂起計画は本来都市と農村の同時蜂起として計画・指令されながら、準備不足の中での強行の結果、都市単独の蜂起として戦われたものであった。繰り返すことになるが、「間断なき革命」を展望しての「一省もしくは数省の革命勝利」が目指される以上、省都蜂起は必要不可欠なステップと考えられた。それゆえに農村と同調できないままの蜂起強行がなされたのであった。

だが農村・都市同時蜂起論が、瞿秋白指導部の教条となることもなかったことも確認されねばならない。なぜなら、広州蜂起の指令が行われた二日後、江蘇省委宛の書簡は、都市労働運動と農民運動との関係について、労働者の闘争の組織化と蜂起の準備を説くとともに、「うまくいけば、労働者大衆が暴動の発動者になるかもしれないし、農民暴動に［後から］呼応するかもしれない。そういかなくとも、農民暴動は郷村での割拠状況〔割拠的局面〕を作るから、［労働者の］呼応は必要ないか、騒ぎを起こすだけでいいかである」と、極めて柔軟な指摘をしているからである[57]。

加えて一九二八年一月十二日付の、「武装暴動政策の意義を論ず」との副題をもつ「中央通告第二十八号」は、この「郷村割拠論」をはっきりと革命戦略の中に組み込んだ。「（一）……党の任務はまさに起こりかけている闘争を発動し、あるいはこうした自発的な農民闘争を武装暴動へと導くことである」。「（二）農村の大衆闘争が発動されて武装暴動にまで進む時、遊撃戦争が武装闘争の最初の方式になる」。「（三）農民暴動の中での遊撃戦争の勝利が目指す目的は、もちろん革命区域を樹立することにある。……この種の**革命区域の樹立**（あるいはいわゆる農民割拠）は当然他地域の農民大衆の前途を一省もしくは数省の総暴動の局面へと発展させる」。そして、「（四）都市――プロレタリアートの中心地域は、このような農民暴動が自発的に巻き起こる潮流の中で、当然一省もしくは数省の政権を奪取する総暴動の中心と指導者にならねばならない」、と（傍点原文）[58]。

すなわち、瞿秋白の革命戦略は、ここでは「革命区域」と呼ばれている割拠地区を発展させ**都市を包囲する**ことを前提とすることになった。こうした見解は、彼の指導部が二月に採択した湖南の党工作関係の決議――「必ず都市の周りの農村の闘争を発動し、郷村の割拠から都市の包囲に進まねばならない」[59]（傍点引用者）――や三月の「中央通告三十六号附文」（「革命勢力は郷村・州県に割拠することから進んで都市暴動を発動し商工業の中心を奪取する」[60]）、二八年六月の朱徳・毛沢東宛書簡（「幾つかの重要な中心地域での割拠が成立し、それらが全省の中心地域［省都］を包囲する発展を遂げてこそ、全省暴動に勝利の可能性が生まれる」）[61]に見ることができる。また遡って見れば、こうした大都市周辺における農民暴動（あるいはその「割拠」）が省都クラスの都市を「包囲」し得るとする主張は、この時期、江蘇省の何孟雄（一九二七年九月）[62]や広東省の李立三（同十二月）[63]――この二人は第5章で見たように（また後述するように）決定的に対立することになるのだが――の議論にも見ることができる。

もちろん、瞿秋白の「革命の高潮」という情勢判断には変化がなく、省レベルの政権奪取は都市蜂起によって行われるべきだ、との主張は明確に続いている。だが武漢や長沙、広州の都市蜂起が失敗に終わっている以上、そして都市の労働運動が壊滅的な打撃を受けていた以上、瞿秋白はこの時点では直ちに蜂起を命じたのではなかった。労働運動を経済闘争から政治闘争（政治スト）へと発展させ、労働者を組合に組織し、政権の動揺・革命の高潮というタイミングで武装暴動を発動することが主張されたのである。

労農大衆の闘争を発動・指導し、革命勢力を合流させ、全般的な革命の高潮を形成し、農民暴動の遊撃戦争から農民割拠の局面に進み、大都市の日常的な労働者の闘争の発動と拡大から、労働者大衆の政府に反対する全般的な政治闘争に進み、更には大都市の武装暴動が勝利を獲得し、周囲の農民暴動の中心と指導者となり、商工業の中心の政権――一省の政権を奪取する[64]。

こうして瞿秋白指導部の、都市と農村という二つの政治空間をめぐる戦略は、最終的には、「農民暴動↓都市の呼応」

でも「農村と都市の同時蜂起」でもない、農村から都市への革命展開の間に、農村蜂起の割拠状況を組み込んだ、「農村蜂起→割拠地域樹立（都市の包囲）→大都市における蜂起→省政権奪取」として構想されることになった、と見ることができる。

（3）都市中心と農村包囲──李立三期

一九二八年六月、モスクワで開催された中共第六回全国大会は、瞿秋白の「革命潮流高揚論」やその政策・方針に厳しい非難を浴びせ、彼を指導部から追いやることになるのだが、瞿秋白の「都市と農村」に関わる革命戦略そのものは、必ずしも否定されてはいない。第六回全国大会の「政治決議」は彼の「一省もしくは数省の革命勝利」論を継承した[65]し、当面の目標は武装暴動の実行ではなく準備であり、大衆の獲得だという情勢判断には大きな変化が見られるにせよ、結局のところ、農村ではソヴィエト根拠地の拡大や紅軍の発展、都市では（農民を指導するための）労働運動の展開を目指すことには変わりがなかったからである[66]。第六回全国大会で張国燾（彼は瞿秋白の「政治報告」に対する討議の筆頭発言者であった）は、瞿秋白の主張を「農民遊撃戦争で大都市を包囲し、割拠の局面を形成する」、「洪秀全時代」の代物と論難した[67]が、こうした批判は大会の決議に反映されていない。

しかし、同じ第六回全国大会で明らかにされた数字は、共産党の都市からの退潮をはっきりと示していた。大会で報告された党員数は一三万〇一九四名、このうち労働者が一万三一二一名（一〇・九％）、農民が九万九八二一名（七六・六％）、兵士一二六三名（〇・八二％）、知識人一万〇〇六〇名（七・二％）、その他四六四三名（三・五％）であった[68]が、そもそも二七年十二月の「中央通告第十七号」が党員数を二万弱としているのだから[69]、一三万という党員数は明らかに誇張であり、実勢は四万余であったと考えられている[70]。だが、この統計によってでさえ、労働者党員の比率は二七年四月の第五回全国大会時の五三・八％から一〇・九％まで激減しており、大会「組織報告」も労働者党員数として香港・広州の一〇〇〇、上海の約一〇〇〇、武漢の約八〇〇、北方の一〇〇〇弱、合計して「比較的確実な数字は約三〇〇〇人」としていた[71]。第五回大会当時の約三万と比較すれば、実数でも、共産党は都市労働者を大幅に失っていたのである（なお、労働者党員の比率はこの後も下がりつづけ、二九年七月の中共六期二中全会の「組織問題決議案」によれば七％[72]、三〇年七月の全国組織会議の文献は五・五％[73]と報告している）。この事態に共産党中央は警鐘を鳴らし、都市工作の再建を各地の党組織に最優先の課題として指令した。

最後に決定的な意義を持つ問題は、党の組織問題である。革命が重大な失敗に終わった後、党の組織は莫大な損失を受け弱体化した。いま、断固として破壊された諸大都市の組織を回復せねばならない。各級の指導機関が都市を避け郷村に移転することには反対する。都市の工作が速やかに回復し発展して初めて党の戦闘力を回復し高めることができる（「中央通告第三号」二八年九月十八日[74]）。

都市は政治経済の中心であり、もし都市の労働者が立ち上がり、都市の政権を獲得し、農民の土地革命実行を指導せねば、郷村における我々の力ではどうしても長期的な勝利を獲得し難い（「福建省委宛指示書簡」二九年二月五日[75]）。

党の側では広州暴動後、都市支部は一層弱体化した。いま上海と香港になお支部組織があるのを除けば、その他の重要都市の産業支部組織は、形式しか存在しないか、あるいは形式すら存在しないかである。……したがって、現在党の主要な活動は、党のプロレタリアートの基礎（主要には産業労働者支部）を打ち立て発展させ、労農大衆の日常生活の闘争を指導し、大衆を組織することである（「潤之［毛沢東］・玉階［朱徳］両同志及び湘贛辺特委宛書簡」二九年二月七日[76]）。

中心都市の活動を打ち立ててこそ全省の革命運動を発展させることができる。労働運動を重視して始めて農民の闘争を指導できるのだ（「江西省委宛指示書簡」一九年三月二十七日[77]）。

かつて瞿秋白時期の党中央も、「農民運動が労働運動を上回っているかに見える」状況では「労働者階級が農民の闘争を指導できないし、都市が農民暴動の中心になれない危険性が生まれる」[78]、との危惧を表明していたが、ここまで都市工作と労働運動の重要性が、それも繰り返し強調されたことはなかったと言ってよい。このため、共産党は前後して二つの方針を打ち出した。

第一に、中小都市を重視することである。例えば、「中央通告第七号」（一九二八年十月十七日）は、「産業地区と重要都市〔城市〕」「各省の中心のうち最も重要なもの」として以下の地名をあげ、活動の再建を命じている。

江蘇――上海、南京、無錫、徐州、鎮江、蚌埠、蘇州、南通、常州
広東――香港、広州、仏山、江門、石龍、汕頭
湖南――長沙、安源、錫〔鉱〕山、水口山、常徳、衡陽、岳陽、湘潭
湖北――三鎮〔武漢〕、大冶、孝感、宜〔昌〕、沙〔州〕
江西――南昌、九江、楽平、景徳鎮、贛州
直隷――天京〔津〕、唐山、北京、長辛店、石家荘、張家口
満洲――瀋陽、大連、ハルピン、長春
山東――済南、青島、淄博、棗庄、徳州
河南――開封、鄭州、信陽、許昌、衛輝、焦作、六河溝、彰徳
四川――成都、重慶、自流井

福建――厦門、福州、漳州
安徽――蕪湖、安慶、荻港、宣城、繁昌
浙江――杭州、寧波、嘉興、湖州
山西――大原、井陘
陝西――西安、潼関
雲南――昆明、箇旧[79]

ここに挙げられている諸都市は、これまでの「重要都市」とはかなり様相を異にしている。例えば一九二七年十一月の文献が述べる「重要都市」と言えば、「上海、武漢、広州、天津、青島、香港」のことであり[80]、また二八年七月の「都市・農村工作についての指南」があげる「重要都市」も、「武漢、広州、天津、北京、南昌、九江、長沙、鄭州、開封、済南、青島」であった[81]。これらの事例と比較すると、第六回全国大会後の党中央は、従来よりも小さな規模の都市や鉱山地区に注目している。

この他にも、二八年十月の「湖南工作についての決議案」は、粤漢鉄道や水口山・錫鉱山などの他、湘郷、宝慶、益陽、寧郷、湘陰、岳州を「労働者階級の主要な大衆が集中している地域」と指摘し、二九年三月の「江西省委宛指示書簡」も、吉安を「中心都市」に数えている[82]のだが、第二に、こうした「重要都市」「中心都市」のいわば拡大は、江西省委宛書簡が、吉安では「埠頭・書業（製本業）・米業（精米業）」が中心だとしているように、労働者の概念の拡大にも連動した。かつて「小資産階級」と見なされていた手工業の職人たち[83]も労働者階級に数えられ、小さな町でも労働組合の組織が主張されたし、雇農は労働組合（工会）に組織されることになったのである。

「県総工会」の任務は、農村の農場労働者、荷担ぎ人夫、籠かき、苦力、左官らと手工業の労働者を組織することであり、組織された団体は同時に農民協会と密接な関係を持たねばならない。農村経済の労働者（雇農）は、雇農組合（工会）を組織すべきであり、同時に農民協会に加入することができるが、その独立した組織を保持しなければならない（第六回全国大会「職工運動決議案」二八年七月九日）[84]。

プロレタリアートの基礎を創造してこそ、党のボリシェヴィキ化を保障することができる。どのようにして党のプロレタリアの基礎を創造するのか？〔大都市では〕全力を持って産業支部を打ち立てるのであり、一般の都市や郷村では党の基礎を手工業労働者、苦力、貧農成分の上に打ち立てるのだ（「中央通告第七号」二八年十月十七日[85]）。

こうした都市の概念を県城レベルにまで拡大し、手工業従事者らを労働者とカウントすることは、共産党が中小都市と農村を結び付けて党勢を拡大させようとしていたことを意味している。それは、都市からの後退に対する解決策の一つであったはずである。二九年七月頃、コミンテルンは「中小都市の工作を強化する」よう指示を送っている[86]から、こうした中小都市重視はコミンテルンにも支持されていた。

だが、こうした方針は、ほぼ一年続いた後、「大都市中心論」に取って代わられる。このことの背景には、二九年六月の中共六期二中全会が主張した労働運動の「復興」がある（「政治決議案」[87]）。

第六回大会の後、労農大衆の闘争、とりわけ大都市の労働者の闘争は、去年の〝五・三〟以来、確かに次第に復興する情勢にある。このことは上海の郵務・水電の二回のストが最近数カ月来の二百回に近い労働者の闘争を推進し、二年来見られなかった数千人による〝五・一〟記念の盛挙や数万の労働者学生が行った〝五・三〇〟の政治的大デモを発動したばかりか、北方でも半年来大小数十回の労働者の闘争が開灤五炭鉱のサボタージュを醸成した。香港では最近三カ月我々が指導する労働者の闘争が十六回起こり、湖北の労働者の闘争の気概も決して衰えていないし、満洲でも過去数カ月に八、九回の労働者の闘争を数えることができる（傍点引用者）。

来るべき「革命の高潮」を示すものとして大都市労働運動の「復興」が主張された結果、第六回全国大会後の中小都市重視論は後景に退き、再び大都市と大規模鉱工業地区だけが重視されることになったのである。しかも、この決議に見られる情勢判断は、コミンテルンの情勢判断をも動かすことになった。コミンテルン執行委員会政治書記局は「労働組合内における中国共産党の活動についての決議」（八月三十日）を採択し、「この一年間の中国におけるストライキ運動を分析すると、この国に労働運動の新たな高揚が成熟しつつあることを、完全な根拠をもって確認することができる」と断定した[88]。さらに「中共中央委員会への書簡」（十月二十六日）では、「中国は深刻な全国的危機の時期に入った」、「大衆が地主・ブルジョワジーの連合政権を革命的に転覆し、ソヴィエト方式の労農独裁を樹立することの準備をいま現在始めることができるし、始めねばならない」、「最も正確で最も重要な、日々成長する［革命の］高潮の象徴は、やはり中国の労働運動が一九二七年の重大な敗北の後の停滞状況を抜け出したことである」とするに至った[89]。そして、これを受けた中共の「中央通告五十九号」（一九二九年十二月二日）と「六十号」（同十二月八日）は、次のように述べたのである。

二中全会以来、党は組織的に進歩を見せた。上海、天津、唐山、武漢、広州、ハルピン、厦門などの都市の産業労働者における党組織には新たな発展が見られる。相当な数の産業支部が新たに設立され、発展を遂げるものも同じく増えた結果、各地の産業支部の活動はかなり改善されている。……［二九年］十二月の内に全国の労働者党員を三千人増やさねばならない。いくつかの産業区域、例えば上海、天津、唐山、香港、武漢、ハルピン、奉天、広州、青島、九江、厦門、鄭州、無錫、南通、杭州などの都市では、地方党部は一層精密に計画を立ててこの任務を執行し、数の見積もりを行わねばならない[90]。

現在、全国の主要都市と中心的な産業地区の労働者の闘争は、まさしく前進を表しており、ストライキ運動、更には武装衝突までもが至る所で爆発している。したがって、党のソ連武装保衛の当初戦術は、第一に、ただちに計画的で準備された同一産業や同一職業の同盟ストを組織し、労働者の闘争が一層激烈に発展するよう指導し、同一地域でのゼネストの道を歩ませることでなければならない[91]（傍点引用者）。

かくして中共中央政治局は、一九三〇年一月十一日、コミンテルンの指摘を認めて「労働運動の復興」こそが「最も主要な革命高潮の象徴」だとする決議を採択した[92]。しかし、最初に「労働運動の復興」を語った六期二中全会の「組織問題決議案」は、「大産業区域及び中心都市の党組織はなお大半が樹立も回復もできていない」[93]と指摘していた。かつて八千の党員を有した上海の党組織は、二九年十一月の時点で約一一〇〇人にまで後退し、「メーデーから十月革命記念日までに〔党員は〕二、三百人増えたが、脱党したものも二、三百いる」のが実情であった[94]。「中央通告第六十号」が言う「武装衝突」も、北京人力車夫の路面電車襲撃が誇大に表現されたものであり、「至る所で」起こった訳ではない[95]。「ストライキ運動」の多くも、実際には労働運動の復興と見るには不充分な規模のものであった[96]。ところが、中国党の革命情勢の過度な判断はコミンテルンをして情勢の過大評価をなさしめ、コミンテルンの過大評価が今度は中国党に情勢を一層高く評価させた。まさしく悪循環のような事態が、共産党の政策を「大都市中心」論へと回帰させることになる。

〈評価の変化〉が〈政策の転換〉となる決定的なポイントは、一九三〇年二月十七日に開かれた中央政治局会議であった〔総書記向忠発、常務委員李立三、周恩来、委員任弼時らが参加〕。会議の議事録を引用する『任弼時伝』によれば、李立三はこの時、次のように主張した。――今日直接革命の到来は「非常に遠い訳ではない」、軍閥を消滅させる革命戦争は、宣伝スローガンではなく「民衆を動員する直接スローガン」である。全国の暴動では「江蘇が主要な指導力量」だが、同地の直接革命の情勢は「やや遅れている」。順直〔河北省〕にもまだ直接革命の情勢がないし、広東は広州や中路で発展を遂げていないから「勝利の前途は決して見込めない」。「一省数省の暴動は今日断固として決定しなければならない」が、勝利の条件を備えているのは、「まず湖北である」。なぜなら、湖北の都市工作は「大きな発展があり」、「経済恐慌は他のどの地方より重大」であって、しかも「紅軍は五個軍、兵員数三万を擁し、全国最多である」。こうした情勢判断から、李立三は「いま湖北を中心に暴動を部署する」ことを要求したのであった[97]〔ここで革命情勢の判断が「省」を単位に考察されているのは、中共第六回全国大会の政治決議が、「革命は全般的な新たな高潮の下でまず一つかあるいは複数の重要省区で勝利し得る」と説いていたからである[98]〕。

つまり李立三は、湖北省には⑴労働者の暴動が可能であり、⑵大都市を脅かし得る紅軍が存在すると考え、同省における「直接革命」を主張したのである。実際には、湖北省委はこの三〇年二月に再建されたばかりであり、省都武漢の党員もわずか一二〇余名だった[99]から、湖北の都市工作に李立三の言うような「大きな発展」があった訳ではない。だが一方で、当時の全紅軍が一三個軍・兵員約六万二千[100]であった状況での湖北における「五個軍、三万」の存在は確かに注目に値した。ここに李立三は、この二つの要因から――後者に現実味があるとしても、前者はほぼフィクションであったのだが――「直接革命」の達成を湖北に指摘したのである。

李立三の判断に対し、政治局のメンバーはこれを支持した。周恩来は直接革命の情勢創出と政権奪取の方針に賛成し、「政治スト」・「地方暴動」・「兵変」・「紅軍を集中させての大都市攻撃〔集中紅軍攻堅〕」の四つを当面の「中心戦術」とすること、武漢に党中央政治局の出先機関である長江局を設立し、中央軍事委員会の事務局〔弁事処〕を武漢と広東に設立することを提案した（これらは実行に移される）。また、任弼時も「湖北暴動を全国暴動の起点とする」ために党の工作を準備するべきだ、と発言している[101]。

そもそも、前年十二月の「中央通告」も、「以前の主要都市〔主要城市〕奪取を避けてきた戦術を変更し、勝利の可能性があり大衆を決起させることができるなら、主要都市に向け進攻し、これらを占領すべきである。例え占拠が極めて短期に終わっても、極めて偉大な政治的影響を有する」[102]との主張を述べていた。ただし、この「主要都市占領」の条件としての「大衆の決起」を、李立三はゼネストや武装暴動と考えていた。李立三が四月、『紅旗』に発表した論文は次のように述べる。――「政治ストを組織し、それをゼネストへと拡大し、労働者の武装の組織と訓練を強化し、武装暴動の勝利の基礎を創造することは、一省ないし数省の政権奪取を準備する最も主要な戦術である」[103]（傍点引用者）。

この論点は、ほぼそのまま中共史上著名な政治局決議――「新たな革命の高潮と一省もしくは数省の先駆的勝利」（一九三〇年六月十一日）で繰り返された。⑴「政治ストを組織し、これをゼネストに拡大すること、労働者武装の組織と訓練を強化し、武装暴動の中心的な力とすることで一省か数省の先駆的勝利を準備する」[104]ことが「主要戦術」であり、一方⑵「紅軍の戦略と戦術」は「断固として攻勢を取って敵の主力に打撃を与えるだけでなく、主要都市と交通線に向け発展」し、「主要都市の武装暴動に呼応し、政権を奪取し、全国革命政権を樹立する」（傍点引用者）ことであるとされたのである[105]。

したがって、李立三指導部が提起した革命論は、紅軍の大都市攻撃を戦術の一つとして主張した点ではこれまでとは異なるが、「主要戦術」は都市内部の労働者暴動による政権奪取であったのだから、これは確かに典型的な「都市中心論」であった。

実はこの間、つまり一九二九年から三〇年前半にかけての時期、中共党内では都市と農村を巡り「都市中心論」とは異なる見解が表明されていた。例えば周恩来は、紅四軍前敵委員会宛の指示書簡（二九年九月）で、「先ず農村に紅軍が存在し、それから都市に政権が生まれる」ことが「中国革命の特徴」だと述べ[106]、毛沢東も「時局評価と紅軍行動問題」についての林彪宛書簡（三〇年一月）にあって、紅軍の集中した運用によって都市の占領が可能であり、将来的には三省［江西・福建・浙江］境界地区での割拠から江西省（南昌）獲得へと進み得ると展望していた[107]。だが、より注目されるのは、前述の中共江蘇省委農民委員会秘書（のち同省委常務委員など）であった何孟雄のものである。彼は早くから（実に二七年九月！）上海の労働者暴動よりも周囲の農民暴動を優先させ、複数の農民暴動勢力で「上海を**包囲**する」（傍点引用者）ことを主張しており[108]、二八年三月に彼が起草した江蘇省委決議は「農村を制圧し、然る後都市を攻撃する〔粛清農村、然後進攻都市〕」と述べ[109]（この論点の表明は周恩来よりも早い）、二九年十一月の江蘇省委会議では農村における「根拠地」樹立を主張していた[110]。

その彼が三〇年四月、以下の見解を党中央に送った。――ソヴィエトや紅軍が発展を遂げている農村にこそ党活動の主力を傾注するべきであり、「広大な農村を占拠した後であれば、革命勢力は連合して都市を包囲し、都市を封鎖し、広大な農村の革命勢力をもって都市に向かって進攻できるし、必ずや勝利を得ることができる」[111]、と。当初華北労働運動組織で活動し、江蘇省委では農民運動委員会秘書の任にあった何であればこそ提起し得た、明確な「農村中心」論と「農村による都市の包囲」論の提起である。

だが、李立三は、これらを一蹴した。彼も中央巡視員として広東（香港）にあった時には、前述のように農村による広州の「包囲」を主張していたのだが、六月十一日の政治局決議は、「農村による都市の包囲」「紅軍単独による都市の奪取」の主張を「極端に間違った観念」だとし[112]、六月十五日付の第四軍宛書簡は「〝農村工作第一歩、都市工作第二歩〟の理論」や「まず三省境界に割拠してから南昌を攻略」するという方針を「農民意識の反映」「農民の観点」だとし、次のように述べた。「我々がいま提起している中心都市と交通線に向け攻勢をとる戦略は、君たちのうちのある同志〔毛沢東〕がかつて主張したような、大都市占領〔打大城市〕を主張する理論とは訳が違うのだ」[113]。

ただし、李立三指導部は、戦術の一部にせよ紅軍による「主要都市攻撃」を打ち出した以上、紅軍の集権的な運用を目指すことになった。李らは二月、政治局直属の中央軍事委員会を成立させ〔書記関向応、常務委員関向応・周恩来・曾中生〕紅軍の指揮権を同委員会に統一することを決定[114]、五月中旬には紅軍一四個軍の代表を集めた「全国紅軍代表会議」を上海に招集した。同会議は三カ月以内に全紅軍を五〇万人にまで増大させ、二個以上の軍で軍団を組織し、軍以下の師団・連隊・大隊を三三制[115]で編制することを決定した他、「当面の戦術」として「広範な大衆の力量〔蜂起・ゼネストなど〕」と連携しての「重要都市への進攻、数省における先駆的勝利の前途の実現」を挙げ、この先駆的勝利は「武漢(ママ)・江西・広東の三省」で「早期に成熟し得る」と指摘した[116]。

このうち、軍に対する具体的指示が判明する広東省の場合、「第一一軍と第一二軍は東江と海豊・陸豊・恵州の地方暴動を支援し、恵州に向けて発展、広州市を目標とする。第七軍は柳州から小江北に発展し、北江の地方暴動を支援し、更に広州に向け発展する。……目下東江にいる第四軍は、ただちに江西南部〔贛南〕から九江に向け発展し、江西奪取と武漢革命政権〔樹立〕の任務を実現しなければならない」[117]とされた。ここに見える「広東の革命政権」「江西奪取」「武漢革命政権」の語からすれば、全国紅軍代表会議は、都市大衆の蜂起などと連携した紅軍の「重要都市攻撃」による、広州と武漢における政権樹立、江西〔南昌〕の占領を主張していたことになる。

では、こうした軍事行動の対象とされた地域〔都市〕は、そもそも李立三プランの**主要戦術**である労働者の蜂起を準備できていたのだろうか。この点では、七月から八月の時点で中共中央が把握していた労働者の組織は全国二一都市に三七組織しか存在しなかったことが参考になる[118]。これらのうち四個以上の組織をもつ都市は上海と武漢にすぎず、前記の紅軍代表会議の決定事項が攻勢目標とした広州の労働者組織は電灯と自動車の二組織のみ、南昌のそれは把握されていなかった。この二都市で蜂起の可能性はほぼなかったと見てよい。

だからこそ、李立三指導部は、二つの方策を立て続けに打ち出した。その第一が、紅軍を再編成し、諸都市への進攻を命じることとである。七月時点で李立三指導部が各軍に命じたのは、毛沢東・朱徳らが指揮する第一軍団（第四軍・第一二軍・第三軍）の南昌進攻、彭徳懐らの第三軍団（第五軍、第八軍、第一六軍）の武漢進攻、広西の鄧小平らの第七軍・第八軍による広州攻略と北上しての長沙合撃、また第一〇軍の九江進攻、湘西［湖南西部］・洪湖の第二軍団（第二軍と第六軍）と鄂豫皖［湖北・河南・安徽省境地区］の紅一軍による武漢合撃、であった[119]。これらの命令に、紅軍部隊が全て従った訳ではないが――南昌攻撃を命じられた毛沢東・朱徳率いる第一軍団は八月一日、南昌城壁への射撃を川越しに行っただけで転進している[120]――それでも幾つもの紅軍部隊が大都市に接近しつつ中小都市・県城を陥落させた。なかでも最大の成果は、毛らと同じく李立三の武漢進攻命令に従わず、南下した彭徳懐の第五軍が湖南の省都長沙を陥落させ、わずか十日ほどではあるがこの都市を占領したことである。なお、李立三はこの長沙占領を、都市労働者・農民との連携であるかのようにコミンテルンに虚偽報告を行っている[121]が、こうした事例での中小都市・省都の占領は――言うまでもないことながら――紅軍と労働者・農民との連携によって行われたのではなく、紅軍の軍事力のみで達成されたものだった。

そして第二の方策が、八月一日と三日の中央政治局会議で李立三が表明した、長江流域の三大都市における武漢暴動・上海ゼネスト・南京兵士暴動の部署である[122]。李立三は、(a)省レベルでは最大の紅軍を有する、したがって省都への紅軍「攻勢」を期待できる湖北の武漢暴動とともに、(b)労働者や赤色組合員の数では最大である上海のゼネストの実現を重視していたが[123]、さらに(c)国民政府に大打撃を与えるはずの首都南京での兵士暴動を計画に加え、これに「全国の革命高潮推進の起点」だ、とまでの高い位置づけを与えたのだった[124]。

すなわち、七月半ばから八月初めにかけ、李立三指導部は、都市に向けての紅軍の攻勢を命じるとともに、長江流域の三大都市における蜂起を計画したのであった。大都市蜂起を目指した点に注目する限り、李立三のプランは依然

「都市中心論」の戦略であった。

だが、(b)の上海ゼネストは、上海暴動の準備として企図されたものだったが、その準備さえも進展しなかった。八月下旬になって紡績工場や人力車夫、市政労働者などの集会が「ゼネストの演習」とされた九月七日南京路デモへの参加を決議していたにとどまる[125]。また、(c)の南京兵士暴動は、共産党員が当時唯一掌握していた国民革命軍の訓練兵大隊〔学兵営〕を蜂起させ、国民党中央機関を襲撃、南京城を占拠することを狙ったが[126]、数百名の規模でしかない訓練兵大隊で周囲三五キロにもおよぶ南京城を占拠することなど、そもそも不可能だった。党組織と国民革命軍内組織の摘発によって、南京兵士暴動の計画はたちまち頓挫した。

そして(a)武漢暴動についても八月上旬、凶報が上海の李立三の元に届いていた。何と、武漢の党員はわずか四〇名に減っている、というのである[127]。この報を受け、李立三は全く実現不可能な組織拡大策を指示する[128]一方で、紅軍が湖南省常徳を占領したとの報道や江西省九江・南昌の攻略も間近だとの判断から、「武漢暴動が想定よりも一層早く実現されようとしている」と主張したのである。そこで彼が命じたのは、湖北・湖南・江西・安徽に散在する紅軍諸軍への武漢分進合撃命令だった。彼は、彭徳懐の第五軍に長沙を再度占領した上で、北上して岳州を占拠、次いで武漢に進撃することを指令し、第一軍には京漢線を切断しての武漢進攻、第二軍と第六軍には〔場合によっては〕沙市・宜昌攻略を抜きにしての漢陽占領を命じ、第三軍と第四軍には南昌・九江を落とした後、第八軍と連携して武漢に迫ることを指令した[129]。後年、「師を武漢に会め、馬を長江に飲ましむ」と呼ばれもする[130]、大規模作戦である。こうすれば、武漢では「紅軍の攻勢下で労働者勢力との合流が達成され、敵が応戦に苦しむ間に、武漢は偉大な暴動を達成し、武漢を奪取できる」というのである。

しかしながら、党員が四〇名にまで減少していた武漢での暴動の可能性はほぼゼロだった。だから、彼のこうした主張の実質は、〈農村で培われた主力紅軍による大都市の包囲攻撃〉に他ならない。この時点で李立三のプランはこれまでの研究者が説いてきたような、「都市中心論」ではなくなっていた。それは、彼が口を極めて批難してきた「紅軍単独での都市攻略」に帰結し、「農村による都市の包囲」を実施するものであったのである。この意味で、「農村による都市の包囲」を全国的な戦略レベルで最初に発動したのは——その成否を問わないとすれば——皮肉にも李立三であった。

そして、こうした点では、李立三に代わって党内権力を掌握した指導者たちも、同じ道を辿った。

一九三〇年九月、李立三プラン収拾のため開かれた中共六期三中全会を主宰した周恩来は、党の任務は「現有のソヴィエト区域を強化し、分散したソヴィエト区域を統合し、紅軍への指導を集中強化して広範な農民大衆を発動し、中央ソヴィエト政府を樹立して工業中心都市に向けて発展する」ことであるとした。この時も、「都市労働者大衆の闘争を発動し、宣伝・組織工作を強化して広範な大衆を積極的に武装暴動の準備に取り組ませる」ことが主張されているが、それは紅軍と農民に関わる項目の後に論じられ、暴動から政権樹立を目指す方針は展望されていない。労働者の闘争は、「ソヴィエト区域が中心都市に拡大することを容易にする」ためだけのものなのである[131]。これはもはや都市から農村へのベクトルを有する「都市中心論」ではない。

さらに一九三二年一月、モスクワ留学派が握る党中央は、李立三と同じく「一省か数省における先駆的勝利」を戦略目標に掲げ、「紅軍と遊撃隊」が「南昌・吉安・武漢などの重要ないし副次的な大都市を包囲している」（傍点引用者）状況の下での「一、二の重要な中心都市の獲得〔占取〕」を主張したが、この時都市労働者に与えられた「第一等の任務」とは、スト委員会や工場委員会を組織し、経済闘争を反帝闘争に結び付け、紅軍とソヴィエト支持の闘争を展開すること[132]であって、もはやゼネストや暴動を「準備」することでさえない。同年六月、ソヴィエト区中央局が採択した決議「江西と近隣省区革命の先駆的勝利を勝ち取り完成させることについての決議」も、紅軍が「武漢、南昌、吉安、贛州などの大都市と主要交通線（贛河、襄河、長江流域および京漢線）を包囲する有利な情勢」の下での「南昌・九江・撫州・吉安・贛州・萍郷などの中心都市奪取」を提起したが（傍点引用者）、ここで名を挙げる都市での労働者の闘争には全く言及しない[133]。言うまでもなく、共産党系労働者はもはや存在しなかったからである。ここでの都市は、農村を根拠地とする紅軍による包囲と攻略の対象でしかない。

ならば、それは次のことを意味していたはずである――李立三のプランが破綻に瀕した一九三〇年八月以後、共産党が都市で武装蜂起を行うことはもはや不可能であり、都市から農村へという革命波及のベクトル実現をめざす「都市中心論」の基盤は存在しなくなっていた。そして、都市はもはや農村の紅軍によって、包囲され攻撃される対象となった、ということを。したがって、一九三〇年八月以後の指導部は――瞿秋白・周恩来指導部も、モスクワ留学派の指導部、そして毛沢東も――農村で培った軍事力による都市の（包囲）攻撃以外の選択肢を持たなかった。「農村割拠」論を批判した李立三にとってさえ、都市とその労働者を奪回するには、農村で育成した軍により都市を攻略する方策しかなくなっていたのだ、ということを、である。

おわりに――「農村による都市の包囲」論を提起したのは毛沢東か？

このように見てくれば、今日なお中国の研究の「主流」をなしている、毛沢東以前の党中央を「都市中心論」だったと位置づけ、そうすることで毛沢東の「農村による都市の包囲」論の歴史的役割を際立たせる歴史記述には、疑問を呈さざるを得ない。

第一に、陳独秀指導部が「党を農民の中に！」のスローガンを掲げて以来、農村での組織化と農民党員の増大が進展し、第五回全国大会時点（一九二七年四月）での中共は、農村政策（土地革命）を優先する政党となっていた。同大会は、「土地問題議決案」を「労働運動議決案」に優先して採択したし、陳独秀は大会報告で、「我々は農民問題の重要性を理解し、農民運動を行う必要性を理解した。農民がいなければプロレタリアートは活動能力を失ってしまう」と述べ、「将来党内の農民の数は、労働者の数と同等になる」との期待を表明している。

第二に、国民革命の敗北後、武装暴動による政権獲得を目指した瞿秋白指導部が当初（一九二七年八月）立案したのは農村主体の武装暴動（秋収暴動）であり、都市労働者には副次的な役割しか与えられていない。まもなく瞿秋白はソヴィエト政権樹立論に基づき大都市奪取へとカーブを切る（長沙暴動・広州コミューン）が、これらの場合も都市単独ではなく、周囲の農村との同時蜂起が計画されていた。そしてこれら大都市蜂起の失敗後、瞿秋白は再び農村を起点とする議論に戻り、農村から都市への革命展開の間に農村割拠を組み込み、「農村蜂起から割拠地域を樹立し、都市を包囲した後、大都市における蜂起で省政権を奪取する」構想を打ち出した。したがって、瞿秋白指導部が論じる革命の過程とその戦術には、農村から都市へというベクトルを明確に指摘できる。

また第三に、李立三は、一九二九年後半から三〇年前半にかけて生まれていた「農村工作第一歩、都市工作第二歩」（周恩来）、「紅軍単独による都市の奪取」（毛沢東）、「農村による都市の包囲」（何孟雄）といった議論を批判し、六月における政治局決議採択後、長江流域の三大都市におけるゼネスト（上海）・兵士暴動（南京）・労働者暴動（武漢）の実現による「一省もしくは数省における先駆的勝利」、さらには全国革命を目指した。このことだけに注目すれば、李立三のプランは間違いなく「都市から農村へ」のベクトルを有した「都市中心」論である。だが、彼は「革命爆発」の中心点に武漢を選んでいた。それは、武漢に蜂起可能な労働者組織が存在したからではなく、武漢の属する湖北省に紅軍が最も多く存在したからである。しかも彼は、武漢における労働者蜂起が不可能なことが判明した時点でなお、各地の紅軍に向け武漢への分進合撃を命じた。このことは、戦術から都市労働者蜂起を除外し、皮肉なことに彼が繰り返し批難してきた「紅軍単独の都市攻撃」「農村による都市の包囲」を実行するものであった。そして、この時期に進展していた都市での共産党勢力の決定的退潮という現実からすれば、そこには一定の合理性——それ以外の方策は考えられないという意味にせよ――があったのである。それにしても李立三は、「農村」の軍事力による大規模な都市「包囲」攻撃を、最初に大胆に試みた指導者であった。

そしてこれ以後、大都市での労働者による武装蜂起は、中共の主要戦術としてもはや論じられない。一九三〇年九月に李立三プランを清算して成立した瞿秋白・周恩来指導部にあっても、瞿・周から権力を奪い三一年一月に成立したモスクワ留学派指導部にあっても、農村で培った軍事力で（中小）都市を攻略し、ソヴィエト地域を防衛・拡大することが、基本的な戦術となるのである[134]。

だが、中国の研究者たちは、「農村による都市の包囲」論が毛沢東によって生み出されたことを前提とした上で、それが何時のことであったのかを巡り議論を戦わせてきた[135]。とりわけ影響力の大きさから言って公式党史の見解が注目される。例えば、中共中央文献研究室編・金冲及主編『毛沢東伝』（一九九六年）は、毛の三〇年一月の林彪宛書簡は、「農村革命根拠地を樹立し、労農武装割拠を実行する問題を異常なまでに突出した地位にお」き、『農村で都市を包囲し武装で政権を奪取する』新しい局面をしだいに形成するよう要求した」、と述べている（傍点引用者）[136]。ところが、この林彪宛書簡には実は「農村で都市を包囲」といった言説は見られない。しかも、『毛沢東伝』の数年前に刊行された中共中央党史研究室編『中国共産党歴史』一九九一年版は、何孟雄の名こそ挙げないものの、毛ではない「ある人」が一九三〇年四月に「農村による都市の包囲」を明確に提起したことを述べていた（二七八頁）。だから、党史文献室の『毛沢東伝』の主張は強引な歴史解釈なのである。

にもかかわらず党史研究室は、党史文献室の主張に迎合するかのように『中国共産党歴史』の二〇〇二年版で一九九一年版の記述を書き替えた。すなわち、二〇〇二年版は一九九一年版の「ある人」についての記述を省き、『紅旗』の記者が「農村による都市の包囲」を批判したとの記述のみを残した。その結果、一九三〇年に「農村による都市の包囲」を述べたのは毛沢東であると読めるようになっている[137]。そして、この二〇〇二年版の叙述は、同書の再版（二〇一〇年、二〇一一年）でもそのまま踏襲されている。毛の権威は、かくして中共中央の研究者によって守られているのである。今日（二〇二四年）まで、中共中央党史研究室が版を重ねた『中国共産党歴史』に匹敵する記述量を有する（中国共産党自身の編纂にかかる）「党史」は出版されていない。こうした研究動向の影響は、日本における著名な研究者近藤邦康の著作にもはっきりと見ることができる[138]。

一方、この問題についての中国の代表的な論者である魯振祥は、林彪宛書簡を書いた一九三〇年一月時点での毛の主張は、農村「武装割拠」論ではあっても「都市の包囲」論ではない——実際毛はこの頃、「中心区域における産業支部の樹立は党の組織面での最大の任務」だとし、「農村の闘争の発展」は「都市の闘争を支援する」といった言い方もしており、革命勝利の力点が都市にあることを否定してはいない[139]——、「都市の包囲」論は三〇年代後半に成立したと指摘する。魯は、中共拡大六期六中全会での毛沢東報告「新段階を論ず」（一九三八年十月）の主張——「今日の中国のような半植民地大国には、われわれが強固で長期的で広範囲にわたる戦争を組織し、都市を占領した敵に反対し、犬牙が交錯する戦争をもって都市を包囲し孤立させ、長期にわたる戦争の中で自己の勢力を少しずつ成長させ、彼我の情勢を変化させ、これに世界的な変動を加えれば、敵を駆逐し都市を恢復できる、多くのすぐれた条件が存在する」（傍点引用者）[140]——に注目し、この報告を受けて中共拡大六期六中全会が、「党の主要な工作を戦区と敵の背後に置く」と決議したことをもって、毛の「農村による都市の包囲」理論は最終的に成立した、との議論を展開しているのである[141]。

だが魯は、「農村による都市の包囲」論を、農村の革命根拠地で「反革命の盤踞する都市を包囲」し、「根拠地に蓄積された力で都市を奪取し、全国的に勝利する」ことだと定義している[142]。ところが一九三八年十月の「新段階を論ず」が述べるのは、抗日戦争勝利のための条件であって、全国的な革命勝利の展望ではない。ここで毛沢東が主張しているのは、蔣介石指導下の「三民主義共和国」樹立である。また「新段階を論ず」公表の時点では、すでに北京・

天津・太原・済南・青島・上海・南京・杭州・徐州は日本軍に占領され、武漢と広州も陥落寸前となっていた。すなわち、中国の東半分の省都ないしはこれに準じる都市・県城が、ほぼ日本の占領下に置かれていたのであるから、この時点で中国共産党には、以前にもまして〈都市か農村か〉の選択の余地はなかった。その意味で毛沢東は、当然に――それしか方策がないのであるから――農村を基盤に日本軍と抗戦することを強調したにすぎない。しかも、対日抗戦開始後最初に、農村に依拠して日本軍に抵抗し、持久戦で勝利する決意を述べた中国の指導者は、実は毛沢東ではない。蔣介石である。一九三七年十二月十七日、蔣介石は武漢から「我軍の南京退出につき国民に告げる書」を公表した。彼はこの時「中国の持久戦の最期の勝利の核心は、南京にあらず、まして大都市にあらず、実に全国の郷村と広大で強固な民心にある」、と述べていた[143]。この蔣介石の発言を毛は「新段階を論ず」で引用している[144]。

注

1 高新民「試論城市中心論対中国共産党的影響」『中共党史研究』一九八八年第四期、一九八八年八月。
2 中共中央党史研究室前掲『中国共産党歴史』第一巻上冊二〇〇二年版・三七三～三七五頁、二〇一〇年版・二六七～二七〇頁、二〇一一年版・二九四～二九七頁。
3 本書編写組前掲『中国共産党簡史』四五頁。
4 張海鵬「中国共産党与中国歴史道路的選択」『近代史研究』二〇二一年第三期、二〇二一年五月。
5 以上、この時期の労働運動については鄧中夏前掲『中国職工運動簡史』を参照。
6 中共第四回全国大会「対於民族革命運動之議決案」「対於組織問題之議決案」『中共中央文件選集』第一冊、三三三、三八〇頁。
7 例えば一九二七年当時、中共湖北省委員会が武漢三鎮以外の党組織を「郷下［田舎］」と呼んでいたことは象徴的である。「中共湖北省委政治報告」（一九二七年九月十日）『湖北革命歴史文件彙集』甲3、五四頁。
8 趙朴「中国共産党組織史資料」（一）『党史研究』一九八一年第二期、一九八一年四月、陳独秀「在中国共産党第三次全国代表大会上的報告」『中共中央文件選集』第一冊、一六八頁。

9『中共中央文件選集』第一冊、四七四頁。
10 趙朴「中国共産党組織史資料」(四)、一九八二年第三期、一九八二年六月、同(五)『党史研究』一九八二年第四期、一九八二年八月、『共産国際有関中国革命的文献資料』第一輯、一九七頁。
11『コミンテルン資料集』2、三九七頁。

12「中国共産党第二次全国代表大会宣言」『中共中央文件選集』第一冊、一一三、一一六頁。

13『中共中央文件選集』第一冊、二四八、三五九～三六〇頁。
14 陳独秀「給各級党部的信」(一九二六年十月十七日)『中共中央文件選集』第二冊、六三六頁。
15 同前。
16「中央局報告(十、十一月分)」『中共中央文件選集』第二冊、五一七頁。
17 陳独秀「在中国共産党第五次全国代表大会上的報告」(一九二七年四月二十九日)『中共党史資料』一九八二年第三輯、五二頁。
18 同前書、三三～三四頁。
19「中央局報告(十、十一月分)」『中共中央文件選集』第二冊、五〇四頁。
20 中共湖北省委「関於湖北農民暴動経過之報告」(一九二七年十月)『湖北革命歴史文件彙集』甲3、一二〇頁。
21『中国共産党湖北省組織史資料』二二頁。

22『中国共産党湖北省組織史資料』三八頁、傅林祥・鄭宝恒『中国行政区画通史 中華民国巻』復旦大学出版社、二〇〇七年、二〇一～二〇六頁。
23 中共第五回全国大会「政治形勢与党的任務議決案」『中共中央文件選集』第三冊、五七頁。
24「中央給湖南省委信」(一九二七年八月九日)『八七会議』一一二頁。
25 軍事科学院戦史部編写組編「〝八一〟南昌起義(軍史資料)」、中国共産党資料叢書『南昌起義』人民出版社、一九八〇年、七二～七三頁。
26「中央致前委信」(一九二七年八月一日)『中共中央文件選集』第三冊、二三八頁。周恩来・李立三・惲代英・彭湃をメンバーとする前委(前敵委員会)は七月二十七日、南昌に成立。

27「張太雷報告――〝八一事件〟之経過、失敗原因及其出路」『中共中央文件選集』第三冊、四二三頁。
28 張侠『南昌起義研究』上海人民出版社、一九八二年、三二二頁。

29「中共湖北省委工委李震瀛報告」『湖北革命歴史文件彙集』甲3、六六～六七頁。李震瀛は「ゼネストの試みは失敗した〔総罷工的試験失敗了〕！」と述べている。

30「中央関於湘鄂粤贛四省農民秋収暴動大綱」『中共中央文件選集』第三冊、二四一頁。

31なお、湖南省委は八月十九日付の中央宛報告で長沙奪取時に「革命委員会」を組織するとし（「中共湖南省委給中共中央的報告」、中央檔案館編『秋収起義（資料選輯）』中共中央党校出版社、一九八二年、一四頁）、前掲の八月九日付湖南省委宛中央指示書簡は彬県・宜章・汝城一帯を奪取して革命委員会を樹立するよう命じているから（『八七会議』一一三頁）、革命委員会は県城占領時以外にも、複数の県域にまたがる地域を制圧した場合や省都掌握時にもその樹立が想定されていた。

32広東の農民協会は一九二六年五月時点で、全省八四県中六一県に成立し、六二万六四五七人の会員を有していた。また湖南では一九二六年十一月時点で全省七七県中五六県に農民協会組織が成立し、会員数は一三六万七七二七人を数えた（「広東農民運動概説（一九二三至一九二六年）」、「湖南省農民運動概況（一九二五年冬至一九二六年十一月）」、中国現代革命史資料叢刊『第一次国内革命戦争時期的農民運動資料』人民出版社、一九八三年、一三四、三六二～三六五頁。

33『中共中央文件選集』第三冊、三五八～三五九頁。

34「中共湖南省委給中共中央的報告」（一九二七年八月十九日）『秋収起義（資料選輯）』一四頁。

35「中央復湖南省委函」（一九二七年八月二十三日）『中共中央文件選集』第三冊、三五〇頁。

36「中共湖南省委来信」（一九二七年八月三十日）『秋収起義（資料選輯）』二五頁。

37『中共中央文件選集』第三冊、三六四頁。

38毛沢東は、八・七会議後中央特派員の資格で長沙に赴き、八月十六日に改組された湖南省委（書記彭公達）の委員となっており、同十八日の省委会議では、湖南暴動の範囲の縮小を主張しているが、長沙奪取先行の方針には賛成している（『毛沢東年譜』上巻、二一〇～二一一頁）。金冲及主編・中共中央文献研究室編『毛沢東伝』は、長沙暴動起点計画が党中央に報告された翌日（八月二十日）、毛が党中央に宛て「中共中央ひいてはコミンテルンに対し異なる意見を提出」したと述べ、毛が長沙を起点とする計画に反対であったように読める叙述を行っているが、この八月二十日書簡は、コミンテルンがソヴィエト即時樹立を訓令したとの報を受けこれを支持し（実は訓令は誤報）、「土地綱領」を提案したものである（金冲及主編・村田忠禧他編訳『毛沢東伝　一八九三―一九四九』上、みすず書房、一九九九年、一三六頁、『秋収起義（資料選輯）』一六～一八頁）。

39「中共中央給広東省委的信」（一九二七年十月二十三日）には、「〔広東〕省委の工作計画を受け取ったが、この計画は依然軍事を偏重する傾向があり、まだ完全には暴動の主力を農民としてはいない」、とある(中央檔案館編『広州起義(資料選輯)』中共中央党校出版社、一九八二年、二〇頁)。

40「中央関於北方職工運動問題的指示信」(一九二七年十月)、中華全国総工会編『中共中央関於工人運動文件選編』上、檔案出版社、一九八五年、二二三頁。

41『中央文件選集』第三冊、四三七頁。

42旧武漢政府警備連隊や安源炭鉱の労働者糾察隊、平江・崇陽・萍郷・醴陵・瀏陽などの労農義勇軍(農民自衛軍)からなる三個連隊〔団〕約四千名で編成されていた(『毛沢東年譜』上巻、二一五頁)。

43呉偉良「論秋収起義」『暨南学報(哲学社会科学)』一九八九年第一期、一九八九年四月、『毛沢東年譜』上巻、二一六〜二二二頁。

44例えば李維漢は、瞿秋白の戦略を「ロシア十月革命と中国北伐戦争の、中心都市を占領し、正規戦を戦うという経験を機械的に持ち込んだ」と批判している。前掲『回憶与研究』(上)、二三四頁。

45「関於〝左派国民党〟及蘇維埃口号問題決議案」(一九二七年九月十九日)『中共中央文件選集』第三冊、三七〇頁。

46中央臨時政治局拡大会議「中国現状与党的任務決議案」、「中央通告第十五号」『中共中央文件選集』第三冊、四五九〜六一、四三七頁。

47コミンテルン執行委員会「中国革命の諸問題」(一九二七年五月三十日)、『コミンテルン資料集』4、一八七〜一八八頁。「コミンテルン執行委員会は、現時点では、労働者・農民代表ソヴィエトのスローガンをかかげることは適当でないと、考える。……革命がいっそうの発展をとげて、民主主義革命から社会主義革命への成長転化の過程の開始が認められるまでになった時には、労働者・農民・兵士代表ソヴィエトを創設することが必要となるであろうし、ソヴィエトをつくれというスローガンが党の中心スローガンとなるであろう」。

48「中国現状与党的任務決議案」『中共中央文件選集』第三冊、四五九頁。

49「中央通告第十六号」(一九二七年十一月十八日)『中共中央文件選集』第三冊、五二九頁。

50「中国現状与党的任務決議案」『中共中央文件選集』第三冊、四五七頁。

51「中央致両湖省委的信」『中共中央文件選集』第三冊、五二一頁。

52李維漢前掲『回憶与研究』(上)、二〇六〜二〇八頁。

53同前書、二〇八頁。

54「新民主主義革命時期広東工人運動大事記」(三)、広東省中山図書館蔵、六頁。

55「中央致広東省委信」『中共中央文件選集』第三冊、五四一頁。

56中共中央党史研究室前掲『中国共産党歴史』上巻(一九九一年)、二二八〜二二九頁。

57「中央致江蘇省委信」(一九二七年十二月七日)『中共中央文件選集』第三冊、五四八頁。

58『中共中央文件選集』第四冊、六一〜六二頁。

59「必須首先発動四郷的闘争、由郷村的割拠而後向城市包囲、反対過早地争取城市」。「関於湖南政治現状与党的工作方針決議案」(一九二八年二月二十一日)、郭文亮「瞿秋白為代表的党中央対中国革命道路的探索」『上海師範大学学報』一九八七年第四期、一九八七年十二月、所引。

60「中央通告第三十六号附文」(一九二八年三月六日)『中共中央文件選集』第四冊、一三七頁。

61中央「致朱徳、毛沢東並前委信」『中共中央文件選集』第四冊、二四五頁。

62「江蘇農民運動工作計画(第一次)」『何孟雄文集』一一四頁。何孟雄は当時中共江蘇省委農委秘書。この「計画」では江南における農民運動(減租抗租運動、暴動、ゲリラ的擾乱)を続ければ「将来江北の暴動勢力と合流し、上海を包囲する」ことができると説いている。

63「立三給中央的報告」(一九二七年十二月二十八日)『広州起義』二三六頁。この報告で李立三は、今後の戦術として西江・北江・南路では暴動により「一県ないし数県の範囲で割拠状況を作り上げ、広州を包囲する情勢を形成する」と述べている。なお、李立三は当時中央巡視員(のち広東省委書記)。香港で蜂起の総括に当たっていた。

64中央「関於中国政治現状与最近各省工作方針議決案」(一九二八年一月二十二日)『中共中央文件選集』第四冊、九五頁。

65『中共中央文件選集』第四冊、三一三頁。

66同前書、三一三〜三一四、三二〇〜三二三頁。

67『中国共産党第六次全国代表大会檔案文献選編』下巻、四九一頁。

68趙朴「第六次全国代表大会(三)」、『党史研究』一九八六年第三期、一九八六年五月。

69一九二七年十二月十一日付のこの「中央通告」には、「武漢反動至今、由五万而降至不及両万」とある(『中共中央文件選集』第三冊、五三四頁)。

70金冲及「六大以後両年間中共中央的歴史作用」『中共党史研究』一九八八年第三期、一九八八年六月。

71周恩来「組織報告」（一九二八年六月三十日）『中国共産党第六次全国代表大会檔案文献選編』上巻、四〇二頁、趙朴前掲「第六次全国代表大会（三）」。なお、武漢の労働者党員数についての『中国共産党第六次全国代表大会檔案文献選編』の記載は、「約二千――八千人」なのだが、これでは全体の約三千という数字と合わない。ここでは、文献そのものを見たに違いない趙朴論文の記載に従い、「約八〇〇」を採用した。

72「中共中央文件選集」第五冊、二二五頁。

73「目前政治形勢与党的組織任務」（一九三〇年七月二十二日）『中共中央文件選集』第六冊、一八五頁。

74『中共中央文件選集』第四冊、六〇三頁。

75『中共中央文件選集』第五冊、二五頁。

76同前書、三三～三四頁。

77同前書、八六頁。

78中央「関於中国政治現状与最近各省工作方針議決案」『中共中央文件選集』第四冊、一〇八～一〇九頁。

79『中共中央文件選集』第四冊、六四三～六四四頁。なお、『中共中央文件選集』の編者も指摘しているように、蚌埠は江蘇省ではなく安徽省、井陘は山西省ではなく河北省に属した。

80中央臨時政治局拡大会議「職工運動決議案」『中共中央文件選集』第三冊、五一六頁。

81『中共中央文件選集』第四冊、五一三頁。

82『中共中央文件選集』第四冊、六二七頁、同第五冊、八六～八七頁。

83瞿秋白前掲「中国革命中之争論問題」、『六大以前』七〇九頁。

84『中共中央文件選集』第四冊、三八二頁。

85同前書、六四二頁。

86中共中央政治局「給中共駐共産国際代表団諸同志的信」（一九二九年十一月二日）、中央檔案館編『中共中央政治報告選輯一九二七～一九三三』中共中央党校出版社、一九八三年、四五頁。

87『中共中央文件選集』第五冊、一八九頁。

88『コミンテルン資料集』5、七三頁。ただし、文書の日付は、『中共中央文件選集』第五冊に従う（七四四頁）。

89『中共中央文件選集』第五冊、七九一～七九二、七九五頁。

90 同前書、五五六～五五七頁。
91 同前書、五六六～五六七頁。
92 「接受国際一九二九年十月二十六日指示信的決議」『中共中央文件選集』第六冊、六頁。
93 『中共中央文件選集』第五冊、二一五頁。
94 上海の党員数は、一九二七年三月には約八〇〇〇人であったが、同年七月に約一二二〇人、十二月一七九九人となり、以後二九年十一月約一一〇〇人、三〇年五月二〇〇〇余人、三一年十二月約七〇〇余人、三四年九月四七五人と、李立三期の誇張と見られる三〇年五月の数字を除けば、ほぼ逓減している（中共上海市委組織部等編『中国共産党上海市組織史資料（一九二〇・八～一九八七・一〇）』上海人民出版社、一九九一年、三、八五頁）。二九年メーデー後の増減については、「工聯工作人員会議記録」（一九二九年十二月三日）、『上海工会聯合会』檔案出版社、一九八九年、二八〇頁。
95 一九二六年に営業を開始した北平電車公司の路面電車は、人力車夫の生活に大きな影響を与え、このため二九年九月、北平市政府・市党部に対し参加者二万余名もの大規模な請願が行われ、請願の帰途、車夫たちの一部は行き会った路面電車を襲撃、十数両を破壊した（中国労工運動史編纂委員会編『中国労工運動史』（三）、中国勞工福利出版社、一九五九年、九一一頁）。二九年十一月の中共中央政治局の文献は、これを「市街戦（巷戦）」と表現し（中共中央政治局「致駐莫斯科中共代表団的信」（一九二九年十一月二十二日）、『中共中央政治報告選輯　一九二七～一九三三』五六六頁）、「中央通告第六十号」も「武装衝突」と述べたのである（『中共中央文件選集』第五冊、五六七頁）。
96 例えば、前注所掲の中共中央政治局「致駐莫斯科中共代表団的信」は、奉天の「紡績工場や煙草工場などの労働者闘争」について述べているが、少なくとも当時の満洲省委の文献によるかぎり、極めて小規模なものか（紡績）、実際にはなかったものである（煙草）（中央檔案館等編『東北地区革命歴史文件彙集』甲3、一九八九、二〇一～二〇二、二八六頁）。
97 中共中央文献研究室編『任弼時伝（修訂本）』中央文献出版社、二〇〇〇年、二〇七頁。
98 『中共中央文件選集』第四冊、三一三頁。
99 『中国共産党湖北省組織史資料』六八頁、中共武漢市委組織部等編『中国共産党湖北省武漢市組織史資料　一九二〇～一九八七』上、武漢出版社、一九九一年、九二頁。
100 金冲及前掲論文（数字は三〇年三月当時のもの）。なお、この頃には農村根拠地も贛南、閩西、湘贛、湘鄂贛、洪湖、湘西、鄂豫皖、左右江など一五地区に及んでいた。

101 中共中央文献研究室前掲『任弼時伝（修訂本）』二〇七～二〇八頁。なお、任弼時はこの時、武漢や広東の党組織が弱体であることを指摘し、「中央の特別の配慮が必要である」と、やや慎重な発言をしている（二〇八頁）。
102 「中央通告第六十号」（一九二九年十二月八日）『中共中央文件選集』第五冊、五七一頁。
103 立三「怎様準備奪取一省与幾省政権的勝利的条件」『紅旗』第九〇期、一九三〇年四月五日。
104 「組織政治罷工、拡大到総同盟罷工、加緊工人武装的組織与訓練、以樹立武装暴動的中心力量、是準備一省与幾省首先勝利的主要策略」。『中共中央文件選集』第六冊、一二三頁。
105 「紅軍的戦略与戦術、不只是要堅決進攻打撃敵人的主力、向着主要城市与交通道路発展、……与主要城市的武装暴動配合、奪取政権、建立全国革命政権」『中共中央文件選集』第六冊、一三二頁。
106 中央「給紅軍第四軍前委的指示信」『中共中央文件選集』第五冊、四七七頁。
107 毛沢東「給林彪的信」（一九三〇年一月五日）『中共中央文件選集』第六冊、五五九～五六二頁。
108 「江蘇農民運動工作計画（第一次）」『何孟雄文集』一一二～一一四頁。
109 奚金芳前掲「《子敬来信》与何孟雄〝農村包囲城市〟的思想」。
110 「何孟雄平生年表」『何孟雄文集』二三八頁。
111 前掲「問題与回答　関於無産階級領導的問題」『紅旗』一九三〇年五月二十四日（記事の末尾に「周子敬　四月十五日」とある）。また周子敬が何孟雄の筆名であることについては、奚金芳前掲「《子敬来信》与何孟雄〝農村包囲城市〟的思想」を参照。
112 「新的革命高潮与一省或幾省首先勝利」『中共中央文件選集』第六冊、一二三頁。
113 中央「致四軍前委信」『中共中央文件選集』第六冊、一三九～一四〇頁。この他、何孟雄の書簡が『紅旗』に「労働運動が農民運動よりも立ち後れているとの分析は間違いだ」などとの反論文付きで掲載されたことは、前章で見た通りである。
114 『中国共産党組織史資料』第二巻（上）、九九～一〇〇頁。
115 三個営［大隊］で一個団［連隊］、三個団で一個師［師団］、三個師で一個軍。
116 中共広東省委・中央軍部南方弁事処「給東江・恵属両特委及十一軍・十二軍軍委信」、中央檔案館・広東省檔案館編『広東革命歴史文件彙集』甲18、広東人民出版社、一九八七年、五六～五八、六三頁。李立三は六月九日の政治局会議で、「われわれが労働者の指導、都市プロレタリアの暴動がなければ、革命は勝利できないと言っているのは、決して労働者暴動の実行まで紅軍を待たせるという意味ではない」とも発言していたが、これも彼の革命戦略における紅軍の重みを物語っている（柏山［李立三］

「在中央政治局会議上関於目前政治任務決議案草案内容的報告」『中共中央文件選集』第六冊、一〇四頁)。

117 『広東革命歴史文件彙集』甲18、五七頁。

118 「中央給各地指示信（一九三〇年八月四日）」が「全国範囲の同盟ストと政治ストを組織、発動、指導する」中華全国総工会拡大会議開催のため、代表派遣を求めた組織は、鉄道・海員、雇農を除けば以下の通りであり、これらは中共が各地の労働者組織をどれほど把握していたのか、その実態を示している。――上海（製糸工場、紡績工場、郵便、電車、兵工廠、電気、鉄廠）、杭州（製糸工場）、南京（市政）、無錫（製糸工場）、武漢（紡績工場、漢陽兵工廠、漢口人力車夫、漢口埠頭、漢冶萍公司、市政）、大冶（鉱山）、香港（船廠、電気、水道）、広州（電灯、自動車）、天津（電車、紡績工場）、唐山（鉱山）、北平（郵便）、山西（兵工廠）、撫順（炭鉱?）、奉天（兵工廠）、ハルピン（市政）、大連（?）、淄博（鉱山）、青島（紡績工場、市政）、厦門（市政）、福州（船廠）、景徳鎮（陶工）。中華全国総工会編『中共中央関於工人運動文件選編』中、檔案出版社、一九八五年、六八～七一頁。

119 唐純良『李立三伝』黒龍江人民出版社、一〇五～一〇六頁。

120 『毛沢東年譜』上巻、三一二～三一三頁。なお、アグネス・スメドレー（Agnes Smedley）は朱徳の伝記の中で、南昌攻撃の有り様を、「やせて、汗にまみれた兵士たちは、南昌周辺の防禦陣地に向って、文字どおり不眠不休の体当りをつづけたのであるが、敵軍の砲火のもとに、秋の木の葉が散るように、ばたばたとたおれていった。……彼の指揮のもとに、ひとびとは死んでいった」と描写した（阿部知二訳『偉大なる道――朱徳の生涯とその時代』下、岩波書店、一九五五年、四〇、四二頁）。スメドレーは同書を朱徳へのインタビューと彼の提供資料に基づいて書いているから、これは李立三への朱徳の反感に由来する虚偽記述と言うべきである。

121 中共中央政治局「給共産国際主席団的報告」（一九三〇年八月五日）『中共中央文件選集』第六冊、二二〇頁。

122 唐純良前掲『李立三伝』一〇六頁。前述の八月五日付コミンテルン議長団宛報告は、「武装暴動の条件は疑いもなく成熟しつつある〔無疑的是武装暴動的条件正在成熟〕」として、武漢労働者暴動と南京兵士暴動、上海ゼネストの組織による全国政権樹立の方針を述べている（『中共中央文件選集』第六冊、二二一頁）。

123 李立三は六月九日の政治局会議報告では、「私の見るところでは、先駆的に革命の高潮を爆発させる可能性が最も高いのは上海か武漢であるが……、より可能性があるのは上海である」と述べていた（『中共中央文件選集』第六冊、一〇三頁）。

124 柏山〔李立三〕「在中央臨時政治局会議上関於南京問題与全国工作布置的報告」『中共中央文件選集』第六冊、一五八頁。

125 「生気勃勃的黄包車工人代表会」『紅旗日報』一九三〇年八月二十三日、「市総領導之下三界電車工代聯席会発表重要宣言」同八

月三十一日、「総同盟罷工醞醸中之市政工人第四次代表大会」「轟轟烈烈之全滬紗廠代表大会」同九月一日。なお、このデモは『紅旗日報』の報道でも二千名ほどの参加に終わっている（「在残暴的白色恐怖催残圧迫下上海労苦群衆反白色恐怖大示威」同九月八日）。

126 唐純良前掲『李立三伝』一〇四頁。

127 「中共給長江局的指示」（一九三〇年八月十日）『中共中央文件選集』第六冊、二四七頁。

128 「各党員は少なくとも毎日一名の同志を紹介し、同時に各人それぞれが赤色先鋒隊一隊を組織せよ」とある。同前。

129 『中共中央文件選集』第六冊、二四八頁。

130 この言葉は、国民革命軍の北伐軍が岳州を陥落させた際、国民党江蘇党部の発した電報にすでに見える。「今又下此名城、会師武漢飲馬長江指日可待」。「国民党賀克岳州電」『申報』一九二六年八月二十六日。

131 恩来「関於伝達国際決議的報告」（一九三〇年九月二十四日）『中共中央文件選集』第六冊、三六八頁。

132 中央「関於争取革命一省与数省首先勝利的決議」（一九三一年一月九日）『中共中央文件選集』第八冊、四二、四四頁。

133 蘇区中央局「関於争取和完成江西及其隣近省区革命首先勝利的決議」『中共中央文件選集』第八冊、二四八～二四九頁。

134 なお、厳立賢「従〝城市中心論〟到〝農村中心論〟――一九三〇年代初期共産国際和中共工作重心的転移」（『軍事歴史研究』二〇一八年第三期、二〇一八年五月）は、この転換にコミンテルンの影響を指摘する。

135 方暁主編『中共党史弁疑録』上冊（新民主主義革命時期）、山西教育出版社、一九九一年、三二八～三三三頁、劉書楷・郭思敏主編『中共党史弁疑』中央文献出版社、二〇〇六年、二三五～二三八頁。

136 金冲及主編・村田忠禧他編訳前掲『毛沢東伝　一八九三―一九四九』上、二〇三頁。これは一九三〇年四月に「農村による都市の包囲」をはっきりと主張した何孟雄の議論よりも前の時点（同年一月）に毛沢東がこれを述べていた、と言いなすためのようである。

137 「農村による都市の包囲」を毛沢東以外の「ある人」が述べていたとの『中国共産党歴史』一九九一年版の記述を削除した同書二〇〇二年版は、「農村によって都市を包囲し、政権を武力で奪取する道の思想（農村包囲城市、武装奪取政権道路的思想）」とは、「毛沢東を主要な代表とする中国共産党員たちが**集団で創造した**ものである（以毛沢東為代表的共産党人的集団創造）」（傍点引用者）と、毛沢東個人の成果ではないように述べながら、同時に、「毛沢東が明らかにした農村が都市を包囲し、武装で政権を奪取する道の思想（毛沢東闡明的農村包囲城市、武装奪取政権道路的思想）」といった言い方も、はっきり述べている（三七五頁)。記述の前後関係からしても、重点が後者にあることは明確である。

138 近藤邦康『毛沢東　実践と思想』(岩波書店、二〇〇三年)は、一九三〇年の毛沢東の林彪宛書簡について、「農民戦争を主要な勢力とし、都市から農村へ波及したロシア革命の道とは逆の、『農村が都市を包囲する』中国革命の独自の道を切り開いた」と述べる(七六~七七頁)が、こうした評価は中国の公式党史の主張の祖述にとどまる。

139『中共中央文件選集』第六冊、五五八頁。

140「論新階段　抗日民族戦争与抗日民族統一戦線発展的新階段――一九三八年十月十二日至十四日在中共拡大的六中全会的報告」『中共中央文件選集』第一一冊、五九一頁。

141 魯振祥「略談〝農村包囲城市〟道路理論的形成与確立」『中共党史研究』一九九〇年第六期、一九九〇年十二月。

142「首先到農村去建立革命根拠地……、逐歩造成革命的農村包囲反革命盤踞的城市的形勢、最後主要依靠由農村根拠地積聚起来的力量、奪取城市、取得全国勝利」。

143 菊池一隆『中国抗日軍事史　一九三七~一九四五』有志舎、二〇〇九年、四八頁、家近亮子『蔣介石の外交戦略と日中戦争』岩波書店、二〇一二年、一四一~一四二頁。

144『中共中央文件選集』第一一冊、五九二頁。

毛沢東（1936）

第7章　毛沢東「新民主主義論」の成立

——指導者言説はどのように「聖典」となったのか？

はじめに——「聖典」の主張と歴史的事実

抗日戦争期の毛沢東の理論的成果として知られる「新民主主義論」は、長きに亘って中国社会主義の「聖典」の地位を享受してきた。このように述べるのは、人民共和国が自らを「新民主主義すなわち人民民主主義の国家」と規定し[1]、「新民主主義論」が説いた通りの政治体制で発足したからだけではない。同論が「聖典」たるもののいわば「特権」として、どのような具体的な歴史環境にあって生まれたのか、さらには、いかなる「他者」からの影響を受けたのか、発表当時どのような評価を受けていたのか、といった論点が、歴史家たちからさほど追究を受けることがなかったからである。

例えば、中国共産党の中央党学校が出版した毛沢東思想についてのある研究書は、一九三八年九月に開かれた中共拡大六期六中全会後、「中共中央には毛沢東を核心とする成熟した指導グループが形成された」とし、「個人と集団の智慧の有機的な結合」の結果、「新民主主義論」を含む数々の毛沢東の著作・論文が生まれた、としている[2]のだが、それらの具体的な成立過程には触れない。この点は、代表的な新民主主義理論史研究の著作も同様である[3]。また中国共産党の公式党史『中国共産党歴史』も、新民主主義論成立の背景として、国民党の反共言論攻勢の激化を指摘しているが、それ以上の議論の展開はない[4]し、近年の『中国共産党簡史』（二〇二一年）は、「新民主主義思想の基本思想」について「大革命〔国民革命〕を経て」「初歩的に」提起されたとするが[5]、これは「新民主主義論」が踏まえている歴史経験をでき得る限り広く設定しようとする試みに過ぎない。

もう少し具体的なことを述べよう。「新民主主義」なる概念そのものは、毛沢東の『中国革命と中国共産党〔中国革命和中国共産党〕』(一九三九年十二月十五日)にあって提起され、(a)現段階での中国革命はブルジョワ民主主義革命だが、世界プロレタリア社会主義革命の一部であるところの新民主主義革命である、この革命は(b)一九一九年の五・四運動に始まった、(c)プロレタリアの指導下の人民大衆による反帝反封建革命であり、(d)孫文の三民主義革命と基本的に合致する性質のものだ、などの論点を特徴としていた[6]。そして毛沢東が翌一九四〇年一月九日、陝甘寧辺区文化協会第一回代表大会で行った講演「新民主主義の政治と新民主主義の文化〔新民主主義的政治与新民主主義的文化〕」は、この題名で『中国文化』創刊号の巻頭に掲載され(二月十五日)、さらに中央機関誌『解放』の第九八・九九期合併号(二月二十日)に「新民主主義論」として掲載されたのだった。ここに今日見ることができる底本が完成されるわけだが、分量も多いこの「新民主主義論」は、『中国革命と中国共産党』よりも論点が増やされ、補足的議論も展開されている。

例えば、「新民主主義論」第五節の「新民主主義の政治」では、「あらゆる革命的階級の反革命漢奸に対する独裁」(「革命諸階級の連合独裁」)を「国体」とし、民主集中制を「政体」とすることが新たに説かれている[7]。さらに「新民主主義論」は、『中国革命と中国共産党』の主張を一歩進め、孫文の「連ソ・連共と扶助農工の三大政策の三民主義」を「新三民主義」「真三民主義」と言いなして高く評価して見せ、さらには「新民主主義」と「新三民主義」を同義語として扱った[8]。

同様に、「新民主主義の経済」について述べる第六節は、「大銀行、大工業、大商業」を新たな共和国の「国家所有」にするとし、根拠として中国国民党第一回全国代表大会の決議を挙げ、孫文の「資本節制」「平均地権」の主張を引用している[9]。

また『中国革命と中国共産党』では言及されていない「新民主主義の文化」は、「新民主主義論」全一五節中の五節を占め、大きな比重を以て論じられている。毛沢東はアヘン戦争から五・四運動までの八〇年間の「旧民主主義」の時代と、五・四運動以後の二〇年間の「新民主主義」の時代が分けられるのは、「政治的にだけでなく、文化的にもそうなのだ」と説き[10]、「五・四以前」はブルジョワの新文化と封建階級の旧文化の闘争が行われていたが、「五・四以後」には「中国共産主義者が指導する共産主義的文化思想」が生まれた。この「全く斬新な文化新鋭軍」は「社会科学」のあらゆる領域で「極めて大きな革命を行っている」と、過大なまでの評価を行っている[11]。

さらに毛沢東は「文化革命」は政治におけるそれと同様に「統一戦線」であると説き、「文化革命の統一戦線」の二〇年間を一九一九～二一年、二一～二七年、二七～三六年、三七年～現在の四つの時期に区分するのだが[12]、中でも注目すべきは、新旧民主主義の画期に位置する一九一九～二一年の時期である。なぜならここで毛は、五・四運動時期にはまだ中国共産党はなかったが、「すでにロシア革命を支持する初歩的な共産主義思想を有する数多くの〔大批的〕知識分子」がいたと述べる[13]ことで、「世界プロレタリア社会主義革命の一部」である新民主主義革命は一九一九年の五・四運動に始まった、それは「プロレタリアが指導する人民大衆の反帝反封建革命である」との自身の規定[14]の根拠を得ようとしているからである。実は当時、そうした「初歩的な共産主義」者はせいぜいのところ李大釗ら二、三名だった[15]のだが、毛はこの議論を強行した。

この他毛沢東は、「この文化運動は、当時〔一九一九～二一年〕まだ労農大衆の中にまで普及することはできていなかった」、運動は「平民文学」のスローガンを提起したが、「当時のいわゆる平民は、都市のプチブル階級とブルジョワ階級の知識分子に限られていた」とも指摘している[16]。しかし、そもそも「平民文学」を周作人が提起したのは実は「五・四」以前である[17]。また文化運動を語るのなら、当然「新文化運動」に言及すべきだが、この運動は一九一五年の『青年雑誌』の刊行に始まるから、毛の考察の対象とはなっていない。

つまり、政治運動としても文化運動としても、「旧民主主義革命」と「新民主主義革命」の画期を毛沢東の言うように一九一九年の五・四運動とすることには、明らかな無理がある。ではこうした無理はどうして生じたのであろうか？ 言い換えれば、「新民主主義論」は、五・四運動や新文化運動への評価とどう連動して成立したのか？ 従来の研究には、五・四運動以後に「新民主主義革命」の「起点」を見出し、かなり時間軸を遡って「新民主主義論」の「淵源」を求める動向があるが[18]、抗日戦争期における「新民主主義論」の成立過程はむしろ検討の対象となっていない。これを歴史状況の産物と見ることなく、様々な「起点」を提起し「淵源」を論じ立てるのは、また「理論史」に拘泥するのは、「新民主主義論」の歴史学的評価に不十分である。

このように考える立場から、本章は毛沢東の「新民主主義革命」の議論が一九三九〜四〇年にどのように生まれたのか、という成立過程の解明を課題とする。毛沢東はなぜ、この「新民主主義論」にあって「五・四」運動にこだわったのだろうか。そもそも抗日戦争期の中国共産党は「五・四」や「新文化」運動をどう評価し、語ってきたのか。そして、彼の「新民主主義論」はどのように（あるいはどの時点で）中国共産党にとっての「聖典」となったのか。――これらの課題の解明を目指し、以下、一九三八年五月四日における中共の「五・四記念」言説を検討することから作業を始めたい。

（1）一九三八年の「五・四記念」言説

一九三八年五月四日、中国共産党は、武漢で発行されていた中国国民党統治地区向けの機関紙『新華日報』の第一面に社説「五・四を記念する」を掲げ、以後ほぼ毎年にわたって続くことになる「五・四記念」キャンペーンを開始した。社説が言う「五・四」とは、「中華の人民が初めて、新たな大衆闘争の方式――授業ボイコット・ストライキ・商店営業停止・街頭演説・デモンストレーション・日本製品ボイコット〔罷課、罷工、罷市、街頭演講、遊行示威、抵制日貨〕――を採用した」とあるから、一九一九年五月四日の北京学生運動に始まる大衆的政治運動の高揚に他ならない。『新華日報』の社説は、これを「中華民族の自らの力による解放闘争の最初の巨大な波」であるとし、「五・四運動の歴史的意義は、何よりもまず、近二〇年来の中国民族解放運動の偉大な開端たることにある」と評したのだった[19]。

それは、国民党と共産党がともに「記念」でき、しかも抗日の課題に直結する歴史的事件の「記憶」を喚起することによって、前年成立の第二次国共合作を強固にし、抗日戦に向けてより幅広い階層と社会集団の動員を図るための試みであったと考えられる。

ところが管見のかぎり、抗日戦争期の「五・四記念」に関する中国の研究論文はすべて、この時期の中共の「五・四記念」を、一九三九年以後のものとして語っている[20]。なるほど、一九三九年三月十八日、中共指導下の西北青年救国連合会常務委員会は、五月一日から同七日までを同会二周年記念と青年の参戦動員週間とすること、五月四日を「中国青年節」とすることを全国の青年に向け提案することを決定、中共中央青年工作委員会も四月五日と六日に青年節記念通達を北方局・南方局・中原局・東南局および各部隊に発していた。そして、国民党の三民主義青年団（団長・蔣介石）も、五月四日を「中国青年節」とすることを決めたのである。しかし、「五・四記念」に関するこれらの研究論文は、「記念」の経緯や方式について語っても、中国共産党が当時「五・四」をどのように論じていたのか、については全く興味を示してはいない。「中国青年節」に注目するあまり、中共の「五・四記念」が前年に始まっていることも、その時中共の理論家たちが「五・四」をどう論じていたのかについても、注意を払っていない。

しかしながら、一九三八年の「五・四記念」は、三九年のそれや四〇年の毛沢東の議論の特徴を明らかにする上でも、興味を引くものである。例えば、「五・四」を評価して見せた『新華日報』第一面の社説「五・四を記念する」は、前述のように政治面についてだけ語り、毛沢東の「新民主主義論」のような「新文化」を視野に収めたものではなかった。確かに、『新華日報』三八年五月四日第四面の黄琪翔（国民政府軍事委員会政治部副部長）の『五・四』の精神を発揚して青年の団結を強化しよう」は、青年層が参加する「文化運動」は「政治運動」と同じく「五・四時代」に始まった、と述べ[21]、第三面の潘梓年（新華日報社長）の「『五・四』の光栄ある伝統を継承しよう」も、「五・四運動」の名で、政治運動以外の文化運動にも言及している[22]。ただし黄琪翔の文化運動への言及は、前記引用のわずか一カ所にとどまり、潘の場合は文化運動の一面をかなり批判的に見ている。——五・四運動における「科学研究の推奨と科学的方法の紹介」は「批判的に発揚すべきである（批評地加以発揚的）」。なぜなら、「当時提唱されたサイエンスは、いくらかの他人の科学研究の成果を丸呑みにしただけで、どのようにすれば外来の科学の種子が中国の国土に播種され、芽と葉を出し、花を咲かせ実を結ぶことができるかに、全く注意を払わなかった」からである。さらに次のようにも潘は述べる。

継承と同時に批判せねばならないのは、当時の孔教反対、旧倫理反対の狂潮である。……当時の孔子批判〔打倒孔家店〕は、手当たり次第に過ぎ、わが国の数千年来の固有の文化を一筆で抹殺し、孔教の中でもいくらかのよいもので吸収するに値するものまでも「玉石倶に焚いた」。これは、ひどく非科学的であるのを免れない。

数日遅れて陝甘寧辺区の機関紙『新中華報』に発表された中共理論家艾思奇（がいしき）の「五・四文化運動の任務を完成させよう」（一九三八年五月十日）も、潘梓年と同様に「五・四文化運動」に対する点数は辛い。艾は、「五・四文化運動は中国民族文化の否定の時代であった」と述べる[23]。彼は、「中国の民衆が大衆的な政治活動、大衆的救国運動を持つようになったのは、すべて五・四運動以後に始まる。このことは、五・四文化の民主思想の影響もその原因の一つであると言わざるを得ない」としながらも、次のように議論を展開する。

五・四文化の任務は決して完成されていないし、民主と科学の精神は、中国民族の中で普遍的に発揚されてはいない。ばらばらになった文化伝統（残缺不全的文化伝統）として、今日に至っている。それはなぜか？　第一に封建勢力が頑強に存在するからであり、……五・四がなお民族文化の否定の時代であったことにより、民族自体の基礎の上に民主と科学の精神を発揚することができていないからである。新文化の基礎は強固ではない。

したがって一九三八年の「五・四記念」について指摘できるのは、大衆的政治運動として五・四運動は高く評価されている[24]ものの、それを準備したものとしての、今日言うところの「新文化運動」（ここでは「五・四文化運動」）は批判の対象として、あるいはひどく限界を有するものと評価されていることである。また陳独秀による「文学革命」についての言及もない。こうした議論は前年六月発表の、艾と同じく中共理論家であった陳伯達の言説に比べて見ると、その評価の低さ（あるいは限定的評価）が一層際立つように思われる。陳伯達が上海で発表した長文の論文「五・四新文化運動を論ず」[25]は、明確に「五・四新文化運動」の語を提起し、これを一九一五年の『新青年』創刊に始まり、一九二三年の「〔科学と〕人生観の論戦」で終わると定義している。しかも、陳伯達は、五・四啓蒙運動が「公然と数千年来神聖不可侵であった孔教に自覚的に挑戦」したことを評価し、「五・四の反儒教運動は、やり方が過激にすぎたのではなく、むしろ充分に広範でも深刻でもなかった（五四的反儒教運動不是做得太過火、而是還做得不够広汎、還不够深刻）」ことに問題がある、とまで述べているのである。潘梓年とは全く逆の議論を展開していたと言わねばならない。なお、一九三八年の「五・四記念」の直前、康生らは中共の機関誌『群衆』（漢口）や『解放』（延安）で陳独秀は「日本のスパイ」とする非難キャンペーンを開始していた[26]。このことも、三八年の「五・四記念」の「新文化運動」に関わる言説を規制した可能性がある。「新文化運動」を語れば、どうしても陳独秀が想起されるであろうからである[27]。

（2）一九三九年の「五・四記念」言説

〈重　慶〉

ところが翌一九三九年、「五・四」評価（とくに文化運動に向けたそれ）は、一変する。前述のように、延安西北青年救国連合会の提案と三民主義青年団の決定を受け、五月四日は「中国青年節」となったのだが、このことを受け発表された『新華日報』五月四日の社説「『五・四』運動の精神を発揚しよう」は、前年の論調とは大きく異なる議論を展開する。

すなわち同社説は、冒頭で「『五・四』運動」とは、「わが国の民族解放闘争史における栄光ある一頁」であり、わが国の近代青年運動と新文化運動の発動」である、とする。それは、政治的には「民主政治を勝ち取ろうとした思想の運動」であり、思想面では「旧礼教と玄学に反対し科学思想を推奨した闘争」であって、文学面では「『文学革命』のスローガンを提起し、今日の中国の新文学運動のために発展の道を開いた。したがって、『五・四』運動は、わが国の民族解放闘争の歴史上偉大な意義を持つばかりか、中国の新文化運動と思想啓蒙運動の全歴史における一大転換点なのだ」、とするのである[28]。

つまり一九三九年の『新華日報』社説は、五・四運動を「民族解放闘争」のみならず、「新文化運動」（と「思想啓蒙運動」）を含むものとして扱い、その「全体」での歴史的な「一大転換点」であることを主張したのだった。ただし、転換「点」と言っても、ここでの五・四運動は、「文学革命」を提起したとされる以上一九一七年からのものになるし、「玄学に反対した」とは「科学と人生観論争」のことであるから一九二三年までを含むことになる。実に、七年間にわたる転換「点」である。しかもこの社説の冒頭で、「この栄光ある記念日からちょうど二〇周年になる」として、五・四運動が一九一九年に始まることを明示しながら、である。言い換えれば、転換点としては一九一九年を、運動内容としては一七年から二三年の足かけ七年を記念の対象とする奇妙な方法で、歴史的意義の拡大が図られたことになる。

〈延　安〉

一方、数日前の延安では、『新中華報』に艾思奇「五・四文化運動の今日における意義」[29]が発表されていた。『新華日報』の社説が一九三八年と一九三九年とで「五・四」評価が異なるのと同様に（あるいはそれ以上に）、艾思奇は、三八年時点での自身の見解を大きく変更している。三八年に「五・四は民族文化の否定の時代である」と述べていた彼は、この三九年論文の冒頭で、次のように述べる。

五・四文化運動は中国民族精神の空前の覚醒運動であり、この運動は、中国の民族民主革命闘争の歴史的産物である。それが空前であるのは、この運動以前、中国の革命運動にはこのように大胆な思想運動を産み出し、自らの民族内部の腐った遺物の徹底的な除去を図り、努めて斬新な精神を打ち出して自らの民族精神の革命的力量を動員することができていなかったからである。

彼は、「五・四文化運動はどのようなことをしたのか？」と提起したのち、これに対する解答として二つのことを答える。

第一に、五・四文化運動は、無情なまでに中国民族文化における一切の腐った代物に反対したが、中国文化を絶対的に否定した訳ではなかった〔五・四文化運動無情地反対了中国民族文化中一切陳腐的東西、但並不是絶対否定了中国文化〕。……第二に、五・四文化運動は各種各様の西洋の学術思想を紹介したが、しかし新文化運動の内容は外来文化の輸入だけという訳ではなかった。……五・四文化運動の中の各種学術思想の紹介の、その意義は中国自身の新文化という植物のために適切な肥料を探し求めた過程にある。

前年には「民族文化の否定の時代」と述べられていた「五・四」は、今回、「中国文化を絶対否定した訳ではない」とされる。そして、艾思奇が述べるのは、以下のような面からの高い評価である。

五・四文化運動が育てた最も大きな二株の文化的樹木が、中国のマルクス主義と発展を遂げた三民主義である〔五・四文化運動所培養出来的最大的両株文化樹、就是中国的馬克思主義和発展了的三民主義〕。……五・四文化運動から、中国には真に自覚した民衆運動が生まれ始め、とりわけプロレタリア階級がこの運動の中で舞台に姿を現した。このことは孫文先生の三民主義がさらに発展の歩みを進める基礎を与えた。孫文先生はまもなくこの基礎に気づいた。かくして三民主義に［連ソ・連共・扶助農工の］三大政策が加えられたのである。

実際には、孫文は「三大政策」を提起していないこと、この言葉を発明したのは中共党員であること、はすでに明らかになっている[30]。しかし、いかに「三大」であっても、それは「政策」であって「主義」ではない。「政策」を「発展を遂げた三民主義」と表現して「主義」の次元にまで高めたのは、艾思奇の功績のようである。毛沢東が、こうした彼の表記を一歩進めて、一九四〇年一月の「新民主主義の政治と新民主主義の文化」でこれを「新三民主義」と呼んだのであろうことは、推測に難くない。ただし同時に興味深いことに、一九三九年五月の時点では、艾思奇のこうした五・四運動と「五・四文化運動」に対する高評価を、毛沢東は共有してはいない。同年五月、毛沢東は五・四運動について二つの文章を発表しているのだが、その一つは、中共の中央機関誌『解放』第七〇期（一九三九年五月一日）に掲載された「五・四運動」と題する以下の短文である（『解放』の誌面でちょうど一頁）。

二〇年前の五・四運動は、中国の反帝反封建のブルジョワ民主主義革命が新たな段階に発展をとげたことを示している。五・四運動は文化革新運動としては、中国の反帝反封建のブルジョワ民主主義革命の一表現形式であるにすぎない。当該時期の新たな社会勢力の成長と発展によって、中国の反帝反封建のブルジョワ民主主義革命には一個の新鋭部隊〔生力軍〕が加わった。それは、中国の労働者階級であり、学生大衆であり、新興ブルジョワ階級である。そして五・四の時、運動の先頭に勇敢な姿を現したのは数十万人の学生であった〔在五・四時候、英勇出現於運動先頭的則是数十万的学生〕。これは五・四運動が辛亥革命よりも一歩進んだところである。

ここで毛沢東は、運動の「新鋭部隊」の一つとして労働者階級を挙げているが、同時に新興ブルジョワ階級と学生大衆もそこに数え、「先頭」に立ったのは学生だとしている。「プロレタリアの指導」は問題にされてもいない。彼の強調点は――『中国革命と中国共産党』（一九三九年十二月）や「新民主主義論」（一九四〇年一月）が言うような世界プロレタリア社会主義革命の一部であることではなく――五・四運動は「ブルジョワ民主主義革命の新たな段階」だということである。彼はこの時（も）、中国共産党第六回全国大会（またはコミンテルン）に由来する見解を維持して、中国革命の当面する革命の性質を「ブルジョワ民主主義革命」と表明していた。この短文の後半部分では、毛沢東は次のように述べている。「もし一人の共産主義者に、なぜまずブルジョワ民主主義の社会制度実現のために闘争し、その後で改めて社会主義の社会制度を実現せねばならないのか、と質問するとすれば、その答えは以下の通りである。歴史の必然の道を歩むのだ〔走歴史必由之路〕、と。」

しかも、毛沢東は、「知識分子は労農大衆と結びつくことができなければ、一事を成し遂げることはできない。辛亥革命と五・四運動の失敗は、この原因からである」と述べている（傍点引用者）。つまりこの時の毛沢東は、五・四運動を辛亥革命と同じく「失敗」したものと捉えていたし、運動で知識人は労働者階級と結びついてはいなかった、としているのである。また彼は、同年四月に艾思奇が「五・四文化運動」として高く評価したものを、「文化革新運動」と呼び直してはいるものの、「中国の反帝反封建のブルジョワ民主主義革命の一表現形式にすぎない」としており、「新民主主義論」に見られるような、五・四以後の「共産主義的文化思想」への言及はない。

さらに同じ五月、毛沢東は延安で開催された「五・四運動二十周年記念大会」で講演を行っている[31]。毛はこの講演で、五・四運動を軍閥の「売国政府」に反対したものだと述べ、『解放』の短文と同様に「反帝反封建的民主革命」と評価はしているが、一方で、五・四運動はやはり辛亥革命と「同じく失敗した（也是失敗了）」と位置づける。運動の後でも「中国は依然として帝国主義と封建勢力の統治下にあった（中国仍旧在帝国主義与封建勢力統治之下）」からである。実際、毛沢東のこの講演での強調点は、五・四運動の意義と言うより、青年たちを抗日戦での「一個の方面軍」と呼び、「主力軍」たる労農大衆と合流するよう呼びかけたことに現れているように、抗日戦勝利に向けて彼らを動員することにあった[32]。

なお、毛がこの講演で、「人民民主主義」の語を用いたことに注目し、これを「新民主主義」の先駆けのように考える研究者もいるが、毛自身ここでは「この人民民主主義の共和国はイコール三民主義の共和国である（這種人民民主主義共和国就是三民主義的共和国）と述べており、こうした点では、同じく「三民主義共和国」の樹立を説いた前年の「新段階を論ず」の所論（後述）と大差はない。また彼は、五・四運動が何らかの歴史的画期性を有するものとは、この時述べていないのである。

（3）「新民主主義論」の成立要因

とすれば、一九三九年における中共の「五・四記念」言説は、三九年五月以後の時点で、毛沢東の「新民主主義論」成立に影響を与えた（貢献した）、と見ることは可能であるかもしれない。すなわち、⑴幅広く「五・四」運動の画期性を認め、民族解放闘争・新文化運動・思想啓蒙運動の「一大転換点」であったのだと評価し（『新華日報』社説）、⑵毛が「新民主主義論」で提起した「新三民主義」につながる「発展をとげた三民主義」を提起し（艾思奇論文）、⑶「新文化運動」の重要性を説いた（社説及び艾論文）、という三点については、中共理論家たちの五・四言説の、毛沢東「新民主主義論」に対する影響として指摘できるからである。

実際、「新民主主義論」（一九四〇年一月）の冒頭で毛沢東は、「中華民族の新社会と新国家」の建設と、その中での「新政治、新経済と新文化」の形成を説き[33]、しかも前述のように『五・四』以後の中国の新文化」[34]にかなりの紙幅を割いているのだが、三九年五月の短文と講演で、毛沢東は「新文化」という語を一度も使っていないし、講演ではそもそも「文化」への言及が事実上ない。また、一九三九年五月の時点で「敗北した」と評価していた「五・四」に、毛沢東が時代の画期性を見ていた、とは考えられない。「敗北した」と評価する運動によって、新たな時代が切り拓かれる、とは誰しも考えないのではないだろうか。したがって、「新民主主義論」が、「旧民主主義革命」の時代と「新民主主義革命」時代の画期として一九一九年の「五・四」を位置づけたのは、毛沢東本来の発想ではなく、中共の理論家たちの「五・四記念」言説の影響を受けた、あるいは一九三九年五月の『新華日報』社説の「一大転換点」の表現を進めた、と見ることができるだろう。

もちろん、中共の理論家たちの影響だけを過大に評価する訳にはいかない。「新民主主義論」（と『中国革命と中国共産党』）が述べる、新民主主義の革命は「世界プロレタリア社会主義革命の一部である」、「それは中国では一九一九年の五・四運動から始まった」[35]との論点は、『新華日報』社説や艾思奇らの論説の影響だけでは説明しきれないからである。この論点の理論的根拠は――中国の研究では意図的に思えるほど言及が少ないのであるが――そもそも毛沢東自身によって明らかにされている。

「新民主主義論」の冒頭近くで毛沢東は、「中国革命の歴史的特徴は民主主義と社会主義の二つのステップに分かれている。その第一ステップは、現在もはや一般の民主主義ではなく、中国式の・特殊な・新式の民主主義であり、新民主主義である」[36]と規定し、こうした歴史的特徴は、「第一次帝国主義大戦とロシア十月革命ののち」生まれたものであり[37]、「これ以後、中国のブルジョワ民主主義革命は、新たなブルジョワ民主主義革命の範疇に属することになった。革命の戦線で言えば、世界プロレタリア社会主義革命に属する一部となったのである」[38]、と述べる。このテーゼを打ち出す際に、毛沢東が理論的な根拠としたのが、スターリンの「十月変革と民族問題」（一九一八年）と「ふたたび民族問題によせて（セミッチ［Semic］の論文について）」（一九二五年）である。スターリンが一九一八年に書いた論文の、「［十月の変革は］社会主義的西欧と奴隷的東洋とのあいだに橋をかけ、世界帝国主義にたいする西欧のプロレタリアからロシア革命をへて、東洋の被圧迫諸民族にいたる新しい革命戦線をうちたてた」[39]という部分と、彼の二五年言説の「一方では戦争が、他方ではロシアの十月革命が、民族問題を、ブルジョワ民主主義革命の一部分から、プロレタリア社会主義革命の一部分に転化させた」[40]という記述を中心に、毛沢東はスターリンの議論をかなり丁寧に引用している。

そしてこのスターリンが第一次世界大戦とロシア十月革命を民族問題のプロレタリア社会主義革命への転化の契機としていることに倣って、毛沢東は中国における契機として一九一九年の五・四運動を選んだ。前述のように、中共理論家たちが盛んに「五・四」評価を（全面的に）高める記念言説をキャンペーンしていた以上、それ以外の選択肢はなかったであろうが、それにしてもスターリン（やレーニン）が、ヨーロッパ大戦とか十月革命といったように、数年の時間幅をもって論じていた革命の画期を、毛は機械的に――そう言っていいであろう――〈一九一九年の五・四運動〉に措定した。だから、『中国革命と中国共産党』で毛沢東は、新民主主義革命は五・四運動に始まり、「プロレタリアの指導下」にあったと強弁し[41]、「新民主主義論」では無理矢理「数多くの」(前述のように実は二、三名)「初歩的な共産主義思想を有する知識分子」の存在を持ち出して共産党の代役を勤めさせたのだった[42]。

そして、毛沢東がこのスターリン言説を引用することができたのは、生活書店の編集長を勤めたこともある翻訳家張仲実の訳で、スターリンの『民族問題を論ず』(一九三八年十二月序、生活書店)が一九三九年四月に出版されていたからである[43]。

こうした事実を多くの中国の「新民主主義論」研究者はあまり重視してはいない。従来の研究でスターリン理論の毛沢東の新民主主義論に対する影響について明言しているのは、管見のかぎり、楊奎松「毛沢東はなぜ新民主主義を放棄したのか——ロシア・モデルの影響問題に関して」(一九九七年)[44]、と王也揚「毛沢東の新民主主義論とその変化を歴史的に見る」(二〇〇一年)[45]、および于光遠『"新民主主義社会論"の歴史的命運——読史筆記』(二〇〇五年)[46]だけのようである。ただし、これらの論文・著作にあっても、スターリン言説は、スターリンが踏まえたレーニンの主張として重視されている。楊氏の言及では、レーニンとスターリンの順で名が併記され(スターリンはレーニンの一九一六年十月の論文「自決に関する討論の成果」を引いている)、王論文も「スターリンが述べたこの理論は、レーニン主義の基本理論である」としている。また于光遠の著作も、スターリンについては一行だけの指摘にとどまり、むしろレーニンの『民主主義革命における社会民主党の二つの戦術』(一九〇五年)の役割が詳述されている[47]。

しかし、毛沢東のスターリンからの引用は、原載の『中国文化』の誌面で二三頁中一頁弱(一七行)にすぎないが、実は「新民主主義論」の中で、他者の言説で二行以上の文章が引用されているのはスターリンのものだけなのである。毛沢東が、新たな論点を提起する際にスターリンの文章を引用することでその権威を利用したことは間違いない。事実、毛沢東側近の理論家陳伯達は、一九四九年の文章で「毛沢東同志はスターリンの学生であり戦友である」とし、次のように述べている。

毛沢東同志が幅広くスターリンの著作を読む機会を持てたのは、抗日戦争の時期である。毛沢東同志は最高の情熱を以て、入手したスターリンの各種著作を閲読し、深く考察した。皆さんは知っていよう。毛沢東同志は、彼が書いた「新民主主義論」の中で、スターリンの著作が彼に与えた重要な啓発についてはっきり述べている。毛沢東同志は、中国革命は世界社会主義革命の一部であるという正しい命題を中国共産主義者が提起したのは、スターリンの理論に基づいているとはっきり述べている。毛沢東同志は、スターリンの理論に基づいてプロレタリアの指導権の思想を発揮し、彼のこの著名な戦闘著作の中で、中国でブルジョワ独裁を樹立しようとする反動的夢想に痛撃を与え、一方でプロレタリア階級をしてブルジョワ階級に追随させようとする党内の日和見主義に痛撃を与えた[48]。

このように見てくるならば、毛沢東の「新民主主義論」成立に影響を与えた思想としては、中共理論家たちの「五・四記念」言説とともに、当時極めて高い権威を有していたスターリン言説が重要である。そして理論家たちの「五・四記念」言説とスターリンの著作を毛沢東が読むことができたのは、ほぼ一九三九年五月以降のことである。この五月時点で公表していた前述の『解放』掲載の短文と延安での大会演説とは全く異なる（あるいは全く新たな論点を加えた）『中国革命と中国共産党』（一九三九年十二月）と「新民主主義論」（一九四〇年一月）を毛沢東が公表することができたのは、この二つの材料あればこそ、のことである。

そしてもう一つ、「新民主主義論」成立に違った意味から影響を与えたのが、陳伯達の前記引用部分にも見える、国民党の側からする、中共党の最高指導者毛沢東に対する批判である（「中国でブルジョワ独裁を樹立しようとする反動的夢想」）。すなわち中共党内では、一九三八年に開催された中央政治局会議（九月十四～二十七日）の冒頭、モスクワから帰国した王稼祥が毛沢東による中共中央の指導権掌握を認めるコミンテルン書記長ディミトロフ（G.Dimitrov）の指令を伝達した結果、毛沢東はモスクワ留学派（王明ら）との権力闘争に勝利し、以後、毛の文章が党機関誌に掲載される場合、必ず巻頭に掲載することが決定されるなど、理論的な権威も獲得するに至っていた[49]。そして続いて開かれた中共拡大六期六中全会で毛沢東は、中央政治局を代表して政治報告「抗日民族戦争と抗日民族統一戦線発展の新段階」を報告した（十月十二〜十四日）。毛沢東のこの政治報告は「新段階を論ず　抗日民族戦争と抗日民族統一戦線発展の新段階――一九三八年十月十二日〜十四日　中共拡大六中全会における報告」として、延安の中共中央機関誌『解放』第五七期（一九三八年十一月二十五日）の巻頭に掲載され、重慶では十二月七日から十日にかけて『新華日報』で連載されたのであった。彼は、抗日戦争が防御・対峙・反攻の三段階のうち対峙段階（新段階）に移行しようとしていること[50]を指摘し、前章で見たように、中国には「強固で長期的で広範囲にわたる戦争」を組織する優良な条件が数多くあるのだから、「都市を包囲し孤立させ」自己の勢力拡大と彼我の情勢と世界情勢の変化を待って日本軍を駆逐し都市を回復するのだ、という戦略を述べた[51]が、同時に彼が強調しているのは「蔣委員長とその指導下にある国民政府・国民党への断固たる擁護」であり[52]、「三民主義共和国」の樹立である[53]（民主政治や民衆の生活改良の必要も説いてはいるのだが）。「共産党は決してその社会主義と共産主義の理想を放棄しないが、彼らはブルジョワ民主主義革命の段階を経由して社会主義と共産主義の段階に到達するのだ」[54]、「現在の抗戦段階と戦後の民主共和国を徹底して完成させる段階はすべて三民主義の段階であり、すべてブルジョワ民主主義革命の性質の段階である。……三民主義の信奉と実行に忠実でなく、口先だけで表裏のある者は、忠実なマルクス主義者ではない」[55]。

だから、毛沢東はこの時、「長期合作の組織形式」として「各党が共同して民族連盟を組織し、蔣介石先生を推戴してこの連盟の最高指導者とする」ことを提案し[56]、さらに次のようなことまで述べている。

我々にとって、愛国主義は国際主義と緊密に結び付いており、我々のスローガンは祖国を守り侵略者に反対して戦うことである。我々にとって、敗北主義は罪悪、蔣委員長と国民政府を全力で支援することは天職であり、誰にもその責任を転嫁し得ない。ここには一点の消極性もない[57]。

ところが、国民党系の論客たちはこれに鋭い批判の矢を向けた。国民党の『中央日報』は早くも一九三八年十二月二十五日の紙面に張君勱の「毛沢東先生への公開書簡」[58]を掲載したが、これは冒頭で毛沢東の六中全会の報告書を読んだとした上で、「蔣先生の領導の下に別の一党があり、自ら党軍を有し、自ら特区を有し、自らマルクス主義を標榜する」のであるから、毛沢東が提起する「長期合作方式での民族連盟」には実現の可能性はない、と論じるものであった。また翌年一月、重慶の雑誌『血路』に発表された張絅中「毛沢東先生の『新段階を論ず』を評す」[59]も、以下のように論じた。「現在抗戦は第二期に入った。共産主義者〔共産党人〕の意見によれば、『中国が反攻を準備する』『新段階』になろうとしている、と言うのである。しかし、数々の『困難』がある。共産主義者はこの『困難』を利用して国民党に『進歩』を要求し、自らを『強固』にし、『発展』させ、将来再度の革命を起こそうとしているのだ」。

また葉青〔任卓宣〕も、毛沢東の議論を「段階革命論」だとして批判している。彼によれば、政治革命と社会革命を一度に行うことで「一労永逸」を目指した孫文の主張こそ「一回革命」論であり、「孫先生〔の三民主義〕を信じこれを是とするのであれば……そもそも一回革命に反対することはできないのだ〔如果相信而又是孫先生的、……你不能根本反対一次革命〕」、と論じた[60]。

毛沢東が「新民主主義論」の第八節「『左』傾空談主義に反駁する」で「何人かの悪意のある宣伝家が、二つの異なる革命の段階〔新民主主義革命と社会主義革命〕を故意に混同し、いわゆる「一回革命論」を提唱し、それでもってあらゆる革命は三民主義に含まれるのだから共産主義は存在理由を失う、と証明しようとしている」と述べている[61]のは、明らかに葉青の主張に向けた批判である。その批判に対し、わざわざ「左」傾の語を加えたのは、葉青が中共を脱党して反共理論家となっていたことを揶揄するためであろう。「新民主主義論」の第七節「ブルジョワ独裁に反駁する」が国民党の「一党専政」を非難し、第九節「頑固派に反駁する」が「一つの主義」を「反民権主義の作風」だと批判しているの[62]も、国民党系反共理論家たちの「新段階を論ず」に対する論難への反批判である。

一方、こうした論客たちの言論攻勢以外の国民党の動向を見ても、蔣介石が一九三八年十二月に陳紹禹・周恩来らとの会見時に、「自分の責任は共産党を国民党に合併して一つの組織とすることである」と述べたように[63]、共産党の提案する「長期合作」には警戒的であった。

しかも、国民党は翌三九年一月に開催された五期五中全会で「異党活動制限方法（限制異党活動弁法）」なる文書を作成し、四月には秘密裏に下部組織に伝達した[64]。当初それは政治的な「限共」が主で軍事的措置は従であったとされるが、それでも各地で共産党の軍や組織に対する襲撃や逮捕・殺害（「摩擦」と呼ばれた）が起こった。共産党は七月に周恩来から軍事委員会政治部長陳誠に抗議の電報を送らせ[65]、九月には毛沢東が国民党系などの新聞記者を延安に招き、中共の立場はあくまで自衛だ、「辺区」はそもそも国民政府行政院が正式に認可したものであり「統一」を理由とする解消論は成り立たない、「長期合作には政治的保証が必要であり、分裂の可能性はそれでこそ排除される、これこそ徹底して抗戦を堅持し民主政治を実行することなのだ」と強調した[66]。

しかし、一九三九年十一月に国民党の六中全会が開かれた時、事態は一層悪化しているように中共には判断された。十二月に作成された中共中央書記処の「時局に対する指示」によれば、この六中全会では軍事的「限共」と政治的「限共」のバランスが逆転していた。国民党は「共産党問題処置新方法（処置共党問題的新弁法）」と「抗日詐称部隊一掃命令（剿弁冒称抗日軍的命令）」を通達し、中央軍が直接出動し、八路軍と新四軍への包囲・攻撃を準備していると考えられた。

したがって「時局に対する指示」は各地の軍と組織に対し、統一戦線工作の発展、中間階層の獲得の任務を掲げると同時に、以下の軍事方針をも通達した。――「あらゆる地方で局部的な突発的事態への対応に備えること」、「華北・西北・中原一帯で軍事進攻に直面した際、正当な理由があり有利な条件がある場合は、断固としてこれに反抗し、自己の頑強性を極限にまで発揮し、絶対に軽々に後退を口にしてはならない」[67]。

すなわちこの時、共産党は国民党軍との本格的な戦闘を覚悟していたのである。だから、中央書記処はこの「指示」の宛先を省委員会・師団司令部に限定し、読後の破棄を命じている[68]。こうした政治的軍事的状況は、一九三九年十一月から十二月にかけて明確となった。このことは、毛沢東が一年前に、「蔣委員長擁護」や「三民主義共和国樹立」を前面に押し出し、国民党との融和を主張した「新段階を論ず」の構想が、もはや有効ではないことを意味していた。「新民主主義」を提起した『中国革命と中国共産党』(一九三九年十二月)と講演原稿「新民主主義の政治と新民主主義の文化」(一九四〇年一月)は、だからこそこの時点で生まれた、と考えることができる。

おわりに――「新民主主義論」の「聖典」化

最後に改めて本章の所論をまとめておきたい。

毛沢東が「三民主主義共和国の樹立」を説き、蔣介石の擁護を声高に叫んだ「新段階を論ず」(一九三八年)の主張は、国民党理論家たちの批判を浴び、更には一九三九年初めに国民党が「異党活動制限方法」を発動した結果、同年後半にはもはや政治的には有効ではなかった。そこで新たな政策とそのための理論を必要とした毛沢東は、民族運動は「第一次世界大戦とロシア革命後」、世界プロレタリア社会主義革命の一部となっているとのスターリンの主張に着目した。だが、スターリン理論を中国に適用するためには、世界大戦やロシア革命のようなプロレタリアの指導性を証明する政治的事象を中国における画期として見出さねばならない。ちょうどこの一九三九年、「五・四記念」が大々的に行われ、「第一次世界大戦とロシア革命後」という条件を満たす五・四運動が、民族解放運動や中国マルクス主義の起点として評価を受けるようになっていた。まさしくこのことが、毛にスターリン理論の適用を可能にした。そこで毛沢東は、五・四運動以後は「新民主主義革命」の段階であり、「プロレタリア世界革命の一部となった」と論じることができたのである。

ただし、こうした議論が国民党に対し（あるいは中間勢力に）説得力を有するかどうかは、全く別問題である。だから毛沢東は、蔣介石らの上位に位置する孫文の「三民主義」を解釈し直し、自らが孫文思想の継承者であると標榜した。毛沢東は「五・四記念」言説の中で生まれていた、「孫文の三大政策」を「発展を遂げた三民主義」と位置づける理論家（艾思奇）の評価を一歩進め、これは孫文の「新三民主義」なのだと主張した。そして、この「新三民主義」を「新民主主義」の同義語であるかのように扱ったのである。

かくして毛は抗戦勝利の先に、事実上のソヴィエトを「政体」とする「新民主主義共和国」と革命的諸階級の「連合独裁」の概念を提起し得た。それは確かにこの時期以降中国共産党に大きな指針を示したし、そのことは一九四〇年における「五・四記念」言説の増大にも示されている[69]。

ところが、極めて興味深いのは――「新民主主義論」を巡る実証と理論の研究者が誰も指摘してこなかったことなのだが――中共とその周囲の一九四〇年「五・四記念」言説は、毛沢東の見解一色に染まっている、とは言い難いことである。例えば、潘梓年が一九四〇年の「五・四記念」で『新華日報』に発表した論文は、実は一九三八年論文の基調を維持して「新文化運動」の「狭隘性」と「限界性」を縷々指摘しており、冒頭でも次のように主張する。「〔五・四運動〕当時の主要な動力はブルジョワ階級とプチブルの知識分子であった。運動の指導権は、一般的に言って、ブルジョワ民主主義の知識分子の手にあった」。彼はまた、「今や抗日戦争という民族解放運動」が「全く新たな形態」

を取り「全く新たなもの」を求めるようになっている、「この新たなもの」こそが新民主主義（の文化）なのだ、と論じている[70]。ならば、五・四運動の担い手についても、新民主主義の開始時点についても、潘梓年は毛に同意していない。しかも、こうした毛沢東とは異なる見解の表明は、潘梓年だけにとどまらない。同じ四〇年「五・四記念」で艾思奇が『中国文化』に発表した「五・四文化運動の特徴」[71]は、新旧民主主義革命の「交替過程」を、一九一五年の『新青年』創刊に始まり、二三年の「科学と人生観」論争で終わるとしている[72]。毛とは異なり、八年間もの時期を旧民主主義時代から新民主主義時代への「交替期」とするのである。毛沢東流に文化運動の時代的画期を「一九一九年」のポイントに見ることに無理があった以上、この艾思奇の議論は、事実上新民主主義文化の登場を抗日戦争開始後（一九四〇年）にまで遅らせる潘梓年の議論とともに、毛の議論の矛盾を打開する策の一つであったように考えられる。

この他、同じく四〇年五月公表の党員歴史学者呂振羽の論文「五・四運動の歴史的意義と教訓」[73]が、五・四運動の「主要な内容は反日反売国政府である」とし、「民族ブルジョワ・グループ（民族資本者集団）」がこれを指導したとして、毛とは異なる五・四運動の「指導」論を述べている。同月、重慶の中共系雑誌『理論と現実』の社説「五・四運動と民主主義」[74]も、「五・四運動は本質的には民主主義運動である」として一九一五〜二一年を「五・四時代」と呼び、「五・四時代にあって思想と文化に表わされた民主主義」に注目している。潘梓年も、艾思奇や呂振羽、そして『理論と現実』社説執筆者も、もちろん、自分の見解が毛沢東「新民主主義論」への異論であるとは述べない。しかし、このように言説を辿れば——五・四運動の指導権はプロレタリアではなくブルジョワ階級にあった、新文化運動は一九一九年の五・四運動を画期として始まったのではない、五・四運動の本質は世界社会主義革命の一部ではなく、民主主義運動であった——これらの論点が毛の「新民主主義論」への不同意であることは見紛いようもない。

中国共産党の党籍を持つ（あるいはそのように想定される）知識人たちから毛沢東の「新民主主義論」への異論が提起される。これまで研究者から全く注目されてこなかったこうした状況は、管見のかぎり、この後一〇年間、すなわち一九四九年まで続いた。このように考えるのは、著名な文芸史家李何林の所論を巡る論争からである。

李は、抗日戦争期に中国各地で版を重ねた『近二十年中国文芸思潮論』（上海生活書店、一九四〇年初版）の著者であった。彼はこの著書の、「一九一七年から一九二七年まではブルジョワ文芸思想の発展とプロレタリア文芸思想の萌芽の時代」であり、プロレタリア文芸思想が「中国文芸思想の主導勢力」となったのは「一九二八年以後」のことである、との立場に基づき、華北大学[75]に勤務していた一九四八年秋、新たな著作「近三十年中国新文学運動」の概要（大綱）を執筆した。ところが、この概要の原稿を読んだ銭俊瑞（華北大学教務長・経済学者）や何幹之（同社会科学部主任・中共党史家）、そして范文瀾（同副学長・近代史家）から批判を浴びたのである。――「五・四運動という統一戦線革命運動の主要な指導思想はプロレタリアの共産主義思想だ」（銭俊瑞）、「ブルジョワ階級の文学思想は、五・四の文学思想の一種ではあっても、重要なそれではない。李大釗、陳独秀らが早くから持っていた共産主義思想こそがあの時代の指導思想なのだ」（何幹之）、「共産主義の知識分子――プロレタリア思想は、この〔五・四〕運動にあって、数は比較的少なかったが、質は高く、最も先進的で最も広範な革命大衆を動員できる思想だった」（范文瀾）。いずれも、毛沢東の「新民主主義論」の記述を金科玉条の如く信奉し、それを敷衍した上で、李の記述はこれに反していると批判したものであった。

だが、本来李の著書は抗戦期にあって多くの読者を獲得し、中共系知識人からも支持されていたものであったから、彼は銭らの批判に納得できなかった。そのため書簡や面談を通じての議論は一年近く続いた。だが、一九四九年九月、すなわちまさしく人民共和国の成立前夜、李何林はまず華北大学国文系の全学生を前にした自己批判に追い込まれ、ついで翌五〇年五月初め、全国紙の『光明日報』で経緯を公表した。彼は自著の誤りを、プロレタリア文芸思想が「五四ですぐに指導思想となったことを指摘しなかった〔没有指出来従五四起就是領導思想了〕」ことにある、と認めさせられたのだった[76]。

そして、この一九五〇年五月、北京の中等以上の学校、そして新聞・雑誌はまさしく「誰が五・四運動を指導したのか」を巡って大規模な討議を繰り広げていた。その結論は潘梓年や艾思奇、呂振羽ら党員史学者・理論家の四〇年代の見解を——もちろん李何林のそれも——全く無視し、毛沢東の主張そのままに「共産主義知識分子」と「プロレタリア階級の思想」が五・四運動を指導したのだ、とするものだった[77]。

そうであるならば、実は毛沢東の「新民主主義論」とは、それが成立をめざした「新民主主義共和国」の成立後にあってはじめて、中共支持の知識人や学生たちの支持を——どのように考えても一定の強制を伴ったそれを——獲得できたことになる。端的に言えば、「新民主主義論」とは、それが産み出した「新民主主義国家」によってはじめて完全に正当化された。「民主主義」一般の原理を否定する国家によってである。

注

1「中国人民政治協商会議共同綱領」、中共中央文献研究室編『建国以来重要文献選編』第一冊、中央文献出版社、一九九二年、二頁。

2本書編写組『毛沢東思想基本問題』中共中央党校出版社、一九九九年、九〜一〇頁。

3王檜林主編『中国新民主主義理論研究』党建読物出版社、一九九八年。

4中共中央党史研究室前掲『中国共産党歴史』第一巻下冊、二〇〇二年、七〇三頁。

5本書編写組前掲『中国共産党簡史』三四〜三五頁。

6『毛沢東集』(第2版)第七巻、一二五〜一二六頁。

7同前書、一六〇〜一六二頁。後者の「政体」についての記述を敷衍して述べれば、完全に平等な普通選挙で郷民大会を選出し、この郷民大会が区民大会を、区民大会が県民大会を、県民大会が省民大会を選出し、最終的に省民大会によって国民大会が選出され、国民大会が政府を選出する、「こうした制度が民主集中制である」、ということなのだが、これはもちろん、ソ連のソヴィエト制度——選挙を段階的に繰り返すことで、多数派が上位の選挙に向かうほど優位を占める、必ずしも「民主的」ではない制度——の導入に他ならない。

8 同前書、一七七、一九七頁。この他、毛沢東は「新民主主義の共和国」と「新三民主義の共和国」とを同義のものとして扱い（一五九、一六二頁）、「新民主主義の文化」と「新三民主義の文化」とを同様に記述している（二〇〇頁）。

9 同前書、一六二〜一六三頁。なお、『中国革命と中国共産党』の論点の中で「新民主主義論」が言及を避けている場合もある。中国革命の勝利後、資本主義発展の障害物が除去されるから、「資本主義経済は中国社会にあって相当に発展をとげることになる」との前者の主張（同前書、一二八〜一二九頁）に、後者はまったく触れない。

10「新民主主義的文化」、同前書、一八五頁。

11「中国文化革命的歴史特点」、同前書、一八六〜一八七頁。

12「四個時期」、同前書、一八九頁。

13「四個時期」、同前書、一九〇頁。

14「中国革命与中国共産党」、同前書、一二五頁。

15 張静如・姜秀花前掲「五四運動不是新民主主義革命的開端」。張・姜は、五・四運動は⑴プロレタリアが指導したものではなく、⑵徹底した反帝反封建運動でもない、⑶当時のプロレタリア世界革命の一部であったと言う毛の議論も不充分である、と指摘する。

16「四個時期」『毛沢東集』（第2版）第七巻、一九〇頁。

17 仲密（周作人）「平民文学」『毎週評論』第五期、一九一九年一月十九日。

18「新民主主義革命」の新たな「起点」論には、これを中共の成立や第二回大会、国共合作、国共分裂などとする見解があり、「新民主主義論」の「淵源」論にはコミンテルンの「中国革命非資本主義的発展」論や「中国社会史論戦」、「中国現代化」論争を指摘する見解があるが（黄愛軍「新民主主義革命開端研究概述及思考」『党史研究与教学』二〇〇二年第二期、二〇〇二年四月、邢浩「十多年来新民主主義開端研究綜述」『北京党史』二〇〇七年第四期、二〇〇七年五月、張太原「近十年来抗戦時期新民主主義理論研究述評」『党史研究与教学』二〇〇六年第五期、二〇〇六年十月）、いずれも研究者の想定による議論にとどまる。

19 社論「紀念五四」『新華日報』一九三八年五月四日。

20 胡国生「五四紀念与五四精神――基於中国共産党五・四紀念活動為中心」『探索』二〇〇九年第二期、二〇〇九年四月、同「論民主革命時期中国共産党対五四運動的紀念活動」『中共党史研究』二〇〇九年第五期、二〇〇九年五月、董徳福「関於五四運動研究的三個問題―従国共両党紀念五四運動談起」『江蘇大学学報』第一一巻第三期、二〇〇九年五月、楊濤「民国時期的『五四』

紀念活動」香港中文大学『二十一世紀』二〇一〇年六月号、張艶「〝青年節〟抑或〝文芸節〟――二〇世紀三四十年代的五四紀念節探析」『史学月刊』二〇一五年第八期、二〇一五年七月。

21 黄琪翔「発揚『五四』精神鞏固青年団結」『新華日報』一九三八年五月四日。

22 潘梓年「継承『五四』光栄伝統」『新華日報』一九三八年五月四日。

23 艾思奇「完成五四文化運動的任務」『新中華報』一九三八年五月十日。

24 ただし、「二〇年来の中国民族解放運動」の「偉大なる開端」（新華社説）とはあるが、時代の画期のようには述べられていない。

25 陳伯達「論五四新文化運動」『認識月刊』創刊号、一九三七年六月。

26 陳独秀に対し「民族の裏切り者（漢奸）」「日本のスパイ」といった全くのデマによる攻撃がなされていたことについては、江田憲治・長堀祐造編訳『陳独秀文集3 政治論集2』（平凡社東洋文庫881、二〇一七年、以下『陳独秀文集』3と表記）、二六八～二七二頁。

27 この他、一九三八年の『新中華報』五月二十日に、「為紀念「五・四」十九周年致全国青年」という西北青年救国連合会戦時短期青年訓練班の声明が掲載されているが（第四面）、扱いは大きくない。なお、延安の中国共産党中央機関誌『解放』週刊の一九三八年第三六期（五月一日）、第三七期（五月六日）、第三八期（五月十五日）には「五・四記念」関係の文章は掲載されていない。漢口で刊行されていた『群衆』週刊でも、第二一期（一九三八年五月七日）の許滌新「五月裏的血賬」が、「五一」「五三」「五五」「五七」「五九」「五卅」とともに、「五四」に言及しているだけである。

28 社論「発揚『五・四』運動的精神」『新華日報』一九三九年五月四日。

29 艾思奇「五四文化運動在今日的意義」『新中華報』一九三九年四月二十八日。

30 黄埔軍校同学会機関誌『黄埔潮』第一一期（一九二六年十月三日）に掲載された余洒度「黄埔同学会目前重要工作」には、「総理の革命的三大政策を遵守する。A.連ソ、B.連共、C.農民・労働者の利益擁護」とある。以後この「三大政策」の用法は、一九二六年十一月四日付の陳独秀「国民党問題についての報告」や一九三六年八月の中国共産党の国民党宛書簡にも登場する（『中共中央文件選集』第二冊、四二六頁、同第一一冊、八五頁）。

31 毛沢東「在延安五四運動二十週年紀念大会的演講」『中国青年』第七期、一九四九年五月四日。原載は延安『中国青年』第一巻第三期、一九三九年六月。同誌の編者注には、「五・四運動三〇周年を記念するため再録する」、とある。

32「中国反帝反封建的人民隊伍中、有着由中国智識青年学生青年們組成的一支軍隊、這支軍隊是相当的大、……這支幾百万人的軍隊、是反帝反封建的一個方面軍、但是光靠這個方面軍是不够的、……因為他不是主力。主力是誰呢？就是工農大衆」。

33『毛沢東集』（第2版）第七巻、一四四～一四六頁。
34 同前書、一八八頁。
35「新民主主義論」、同前書、一五五頁、「中国革命和中国共産党」、同一二五頁、。
36 同前書、一四七頁。
37 同前書、一四八頁。
38「在這以後、中国資産階級民主主義革命、却改変為属於新的資産階級民主主義革命的範疇、而在革命的陣線上説来、則属於世界無産階級社会主義革命的一部分了」、同前書、一四九頁。

39『スターリン全集』第四巻、一九一頁。「它在社会主義的西欧和被奴役的東方之間、架起了一道橋梁、従西方的無産者起、経過俄国革命、到東方的被圧迫民族止、建築了一条新的反対世界帝国主義的革命戦線」、『毛沢東集』（第2版）第七巻、一五二頁。

40『スターリン全集』第七巻、二三一頁、「欧戦和十月革命已把民族問題従資産階級民主主義革命的一部分、変為無産階級社会主義革命的一部分」、『毛沢東集』（第2版）第七巻、一五三頁。

41『毛沢東集』（第2版）第七巻、一二五頁。
42 同前書、一九〇頁。
43 中国人民大学図書館編『解放区根拠地図書目録』中国人民大学出版社、一九八九年、四二頁。
44 楊奎松「毛沢東為甚麽放棄新民主主義——関於俄国模式的影響問題」『近代史研究』一九九七年第四期、一九九七年七月。
45 王也揚「歴史地看待毛沢東的新民主主義論及其変化」『中共党史研究』二〇〇一年第三期、二〇〇一年五月。
46 于光遠『〝新民主主義社会論〟的歴史命運——読史筆記』長江文芸出版社、二〇〇五年。
47 同前書、二九～三一頁。
48 陳伯達『斯大林和中国革命』人民出版社、一九五七年七月上海重印一版、一六頁。
49 高華前掲「在〝道〟与〝勢〟之間——毛沢東為発動延安整風運動所作的準備」。
50 毛沢東「論新階段　抗日民族戦争与抗日民族統一戦線発展的新階段——一九三八年十月十二日至十四日在中共拡大的六中全会的報告」『中共中央文件選集』第一一冊、五八六～五八八頁。
51『中共中央文件選集』第一一冊、五九一頁。

52同前書、六二二頁。

53同前書、六三三頁。

54同前書、六二六頁。

55同前書、六二七頁。

56同前書、六二八～六二九頁。

57同前書、六四一～六四二頁。

58張君勱「致毛沢東先生的一封公開信」『血路』第四四期、一九三八年十二月三十一日。『中央日報』の掲載は編者注による。この他、『抗戦与文化』第三巻第二期（一九三九年一月十日）、『中華評論』第一巻第八期（同一月十六日）、『勝利』第一一期（同一月二十一日）、『精誠半月刊』第二期（同二月十日）が、この公開書簡を転載している。

59張絅中「評毛沢東先生『論新階段』」『血路』第四八期、一九三九年一月二十八日。

60葉青「一次革命与民生主義」『血路』第五六期、一九三九年四月一日。

61『毛沢東集』（第2版）第七巻、一七〇頁。

62同前書、一六七、一七四頁。

63中央「関於拒絶所謂一個大党問題給周恩来的指示」（一九三九年一月二十二日）『中共中央文件選集』第一二冊、六頁。

64劉育鋼「国民党五届五中全会至皖南事変国共関係之我見」『党史研究与教学』二〇〇一年第六期、二〇〇一年十二月、黄現「国民党五届五中全会与国共関係変化之分析」同二〇〇二年第六期、二〇〇二年十二月。

65周恩来「関於平江惨案致陳誠的抗議電」（一九三九年七月二日）、中共中央文献研究室・中央檔案館編『建党以来重要文献選編』第一六冊、中央文献出版社、二〇一一年、四二三頁。

66「毛沢東先生与中央社記者劉先生、掃蕩報記者耿先生、新民報記者張先生的談話（九月十六日下午六時在延安）」『解放』第八六期、一九三九年十月十日。毛沢東はここで、「礼は往来を尚ぶ。往きて来たらざるは礼に非ざるなり。来たりて往かざるもまた礼に非ざるなり」と、『礼記』を引用して「自衛」の正当性を語っている。

67「中央対時局指示」（一九三九年十二月二十三日）『中共中央文件選集』第一二冊、二二一～二二二頁。

68同前書、二二二頁。

69『新華日報』や『新中華報』では「五・四記念」のグレードが上がり、中共系の雑誌にも社説や論文などが数多く掲載されている。

例えば、延安『新中華報』は、この年はじめて「五・四」の記念社説（「紀念五・四廿週年」五月七日）を掲げ、重慶『新華日報』でも、「五・四」関連の文章・記事は前年より数が増えている。また雑誌『中蘇文化』第六巻第三期（五月五日）には、一二編もの「五・四」関連の論文や回想が掲載されている。

70 彼は次のように述べている。「到現在、中国抗日戦争這民族解放運動、已不能不採取完全新的形態而要求完全新的東西了。……這新的東西就是新民主主義」。梓年「継承五四的革命伝統開展新民主主義的文化」『新華日報』一九四〇年五月四日。

71 艾思奇「五四文化運動的特点」『中国文化』一九四〇年第一巻第三期、一九四〇年五月二十五日。

72 「五四文化運動是結束了中国的旧民主主義時代、而開始了新民主主義革命的時代。従五四文化運動的整個発展時期来看、這新旧交替的過程是很明顕的。這一個時期、要従民国四年『新青年』創刊的時代算起、一直到十二年科学与人生観的大論戦止」。

73 呂振羽「五四運動的歴史意義和教訓」『中蘇文化』第六巻第三期、一九四〇年五月五日。

74 本社「五四運動与民主主義」『理論与現実』第二巻第一期、一九四〇年五月十五日。

75 今日の中国人民大学の前身。中国共産党は一九四八年八月、華北連合大学と北方大学を合併させ、幹部養成大学としての同学を創立した（於河北省正定県）。

76 李何林「五四以来――中国新文学的性質和領導思想問題（『近二十年中国文芸思潮論』自評）」『光明日報』一九五〇年五月四日。末尾に「一九五〇年五月二日於中央教育部」、とある。

77 李何林「五四時代新文学所受無産階級思想的影響」『新建設』第四巻第二期、一九五一年五月一日。なお、この一九五〇年「五・四記念」で発表された鄧拓「誰領導了五四運動？」（『人民日報』四月二十九日）と侯外廬「関於五四運動誰領導的問題」（『光明日報』同年五月四日）も、北京学生の「新民主主義」学習運動と同じく、五・四運動を指導したのは「共産主義知識分子」だと結論している。

第8章　再び、陳独秀について

——中国トロツキー派運動と陳独秀の「最後の論文と書信」

はじめに——「生涯にわたる反対派」

前章で述べた毛沢東の「新民主主義論」が中共機関誌に掲載された一九四〇年二月、同じく中国共産党の指導者であった一人の人物が、毛が活動する陝西省北部から南西方向数百キロに位置する四川省にあって、生涯最後の言論活動を開始しようとしていた。孤立を恐れない「生涯にわたる反対派」、陳独秀である。

——中国の新文化運動（一九一五〜二〇年）の旗手にして、中国共産党の最初の指導者であった陳独秀は、これまでの数章で述べたように五・四運動後に労働問題と労働者の運動に関心を寄せて社会主義へと近づき、ソヴィエト・ロシアからの使者との接触ののち、影響下の中国知識人に働きかけて中国共産党を結成した（第1章）。彼の指導下、武装蜂起やプロレタリア独裁による社会変革の議論を受容した中国共産主義者は、こうした直接社会主義革命論をまもなく「国民革命」の理論へと転換、結果、五十数名ばかりの小サークルはわずか数年のうちに六万もの労働者・農民を擁する政党へと成長した。だが、ソ連の国益を重視するコミンテルンの介入もあって、国民革命が中国共産党の敗北に終わった後、彼はその責めを一身に負わされた。一九二七年八月開催の中国共産党緊急会議（八・七会議）の「全党党員に告げる書」は、陳独秀指導部の政策を「空前の妥協的日和見主義路線」と呼び、事実をねじ曲げて中共の敗北は彼の政策がコミンテルン／スターリンの命令と決議を拒否したからなのだ、と指弾したのだった（第2章）。

こうしたコミンテルンからの批判に彼が正面から応えたのは二年の沈黙の後、一九二九年八月になってからのことである。彼はこのときスターリンと対決していたトロツキーの主張を支持し、その立場からコミンテルンの革命指導の誤り――プロレタリア党（中国共産党）にブルジョワ党（中国国民党）との階級合作（国共合作）を強制した日和見主義と、合作破綻後の武装蜂起強行という盲動主義、そして中国プロレタリア階級を犠牲にしてのソ連国家の利益優先――を糾弾したのだった。彼は同年九月、中共党内にトロツキスト分派（中国共産党左派反対派）を組織したのだが、まもなく当時の中共（李立三指導部）から除名される（十一月）。だから、十二月にはコミンテルン・党中央批判の文書（「全党同志に告げる書」と「我々の政治意見書」）を公表して党内反対派の立場を明らかにしたのだった。

私は断固として認める。中国の過去の革命の敗北において、客観的な面での原因は二次的なものであり、主要な原因は党の日和見主義という誤り、すなわちブルジョワ的国民党に対する政策の誤りにある、と。当時の党中央のすべての責任ある同志は、中でも私は、過去のこれらの政策が、疑問の余地なく徹頭徹尾誤りであったことを、公然と、勇気をもって認めなければならない。……認識が徹底せず、主張が決然とせず、動揺し定まるところがなかった私は、当時の日和見主義の雰囲気の中にどっぷりつかり、コミンテルンの日和見主義政策を忠実に実行し、それと自覚せぬままスターリン一派の手先になってしまった（「全党同志に告げる書」[1]）。

スターリン・ブハーリンの日和見主義的□□［指導］の下で、最も惨憺たる敗北というべきは、一九二五～二七年の中国大革命である。……日和見主義こそが中国革命を敗北させ、冒険主義こそがその敗北を徹底的な完全なものにし、第六回大会以後の路線こそがその敗北を引きつづき牢固なものとしたのであり、しかも次なる革命での新たな敗北を準備しているのである（「我々の政治意見書」[2]）。

この後、彼はその死を迎える一九四二年に至るまでの十余年間、上海、南京、武漢、そして四川（重慶・江津）と居所を変えながら、あるいは政治活動を行い、あるいは論説や書簡を書き、中国の政治と社会の変革のために思索し、見解を表明した。その成果は、彼の政治行動や言論のあり方からして、以下の四つの時期に分けることができる。

(1)中国トロツキー派指導者としての上海活動時期（一九三〇年三月～三二年十月）
(2)当局に逮捕され、南京に収監されていた時期（一九三二年十一月～三七年八月）
(3)釈放後、武漢などで公然言論活動を行った時期（一九三七年九月～三八年十月）
(4)四川省江津県でトロツキー派と書簡で論争し、派外への見解表明を試みた時期（一九三八年十一月～四二年五月）

本章では、この(1)～(4)の時期区分に基づいて彼の最後の十余年間の言動と行動を辿り、そこで変わったものと変わらなかったものは何かに注目することで、陳独秀思想の今日的意義を考えることにしたい。

（1）トロツキスト指導者として――上海期
（一九三〇年三月～一九三二年十月）

この第一の時期の陳独秀の政治的言論は、すべてがトロツキー派の機関誌、すなわち当初の陳独秀派の機関誌『無産者』、統一トロツキー派の機関誌『火花』、同派の党内討議誌『校内生活』、及び満洲事変を機に刊行された公然プロパガンダ紙『熱潮』に掲載されている。すなわち一九三〇年三月、陳独秀ら旧中共党幹部を中心とするグループは、「国際的なボリシェヴィキ・レーニン派（反対派）の指導の下に、現在のインターナショナルと中国共産党指導部の日和見主義路線・盲動主義戦術・官僚主義党制度を完全に一掃する」[3]ことを掲げて雑誌『無産者』を創刊した（このため彼らのグループは「無産者社」と呼ばれる）。陳独秀は同誌創刊号（一九三〇年三月一日）に掲載された「我々の現段階での政治闘争の戦術問題」で、敗北に終わった国民革命と次なる第三次革命[4]の「二つの革命の間の全般的過渡期にあって、当面の情勢には新たな変化が生まれているが、この変化は革命の高潮の成熟にではなく、ブルジョワ的民主主義運動と諸階級による現在の軍事独裁に反対する闘争の開始に表されている」と述べ、トロツキーが一九二八年以降中国革命の戦術として提起した「国民会議」などの民主主義スローガンの意義を詳述している。

彼ら［プチブル大衆と労働者大衆の大部分］がなおブルジョワ民主主義に抱かれて眠っている時、我々は彼らと距離を置く訳にはいかない。現在のプロレタリア運動の歴史的任務とは、民主主義のスローガンを採用し、民主主義の運動を発展させ、彼らを我々の周囲に吸引することであり、このことは決して日和見主義ではない。……我々は平等で直接の無記名普通選挙で生まれる国民会議を勝ち取らねばならないし、「国民会議」と同時に「八時間労働制」「土地没収」「民族独立」を提起し、過渡期にあって切り離すことのできないこの四つの民主主義スローガンにより、国民会議の内容とブルジョワ民主主義運動全般の内容を充実させねばならない[5]。

ここで説かれている「国民会議」とは、「平等で直接の無記名普通選挙で生まれる」とあるように、ロシア革命史で言えば地域単位で議員を選出する「憲法制定議会」に相当するものであって、国民革命期に陳独秀らが「民衆の連合戦線」と位置づけ、職域（職業団体）別に代表を選出し、政権を接収する全国組織へと発展させることを説いていた「国民会議」とは政治的な意味が異なっている[6]。だが彼がこの時、「国民会議」運動などブルジョワ民主主義の闘争をトロツキスト運動の突破口の一つと位置づけていたことは重要である。

さらに、陳独秀は『無産者』第二期（一九三〇年七月一日）掲載の「インターナショナルに答える書簡」で、「インターナショナルの指導は、中国党が攻撃すべき時に投降させ、退却すべき時にでたらめで無謀な攻勢を命じるものだった」「中国党の官僚主義は、プチ・ブルジョワ的な敗北後の憤激とルンペン・プロレタリアートの意識とが深く結び付いている」と指弾[7]、後者の論点を同号の長編論文「いわゆる『紅軍』問題について」[8]で具体的に論じて見せた。中共指導者（「中国労働運動の裏切り者」と呼ばれている）は、労働者の大衆組織を持たないまま、ルンペン・プロレタリアートの「紅軍」を利用して大都市に影響を拡大させ、新たな革命の高潮を決定づけようとしているのだ、と。当時中共は、都市蜂起と紅軍攻撃を組み合わせた大都市奪取プラン（のち「李立三路線」と規定される）を実行しつつあった。だが、陳独秀が言うように、中共党は都市の大衆組織を再建できていなかったのであるから、プランが単なる紅軍の都市攻撃に収斂し、惨たる失敗に終わることは必然であった。陳独秀の主張はこの敗北を予見していたのである（なお、「紅軍」は土匪同然だとする陳の主張はまもなくトロツキーにたしなめられ[9]、中共指導者を「裏切り者」と呼ぶ表現とともに、以後の陳の言説からは見えなくなる）。

そして、コミンテルン・中共批判に続き、陳独秀が全力を挙げたのが、中国トロツキー派の組織統一であった。中国トロツキー派は、陳独秀ら無産者社のほか、モスクワ留学生であった区芳・梁幹喬・史唐らが帰国後の一九二八年十二月に組織した「中国ボリシェヴィキ・レーニン主義反対派」（機関誌名から「我々の言葉（我們的話）」派と呼ばれる）、三〇年一月、同派を離れた王文元[10]らが結成した「中国左派共産主義同盟」（「十月社」と呼ばれる）、趙済ら別系統のモスクワ留学生が帰国後結成した「戦闘社」を合わせて四派があった。トロツキーの統一勧告の結果、一九三〇年十月、四派統一のための協議委員会が発足し、王文元が政治綱領を起草した。

だが、この草案は「第三次革命はひとたび始まるや社会主義の性質である」とのテーゼを提起し、また陳独秀派のスローガン「プロレタリアと貧農の独裁」を強く非難するものだった。後者に関しては、トロツキー書簡（一九三一年一月八日付）が、「プロレタリアートと貧農の独裁」は「プロレタリアートの独裁」スローガンと「矛盾するものではない」と陳独秀を支持したことで解決を見た[11]が、前者のテーゼを巡っては、第三次革命の前半に「民主主義革命段階の歴史時期」を措定する劉仁静の批判や、「我々の言葉」派と「十月社」の参戦もあって論争が拡散していった。そして、この論争に決着をつけたのが、陳独秀の三一年三月の「中国における将来の革命発展の前途」である[12]。これは中国トロツキー派の中でトロツキズムあるいは「永続革命論」が、どのように理解されていたかに関わるから、少し詳しく見ておこう。

この論文で陳は、第三次革命が社会主義革命であるのはトロツキー派の共通理解だとした上で、論点を「将来の革命を引き起こす要因は何か」「ひとたび始まるや社会主義の性質なのか」「最初の段階では民主主義の時期を経過することになるのか」などにしぼる。そしてトロツキーの言説を引用した上で、⑴民主主義の課題は依然「第三次革命を引き起こすことができる」要因である、⑵後進国のプロレタリアは民族民主革命を基礎に政権を獲得し得る以上、「将来の革命高潮の最初の段階にごく短い民主主義時期と二重政権が生まれる可能性」はある、⑶プロレタリアの前衛は「革命高潮の最初の段階」で政権奪取の綱領と戦術を提起し、「革命暴動の勝利、すなわちプロレタリアの政権獲得が始まるや否や」民主主義の課題を達成すると同時に社会主義政策の道を歩み始める、とした（傍点原文）[13]。

実は、この第三の論点で陳独秀が根拠にしているトロツキーの言説は、王文元のテーゼと同じ、以下の「コミンテルン綱領草案批判」（一九二八年）[14]である。

この根元的で争うべくもない中国第三次革命の社会的政治的前提条件は、〔労農〕民主独裁の公式がもはや時代遅れであることを証明するばかりか、この第三次革命では（中国経済はロシア革命よりもいくらか遅れているものの）

ロシア十月革命後の半年の「民主主義」時期（一九一七年十一月～一九一八年七月）さえもあり得ないこと、それは開始の時点から都市と農村のブルジョワジーの私有財産を動揺させ覆すであろうこと、を証明している。

すなわち王文元のテーゼ（「第三次革命はひとたび始まるや社会主義の性質である」）が、トロツキーが中国革命は「開始の時点」から「私有財産制を動揺させ覆すであろう」と言った部分に注目し、はじめから社会主義革命だ、としたのに対し、陳独秀は、この「開始の時点」とは（トロツキーが具体的に「一九一七年十一月」と言っている以上）プロレタリアの政権獲得時のことだから、それ以前にあってプロレタリアは民族民主闘争の課題を担わねばならない、と考えた。さらに陳独秀は、王文元らも「第三次革命」の過程で「中国式のケレンスキー政府」が生まれる可能性を認めていることを指摘し、このことからも、また運動の担い手となる国民会議を「社会主義とか言うことはできない」ことからも、「我々は、『第三次革命はひとたび始まるや十月〔革命〕、すなわち社会主義革命である』と断言することはできない」と主張した[15]。

このように陳独秀は理論的な説得を行い、そこで、「革命暴動の勝利」後の政策として社会主義を説くことで王のテーゼに修正を求めたのである。また一方で、陳独秀は劉仁静の主張について、「中国の革命は民主主義の要求で始まり、社会主義で終結する」とする劉の結論は正しいが、劉が革命の過程に民主主義の歴史段階を措定するのならそれは間違いだ、としている。理由はもちろん、それでは永続革命にならない、ということにあったろう。

この王文元と劉仁静らに対する批判（あるいは説得）は、大きな影響力を持った。それは、トロツキー派四派間の理論的な対立点を大幅に減少させ、統一大会の綱領に、「第三次中国革命の勝利は、必然的にプロレタリアートによる政権の奪取となる。このプロレタリア政権は樹立されるやいなや、都市・農村のブルジョワ私有財産を断固として動揺させ、覆すであろう」として書き込まれることになる[16]。

そして、この間の一九三一年一月、陳独秀は自派の中央会議で、協議委員会の無産者社代表（彭述之ら）が採っていた同派中心の統一案を撤回させ、四派平等の統一方針を決め、三派に向けて直ちに統一大会の開催準備を開始することを提案した。これはまもなく、他の三派にも受け入れられた。前述の理論問題の解決と、陳独秀が協議委員会に出席してリーダーシップを発揮するようになったことは、統一大会開催のステップを速めた。五月一日、上海大連湾路で四派の四八三名を代表する一七名とオブザーバー四名が参加する統一大会が開かれ、陳独秀が起草（トロツキーの綱領草案を一部改訂）した「中国共産党左派反対派綱領」[17]を採択、三日、九名の委員と四名の候補委員からなる「全国執行委員会」を選出した。五日、同委員会は五名からなる書記処（陳独秀・鄭超麟・王文元ら）を選出し、陳独秀が書記に選ばれた[18]。「中国共産党左派反対派」の名が示すように、彼らは自らを中国共産党内のフラクション（分派）と位置づけたのである。機関誌の名は、トロツキーも編集に参加したことがあるロシア社会民主労働党の機関誌『イスクラ』にちなんで『火花』とされ、他に党内討議のための雑誌『校内生活』を刊行した。彼らの中には知識人や理論家が多く、中共の議論封殺に抗議してきた経緯もあって、討議とその公開を重視した。機関誌『火花』に掲載された陳独秀の「討論欄」と題する一文[19]は、このことをよく示している。

我々は今後、重要問題を討議する文献は、〔党内誌の〕『校内生活』に発表するのでなく、本誌に特別な欄〔＝討論欄〕を設けて掲載する。スターリン派は往々にして、我々の中にあるいくらかの異なる見解を拾い集めては、これを誇張し、左派反対派を破壊する一種のチャンスと見ている。だが実際には、左派反対派はこうした破壊を少しも恐れない。まさしくこの問題こそが、スターリン派がボリシェヴィキの組織ではないことを示している。レーニン同志が在世中指導していたボリシェヴィキ党の党内には、一貫して異なる見解があったが、重要な見解の相違についての論争は、その度ごと大衆に公開され、隠されることなどなかった。そうすることで党員と大衆の政治闘争が高められ、党もあのように強大となったのである。スターリンが指導するようになると、秘密の厳守や「情報の」封鎖、懲罰などの制度が発明され、公開論争に取って代わった。……これこそが、我々左派反対派がスターリン派と論争している問題の一つであって、また彼らが我々を党内に留め置かない原因の一つである。

この点、一九三〇年代以降「論争」が機関誌紙から消え失せていく中共党とは、組織体質が大きく異なっていたのである。

だが、その前途は多難であった。統一大会から三週間もたたない五月二十三日、中央委員に選出されなかったことを不満としたメンバーの密告のため組織の本部が当局に摘発され、鄭超麟・王文元以下一三名が逮捕された。このため陳独秀は七月、残った中央委員である彭述之に蔣振東・尹寛・宋敬修を加えて中央執行委員会を組織したが、蔣・尹・宋は八月に逮捕される。結果、陳独秀は彭述之・羅漢との三名でトロツキー派中央の常務委員会を形成することにした[20]。

さらに一九三一年九月十八日に関東軍の手で満洲事変が起こされ、中国東北三省が占領されたことは、陳独秀たちをして日本帝国主義との闘争に向かわせることになった。彼らは社会主義革命を主張したからといって、民族闘争を軽視した訳ではない。トロツキー派中央は、九月二十四日付の「日本帝国主義の満洲侵略について民衆に告げる書」で「民衆自身による武装」「反日闘争を指導する全国国民会議の招集」「日本に無抵抗主義を採る国民党政府への反対」を呼びかけ[21]、陳独秀自身も十月二日付の論文で、「抗日救国」の課題とともに、「革命的民衆政権」の樹立を主張した。

対日宣戦をするなら、民族革命戦争を実現し、反帝国主義戦争の勝利を得ようとするなら、中国第三次革命を復興させ、革命的民衆政権（この政権が全国抗日救国会を通して実現されるか、あるいは国民会議、ソヴィエトを通して実現されるかは、組織の内容と闘争によって決定される）でもって反革命の国民党政権に代置し、全国の革命的民衆と兵士を指導するしかない[22]。

こうした「民衆政権」樹立の提起には、対日戦争の戦線を拡大する狙いがあった。さらに彼は、「我々は積極的に中国の愛国運動を指導すべきであり、我々の綱領で愛国運動を指導し、政権奪取に至るまで、その内容を充実させるべきだ」[23]と主張し、十二月五日、「日本帝国主義に反抗する人民の熱潮を激励する」として公然紙『熱潮』を創刊、同時に論文「二つの路線――民傑〔厳霊峰〕及び小陳〔陳岱青〕両同志に答える」[24]でトロツキー派内部の、ブルジョワ機関である国民会議から生まれる「民衆政権」はブルジョワ政権だとする厳霊峰らの非難を断固として退け、翌三二年一月一日付の「全党同志に告げる書〔告全党同志書〕」[25]では、あらゆる闘争――労働運動・学生運動・反日運動・国民会議闘争・反国民党闘争・ソヴィエト組織運動――の中での「すべての共産主義者の連合行動」を提起した（紅軍にも「労働運動や反日運動を有する都市」への前進が求められた）。「我々（左派反対派）は、あらゆる行動において全〔共産〕党の同志と手を携え前進する準備ができている」、と。さらに二月十日、トロツキー派中央（常務委員会）は、陳独秀起草の政治決議案「当面の情勢と我々の任務」を採択した（派内での公表は『校内生活』第三期、五月二十日）が、これは以下のように述べる。

プロレタリアートがなお政権奪取の可能性を持たない時にあって、プチ・ブルジョワ党派、さらには左旋回した自由主義的ブルジョワ党派がまだ対日戦争の旗印を手放さず、国民党政権の打倒を図っているのなら、我々は彼らとの共同行動の上に、まず革命的民衆にとって最も凶悪な敵――蔣介石の指導する国民党政府を打倒するべきだ。……我々の党――中国共産党は多くの誤りを犯したが、畢竟いまだ大衆の中で威信を有する党であり、プロレタリア政党であるばかりか、民族の指導者の立場に立つべきであり、今ただちに民衆自らによる全権を有し人民を代表する国民会議の樹立を呼びかけ、国民党政府に取って代わって全国の「反日闘争」を指導すべきである[26]。

この決議は、「プチ・ブルジョワ党派」や「自由主義的ブルジョワ党派」を「共同行動」の対象に加え、それを中国共産党（正式党）が指導するべきだ、としたのであり、ここでも紅軍と都市民衆運動との合流が主張されている。かつて土匪の軍隊であるかのように述べていた紅軍に都市への前進を求め、スターリン派と呼んでいた「正式党」の革命指導を認めたことは、確かに陳独秀の主張の大きな変化であった。中国の代表的な陳独秀研究者である唐宝林は、彼が中共観を柔軟化させていたこと、「状況の変化に基づいて戦術を改変する政治家であって、凝り固まった教条主義者ではなかった」ことをその要因に指摘し、陳独秀を「抗日連合戦線」の首唱者であったとまで評価している[27]。しかし、そもそも、「後進国のプロレタリアは民族民主革命の基礎の上に政権を獲得し得る」（傍点引用者）というのがトロツキーと陳独秀の主張であったし、陳独秀は前述のように「我々の綱領で愛国運動を指導し、政権奪取に至るまで、その内容を充実させるべきだ」と述べていた。しかも、紅軍の都市への前進（その前提は都市での民衆運動の発展である）を求めたこと以外は、トロツキー派の従来の見解と戦術が維持されており、共同行動は中国共産党の一フラクションであるトロツキー派の見解と戦術を、中共中央が採用することを要求するものであった。したがって、陳独秀が自らの原則を動揺させてはいないことも、また確かである。

しかし、この陳独秀らの「政治決議草案」は、中共中央からの反応を見なかったばかりか、中国トロツキー派の中で激しい議論の対象となった。劉仁静は、陳独秀らの主張する「共同行動」を「階級合作」だと非難したし、上海法南［フランス租界・南市］区委員会も、「プロレタリアートの立場を離れた」「徹頭徹尾の日和見主義だ」と糾弾した。これらに対し陳独秀は、マルクスもレーニンも、そしてトロツキーも他階級との一時的な共同行動（「階級合作」ではない）を否定していない、当面の任務は、都市労働者の大闘争とソヴィエト樹立の方向への準備を推進し、そうすることで「土地と民族の闘争を指導する」ことなのだ、と反論した[28]。そして、こうした派内の混乱の要因を、論客たちの国民会議と民主主義への無理解に見たであろう陳独秀は、一九三一年十月一日の発行日付を持つ『校内生活』第四期に、その主張を展開した（「国民会議のスローガンを論ず」九月一日付）。

――民主主義と社会主義を「社会発展における二つの段階」と見なす「段階論」が、トロツキーの言うように、そもそもの間違いなのだ。この「段階論」の観点からすると、「当然のことながら民主主義は社会主義と同時に存在することができない、ブルジョワ民主主義は永遠にブルジョワ政権と不可分だ、と見なすことになる。その結果、当然のことながら国民会議のスローガンは革命的暴力を用いることのない、ただ二つの革命の間の過渡期のブルジョワ政権の下でちょっとした合法運動をして部分的な民主主義の要求、出版や集会の自由を勝ち取ろうとするだけのものだと見なされることになる」。しかし、と陳独秀は続ける。それでは、「後進的ブルジョワ国家の民主主義の課題は我々の時代にあって［革命を］直接プロレタリア独裁へと導く」とトロツキーが指摘した、「中国革命の永続性［不断性］」が完全に断ち切られてしまう。そうではなくて、「徹底した民主主義の国民会議の実現要求を通して行われる武装暴動で、プロレタリアの政権を実現し、同時に徹底した民主主義の国民会議を実現する」。これこそが「我々の観点なのだ」、と[29]。

陳独秀は、国民会議と民主主義を巡るトロツキー派の議論集約に全力で取り組んだと言ってよい。しかし、それは成功を見なかった。この間、左派反対派の数少ない有力地方組織の一つ、北方区（北京）では「臨時委員会」から「臨時工作委員会」が分岐して組織的対立を続けた[30]し、彼の膝元の上海法南区委も、前述の政治決議草案に反対し、六月には区委員の全員が自らその職務を離れることを声明したからである[31]。

こうした苦闘の時期に、トロツキー派中央（常委）は、三度目の摘発を受ける（一九三二年十月十五日）。今度は、陳独秀その人が逮捕されたのであった。

(2) 収監下での思索と主張――南京期（一九三二年十一月～一九三七年八月）

逮捕・拘禁され行動の自由を失った陳独秀の言論と政治活動は、当然のことながら減少を見る。しかしそれは、質的には衰えることがなかった。例えば、彼は、第一審（一九三三年四月十四～二十六日）の江蘇高等法院（場所は江寧地方法院）で、旧友で弁護人を買って出た章士釗の弁論が、「トロツキー派は国民党に呼応する立場で共産党に反対していたのだ〔托洛斯基派与国民党取掎角之勢以清共也〕」との論点に及ぶや、これを遮って立ち上がり、あらかじめ準備しておいた「弁訴状」を読み上げた[32]。その一節を掲げよう。

今国民党政府は、私がこれまで一貫して革命に尽瘁してきたがゆえに逮捕し、検察官をして裁判所に「民国に危害を及ぼした」ことと「国に叛いた」罪で訴えさせているが、私は絶対に認めることができない。……国民党政府は、党組織で以て議会に代え、訓政を民権の代わりとし、特別法（危害民国緊急治罪法や出版法）で刑法に代替させている。軍法で一般の人民を逮捕し裁判にかけ銃殺し、銃剣で人民から自由と権利を剥奪し、人民の頭上に立って自らを諸葛亮・伊尹と見なし、人民を阿斗〔蜀漢の後主劉禪の幼名、無能者の譬え〕[33]・太甲〔伊尹に補佐された殷の暗君〕と見下している。日本帝国主義が「力で人を服属させる」政策でわが国に対した時、国民党はすでに同様の態度でわが民を抑圧していたのである。……しかるに私は、民主共和国の実質を表す人民の自由と権利を勝ち取り、普通選挙で選ばれ全権を有する国民立憲会議の実現を勝ち取り、民主主義の史上最高段階までの拡大を勝ち取ろうとしているのであって、現在も将来も民国を簒奪して「党国」とする企図は持たない。試みに問う、どちらが「民国に危害を及ぼしている」のか[34]。

法廷を睥睨する陳の姿が浮かび上がってくるような堂々たる名文である。しかし、江蘇高等法院は四月二十六日、陳独秀と同時に逮捕された彭述之に懲役一三年を宣告、上訴後の最高法院の判決も減刑（懲役八年）にとどまった。彼は、南京の江蘇第一監獄に収監された。

だが、陳独秀は、トロツキー派の残されたメンバーが上海臨時委員会（書記・劉伯荘）、ついで全国臨時委員会（書記・任曙、のち陳其昌[35]）を組織する間、三二年のうちに鄭超麟の妻らを連絡係として派内と連絡し、トロツキー派の刊行物を取得し、自身の見解を組織に伝えることができた。例えば三三年九月、臨時委員会のために、「当面の情勢と反対派の任務」を起草し、その方針は反蒋介石派の軍人が福建省福州に「中華共和国人民革命政府」を樹立した福建事変（一九三三年十一月～三四年一月）で部分的にせよ発揮された（人民革命政府に派内のメンバーが参加している）。当時のトロツキー派組織の論文集（『政治問題討論集の二　国民会議とソヴィエト』一九三四年五月十二日）には、「いくつかの論争問題」（一九三三年十月八日）のような、彼の派内での主要な論争問題に対する見解・主張が述べられている。

ここで陳独秀は、(1)政権奪取を社会主義の条件成熟と結びつける派内の見解に対して、「ブルジョワ的な民主主義革命の闘争の基礎の上に、［後進国のプロレタリアが］政権を獲得する」ことこそ「『永続革命』の主要概念の一つ」なのだ、「民主主義闘争に対する過小評価は、プロレタリアートにとっての致命傷となる」と論じ、(2)彼が満洲事変時に提起した「民衆政権」のスローガンに対する非難には、これは「プロレタリアの政権奪取を提起できるまでには至っていない時期」での「臨時の煽動スローガンにすぎない」と一蹴、さらに⑶国民会議についての派内の「誤った見解」――「ブルジョワジーの統治形式でしかない」、国民会議は「政権問題にまで関わるべきでない」（傍点原文）といったもの――に対し、それは「民主主義に対する謬見からの演繹」にすぎない、我々は「国民会議に我々が解決を要求する問題の解決を迫るために奮闘努力し、そうすることで大衆をして立ち上がらせ武装暴動の道を歩ませる」のだ、と論じた[36]。

そして、⑷革命の条件を規定すると考えられていた、中国経済の現状（それが「復興」を遂げているかどうか）については、彼は深刻な筆致で持論を展開している。――スターリン派は、「経済危機は革命の発展に有利だ」という謬論に固執し、事実を隠して「彼らの冒険的な政策の前提に合わせようとしている」が、これへの反対から極端に走り、「虚構の経済好転を前提とし、これに依拠して待機主義を形成するなら」同じく錯誤に陥る。問題は、プロレタリアが「革命の任務」を担えるまでのレベルの経済復興は「民主主義革命の完成以前」には「それを幻想する」ことさえできないが、一方で「経済復興以前には革命の任務を担うことができないと言われるプロレタリアート以外、どの階級が民主主義革命を完成させることができるのか」、という二律背反的な状況にある。彼は述べる――「こうした循環論法の結果は、人を絶望の淵に陥れるだけである。プロレタリア革命の隊伍にあって、こうした危険な思想は、即時停止せねばだめなのだ」[37]。

この他、もう一つの論点⑸「帝国主義のソ連侵攻問題」（陳独秀は「彼ら［帝国主義］はソ連への武力侵攻という冒険的な試みをするはずがない」と論じる）[38]を含め、これらは当時、派内で活発な議論の対象となっていたものであったが、陳独秀の論点のすべてに派の幹部にして同じく獄中にあった彭述之が反論している[39]から、彼の主張が派内で多数派を構成していたとただちには言えないとしても、議論の中軸に存在していたことは確かである。

さらに一九三四年二月に劉仁静が起草した政治決議草案を巡る論争が起こると、陳独秀は、「国際的な運動の全般的スローガンは『ソ連の擁護』ではなく『ファシスト打倒の労働者連合戦線』、中国でのそれは『蒋介石打倒』ではなく『国民党打倒、徹底的に民主的で全権を有する国民会議の実現』でなければならない」とする書簡を臨時委員会に送っている[40]。一九三四年五月十五日付の「トロツキー派国際書記局への書簡」が、「私たちは『ソ連防衛』というスローガンに対して、『十月革命の精神に基づくソ連再建』というスローガンを対置しなければならないのです」と述べる[41]のも、同じ趣旨からである。これらのことは、当時の彼が派内で指導者としての権威を有し、中国トロツキー派臨時中央と国際書記局に影響力を行使し得たことを物語っている。

だがちょうどこの頃――一九三四年四月から八月にかけての時期――史朝生ら若きトロツキストは、アメリカ人トロツキストのフランク・グラス（Frank Glass）や劉仁静の支持の下、陳独秀の権威に対する挑戦を開始するようになる。彼らは臨時委員会が「古株の同志〔陳独秀のこと〕」に頼っている、書記の陳其昌は官僚主義・セクト主義だと非難し、陳独秀が主張する共同行動（連合戦線）を「日和見主義的幻想」と論難した。ついには三五年一月、史朝生・劉家良らは「緊急通告」を発して「上海代表会議」の開催を宣言、新党「中国共産主義同盟」の立ち上げ準備、陳独秀・陳其昌・尹寛に対する「連合戦線」論の放棄要求を表明した。まもなく開かれた彼らの代表会議は、陳独秀らがその見解を変えないかぎり除名すると決定し、臨時委員会に代わる中央委員会と常務委員会（書記劉家良）を成立させたのである[42]。

このことを陳其昌から南京監獄で知らされた陳独秀は、史朝生らに「組織の権威を盗用して政治意見を解決してはならない」とする書簡を送り、陳其昌も彼らが「連合戦線」問題を言い立てるのは意見の異なる者を排除し、「指導機関を奪取する」ための煙幕だと反論した。だが、劉家良らが行ったのは陳其昌・尹寛と陳独秀に対する除名決定であった。この「処分」は皮肉にも当局による中央機関の摘発（三月）により実現されなかった[43]が、こうした抗争の結果、統一大会時には百数十名を数えた上海の党員は、三五年夏の時点で（十数名が監獄にいるのを除けば）、二十数名を数えるだけとなったとされる[44]。そして同年十二月になって組織再建会議が開かれ、中国共産主義同盟の臨時中央（陳其昌・王文元・尹寛・グラスら）が発足した。この中国共産主義同盟に、陳独秀は一九三六年、いくつかの長文の論文を書き送り、機関誌『火花』に掲載させている。

その一つである「プロレタリアートと民主主義」（一九三六年三月）[45]は、民主主義と社会主義を区別し段階づける党内の通説に対する反論を、徹底して論じたものである。

人々はこれまで、民主主義について大きな誤解をしてきた。その最も浅薄な見解は、民主主義をブルジョワジーの専売品と見なして来たことである。だが、人類社会は、政治組織の誕生からその消滅にいたるまで、この過程にあって、民主主義は歴史の発展に従って発展し、各段階での内容と形態を形成してきたのである。……社会主義運動が生まれる以前、これら民主主義の課題を達成することは、人類の進歩の唯一にして偉大なメルクマールであった。それゆえ、民主主義とは、人類社会が進歩するための一種の動力であった[46]。

陳独秀は、こうした議論をトロツキズムの主張と連接させながら展開した。

立ち後れたロシアのプロレタリアートは、民主主義の課題を達成する闘争の基礎の上に、先進諸国のプロレタリアートよりも早く政権を奪取した。これは「永続革命」の戦略が、実践として初めて成功したものであって、「まず民主主義革命を達成し、それから社会主義革命を行う」という古い伝統的な思想はここに粉砕されたのである。……「永続革命」の真の意義は、後進国の民主主義革命と社会主義革命の不可分性を指摘したことにある。これはすなわち、後進国のプロレタリアートは民主主義革命の基礎の上に政権を獲得できるということである[47]。

その上で彼は結論した。――「我々は今、是正せねばならない。是正の要点とは、以下の通りである。
（一）ブルジョワジーの狭小で形式的な民主主義を、歴史上各階級に伴って発展してきた民主主義の全内容と思い込んではならない。
（二）民主主義を社会主義と並存できないものと思い込んではならない。
（三）民主主義の要求を、ブルジョワ軍事独裁を打倒する手段にすぎない、我々の目的ではないと思い込んではならない」、と[48]。

この主張は、当時、トロツキー派内で大きな反響（反発）を生んだ[49]が、この陳独秀の主張の重要性は、本章の後文で検討することにしたい。

一方で、彼は、同年九月の「我々の時局における任務」では、中国共産党の国民党との合作政策を完膚なきまでに嘲笑している――彼らの「八・一宣言」が国民党のファッショ組織藍衣社をも呼びかけの対象とし、朱徳ら紅軍軍人の声明が「南京蔣総司令」を宛名としているのは、「小心で狭量なマルクスやレーニンなら、当然酔夢の中でも思いつかない素晴らしい革命戦略である」、と[50]。この他、茅盾の求めに応じて書いた「中国の一日」[51]は、スターリンの一国社会主義への批判を、スターリンの名も社会主義の一言も挙げることなく、しかも簡潔にして断固たる口調で述べたものである。さらに、一九三七年七月、獄中の人となって以来、たびたび周囲から執筆を求められてきた自伝（「実庵自伝」）の冒頭二章を脱稿した[52]。

（3）釈放後の公然言論――武漢・重慶・江津時期
（一九三七年九月～一九三八年十月）

しかし、獄中期における陳独秀の中共の国共合作路線に対する強烈な批判は、一九三七年七月に日中戦争が全面化し、第二次国共合作が現実のものとなると、大きな変化を見せることになった。日本軍機による南京への爆撃が開始され、監獄もその標的となったため、国民政府は政治犯の釈放に踏み切り、陳独秀をはじめ鄭超麟、濮清泉、彭述之らトロツキー派幹部たちは前後して釈放された。陳独秀は八月二十三日、南京の江蘇第一監獄を出た。鄭超麟の回想によれば、彼が南京で会った時の陳独秀は、国民党と「休戦」する方針を示し、「国民党と連合して抗日戦争を実行するという共産党の主張」にも、「必ずしも反対してはいなかった」。そして、陳独秀はこの時、トロツキー派中央が所在する上海に戻ろうとはしなかった。「陳独秀は自らの言論や行動を組織的束縛で制約されたくはなかった」からだとされる[53]。九月、陳独秀は南京から上海に向かうのではなく、長江を遡って武漢に向かった。

その後の一年有余の間、彼は、中国国民党の戦争指導と国共合作を前提とした抗日戦争遂行・貫徹の主張を（国民党独裁や民衆からの収奪に釘を刺しながらであるが）講演や短文、インタビュー記事のかたちで表明していくことになる。一九三七年十月六日には武昌の華中大学で、今回の抗日戦争は「被抑圧民族の帝国主義の抑圧束縛に反抗する革命戦争である」とする講演を行い（『抗日戦争の意義』一九三七年十二月）[54]、「どのようにして金ある者に金を出させ力ある者に力を出させるか」と題する文章を雑誌『宇宙風』に発表し（第五二期、同十一月）[55]、「どのようにすれば民衆を動員できるのか」[56]を含む『私の抗戦についての意見』（一九三八年三月）を出版[57]、三八年十一月の「日本の社会主義者に告ぐ」[58]では、彼らの戦争協力を批判した。この間、陳独秀は日本軍の占領を前に武漢を離れ、重慶滞在を経て三八年八月、重慶から五十数キロ離れた江津県に居を定めた。

当時、陳独秀は自らの「立場」について二回文章を書いている。一度はトロツキー派内部に向けて、一度は党派の外に向けてである。すなわち陳は、トロツキー派中央宛の「陳其昌らへの書簡」（一九三七年十一月）で、「私がここ［武漢］で発表する言論は、すでに人々に広く声明しているように、私個人の意見であり、いかなる人をも代表しません」

と言明する[59]。党派外に対しては、翌三八年三月の「『新華日報』への書簡」で、自分は「いかなる党派〔の見解〕に拘束されることも望まない」、「抗戦中に紛糾を増すことを避けるため、一貫していかなる党派にも参加せず、自分の刊行物も持っていない」とした[60]。

こうした陳独秀の政治的立場と活動は、ごく少数の知識人グループに落ち込んでしまっていた上海のトロツキー派に期待するよりも、自身の主張に同調する人々との幅広い戦線を構築しようとする考えからのことであったようである。それには、⑴共産党との合作、⑵陳独秀を支持する軍人との結合、⑶非国民党系の民主人士との連携という三つの方策があった。しかし、これらはことごとく成功を見なかった。中共は一時期、「合作」の対象に「トロツキー主義者」を含め、陳独秀も中共の指導者たちと会談を持つに至っていたが[61]、一九三八年一月以降、中共の王明・康生は、「トロツキスト匪」非難キャンペーンを展開、陳独秀が日本のスパイであるとの風説を流布した[62]。このことは⑴の方策を不成功に終わらせたばかりか、⑶の民主人士との連携も不可能にした。またこの間、⑵の方策も、陳独秀が期待していた国民党の軍人が蔣介石の命で軍隊から切り離されたため、実現不可能となっていたのである[63]。

ただし、こうした公然言論時代の陳独秀が、革命に対する展望を（あるいはトロツキズムへの信念を）失っていたのでは決してない。彼は「『五・四』運動の時代は過ぎ去ったのか？」（一九三八年五月）で、「民主主義革命の要求」（そこには「民族独立」も含まれる）という「時代性」こそが、革命という歴史的課題を推進するのだとしており、「資本主義を飛び越えるプチ・ブル的社会主義」や「山の上のマルクス主義」「農村に依拠して都市を奪取しようとする誤った路線」（毛沢東のこと）などの「デタラメ極まりない政策」が生まれるのは、「この時代性を理解も把握もできていないからなのだ」と述べる[64]。また、三八年九月発表の「我々は資本主義を恐れてはならない」では、「資本主義はその功罪を問わず、畢竟人類社会の進化が必ず通られねばならない過程」だと説き、「来なければならないものなら早く来させよう。そのことを恐れてはならない」と述べた[65]。ここで陳独秀が主張しているのは、資本主義による工業の発達（＝プロレタリア勢力の増大）が社会主義運動の展開にとって必要である、との展望である。

したがって、当時の陳独秀は民主主義革命に向けてのプロレタリアの闘争からはじまるトロツキズム（永続革命）の理論から離れてはいない。ただし、プロレタリアの闘争の発展のためには、資本主義の発達という一時期を必要とする、と考えていたのである。

（4）トロツキー派との論争と最後の試み（一九三八年十一月〜一九四二年五月）

前述のように、陳独秀は日本軍の占領前に武漢を離れ、重慶での短期滞在を経て一九三八年八月、江津県に転居していた。そして、同年十一月以降、一九四二年五月のその死に至るまでの四年弱の間、陳独秀は講演はもちろん、一般の雑誌・新聞に文章を書くことも、ほとんどしなかった[66]。こうした公然言論からの「撤退」、とくに国民党の指導を前提にした対日抗戦をめぐる議論からのそれは、一九三八年十月に、トロツキー派中央（臨時委員会）書記であった陳其昌が江津の陳独秀宅を訪れたことを契機としている[67]。陳独秀は、彼の求めに応じて十一月に「トロツキーへの書簡」[68]を書いたのだが、この時、トロツキー派としての自らの立場を再確認したのだろう（この書簡の主張については後述）。

この時期以後の陳独秀の政治的言論は、最晩年の四編の論文を除けば、書簡において表明された。前節で触れた「陳其昌らへの書簡」（一九三七年十一月二十一日）と、主としてトロツキー派のメンバー（トロツキー自身を含む）宛の一〇通の書簡は、四編の論文とともに、一九四八年末印刷と推定できる何之瑜[69]編の小冊子・陳独秀遺著『陳独秀の最後の論文と書信〔陳独秀的最後論文和書信〕』に収められている[70]。

ところが、同じく「陳独秀遺著」を称する小冊子には、何之瑜編のものとは別に、胡適の序言を付されて出版された『陳独秀の最後の見解（論文と書信）』（陳独秀的最後見解（論文和書信））』（自由中国社出版部、一九四九年六月）がある[71]。この胡適序本の方が何之瑜本より流布の範囲が広かった（逆に言えば、何之瑜本は研究者にも入手が困難であった）。このため、多くの陳独秀研究者は、胡適序本の方に重きを置き、胡適の序言が陳独秀は晩年に民主主義に回帰したと強調したこともあって、陳独秀の最後の思想を「ブルジョワ民主主義への回帰」と理解した[72]。この結果、二つの版本を比較してのテキスト・クリティークは全くと言っていいほどなされなかった。例えば、第一に、何之瑜本と胡適序本との違いで注目されたのは形式的な違いだけであった。このため、胡適序本からは胡適の「陳独秀の民主主義回帰」説と矛盾する（何之瑜本収録の）四通の書簡が排除されていることは指摘されてこなかった[73]。また第二に、両者のどちらが先に成立したのかについても、胡適序本の方が先に成立したかのように述べる見解（任建樹『陳独秀大伝』）が表明される一方で、この点を問題にしない傾向も存在した（唐宝林『陳独秀全伝』）。しかし、胡適の日記の一九四九年二月二十三日の条に、「『陳独秀の最後の論文と書信』を読んだ」とある以上[74]、何之瑜本の先行は明らかである。そして第三に、従来の研究は、論文・書簡の日付についての考察が不充分であった。陳独秀晩年の思想解明の上で重要な論文である「私の根本意見」については、何之瑜本では日付の掲載がなく、胡適序本に見える日付から、四〇年十一月二十八日付の作とされることがあるが（唐宝林『陳独秀全伝』）、実際には、四一年十一月二十八日の作である[75]。また「SとHへの書簡」は、この四一年十一月の「私の根本意見」に言及しているから、任建樹主編『陳独秀著作選編』第五巻や人民出版社の『陳独秀文集』第四巻の言うような四一年一月十九日の書簡ではあり得ない。四二年一月十九日付の書簡である。また「SとHへの書簡」を同封して送られた「Yへの書簡」も同様に、四一年一月十九日ではなく、四二年一月十九日のものである。全般的に先行研究は、この小冊子での陳独秀の見解を、時系列も書かれた背景も軽視し、一括して論じる傾向があった。

こうした研究史上に見える問題点の所在から、筆者と長堀祐造は平凡社東洋文庫『陳独秀文集』3の編訳にあたった際、何之瑜本の『陳独秀の最後の論文と書信』所収の論文と書簡の執筆日付を確定する作業を行った。その結果、何之瑜本には、幾つかの論文・書簡で日付不記載や若干の誤記があったものの、論文・書簡とも正しい時系列で配列され、武漢で書かれた「陳其昌らへの書簡」（一九三七年十一月二十一日）を除けば、すべてが四川省江津県で書かれていたこと、それら九書簡・四論文は、以下のような三つのグループに分けられることが判明した[76]。

(a)「トロツキーへの書簡」（一九三八年十一月三日）

(b)「西流[77]らへの書簡」（一九四〇年三月二日）
「西流らへの書簡」（一九四〇年四月二十四日）
「西流らへの書簡」（日付不明）
「連根[78]への書簡」（一九四〇年七月三十一日）
「西流らへの書簡」（一九四〇年九月）

(c)「私の根本意見」（一九四一年十一月二十八日）
「Yへの書簡」（一九四二年一月十九日）
「SとHへの書簡」（一九四二年一月十九日）
「戦後世界大勢の輪郭」（一九四二年二月十日）
「世界大勢再論」（一九四二年四月十九日）
「被抑圧民族の前途」（一九四二年五月十三日）
「Yへの書簡」（一九四二年五月十三日）

(a)のトロツキー宛書簡がどのように書かれたのかは、前述のようにはっきりしている。香港から遠路はるばる四川省江津を訪れた陳其昌の求めに応じ、陳独秀はトロツキーに向け自身の考えを述べたのであった。彼は、「民族民主闘争」への全力の傾注の必要性を述べ、「現実の闘争から遠く遊離した極左派は……中国における第四インターナショナルの声望を失う以外、なにごともなし得ない」と上海のトロツキー派中央（臨時委員会）を強く批判した。また彼は、戦後に「工業が復興し始めてようやく私たちの活動はかなり順調になるでしょう」との見通しを述べた[79]のだが、この論点は、公然言論期の「我々は資本主義を恐れてはならない」[80]と通底している。彼はこの時、戦後におけるプロレタリア政党の樹立を展望しながら、現在は「労働者と民族民主闘争」への接近を活動方針とするべきだ、との立場に立っていた。

一方、同じ一九三八年十一月、上海のトロツキー派臨時委員会は、「我々の独秀同志に対する意見」を採択、陳独秀が抗日戦開始以来「発表してきたすべての文章」は「『超党派』的で『超階級』的な立場」のものであり、「彼は自ら多年に渡り断固として擁護し、それがために奮闘してきた革命の旗印を手放し、組織と自らを裏切っている」と非難していた[81]。さらに陳独秀のトロツキー宛書簡がもたらされると、彼らは三九年一月、「インターへの政治工作報告」を作成して陳独秀が「トロツキーへの書簡」で述べた「極左派」の呼称に反駁するとともに、自分たちの抗戦以来の路線は「完全に正しい」と主張した[82]。しかし、トロツキー自身は、三月十一日付の「フランク・グラスへの書簡」[83]で彼を「旧友」と呼び、「旧友が表明している意見は、本質的に正しいと私は思います」と述べ、陳独秀への親愛の情を隠さなかった[84]。

ほぼ一年の空白期を経た後、(b)の書簡群が陳独秀によって書かれることになるが、これも、中国トロツキー派の政治的主張に反応したものである。すなわち、一九三九年九月一日の世界大戦勃発に際して、中国トロツキー派中央は「国内戦争で帝国主義大戦に反対する」とのテーゼを打ち出し[85]、その後も同様の見解の表明を続けた。陳独秀は、こうした「祖国敗北主義」が英仏で行われればヒトラー（A.Hitler）を助け、中国に適用された場合「日本を助けるだけ」だと考え、四〇年三月に「西流らへの書簡」[86]を送った。そして、四月の「西流らへの書簡」では、⑴大戦後に一定の期間を経た後でなければ、大衆的民主主義革命の可能性はない、⑵まず打倒せねばならないのは「国家社会主義とゲー・ペー・ウー政治」だ、との論点を述べたのである[87]。こうした陳独秀の主張に対して、トロツキー派中央は六月、「陳独秀の来信についての決議」を採択、陳独秀は従来のスターリンの誤りを完全に受け継いでいると批判しながら、同時に陳に自己の見解を公表しないよう求めた[88]が、陳独秀の書簡による見解表明は続いた。七月の「連根への書簡」では、中国トロツキー派の「誤りの原因」として「ブルジョワ民主主義の本当の価値」の無理解を指摘するとともに、そのことは「レーニン・トロツキー以下みな同じ」だ、とした[89]。こうして四月から七月の書簡で陳独秀は、ソ連の政治体制をナチス体制と並列して打倒の対象とする主張にまで進み、ブルジョワ民主主義と質的に異なるプロレタリア民主主義がある訳ではないとして、この点でレーニンとトロツキーを批判して見せた。

さらに九月の「西流への書簡」は、冒頭で鄭超麟らの祖国敗北主義の非現実性を指摘した上で、徹底的にソ連のプロレタリア独裁を非難し、民主主義全般を擁護する議論を展開した。——「民主主義の排斥」こそがソヴィエト・ロシア堕落の最大要因であり、スターリンの罪悪はプロレタリア独裁の結果である。ロシア革命は「独裁で民主主義に取り替える必要などなかった」のだが、レーニンは民主主義を「まじめに採用すること」はなかったし、トロツキーが民主主義の必要性を悟ったのはスターリンの迫害後のことであって、それは「遅すぎた」（彼への批判は、八月のトロツキー暗殺の結果もはや対話が不可能となったと考えた上での発言であるかもしれないが）。さらに民主主義一般の擁護と独裁制非難は、モスクワ・ベルリン・ローマを世界の「三大反動堡塁」とする規定につながる。陳独秀は、こうした議論から、次のように述べている。「全世界のあらゆる闘争は、この三大反動堡塁の打倒と連繫されねば意味がありません」、と[90]。

この時、革命運動と民主主義・社会主義についての陳独秀の独自の見解が、独裁一般に対する激しい怒りとともに確立されていたことは確かである。

では、この四〇年九月から一年余りを経て始まる(c)の時期の彼の言論はどう位置づけられるべきか。一九四一年十一月二十八日付の論文「私の根本意見」を知人の鄭学稼に送付する際、陳独秀は前述のように、最近入手したトロツキー派の文書の「見解があまりにデタラメなので、一文を書いて反駁」することにした、と述べているから、トロツキー派の言論に反応したものであることはこれまでと同様である。恐らくそれは、同年七月、彭述之らの指導下に開催されたトロツキー派（中国共産主義同盟――第四インター支部）第二回全国代表大会の諸決議に対しての反発であろう。そもそも彭述之は陳独秀にとって相容れない人物であったし[91]、この大会は「ソ連の無条件防衛」を主張しながら、「国民党が指導する抗日戦争の真の民族革命戦争への転化」を主張したのだった。しかも、陳独秀と意見の交換ができていた陳其昌はトロツキー派指導部から排除され、王文元と鄭超麟も機関誌『闘争』の編集委員会を逐われている[92]。だからこそこの時期、陳独秀は組織としてのトロツキー派を見限ったのであり、以後、彼はトロツキー派のメンバーに向け筆を執ろうとはしなかった。十二月七日の彼の宛先不明の書簡は、上海の第二回代表大会の結果トロツキー派が「多数派」（機関誌名から『闘争』派とも呼ばれる。彭述之・劉家良・グラスら）と「少数派」（『国際主義』派、鄭超麟・王文元・陳其昌ら）に分裂したことを皮肉り、次のように述べる。

彼らは多数派とはボリシェヴィキだと思っていますが、実はボリシェヴィキは決してマルクス・エンゲルス主義ではなく、ロシアの急進的なプチ・ブル階級であり、つまりはフランスのブランキ主義です。今のドイツのナチズムは、古いプロシアと新しいボリシェヴィキの混合物です。……弟（わたし）は引き続き文章を書いてボリシェヴィキの横暴やペテンなどの罪悪をはっきりさせ、機会があれば公表します。兄(あなた)は学を好み思索をなされる方なのですから、ボリシェヴィキとマルクス・エンゲルスとの違いがおわかりになるかと存じます[93]。

また、同月二十三日付の「鄭学稼への書簡」では、「レーニンとトロツキーの見解は、中国には適合しません。ロシアや西欧でも正しいことがあったでしょうか。私はボリシェヴィキの理論とその人物(トロツキーも含まれます)の価値を改めて評価し直すことを主張します」、「お手紙の『ボルシェヴィキとファシストは双生児』説を拝読した時は思わず手を打ち、大いに愉快でした」と述べた[94]。九月書簡では民主主義への理解と実行についてのレーニンとトロツキーを批判していたのに対し、「私の根本意見」執筆以後の陳独秀は、彼らのプロレタリア独裁論・ボリシェヴィズムへの根底的批判へと進んだのだった。だが、彼は反共主義者となったのだろうか？　あるいは、胡適がそう信じ、多くの研究者が考えたように、ブルジョワ民主主義の立場に回帰したのだろうか？

おわりに――陳独秀思想における民主主義と社会主義

陳独秀は、晩年の「SとHへの書簡」(一九四二年一月十九日付)の中で、かつての友人S(孫幾伊)、H(胡秋原)[95]とに対し久闊を叙しながら、自身の送付した「根本問題」への「示教」に感謝を述べ、次のように述べた。

〔私は〕そこで孔教の道理には間違った点があることがわかると、孔教に反対しましたし、第三インターにも間違った点があるとわかると、それに反対したのであり、第四インターでも第五インターでも第何インターでも同じです。適之〔胡適〕兄は私が「生涯にわたる反対派〔終身的反対派〕」だと言いました、まったくその通りですが、私は故意にそうなったのではなく、事実に迫られてそうならざるを得なかったのです[96]。

孫幾伊と胡秋原の政治的立場（ともに国民党中央政治委員会の職権を代行する国民政府国防最高委員会の秘書であった）、さらには自身への胡適の評価――「生涯にわたる反対派」を肯定して見せたことからして、陳独秀は特に晩年、次々に思想的立場を変えてきたかのように評価されることが多いようである。しかし、この「SとHへの書簡」と同じ日付を持つ「Yへの書簡」では、「私がマルクス主義のグループ外に飛び出すことをHらは望んでいます（陶孟和もそうです）が、それは連中の一貫した偏見にほかならず、異とするに足りません」と述べているのであるから[97]、また、前述の四一年十二月七日付の宛先不明書簡でも、自らが非難するボリシェヴィキとマルクス・エンゲルスを峻別している（「ボリシェヴィキは決してマルクス・エンゲルス主義ではない」としている）のであるから、彼は実は自らをマルクス主義の埒外に置いてはいない。

そして彼の「被抑圧民族の前途」（一九四二年五月十三日）も、すべての帝国主義の打倒と抑圧民族の解放を「国際社会主義」の力によって達成しようと主張するものであった。この生涯最後のものとなった論文で陳独秀は、「〔被抑圧民族の〕唯一の活路は全世界の被抑圧労働者、被抑圧後進民族と一致団結してすべての帝国主義を転覆して、商品売買の国際資本主義旧世界を分業互助の国際社会主義世界にとって替える」しかない[98]、と述べているのである。彼は社会主義（マルクス主義）の理念を放棄している訳では、決してないのである。

一方で、この時期の陳独秀の思想が、民主主義闘争からの（民主主義闘争を起点としての）社会主義革命達成と、革命後の民主主義と社会主義の並存を説き続けていたことは、強調しておきたい。彼が中国トロツキー派の指導者となった一九三〇年以来、この点で彼の思想は一貫している。本章冒頭で引用した『無産者』創刊号（一九三〇年三月一日）の「我々の現段階での政治闘争の戦術問題」は、「ブルジョワ民主主義の終点は、プロレタリア民主主義の起点につながる」と述べ、両者の同質性を指摘している[99]し、同じく前述の「国民会議のスローガンを論ず」(一九三二年九月一日付)は、「民主主義と社会主義は同時に並存できない、ブルジョワ民主主義はブルジョワ政権と不可分のものだ」との見解を批判している。王凡西の『中国トロツキスト回想録』における指摘以来、陳の民主主義重視の議論は、本章第2節で紹介した「プロレタリアートと民主主義」(一九三六年三月)から始まるように考えられてきたが、実はそれは陳独秀思想にあって――そもそも、彼が社会主義者(マルクス主義者)であることを声明した一九二〇年の時点で、彼はプロレタリア独裁を労働者への民主主義の延長と捉え、それこそが「普遍的な民主主義」の実現なのだとの議論を支持していたのであるから(第1章参照)――すなわち彼が共産党を結成したその時から――一貫したものだったのである。

そして、陳独秀が一九三七年以降、次なる革命の発動を工業化によるプロレタリア勢力の増大以後と考えていたとしても、そのロジックは、民主主義から社会主義への革命の連続移行(トロツキーの「永続革命」論)であったことには、変わりがない。しかも、革命の成就を同じくトロツキーが言う「世界革命」に帰結するものとして考えていたことは、彼の最後の論文「被抑圧民族の前途」からも明らかだ。彼は、たしかに、スターリン独裁(「堕落した労働者国家」どころか、世界「三大反動堡塁」の一つと述べる)の根源をボリシェヴィキとその指導者であるレーニン・トロツキーのロシア革命指導にまで追究して考察し、彼らを批判した。しかし、そのことと、彼陳独秀が、長期的な視座から民主主義を擁護した社会主義者であったことは、実は矛盾しない。あえて言うならば、彼は、「トロツキーを批判し得たトロツキスト」であった。その思想の位相ゆえに、中国現代史における民主主義と社会主義の同時的解決という課題を――毛沢東を含め中共指導者の誰もが提起し得なかった課題を――彼陳独秀は、一貫した主張として打ち出していたのだった。

1『陳独秀文集』2、三五〇、三六三頁。

2『陳独秀文集』2、三八八、四〇一頁。

3『陳独秀年譜』三七四〜三七五頁。

4トロツキー派は、辛亥革命を中国の第一次革命、国民革命を第二次革命と位置づけ、第三次革命の実現を目指した。

5「我們在現階段政治闘争的策略問題」、林致良他編『陳独秀晩年著作選』香港・天地図書有限公司、二〇一二年、三九〜四一頁。

6トロツキーは本来この「憲法制定議会」をスローガンに掲げるよう中国のトロツキー派に求めたが、中国語に翻訳し難いとの返信を得たため、「国民議会」とすることに同意している。トロツキー（西島栄訳）「中国における国民議会のスローガン」（一九三〇年四月二日）『トロツキー研究』第三九号、二〇〇二年十二月、六三頁。国民革命期における陳独秀らの国民会議に関する主張については、第2章一〇八頁参照。

7「答国際的信」『無産者』第二期、一九三〇年七月一日、二月十七日付、『陳独秀文集』3、二〇〜二二頁。

8『無産者』第二期、一九三〇年七月一日、『陳独秀文集』3、二八〜五六頁。

9トロツキー「中国左翼反対派への手紙」（西島栄訳）『トロツキー研究』第三九号、七九頁。

10王文元（一九〇七〜二〇〇二）は浙江の人、筆名王凡西、連根。一九二五年北京大学入学、中共に加入。二七年にソ連留学、トロツキスト組織を結成。帰国後には「十月社」、ついでトロツキスト統一組織の指導者として活動。著書に、矢吹晋訳『中国トロツキスト回想録』（柘植書房、一九七九年）、グレガー・ベントン編、寺本勉・長堀祐造・稲垣豊訳『毛沢東思想論考　裏切られた中国革命』（柘植書房新社、二〇二三年十月）がある。

11『トロツキー研究』第三九号、七七頁。

12「中国将来的革命発展前途」『無産者』第一二期、一九三一年三月十五日、『陳独秀文集』3、七〇〜八〇頁。

13『陳独秀文集』3、七〇〜七三頁。

14「共産主義インターナショナルの綱領草案——基礎の批判」は、対馬忠行訳『レーニン死後の第三インターナショナル』（トロツキー選集第四巻、現代思潮社、一九六一年、一八二頁）に邦訳があるが、ここでは托洛斯基（トロツキー）『中国革命論』第一集（無産者社、一九三〇年）所収の中国語訳から翻訳した（三〇〜三一頁）。

15『陳独秀文集』3、七七〜七八頁。

16『陳独秀文集』3、九三頁。

17『陳独秀文集』3、八一～九八頁。
18 唐宝林著・鈴木博訳『中国トロツキスト全史』論創社、二〇一二年、一二一～一二六頁。
19『火花』第一巻第七期、一九三一年一月二十八日、『陳独秀文集』3、一三九～一四〇頁。
20 唐宝林著・鈴木寛訳前掲『中国トロツキスト全史』一三七～一四一頁、『陳独秀年譜』四〇二～四〇三頁。
21『陳独秀年譜』四〇四頁。
22 陳独秀「此次抗日救国運動的康荘大道」『火花』第一巻第三期、一九三一年十月八日。
23 独秀「被圧迫国的無産階級応不応領導愛国運動」『校内生活』第一期、一九三一年十一月二十八日、『陳独秀晩年著作選』一七四頁。
24 独秀「両個路線——答民傑及小陳両同志」『校内生活』第一期、一九三一年十一月二十八日、『陳独秀晩年著作選』一六〇～一六六頁。
25『陳独秀文集』3、一三二～一三八頁。

26「政治決議案（常委会通過）——目前的局勢与我們的任務」『校内生活』第三期、一九三二年五月二十日、『陳独秀晩年著作選』二〇七～二〇九頁。
27 唐宝林『陳独秀全伝』五七九～五八一頁。
28 常委「対法区拡会意見書的批評」、同「批評列爾士同志対於政治決議案的意見」『党内生活』第三期、一九三二年五月二十日、『陳独秀晩年著作選』二一三、二二五～二二六、二三二頁。
29『陳独秀晩年著作選』二五四～二五五頁。
30 陳独秀ら常務委員会は一九三二年一月以降、両派合同を指示する決議を繰り返し採択し（『陳独秀晩年著作選』一八八、二四二頁）、人員を送って組織再編を試みたが、失敗に終わった。
31 劉平梅『中国托派党史』新苗出版社、二〇〇五年、一三六頁。
32『陳独秀年譜』四三七～四三八頁、唐宝林『陳独秀全伝』六〇五～六〇六頁。なお、陳独秀らの裁判の結審を伝える『中央日報』一九三三年四月二十一・二十二日の記事「陳独秀案弁論終結定二十六日宣判」は、裁判が四月二十日、法官の被告人尋問、検察官の論告、陳独秀らの抗弁、章士釗の最終弁論の順で進み、結審したことを詳しく報道し（『申報』四月二十二日にもほぼ同文の記事がある）、章の最終弁論も詳細に記載されている。ただし、この記事には、章の弁論が「トロツキー派と国民党は掎角の勢」云々の言に及んだところで、陳独秀が彼の発言を遮り、自らの「弁訴状」を読み上げたとする記述はない。これは『中央日報』の記事を配信した国民党の中央通訊社の記者が章士釗の弁論を中心に記事をまとめたためだと思われる。章士釗が『申報』

の記者に、閉廷の際「中央通訊社の記者が自分の弁論原稿を無理矢理持って行った〔中央通訊社記者、即堅奪原稿而去〕」と述べている（『申報』四月二十三日「章士釗律師返滬」）ことや、章から原稿を「受け取った〔策取〕」とする中央通訊記者が、「数万字」もの文章を整理したとする附記（『中央日報』四月二十二日）の内容も、そのことを裏付けるだろう。そもそも国民党系通信社の配信記事である以上、陳独秀の国民党批判の発言は、削除され公表されなかったものと考えられる。

33 国民党の元老呉稚暉は、一九二八年六月四日に南京市党部で行った講演で国民党の政治指導に言及し、訓政期では「国民党が諸葛亮になり、四億の人民は劉阿斗になる」と述べた（「首都与国民会議問題」『呉稚暉全集』第七巻、九州出版社、二〇一三年、八三～八四頁）。

34『陳独秀文集』3、一六一、一六三～一六四頁。

35 陳其昌（一九〇〇～一九四二）、河南の人、別名陳清晨、陳仲山など。北京大学在学中に中共に加入、一九二九年トロツキストとなり、陳独秀の逮捕後トロツキー派臨時中央の書記となる。

36『陳独秀文集』3、一六八～一七〇、一七二、一七五～一七六頁。

37 同前書、一七八～一七九頁。

38 同前書、一八〇頁。

39 彭述之は、「民主主義運動と永続革命問題」「国民会議とプロレタリアの政権奪取問題」「民衆政権問題」「国際情勢評価――帝国主義ソ連侵攻の危機問題」について、陳独秀の論点への反駁と非難を述べている。「対陳独秀幾個文件的批評与答覆」（一九三四年十月五日）、『彭述之選集』第二巻、十月書屋、一九八四年、五八～七八頁。

40『陳独秀年譜』四五一～四五二頁。

41『陳独秀文集』3、一八五頁。

42『陳独秀年譜』四五二～四六一頁。

43 同前書、四六二～四六四頁、唐宝林『陳独秀全伝』六六六～六六七頁。劉平梅前掲『中国托派党史』のように、陳独秀はこの時トロツキー派組織から除名されたとする見解もあるが（一六六頁）、除名の決定はされたものの執行はされなかったのが事実のようである。

44 劉平梅前掲『中国托派党史』一六八頁。

45『陳独秀文集』3、一八八～一九八頁。

46 同前書、一八八～一八九頁。
47 同前書、一九一～一九二頁。
48 同前書、一九七～一九八頁。
49 後年の回想で王文元（王凡西）は、これを陳独秀の思想の「後退」だとし、陳は「民主主義を超歴史的、超階級的範疇」と見なしたが、トロツキー派の中では「誰も同意しなかった」と述べている（矢吹晋訳『中国トロツキスト回想録』柘植書房、一九七九年、一七九～一八〇頁）。
50『陳独秀文集』3、二〇九頁。
51 茅盾主編『中国的一日』生活書店、一九三六年、第二編三一～三二頁、『陳独秀文集』3、一九九～二〇一頁。
52『宇宙風』十日刊、第五一～五三期、一九三七年十一月十一日～十二月一日、一九三七年七月二十日付、『陳独秀文集』3、二二七～二五六頁。
53 鄭超麟著・長堀祐造他訳前掲『初期中国共産党群像』2、二三〇～二三一、二六六頁。
54 陳独秀『抗日戦争之意義』生活出版社、一九三七年十二月。
55「怎様使有銭者出銭有力者出力」『宇宙風』第五二期、一九三七年十一月二十一日。

56『陳独秀文集』3、二六一～二六七頁。

57『我対於抗戦的意見』亜東図書館、一九三八年三月。

58『陳独秀文集』3、二七三～二八一頁。
59 同前書、三六三頁。ここで陳独秀が述べる「すでに人々に広く声明している」とは、彼の文章では見ることはできないのだが、講演などの際にこのことを述べていたのであろう。
60『陳独秀文集』3、二七〇頁。
61 中国共産党中央委員会「為創立全国各党各派的抗日人民陣線宣言」（一九三六年四月二十五日、『中共中央文件選集』第一一冊、一七頁）の呼びかけ対象には「中国トロツキー〔托洛斯基〕主義者同盟」が含まれる（このような呼称となっているのは、トロツキー派の正式名称である「中国共産主義同盟」を用いる訳にはいかなかったからである）。また一九三七年の釈放後（九月中旬以前）、陳独秀は葉剣英・博古（秦邦憲）と二度会っている（『陳独秀年譜』四八一頁）。
62「『新華日報』への書簡」『陳独秀文集』3、二六八～二七二頁。

63 王凡西前掲『中国トロツキスト回想録』二〇一～二〇三頁。
64『政論旬刊』第一巻第一一期、一九三八年五月十五日。

65『政論旬刊』第一巻第一三期、一九三八年九月十五日、『陳独秀文集』3、二八七、二九一頁。
66 例外は『中央日報』掲載の「蔡孑民先生逝去に思う」（一九四〇年三月二十四日、『陳独秀文集』3、二九四～二九九頁）と、『大公報』掲載の「戦後世界大勢の輪廓」（一九四二年二月十日、同前、三二三～三三八頁）の前半だけである。
67 陳其昌は、一九三八年の夏頃に上海から香港に赴いていたが、その時メキシコのトロツキーから陳独秀の出国を勧める書簡が中国に届いたため、これを彼のもとに届けるべく広東・湖南を経て四川江津の陳独秀のもとを訪れ一〇日間ほど滞在、三九年一月に上海に戻った（王凡西著・長堀祐造訳「魯迅の書信から陳其昌その人を語る」『慶應義塾大学日吉紀要　中国研究』1、二〇〇八年三月、鄭超麟著・長堀祐造他訳前掲『初期中国共産党群像』2、二六六頁）。
68『陳独秀文集』3、三六七～三七四頁。
69 何之瑜（一八九六～一九六〇）は湖南の人、字は資深。北京大学に学び中共に入党。北京共産主義青年団や中共湖南省委で活動。陳独秀とともにトロツキー派に転じ、三一年の逮捕、三七年夏の釈放後は、四川の江津第九中学で教鞭をとりながら、北京大学同窓会の委託で陳独秀の生活を支えた。四九年、トロツキー派（少数派）の中国国際主義労働党に参加したが、五二年のトロツキスト一斉摘発で逮捕され、六〇年獄死（『陳独秀文集』3、第四部「解題」（長堀祐造）、三〇八～三〇九頁）。
70 カリフォルニア大学東アジア図書館（University of California,E.ASIAN LIB.）所蔵のテキストを参照した。
71 この胡適序本には、発行年月と発行主体、そして紙型を同じくする『陳独秀最後対於民主政治的見解（論文和書信）』があることは、『陳独秀文集』3の第四部「解題」（三一〇頁）を参照。
72 江田憲治前掲「陳独秀研究の地平」参照。
73 任建樹主編の『陳独秀著作選編』第五巻（二〇〇九年）は、何之瑜本が論文・書簡を別々に収録したのに対し、胡適序本は両者の区別なく年代順に配列したことだけを指摘している（三四六頁）。また任建樹『陳独秀大伝』（上海人民出版社、一九九九年）は、何之瑜本が胡適序本より収録書簡を四通増やしていると述べ（ならば、何之瑜本の方が胡適序本の後に刊行されたことになるのだが）、この四通がトロツキー派との関連を確認できる「陳其昌らへの書簡」「トロツキーへの書簡」「西流らへの書簡（日付不明）」と、陳がマルクス主義堅持を言明している「Yへの書簡（一九四二年一月十九日）」であることに注目していない（六五八頁）。

74 曹伯言整理『胡適日記全集』第八冊、聯経出版事業、二〇〇四年、三八七頁。これに続けて、「陳は晩年、大いに進歩し、すでに『トロツキー派』ではなく、民主自由の道を歩んでいたことを深く喜ぶ」とある（原文は「読『陳独秀最後論文和書信』、深喜他大有進歩、已不是「托派」了、已走上民主自由的路了」）。

75 同編を最初に公表した鄭学稼によれば、陳独秀は一九四一年の十二月一日付でB６版四頁の謄写版「私の根本意見」を送って寄越し、書簡には「最近トロツキー派の文書をいくつか入手したところ、見解があまりにデタラメなので、一文を書いて反駁し、謄写版にして何人かの友人たちにお見せすることにしました（近接到一些托派文件、見解頗荒謬、故写一文駁斥之、特油印給幾位相好朋友看看）」とあった（鄭学稼「陳独秀先生晩年的思想」『民主与統一』第七期、一九四六年七月、同「陳独秀先生的晩年」『掌故』第八期、一九七二年四月）。したがって「私の根本意見」は胡適序本が言うような一九四〇年の作ではなく、一九四一年の十一月二十八日の作である。なお、このことは陳独秀「鄭学稼への書簡」（一九四一年十二月二十三日）が「根本意見」に言及していることからも裏付けられる（『陳独秀文集』3、三〇二頁）。

76 以下の論文・書簡と前出の「陳其昌らへの書簡」（一九三七年十一月二十一日）は、『陳独秀文集』3の第四部にすべて収録。個々の日付確定の考証については、同書を参照されたい。

77「西流」は陳独秀の又従兄弟にあたる濮清泉（一九〇五〜一九九七）の筆名。日本留学後一九二六年に中共に加入、モスクワ留学中トロツキストになっていた。

78「連根」は王文元の筆名。

79『陳独秀文集』3、三七二〜三七三頁。

80『陳独秀文集』3、二八二〜二九三頁。

81 ただしこの決議は、「相互の討議と批判」によって「一致した正しい結論」に到達することを陳独秀に希望するものでもあった（『陳独秀年譜』五〇九頁）。

82『陳独秀年譜』五一二頁。

83『陳独秀文集』3、三七五頁。

84 このトロツキーの書簡を受けて臨時委員会は、同年三月頃、あらためて「インターへの報告——D. S. 同志の問題について」を発し、陳独秀が「出獄後一貫して政治的には日和見主義の立場、組織的には解党主義の観点を採っている」と彼への非難を繰り返した（『陳独秀年譜』五一三〜五一四頁）が、恐らくトロツキーの陳独秀への見解は変わることはなかったろう。

85「世界大戦与我們在抗戦中的任務」一九三九年九月十三日中央緊急拡大会議採択。「中国托派運動文献」https://www.marxists.org/ chinese/fourth-international/china/mia-chinese-fi-19390922.htm.

86『陳独秀文集』3、三七九～三八〇頁。

87 同前書、三八四頁。

88『陳独秀年譜』五二三頁。

89『陳独秀文集』3、三九一頁。

90 同前書、三九九～四〇四頁。

91 陳独秀「陳其昌らへの書簡」『陳独秀文集』3、三六二頁、参照。

92『陳独秀年譜』五三〇～五三一頁。

93 同前書、五三三頁。

94『陳独秀文集』3、三〇二～三〇三頁。

95 胡秋原（一九一〇～二〇〇四）は非共産党系のマルクス主義文芸研究家・批評家。陳独秀が一九三七年の出獄後漢口に滞在した時期、彼の面識を得ている。孫幾伊（一八八七?～?）は北京の『国民公報』主筆などを勤めたジャーナリスト。陳独秀の北京大学時代に交流があったようである（『陳独秀文集』3、四一三頁）。

96『陳独秀文集』3、四一二頁。

97 同前書、四〇九頁。

98 同前書、三五二頁。

99 またこの論文は、歴史の各時代における民主主義の存在をレーニンの議論を引用して指摘している（『陳独秀晩年著作選』四〇～四一、五〇頁）。

結語

最後に、本書各章の主張と論点を整理概括して述べることで結びに代えたい。

そもそも本書が、百余年に及ぶ中国共産党の歴史の中でも、特に党の成立期から数えて二十数年間の指導者たちの言論（革命論）に注目したのは、この時期における彼ら――陳独秀・瞿秋白・毛沢東ら――の思想と実践とを検討することは、今日の中国を統治する「党」のあり方を考察するに際し批判的視座を提供するものであり、その意味で現在への〈射程〉を有する研究テーマたり得る、と考えたからであった。初期共産党の指導者たちの議論における「民主主義」の位相（あるいはその重要性）は、その一つである。

本書の議論を改めて辿れば、中国共産党を結成することになった知識人、少なくともその一部は、五・四運動における労働者の大規模ストライキの衝撃を契機に中国の労働問題に関心を寄せ、そのことを通じてマルクス主義に注目していった。だが、彼らがこの〈主義〉を中国の変革思想として認めるためには、中国で最も早くマルクス主義を受容したとされる、かの李大釗さえもが批判の対象と見ていた「プロレタリア独裁」にどう向き合うか、という越えねばならない壁があった。何と言っても、この時期の知識人は「民主と科学」をスローガンとした、つまりは「民主」を重視する〈新文化運動〉期に知的な成長を遂げていたからである。だが、一九二〇年九月以降、陳独秀は、プロレタリア独裁とは〈労働者がデモクラシーを獲得することだ〉と理解するがゆえに自分はこれを支持する、と『新青年』で表明し（「政治を語る」など）、さらに日本留学生周仏海（鹿児島第七高等学校を経て京都帝大経済学部中退）は中国共産党の最初の雑誌『共産党』の巻頭論文で、日本の社会主義者（後の労農派）山川均の議論に基づき、〈普遍的な民主主義〉

を実現するためにこそプロレタリア独裁が必要なのだと説いた（「ロシア共産政府成立三周年記念」）。であれば、最初期の中国共産主義者にとってのプロ独とは、革命の成果を擁護し共産主義への発展を保障するために必要とされるだけのものではなかった。彼らの出発点にあって、〈普遍的な民主主義〉実現のためにこそプロレタリア独裁（＝社会主義）を実現せねばならない、との思考回路があったのである。

そして、初期（少なくとも中国共産党の最初の一〇年間）の中国共産主義者にとって、〈民主主義〉は、指導者と党員（場合によってはシンパを含む）が党としての意思を形成し、これに参与する際に機能を発揮した組織原理＝党内民主主義でもあった。この一〇年間にあって党としての意思決定は、絶対的な権力を獲得した毛沢東やそれ以後今日に至る指導者たちに想定できるような、党の〈最高指導者〉が一元的に掌握するものではなかった。それは、党の全国大会や中央委員会、これらに準じる会議の場での論争を経た上での決定であったし、機関紙誌や党内書簡、パンフレットでの党の課題に対する意見や批判の公表は、当然のことのように行われていた。党の全国大会や中央委員会はしばしば——今日では全く想像もできないレベルでの、指導部に対する批判と反批判の表明を伴いながら——参加者に開かれた論争の場となっていた。このことは、中国や日本の中共党史研究者の間でも、これまで充分に重視されて来たとは言えない。例えば、記録が明確に残る第3回・第6回・第7回全国大会での党代表の見解表明と論争が如何なるものであり、それがどう決着していったのかが、従前検討されることはなかったのである。

そして中国にあっても日本にあっても、中共党史研究者の間で、毛沢東に比して高い評価を与えられてこなかった指導者陳独秀は、帝国主義・軍閥を打倒しての〈民主主義〉政治の実現＝「国民革命」の必要を説き、次なる社会主義革命を数年のうちに実現する〈連続二段階革命〉を構想しており、その党運営は、実は意外なほど民主的なものであったのだが、国民革命の敗北後、八・七会議で生まれた新指導部は、事実に反して彼の党運営を「家父長」的だと指弾したのだった。

そして、こうした党が実現を目指した〈民主主義〉と、そのために党の中で実現させていた〈民主主義〉とは、国民党との闘争と党内での抗争を経由し、毛沢東が軍を基盤に台頭し、自らに権力を集中させていくに従い、思想的にも党の活動準拠としても失われていくことになる。また、党における〈民主主義の喪失〉は、同時に党の歴史が最高指導者中心のナラティブに転換されることを意味した。もちろん、歴史がその書き手によって偽造され歪曲されることは、洋の東西や時代を問わず、例外的なことではない。政治集団（政党）が権力獲得を達成した後、自らの行動を〈正統化〉する必要があれば、なおさらのことである。だがそれゆえにこそ、本書で筆者は、これまでの中共党史研究者が意図的にせよあるいは無意識にせよ、見過ごしにしてきた党と指導者に関わる言説を検討し、彼らの間でなされてきた言説の偽造や事実の歪曲を明らかにすることを志した。

――例えば、(1)中国共産党は、毛沢東が一九四九年に述べたように（また習近平が二〇二一年に繰り返したように）「十月革命の砲声が鳴り響くや、中国にマルクス・レーニン主義がもたらされた」結果成立した訳ではないこと、(2)これまで日本でも中国でも不当に貶められてきた陳独秀のマルクス主義理解には、実は独自の観点があり、彼が主張したとされる「二回革命論」に対する公式党史の批難は歴史の偽造によること（彼の革命論は〈連続二段階革命論〉であった）、(3)本書が対象とした時期、中国共産党を代表する理論家であった瞿秋白は、その革命論の根幹をトロツキズムに置きながら、政治的にはスターリニストとして振る舞う、アンビヴァレントな側面を有した革命家であったこと、である。そしてまた(4)人民共和国成立以前の「毛沢東思想」の主要内容として知られる(a)「農村による都市の包囲論」と(b)「新民主主義論」は、定説の如く、毛が独自に創出したものでは決してない、ことである。(a)「農村による都市の包囲論」は、毛沢東がこれを述べる前から複数の中共指導者たちが提起していたし、毛沢東が明確にこの論を述べた時には、農村に依拠する以外共産党に選択肢はなかったのである。また(b)「新民主主義論」の内容は、毛が新たな国家構想を打ち出すためにスターリン理論に従い（そのため事実を誇張し）、また党内理論家の議論を採用したことで生まれたものであった。要するにこれまで「農村による都市の包囲論」と「新民主主義論」を毛沢東の独創であるかのように述べてきた歴史家たちは、事実に対し目を閉ざしていたのである。

そしてもう一つ、筆者が述べたかったのは以下の主張である。すなわち今日、〈社会的平等〉とは恐らく日本にあってもまた中国にあっても、あるいはいかなる国家・民族にとっても、実現なり推進なりが図られるべき課題であることは間違いない。そしてこの〈社会的平等〉とは、二〇世紀における有力な政治思想であった「社会主義」（広い意味での）とほぼ同義であったはずである。だとすれば、かつてのような「プロレタリア」とか「ブルジョワ」といった修飾語を抜きにした「民主主義」（＝普遍的な民主主義／民主主義一般）と広義の「社会主義」（もちろん毛沢東思想とは距離を置いたもの）の同時的な実現を主張した陳独秀の思想は、まさしく今日的意義を有するものではないか、ということである。

――本書収録論文のうち最も公表が早いものからすでに三十数年（！）を経た筆者の議論を、こうして世に問うことができたことについては、近年の日本における中国共産党史研究者の成果による刺激に、多くを負うていることも述べておかねばならない。かつて筆者は、「共産党史の研究者なんて、ワシントン条約の保護を受けなきゃ、そのうち絶滅してしまうよ」との「仲間内の冗談」を、ある研究機関の所報に書いたことがある[1]。それは筆者の学生・大学院生時代にあって中国現代史の中で重きを占めていた中共党史研究の地位が、この一文執筆時にはかなり後退しているかに「見えた」からなのだが、しかしこれは、今日から見れば大きな「見通しの誤り」であった。近年「中共百周年」（二〇二一年）を機に刊行された石川禎浩氏の『中国共産党、その百年』（筑摩書房）や高橋伸夫氏の『中国共産党の歴史』（慶應義塾大学出版会）に代表される、筆者よりも若い世代の研究者の数多くの「成果」を考えると、そのことを認めたく思う。それでもなお、こうした党史研究の俯瞰を経た上での、中共の最初の二十数年間における指導者言論について、上述したような筆者なりの見解をまとめ述べることは、前述のように現代史としての〈射程〉を有するものであろうと考え、ここに本書の上梓に臨むものである。

最後に、誠に個人的ながら、すでに物故された恩師二人への感謝の辞を記すことを読者にお許しいただきたい。大学時代、筆者は義和団・孫文の研究者堀川哲男先生の講義・ゼミに出席していたのだが、大学院受験に際し、先生はボランティアの英書講読までわが同級の岩井茂樹氏（現・京都大学名誉教授）と筆者とにして下さった。その後、先生は一九八九年の天安門事件の後、民主化運動に加わっていた中国人留学生が日本から送還されることのないよう市民運動「関西・中国人留学生の人権を守る会」を立ち上げ、病の身をおして彼らを支援した。筆者がこの運動に参加したのは恥ずべきことに先生の逝去後のことであったが、留学生送還阻止のための裁判闘争や日本に「政治亡命」を求めた中国人青年への支援を行い、中国の民主活動家の日本留学に協力した。

また、筆者が学部生時代、人文科学研究所の助手であられた森時彦先生（その後同研究所教授・所長）の学恩についても忘れることができない。森先生には、四回生の時、小野川秀美・島田虔次両先生の編纂にかかる『辛亥革命の研究』（筑摩書房、一九七八年）の索引カード作りのアルバイトを賜り、専門的な文章の構築の仕方について学ぶ機会を得た。その後も、修士論文の原稿と最初の雑誌論文の校正刷りにお目通しいただいて貴重な御意見を賜り、人文科研究所の研究班にあっては、筆者の報告に正しく厳しい批判を加えて下さった。本書冒頭に掲げた論文初出一覧のうちの最初の論文は、研究班報告時での先生の御批判に応えようとした、いわば筆者の「回答」である。この論文を皮切りにこうして一書をまとめることができたのも、森先生の学恩の賜物に他ならない。

そしてもちろん、感謝すべきは恩師ばかりではない。筆者と学問の場を同じくしてくれた数々の学生・院生諸君の研究は筆者のアジア史に対する見識を広めるものであった[2]し、筆者が十数年に渡って属した満洲国・満鉄に関わる松村高夫先生（慶應義塾大学名誉教授）を中心とする研究グループでの共同研究は、中国共産党史・労働運動史一辺倒であった筆者に植民地支配研究の重要性を教示するものであった[3]。そしてまた、平凡社東洋文庫『陳独秀文集』第

3巻の編訳を御一緒させていただいた畏友長堀祐造氏（慶應義塾大学名誉教授）からは、たびたび本書執筆への激励を頂戴し、校正刷りでの悪文の訂正や問題点の指摘などで数々の貴重な御助言を賜った。氏の支援なくば、本書は完成の日を見なかったに違いない。また柘植書房新社の上浦英俊氏は、原稿・校正の提出を遅れに遅らせる筆者の悪癖にも耐え、辛抱強くその完成を待って下さった。ここに深甚の感謝を記すものである。

注

1 江田憲治「中国共産党史の今日」『人文』（京都大学人文科学研究所所報）第四七号、二〇〇三年年三月。

2 筆者が研究指導を担当した院生諸君の博士論文・著作の中でも代表的なものとして、金永哲氏の『「満洲国」期における朝鮮人満洲移民政策』（昭和堂、二〇一二年）と、故武上真理子氏の『科学の人・孫文——思想史的考察』（勁草書房、二〇一一年）を挙げたい。

3 このグループの研究成果に江田が関わったものとしては、共編著に『満鉄労働史の研究』（日本経済評論社、二〇〇二年）、『満鉄の調査と研究——その「神話」と実像』（青木書店、二〇〇八年）、共著に『戦争と疫病』（本の友社、一九九七年）、『「満洲国」における抵抗と弾圧—関東憲兵隊と「合作社事件」』（小樽商科大学出版会、二〇一七年）、共編訳書に関成和著『七三一部隊がやって来た村——平房の社会史』（こうち書房、二〇〇〇年）などがある。

事 項 索 引

凡　例

・本文の事項関連の単語を、漢字・カタカナ・アルファベットを区別せず、読音の五十音順に配列した。ただし、必ずしも網羅的なものではないし、政党の全国大会や中央委員会はその期数・回数の数字順とした。
・単語の小さな相違は無視して一項目にまとめ、会議名に党派名を加え、丸括弧内に説明の語を示すなどの作業を加えたものがある。
・ページ数の後に f または ff とあるのは、それぞれ次のページ、ないし次の 2 ページ（もしくはそれ以上）にもその項目が出ていることを表している。
・各章の各節表題にある単語の項目は、太字で示した。

ア 行

カ 行

タ 行

ナ 行

ハ 行

ヤ 行

ラ 行

ワ 行

人 名 索 引

凡　例

- 本文中の人名の読音を、漢字・カタカナ・アルファベットを区別せず、五十音順に配列した。ただし、必ずしも網羅的なものではない。
- 本名による立項を原則としたが、筆名が著名であったり、字や号を以て行われることが多い人物については、この限りではない。また必要と思われる場合には、別名・アルファベット表記を丸括弧内に示し、また矢印で見よ項を立てた。
- ページ数の後に f または ff とあるのは、それぞれ次のページ、ないし次の 2 ページ（もしくはそれ以上）にもその項目が出ていることを表している。
- 注に若干の人名注を記した場合は、そのページ数を太字で記入した。

ア 行

カ 行

サ 行

タ 行

ナ 行

ハ 行

マ 行

ヤ 行

ラ 行

■著者　江田　憲治（えだ　けんじ）
1955年、三重県生まれ。京都大学大学院文学研究科博士後期課程研究指導修了退学（文学修士）。京都産業大学外国語学部、日本大学文理学部、京都大学大学院人間・環境学研究科の各教授職を経て、京都大学名誉教授、明治大学兼任講師。著書に『五四時期の上海労働運動』（同朋舎出版、1992年）、共著・共訳書に『中国近現代論争年表』上・下（竹内実編、同朋舎出版、1992年）、『在華紡と中国社会』（森時彦編、京都大学学術出版会、2005年）、『周恩来伝』上・中・下（金冲及主編、阿吽社、1992-93年）、『陳独秀文集3　政治論集2　1930-1942』（平凡社、2017年）等。

中国革命論における民主主義と社会主義
——陳独秀、瞿秋白、毛沢東を中心に

2025年3月20日第1刷発行　定価4,000円＋税

著　者　江田憲治
発　行　柘植書房新社
〒113－0001　東京都文京区白山1-2-10　秋田ハウス102
TEL 03（3818）9270　FAX 03（3818）9274
郵便振替00160-4-113372　https://www.tsugeshobo.com
印刷・製本　中央精版印刷株式会社

乱丁・落丁はお取り替えいたします。　ISBN978-4-8068-0768-1 C0030

毛沢東思想論稿

裏切られた中国革命

王凡西著　グレガー・ベントン編／定価５０００円＋税

ISBN978-4-8068-0762-9

王凡西は、中国共産党最初期の党員、モスクワ留学を経て、帰国後に周恩来のもとで革命に従事するも、トロツキストであることを理由に党を除名。その後も、蒋介石政府・国民東軍による投獄をはさみ、陳独秀とともに中国にかかわり続けた。

王凡西【著】
グレガー・ベントン【編】
寺本勉、長堀祐造、稲垣豊【訳】

毛沢東思想論稿　裏切られた中国革命

毛沢東思想の根源――儒教思想、遊侠精神にあり、その上にマルクス主義を（実はスターリニズム）重ねたものである
その真の姿と功罪を分析した伝説的な名著の初邦訳！

柘植書房新社

香港の反乱 2019

抵抗運動と中国のゆくえ

區龍宇著　寺本勉訳／定価３０００円＋税

ISBN978-4-8068-0754-4

中国政府は、これほどまでに香港民衆を恐れ、躍起になって押さえ込もうとしているのか。著者は、将来の好機をつかむためには、二〇一四年と二〇一九年の両方の経験を通して考え、正しい教訓を引き出すことが必要である、と述べる。